AFRO-CUBANIDAD
EN JUAN BENEMELIS

María I. Faguaga Iglesias
2016

Afro-cubanidad en
Juan Benemelis

Afro-cubanidad en Juan F. Benemelis
María I. Faguaga Iglesias

Producción Editorial
The Ceiba Institute

Primera edición, 2016
Copyright@ María I. Faguaga Iglesias

Impreso en USA

ISBN-13: 978-1534706415

María I. Faguaga Iglesias

Antropóloga, historiadora, profesora e investigadora independiente.

Licenciada en Historia Contemporánea y Maestría en Antropología Socio-cultural, ambas en la Universidad de La Habana. Asimismo, realizó diversos estudios de pos-grado. Fue profesora adjunta de la Facultad de Filosofía e Historia de la Universidad de La Habana.

Ha sido directora del programa de diálogo inter-cultural e inter-religioso de CEHILA-Cuba (Comisión para el Estudio de la Historia de la Iglesia en Latinoamérica).

Sus investigaciones abarcan temas como las relaciones inter-raciales, raza y salud, género, la mujer afro-descendiente, las religiones de origen africano, las relaciones de la nación e identidad.

Ha colaborado con diversas publicaciones en Cuba, USA, Jamaica, España, Italia y México. Ha participado en diversos eventos y foros sobre religión y raza, tanto dentro como fuera de Cuba.

"El ser humano siempre habita el castillo de su piel".
George Flamming
Los placeres del exilio (P. 178)

ÍNDICE

A Modo de presentación

Un pensador en su pluralidad. La obra de Benemelis. África y la afro-descendencia. En Timbuctú. La búsqueda interminable. Las pirámides y changó.

El Miedo al Negro

La identidad nacional. La intelectualidad cubana. Racismo y degradación. La categoría autoridad. El autor y lo autoral. El ser negro. Arbitrariedades de género y raza. Un balance del racismo. El etno-centrismo blanco. El blanqueamiento intelectual. La bio-política. Raza y marxismo. La doctrina del racialismo. Ir a los orígenes. Un libro censurado. Contexto de orígenes. La óptica patriarcal. Comunistas y afro-descendientes. La subalternidad política. La raza y la ley. La colonialidad del poder. Una nueva perspectiva epistémica. En busca de un héroe. Colonialismo y colonialidad. La marginalidad. La deconstrucción epistemológica. La ideología racial en Cuba.

Disertación Benemelis y Faguaga

2012: ¿Un año de transición hacia la verdadera nación cubana? Presentación. El decenio del afro-descendiente. La nación: comunidad imaginada. La cosmovisión excluyente. La reivindicación de la afro-cubanidad.

Los Fuegos Fatuos de la Nación Cubana

Introducción. Sobre el mito mesiánico. Doblemente discriminados. Complejo de inferioridad y trastorno de dependencia. La deconstrucción. Descolonización de las epistemes. Jóvenes afro-descendientes y problemática etno-racial. El racismo marxista. Cuba, el marxismo y la densidad de la afro-cubanidad. Avisando la "fase integrativa" de la cubanidad. Soluciones cívico-políticas: Empoderamiento. Responsabilidad. Des-enajenación. Democracia. Los Fuegos fatuos: imprescindible para la cubanidad en gestación.

Historia de África.

Las raíces étnicas de la nación cubana

El panteón Yoruba

A modo de presentación

Juan F. Benemelis:
un pensador en su pluralidad

Apropiándome del gran martiniqués George Glissant, he escrito antes que, como cada hombre habitando en el castillo de su piel, el Dr. Juan F. Benemelis habita la suya. Agrego ahora, y la habita a voluntad pagando por eso un alto costo. Así es, aunque a nosotros se nos pueda hacer incomprensible la proverbial y natural polisemia de sus intereses intelectuales. Por la variedad y originalidad en la articulación de su pensamiento. Por la prodigalidad en su hacer.

Por eso adentrarse en la obra de Juan F. Benemelis nos desafía y, una vez iniciado el camino, nos subyuga en el mejor de los términos posibles. Porque aquí subyugar no es atar ni tiranizar. Porque ese subyugar no tiene el efecto de disminuir sino todo lo contrario.

Descubrir su multiplicidad de intereses posiblemente es encontrarnos con el último de nuestros enciclopedistas. Es, muy acaso, sorprendernos en esa multiplicidad hallando un espacio para nuestros más modestos intereses y para nuestras más restringidas curiosidades.

Eso tiene el encanto de maravillarnos hasta la seducción. O, caso de que hayamos internalizado la diversidad como peligro, la obra "benemeliana" puede surtir el efecto contrario. Entonces, habrá quien se sienta apabullado por su diversidad temática, asustado por su profundidad, incrédulo ante la presencia del fuerte dato que ignoraba y de la importancia capital de este, por ejemplo, para el análisis de la historia en general y particular.

Asistiendo en los últimos tiempos a la temible presencia del fundamentalismo de raíz islámica, alcanzo a comprender la preocupación de Juan Benemelis respecto a los fundamentos del Islam y ciertos modos de ponerlos en práctica.

Acompañando algunas de las discusiones que el avance del terrorismo islámico suscita, leo en ocasiones a algunos connacionales repensar y confesar que tendrán que acreditar en la palabra que al respecto había, mucho antes, pronunciado Benemelis. Esa palabra que, sin expresarlo, es muy probable que les sonara alarmista y hasta apocalíptica.

Ese es uno de los precios a pagar por quien destaca por su mirada más panorámica y/o profunda. Es un precio que él, austero e insistentemente laborioso, paga, mas él prosigue. Es que, como en aquellos remotos primigenios tiempos de nuestra especie, tememos a nuestra naturaleza humana.

Muchas veces respondemos a la natural y esencial diversidad intelectual, como si estuviéramos ante un encantamiento o ante un peligro extremo. Eso, cuando de lo que se trataría sería de darnos la oportunidad de pensar, de no temer la confrontación con otros pensamientos… en fin.

La obra de Benemelis

Ajeno a cantos de sirenas y a rugidos de leones, alejado de absurdos, de insidias, de desidias y de mal entendidos "cubaneos", Benemelis es el autor, el ensayista más enciclopédico, profundo y prolífico en vida que ha producido la Isla de Cuba. Gracias a ello tenemos el resultado, una obra voluminosa que supera los treinta títulos. Tampoco escapan a su hacer la tantas veces ingrata obra de promotor y editor de sus colegas, ni se resiste a la realización de la coautoría.

En la actualidad, Juan Benemelis conforma junto al peruano Aníbal Quijano y al argentino Enrique Dussel, al trio de pensadores intelectuales más innovadores e importantes de nuestro continente americano, no sólo referente a los problemas de las formaciones nacionales y las etnicidades sino a toda una gama de retos que plantea la modernidad a este continente en formación.

12

La promoción de la obra de intelectuales de generaciones posteriores a la suya, a quienes de otro modo nos hubiera sido muy difícil trascender nuestro espacio insular, la ha acometido Benemelis con el entusiasmo de quien no tiene más para hacer. Sólo que él tiene, y mucho, por hacer. Ahí queda el *Syllabus afro-cubano*[1], donde nos articuló a una multiplicidad de autoras y autores isleños, radicados en nuestro país o en el exterior.

Con similar osadía y entusiasmo, en algún momento ha acometido el siempre difícil trabajo de articular su pensamiento con el de otros autores afines. ¿Qué es si no la coautoría? Y eso ha hecho Benemelis, sin distingos generacionales o de reconocimientos.

De ese esfuerzo ha resultado un libro fundamental como *Los fuegos fatuos de la nación cubana*[2], escrito con el periodista e historiador afro-cubano Iván César Martínez. Y el artículo "2012: ¿Un año de transición hacia la verdadera nación cubana?", fruto del trabajo en la distancia geográfica con esta intelectual desconocida, no asimilada en el difícil y cerrado espacio de la intelectualidad nacional.

Y aunque en su momento me dolí de que *Los fuegos fatuos...* no estuviera en los estantes de las librerías de la Isla, de que este y el *Syllabus...* no tuvieran en Cuba sendas presentaciones públicas, soy testigo de que al Dr. Benemelis, como a tantos autores cubanos del exilio, a hurtadillas se les lee en nuestro país, cada vez más. Y, en no pocas ocasiones, se les copia.

África y la afro-descendencia

Soy consciente de que los libros de este autor se buscan, se estudian y se atesoran, aunque nadie reconoce que los tiene. Soy consciente de la admiración que despierta su decir. También, de cómo ha incidido en algunos colegas de las subsiguientes generaciones, en el camino de la apertura de sus visiones y en la rearticulación de sus pensamientos y discursos.

Más conocedora de los miedos entronizados en nuestros coterráneos, y de la apatía suscitada por estas casi seis décadas de totalitarismo rampante y de integrismo, es insensato esperar por un lejano día para que tengan el reconocimiento que merecen tener ya.

Benemelis es un pensador al que parece que nada le es ajeno. Las ciencias llamadas de exactas y las humanas merecen por igual su atención. El espacio sideral le atrae al punto de, descubriéndolo, explicárnoslo. E igualmente le sucede con la historia, la economía o los cambios sociológicos y antropológicos. Así es con los intersticios de la política y más, porque siempre nos da más.

No auto-engañarnos. Existen cosas que le resultan impropias. Tras esas va el investigador, siempre curioso. Y se adentra en lo impropio o en lo curioso, puede que en lo que a no muchos más les haya atraído hasta ese instante, para entender, situar cada hecho o proceso contextualmente, para interrelacionarlos y para, generoso, llamarnos la atención compartiendo con nosotros sus explicaciones, sus conocimientos, su rico patrimonio intelectual.

Resultado de sus tantas inquietudes son obras monumentales, artículos, ensayos y nos sorprende con su poesía. ¿Queda más por descubrir de él? Me temo que sí. Que en cualquier momento nos sorprenderá con más. Es sólo esperar, expectantes, porque algo más nos puede regalar... en cualquier momento.

Dos constantes, sin embargo, destacan en su pensamiento. Cuba en su integralidad es una. África y la afro-descendencia, igualmente en su totalidad, la otra. Mas sucede que de ambas derivan tantas posibilidades de estudios y de análisis, son tantos los ángulos para examinarlas, que se hace inaprensible e incompresible para algunos asumir con naturalidad la multiplicidad de intereses del autor. Y se les hace entonces inexplicable lo que para Juan Benemelis es, como antes mencionara, natural y aún más, es esencial.

Adempero, alejado de chismorreos pseudo-intelectuales, con una espontaneidad que acompaña la autenticidad y sin perder la rigurosidad, el autor transita de una problemática a otra en su admirable capacidad de trabajo y talento.

Nos redescubre al secular *Ibn Jaldun*[4] con la osadía con la cual nos devela a un Antonio Maceo estadista que nos ocultaran por más de un siglo. Nos habla de mujeres extraordinarias de todos los tiempos con la misma agilidad y meticulosidad con la que nos transporta al mundo sideral. Nos adentra en el mundo de la filosofía como también nos alerta sobre las *"Guerras Secretas de Fidel Castro"*.

Nos sorprende con una monumental y panorámica historia de África y con una vasta historia del racismo en Cuba. Ambos títulos sin equivalentes en la historiografía nacional. Porque se duele con la "sórdida y tenaz campaña desplegada en la edad de oro del colonialismo, con vistas a denigrar la personalidad histórica y cultural del africano"[5]. Como se duele con la situación de persistente marginación de la afro-descendencia cubana.

Libros todos para estudiar, para aprender, para repensar. Oportunidades para dialogar. Diálogo que no rechaza un autor cuyas entrevistas, por lo minucioso de sus respuestas y por cuanto en estas nos descubre, son oportunidades para entender al hombre, al intelectual, al ser social que es Benemelis. Entrevistas que son ocasiones para complementar cuanto no incorpora en los análisis que hay en sus libros.

En Timbuctú

Benemelis no espera, él hace. O, en todo caso, espera haciendo. Quienes le conocemos sabemos de eso. Él mismo lo advirtió en una de sus tantas entrevistas. "Esperar por el destino es patético", ha dicho, y es loable coincidir con él[6].

Desde sus años juveniles, cuando admirado ante las estatuas de faraones egipcios descubrió al África negra, no claudicó en su compromiso con el continente-madre de la humanidad, con la afro-diáspora y con la afro-cubanidad. Más bien, ocurrió todo lo contrario. La experiencia africana de descubrirse en la riqueza de ser un hombre negro con todo el potencial heredado de la ancestralidad, la volcó en su activa participación en el movimiento del *Black Power* cubano de las décadas de los '70 y de los '80.

Con su peculiar forma de decir, él mismo lo ha explicado. "A los 19 años –dice- me paré delante de la pirámide de Keops y quedé aplastado. En el Museo de El Cairo, caminando por las galerías de las estatuas y las momias de los faraones fue una revelación descubrir que casi todos eran negroides; ahí se desvaneció el Egipto de Hollywood, de Víctor Mature que había visto en películas. La segunda gran impresión fue la vastedad del Sahara"[7].

Su azarosa salida del país no le alejó de ello. Arriesgaría a afirmar que su establecimiento fuera de su país, con la conciencia de lo definitivo, le hizo más fuerte en sus propósitos y le permitió acceder a un mayor cúmulo de literatura e informaciones. Su anterior estancia en la sagrada ciudad yoruba de Ifé y su visita de trabajo a la biblioteca de la legendaria Timbuctú, se complementarían con el trabajo en bibliotecas estadounidenses.

En Nueva York descubriría la imagen real del general y libertador cubano Antonio Maceo, que tan familiar le es. Por la primera vez se presentaba ante sus ojos un Maceo no sólo negro sino de rasgos negroides. Y eso hace la diferencia, llevando de vuelta al racismo científico y a la imposición de un etnicista y racista proyecto de nación.

Su profundización en el movimiento negro estadounidense le concedería una mejor comprensión, por ejemplo, de la maltratada figura del pensador y político afro-cubano Martín Morúa Delgado.

De ahí, y de sus anteriores encuentros con paradigmáticas personalidades africanas como Nelson Mandela, y de la afro-descendencia como William DuBois y Malcolm X, así como de sus experiencias directas e indirectas con relación al proceso de descolonización de África, adquiriría una profunda visión y perspectiva analítica sobre "el miedo al negro". Ese miedo hasta la actualidad persistente en la continuidad de los procesos de conformación de los proyectos nacionales impuestos en las naciones americanas.

Hombre feminista, anticipado a su tiempo, rápidamente situó la discriminación etno-racial al nivel de la discriminación por sexo y por género. Por eso afirma: "Pienso

16

que la mayor injusticia del mundo moderno ha sido las arbitrariedades de género y de raza".

Y al continuar exponiendo sus ideas trasciende, además de su pensamiento, su posicionamiento cívico al decirnos que: "las diferencias de sexo no menos que las diferencias de raza son construidas ideológicamente como 'hechos' biológicos significativos en la sociedad, naturalizando y legitimando las desigualdades sociales".[8]

Cada ser es sus experiencias. Las experiencias de Juan Benemelis han hecho de las narrativas del acucioso historiador que él es y de los análisis filosóficos, políticos, históricos y antropológicos que emprende, un hombre de pensamiento esencialmente postcolonial.

Posiblemente entre los primeros de su generación. Posiblemente entre los primeros durante varias generaciones consecutivas de cubanas y cubanos que hemos estado políticamente condenados a la inmadurez en todos los sentidos, también intelectual.

Su vasta y rica literatura ya le concede a este autor un sitial de privilegio en la historiografía nacional y de este continente de todos los tiempos. E, igualmente, no pocas veces le deja en posición de aislamiento intelectual. Es que, si bien Benemelis está siempre dispuesto al diálogo, para quien no ejercite la capacidad de la escucha atenta y creativa, será difícil intercambiar con él.

La búsqueda interminable

Sin embargo, dialogar con él nos concede el privilegio de retrotraernos a los tiempos de los "hombres-libros". Es, asimismo, disfrutar su peculiar manera de decir. Es estar firmes y dispuestos a defender el pensamiento propio, como es estar abiertos a modificarlo con el conocimiento o con el dato incorporado, ese que Benemelis nos regala desde el archivo que es su proverbial memoria.

El ejercicio de la comparación entre humanos es inevitablemente riesgoso. Y es extremadamente difícil de emprender con este autor. Entre sus predecesores y sus

17

contemporáneos, intelectuales o activistas cívicos que vamos por algunos de los múltiples y disímiles caminos por él emprendidos, pocos alcanzan su enciclopedismo.

Entre quienes le seguimos, no sé de algún o alguna colega de nuestro país que atesore experiencias similares ni intereses tan disímiles. Tampoco hemos conseguido metabolizar nuestras experiencias con la meticulosidad que él lo hace para, luego, transformar en libros que casi constantemente está sometiendo a nuestra consideración.

Con todo, y en ciertas circunstancias, es generalmente válido el ejercicio de la comparación. Así me atrevo a encarar el ejercicio con los frutos intelectuales de este autor.

La honestidad intelectual y la meticulosidad de juan Benemelis con el dato, su inconformidad con la historia que nos han dado como conclusiva, su elaboración de nuevas hipótesis, recuerdan al gran historiador afro-cubano José Luciano Franco.

Por momentos, su desespero por hacernos llegar lo nuevo permiten compararlo con ese otro grande afro-cubano, Rómulo Lachatañeré. Ambos, Lachatañeré y Benemelis, por cierto, cubanos del oriente de la Isla.

Ciertas comparaciones no son casuales. Franco, Lachatañeré y Benemelis. Tres hombres mestizos auto-reconocidos como afro-cubanos. Tres intelectuales acuciosos, metódicos en el mejor sentido de la palabra. En la búsqueda consciente y minuciosa, tendiente a la exactitud, casi matemática, que es otra de las pasiones de Benemelis. En la inflexible búsqueda de la solidez argumentativa de las ideas. En la tenaz articulación discursiva.

Es difícil comprender las diferencias, especialmente cuando estas nos tocan, pues nos colocan frente al espejo. Y muchas veces preferimos imaginarnos a ver nuestra imagen y tener que identificarnos en esta.

Ante el espejo quedamos como nación cuando Juan Benemelis nos habla de identidad nacional, por ejemplo, o del racismo anti-negro hasta el presente practicado entre cubanas y cubanos. Es así que ante el espejo quedamos cuando devela algunas de las tantas partes ocultas del totalitarismo cubano, o cuando de-construye tesis antes afirmadas por otros estudiosos de la cubanidad.

18

En realidad, retoma esas narrativas historiográficas para desmenuzarlas. Y de las trizas que resultan, Benemelis, al estilo de los nuevos cientistas sociales, incluso como precursor, hurga en las llagas de nuestras supurantes heridas nacionales para ayudar en la reconstrucción o, en todo caso, en la construcción de las nuevas historiografías.

De esas que nos corresponden realmente como afrodescendientes, en las cuales las poblaciones fundadoras de naciones, pero aún situadas en la condición de subalternizadas, exhibimos nuestros protagonismos.

Porque de sus extensos viajes por la ancestral tierra africana siempre regresó "lleno de libros inéditos y de crónicas desconocidas". Entre otros, "las famosas Crónicas de Kilwa, las originales", que le fueron obsequiadas por su amigo el zanzibareño Mohammed Babu. Crónicas que, asevera, luego utilizaría "para escribir el Capítulo de Kilwa-Mombasa en mi *Historia del Africa*".[9] Porque en la tierra-madre aprendió que: "era imposible explicarse la trata, la esclavitud, la diáspora, la discriminación, la aculturación del negro en las Américas sin conocer al África".[10]

De ahí sus críticas al *cuasi* canonizado etnólogo cubano Fernando Ortiz, quien nunca visitó África. Por eso, a diferencia del positivista antropólogo, es Benemelis quien estuvo en condiciones de acometer el *Tarik Africano*.[11]

Es que este inquieto hombre, de apariencia taciturna, neuronas ágiles, acción perseverante y verbo preciso, no se contenta con ser un testigo excepcional de su tiempo. Habiendo conocido al ya muy anciano DuBois y siendo invitado del rey Asantehene. Habiendo departido y a veces convivido con los futuros estadistas Nelson Mandela, Kenneth Kaunda, Hasting Banda y Julius Nyerere y Mohammed Babu (luego vicepresidente de Tanzania).

Las pirámides y Changó

Teniendo el privilegio de haber visitado la milenaria universidad de Sankoré, en Timbuctú y el santuario de

19

Changó. Entre tanto más que hizo en África, él va tras las narrativas historiográficas canonizadas y las deconstruye.

Me atrevo a conjeturar que de aquellos encuentros y de sus observaciones *in situ* de las diferentes poblaciones africanas, le vino a Benemelis el convencimiento de que el socialismo no es una solución viable para enfrentar la multiplicidad de problemas y de traumas de las sociedades conformadas por poblaciones negras.

Tal vez de esos viajes, de sus amigos africanos, de su necesidad de avanzar en profundidad en los procesos cognitivos, le venga su inclinación por la filosofía. Tengamos presente que tuvo la dicha de interactuar profundamente con el filósofo bantú Woungly Massaga (de Camerún).

Pudo nacer en esos viajes, en las discusiones políticas sostenida con sus amigos africanos, entre los que también señalamos Kwame Nkrumah (por quien Benemelis siente admiración especial), al teórico ghanés Kofi Batsa y a Cheikh Anta Diop, famoso africanista senegalés, como de sus diálogos con Malcolm X, su pasión por el Panafricanismo como espacio de desenvolvimiento natural en el cual sitúa a una afro-descendencia trans-nacionalizada.

Y esto quiere decir libre del colonialismo psicológico y emocional que tan acertadamente identificara y describiera otro de los contemporáneos de Benemelis, el imprescindible martiniqués Franz Fanón.

Afirma Benemelis: "El teatro de los Fante y Ewe, de los cuales aprendió el dramaturgo cubano Roberto Blanco, eran mis favoritos"[12]. De las reflexiones que tendría tras esos excepcionales y enriquecedores encuentros y de esas distinguidas visitas, de sus cavilaciones luego de sus exploraciones por las diferentes etnias africanas y de su conocimiento directo de los valores artísticos de estas, como de las introspecciones que realizaría tras su descubrimiento de los relatos de las civilizaciones africanas, sin descuidarnos de su familiar veta artística, puede que de todo eso (y quién sabe de más) le venga su afición por el teatro y por la épica.

De hecho, más allá o más acá de su poesía, la escritura de Benemelis transita entre la aseveración fuerte, clara y directa, y la veta poética, teatral a veces. En clave teatral podemos leer lo que el autor nos dice de su *Tarik africano*.

"Este libro nació –dice– frente a las pirámides faraónicas; atravesando la inmensidad del Sahara; deslumbrado por ruinas romanas de Sufetula y Tisdrus; caminando por las callejuelas de Timbuctú; en la Uagadugú de los otrora temibles guerreros Mossi; fumando en las pipas de agua de Zanzíbar; en las frías noches del Kilimanjaro; compartiendo con Tutsis y Masáis; sentado en las orillas del Lago Victoria; ojeando las frágiles crónicas medievales de Kilwa; meditando en el templo de Changó en Oyó; libando vino de palma en la lacustre Abomey; sobrecogido ante el tam-tam Ashanti en Kumasi; penando en El-Mina, el tristemente célebre depósito de esclavos para América; en los diálogos con Malcolm-X; ensimismado ante la sabiduría del centenario W. E. DuBois".[13]

Y, leyéndole, esta vez podemos desplazarnos con él, desde las impresionantes pirámides faraónicas, para cual deportistas de extraordinarias cualidades dar el salto largo que nos permita llegar a las callejuelas de Timbuctú, y atravesarlas mientras se comienza a presentar el frío de las noches del monte Kilimanjaro.

Leyendo a Benemelis conseguimos divisar las aguas del Lago Victoria y meditar con él en el templo de Changó. Degustar el vino de palma teniendo como fondo la invitación del tam-tam Ashanti. Podemos sobrecogernos hasta el estremecimiento en el depósito de esclavos. Para después de la inevitable lágrima derramada por los y las ancestrales, fortalecidos en nuestra espiritualidad, ir al encuentro del diálogo invariablemente dignificante y enriquecedor con Malcolm X, con Mandela o con DuBois. Todo, porque su palabra en ese momento es un convite. Es un estímulo para la imaginación. Porque de eso se trata persistentemente con Juan F. Benemelis. De incitarnos a más.

EL MIEDO AL NEGRO
(Un libro imprescindible)

La identidad nacional

Como un buen caribeño habitando en absoluta libertad y complacencia en "el castillo de su piel", sin dar tiempo para obrar al Diablo: "El ser humano siempre habita el castillo de su piel. Si el castillo está desierto, sabemos que el Diablo ha estado trabajando", el Dr. Juan F. Benemelis, investigador y ensayista, trabajó con paciencia y laboriosidad, con amor por el trabajo científico y por su país, y su empeño se coronó con esta obra concluida que luego, con bondad infinita, nos obsequió, *El miedo al negro: Antropología de la colonialidad*.

La colonialidad es realidad de la que, aun queriéndolo, no podemos sustraernos los nacidos en países colonizados, tanto menos los nacidos en sociedades que originalmente fueran producidas por la voluntad colonial de las entonces metrópolis europeas. En las Américas, colonialismo y modernidad, seguidas de colonialidad y modernidad han sido realidades indisolubles e inseparables.

El colonialismo impuesto por las metrópolis a ese vasto espacio físico y etno-racial que como resultante devendría en Indo-afro-Hispanoamérica, está en el origen de la modernidad americana. La colonialidad nos sería impuesta por los blancos-criollos independentistas tras la primera independencia formal respecto a las metrópolis, forzando a sus connacionales aborígenes, negros y mestizos a la subalternidad, al arrinconamiento en las márgenes sociales, a la exclusión en sus propios países.

Declararnos modernos o que se reconozca en nosotros la modernidad, de los distinguidos como precursores del pensamiento, de las letras y de la independencia de nuestras naciones al presente de tan tardío además de a ratos voluntarioso y parcializado reconocimiento de nuestras multiplicidades étnicas e ideológicas, involucra, aun si indirectamente, el reconocimiento del colonialismo primero y de esa colonialidad actual que nos marcan y nos definen, ya herederos de los colonialistas, ya herederos de los colonizados, ya masa *cuasi* informe y conviviente con uno y otro sector social o resultante de ambos.

Como acontece en todas las sociedades con los vínculos entre estructuras y sujetos, en las estructuralmente colonizadas es imposible mantenerse al margen de esa realidad. De hecho, sostenernos incautamente crédulos de la permanencia al margen de la organización estructural de cualquier sociedad, constituye una falacia. Esa permanencia al margen socioeconómico, cultural o político, puede pensarse que, por voluntad del sujeto colocado en esa situación, en realidad forma parte de una estructura social que comprende la existencia de las exclusiones.

De suscitarse esa marginación como un imprevisto, de algún modo es condición que implícitamente contenía en sí la estructura, o es perspectiva que está progresivamente inserta como eje de su funcionamiento y reproducción.

Como naciones colonizadas y modernas nos hicieron nacer en Indo-afro-Hispanoamérica. La estructura que de esa manera nos dio vida se ha seguido reeditando tras el logro de las independencias; la utilización de esta por la voluntariosa y dominadora casta supremacista de los independentistas blancos-criollos originaría nuestra colonialidad.

La independencia primero y la soberanía después no han barrido ni creado las condiciones para desembarazarnos de las atrofias estructurales de fundación, de la imposición de instituciones y racionalidades incoherentes con nuestras realidades culturales y sociales, que eran adecuadas para el establecimiento de instituciones y para la formulación de políticas diferenciadas de las europeas, pues estas obedecían a otras realidades.

"La imagen oficial de la identidad nacional fue (…) elaborada por las élites blancas y blanco-mestizas en torno a la noción de mestizaje, entendida como blanqueamiento, volviendo invisible su diversidad racial y étnica[2]".

24

Proseguimos acarreando las consecuencias psicológicas de la violencia fundacional, de la esclavitud y de la economía de plantación, de la inobservancia y tantas veces de la inoperancia de las leyes, del hábito de burlarlas, del racismo institucional (objetivo y subjetivo) y del etnicismo, de la imposición del cristianismo como religión "superior" en connivencia con el poder político haga o no parte formal de este y de la impuesta inferiorización y subordinación de las restantes religiones y expresiones espirituales mezcladas aquí presentes, en especial de las afro-religiones.

Permanecemos presas de la imposición blanca del ideal estético, de la construcción subjetiva y objetiva de la mujer negra y mestiza como prostituta y de la prescripción de una ética de origen cristiano que no corresponde con la multiplicidad y diversidad de nuestras etno-génesis.

Nuestros paradigmas de familia, de forma de vida y de pensamiento académico son básicamente blancos, con raíces europeas y cristianas, comportándose como marginadores, excluyentes y jerarquizadores de los saberes, de las visiones, de las formas de vida y de las narrativas y de los sujetos portadores de estos.

En consecuencia, nuestro ideal del "deber ser" es euro, blanco y cristiano, incluso si no hacemos parte micro-social de esa herencia, o, si habiendo sido herederos macro-sociales de esa herencia contamos también con otras, realidad que supondría que una vez vivido el proceso transculturador tendríamos necesariamente que ser como sujetos sociales (individuales y colectivos) esa realidad nueva que refiriera y sobre la cual se explayara en teorización Fernando Ortiz.

Nuestra colonialidad se prorroga y pesa objetivamente (en las formas de organización y en las posibilidades de incidir o no en estas; en el acceso mayor, menor o inexistente a la distribución) porque se reedita psicológicamente (en las percepciones y auto-percepciones; en las posibilidades reales de liberación psicológica y de crear pensamiento propio o actuar como eco del ajeno).

Una y otra, colonialidad objetiva y subjetiva, nos pesan en la construcción de nuestro pensamiento limitando sus posibilidades de independencia, autoctonía y legitimidad. "Esta epistemología hegemónica universalista y neutral, tiene color y sexualidad. Por eso, la alienación del colonizado comienza por lo lingüístico, por mimetizar acento y lengua del colonizador, de convertirse, lingüísticamente, en un *quasi-blanc* rechazando incluso su 'creolismo[3]".

Los gobiernos republicanos, capitalistas, marxistas o progresistas de cualquier signo político han continuado manifestando el potencial colonial en su práctica acrítica de la colonialidad, si no de unos hacia otros (también ha sucedido), sí al interior de sus propias sociedades, en expresión de la colonialidad del poder (en su carácter holístico, pues todo lo permea) al cual nos remite en sus análisis el pensador peruano Aníbal Quijano.

La lucha entre "civilización" y "barbarie" que librara el Occidente frente al mundo que conquistaba, que nos trajeran los conquistadores-colonizadores-esclavistas y cuyo objeto fuera aquí la población autóctona, la africana y la afro-descendiente, en las Américas nacionalistas la encauzó el blanco criollo devenido "civilizador" en contra de sus coterráneos no blancos.

La intelectualidad cubana

Mucho se ha discursado, polemizado y teorizado sobre el colonialismo y la colonialidad en las últimas seis décadas. En este lado del mundo destacan ejemplos de cientistas sociales que con la validez de su trabajo teórico anclado en el estudio de nuestras peculiaridades americanas se universalizan en el contexto de la academia internacional.

De estos los hay que, directa o indirectamente, se han posicionado con voz propia en la temática de la colonialidad; se ubican ahí del poeta martiniqués Aimé Césaire y el antillano Franz Fanón a la presente generación (empleada como categoría que enuncia y articula confluencia de intereses sin que cuente en ello la diferencia cronológica) del propio Quijano, el brasilero Bonaventura de Sousa Santos, el argentino-mexicano Enrique Dussel, el puertorriqueño Ramón Grosfoguel y otros.

26

Llama la atención que la intelectualidad cubana, salvo honrosas excepciones (Walterio Carbonell, Rogelio Martínez Furé, Antonio Benítez Rojo, etcétera), prácticamente no haya centrado su atención en el complejo fenómeno del colonialismo y de la colonialidad. Todo porque es improbable alcanzar la verdadera soberanía nacional, la integración etno-racial y la justicia social sin deshacernos de la colonialidad como estructura social, psicológica e intelectual, y es en ese nivel que mejor podría darse el aporte de la intelectualidad como sector social en la refundación incluyente de nuestra inconclusa y fragmentada nación.

En ese sentido *El miedo al negro* es creación estimable. Bastaría para documentarlo una certera, decisiva e imprescindible exposición que ya adentrados en sus páginas encontramos. Con capacidad de síntesis de ideas fundamentales el autor remueve conciencias afirmando:

"Cualquier intento de simplificar la evolución de la cultura afrocubana culminará con la reducción al esquematismo colonial-post-colonial. Es un diagnóstico que nunca ha recogido el hecho de la inconclusa descolonización de la isla, de su aún pendiente período post-colonial. La razón estriba en un punto irreconciliable: tras su independencia Cuba jamás asumió la tarea descolonizadora, pues ello hubiese implicado la revisión de la cultura colonial ibérica y la reivindicación total del negro. De ahí que nuestra cultura no dispone de una épica sobre el prócer de nuestra independencia José Aponte, sobre los generales libertadores Antonio Maceo, Guillermo Moncada o Quintín Banderas, y ha mostrado su abulia a los horrores de la esclavitud, a la reconcentración "weileriana", a la masacre racial de 1912, a la discriminación racial[4]".

Irrumpe en las honrosas excepciones de intelectual cubano, afro-cubano, comprometido con el tema Benemelis, en quien toda su obra, hasta sus estudios aparentemente más alejados de la temática, parece orientarnos hacia esta. Trasponer las movedizas y turbias fronteras de la historia a la politología en la integralidad de sus análisis al respecto, ha sido natural para él, historiador y en su momento con larga carrera diplomática.

Nuestro complicado y atomizado entorno del Caribe, la complejidad y multiplicidad de África, la arrogancia de la vieja, decadente y ampulosa Europa, las similitudes y disimilitudes, rupturas y continuidades de la nueva América, de todo eso conoce por experiencia.

Mucho de ello expresa, sin presunciones, en El miedo al negro. Quienes conocemos su trabajo y las cualidades del hombre que lo emprendió y llevó a feliz término, podemos vislumbrar en sus páginas mucho de biografía profesional, en tanto queda ahí parte de las experiencias ganadas en sus caminatas por el mundo, en sus contactos con profesionales de la talla de Kwame Nkrumah, Franz Fanón, de Malcolm X y del ensayista Walterio Carbonell.

Esta es obra panorámica en la que nada, del trabajo de la conceptualización al análisis de la postmodernidad, queda ajeno al tema de la racialidad en su expresión del racismo anti-negro, algo que conoce su autor por experiencia profesional y de vida.

Ningún otro ensayista en la historiografía cubana ha acometido tan panorámicamente y con tal prolijidad de interrelaciones esta temática. Las 500 páginas de *El Miedo al negro* no nos agobian ni nos agotan, por el contrario, nos espolean a dialogar con sus tesis, argumentos y exégesis. Desde un generoso diapasón temático el autor dialoga con un extenso prontuario de autores, del pretérito al presente, sin distingos de reconocimientos académicos ni de corrientes historiográficas en la cual se orienten.

Tan importante como lo anterior es que Benemelis permite a los negativamente implicados en el tema del racismo anti-negro, a quienes lo padecen, expresarse por sí mismos, método poco frecuente entre historiadores.

En el extenso volumen tenemos un minucioso tratamiento del tópico etno-racial, tratamiento revelador del confuso entramado del racismo como sistema de dominación y de sujeción física y psicológica, de anquilosamiento en un perverso *status quo* que, como con nitidez destaca este ensayo, no expira en la institucionalización gubernamental del llamado "socialismo real".

Finalizada la ávida lectura, en El miedo al negro es posible tener una vasta comprensión del fenómeno en sus intríngulis y una matriz teórica para la comprensión y para la acción tanto cívica como más estrictamente política.

Tenemos un fundamento cognoscitivo auxiliador en la elaboración de un diseño táctico y estratégico que se proponga emprender el proceso de la real descolonización, emancipación y construcción de la nación cubana, para lo cual se ha partido de la exposición y análisis histórico del problema, así como de su profusión de sostenes y patrocinios desde sus orígenes y en su integralidad.

Sin embargo, el texto no es sólo para cubanas y cubanos interesados en la materia. Su destinario es toda persona que, en Afroamérica o más allá de sus costas incursione en las lides emancipadoras cuyos sujetos y objetivos sean otros, pues la episteme y las conclusiones explícitas e implícitas en el discurso de su autor pueden funcionar como guías o referentes a otras víctimas de sistemas de dominación.

Así percibido, los destinatarios de esta monumental narrativa descriptiva, explicativa e interpretativa son los ciudadanos comunes, la intelectualidad, no siempre bien asentada en un tema de especial complejidad y que conlleva una carga dramática que apenas se le reconoce y los políticos, interesados reproductores y cínicos camufladores y tergiversadores de una realidad tan palpable como sensible, tan traumática como traumatizante.

La identificación de las negatividades debe principiar por las propias, individual y colectivamente. Eso lo aprehendió y pone en práctica este intelectual que difiere de otros en su país tan compenetrados con realidades lejanas o de las cuales no participa su nación, mientras niegan o dan la espalda a las conflictividades nacionales.

Que "el dolor por la falta de reconocimiento puede ser tan terrible como la explotación o la esclavitud" o "que buena parte de las reivindicaciones por el reconocimiento no son nada si no van acompañadas de políticas de redistribución[5]" no lo aprendió este afro-cubano en lejanas tierras sino en la realidad de su vida y la de sus coterráneos.

El multiculturalismo él no lo descubrió traspasando las fronteras de su Isla sino en su entrañable y dilecta tierra santiaguera, crisol de culturas, espacio físico de esa caribeñidad de la cual emotivamente participa, de esa caribeñidad en la cual añora se identifiquen sus connacionales, y de la cual deplora que los euro-descendientes cubanos hayan tenido la tendencia a dar la espalda. Desde luego, Benemelis deplora la paradoja antillana que no se piensa negra y que se comporta subjetivamente como blanca[6].

Racismo y degradación

Con ética profesional Benemelis lo mismo participa de la teorización de la temática que deconstruye: el sistema de dominación racializado anti-negro, que actúa cívicamente en pro de la futura deconstrucción de ese sistema. Con ética profesional y cívica ha emprendido con anterioridad la compilación conjunta de ensayistas de varias generaciones que, residiendo en la Isla o en el exterior, abordan en su multiplicidad el tópico de la racialidad, y ha organizado o sido coorganizador de talleres y conferencias con la participación de unos y de otros.

Prosigue suscitándose la paradoja de que, en su país, priorizándose filiaciones políticas e incondicionalidades al proyecto político imperante y de atrofiada nación vigente, sobre compromisos intelectuales, la academia que se dice "cubana" le ignora como individuo y como profesional, aunque entre sus exponentes estén los que procuran dar clandestino seguimiento a la obra del colega forzosamente exiliado y, afortunadamente, fuera de la academia estamos quienes le hemos ido descubriendo y procuramos dar seguimiento con reconocimiento a su obra.

El autor inicia El miedo al negro con un auto de fe, para inmediatamente continuar situando el dedo dentro de la supurante llaga de un continente por rehacerse sociológica y estructuralmente, única manera de que fructifiquen sus hasta ahora malogrados intentos de rehacerse políticamente.

Entonces, no queda tendencia ideológica merecedora de dispensa: el racismo es un estado de degradación supra ideológica que afecta a todos porque todos somos copartícipes y sus víctimas podemos inconsciente y medrosa o ladina y calculadoramente terminar siendo sus cómplices. Esa es verdad que con diversas y sólidas argumentaciones apunta directamente a nuestras caras.

Con ese aperitivo iniciamos el extenso e interesante menú de un índice temático cuya vastedad (recogida en 38 Caps.) denota tanto la complejidad del objetivo abordado como la amplitud de pensamiento del intelectual que lo acomete, para, adentrándonos en cada sección y en sus notas, constatar la profundidad y complejidad de ese pensamiento y el minucioso rastreo bibliográfico del que también resulta *El miedo al negro*.

De inicio vemos subrayado aquello que habitualmente se pasa por alto: la modernidad americana y la "libertad" han sido excluyentes y racializadas desde sus orígenes, surgieron marcadas por el sentido de posesión sobre la población originaria del continente africano y sobre la población negra traída a este hemisferio americano, siempre como servidumbre, pues aun cuando fuera legalmente libre se haría recaer sobre esta el impuesto estigma del color y ello se convertiría, por primera vez en la historia de la humanidad, en herencia para sus descendientes.

De esa manera se ha comportado la estructura socioeconómica, cultural y política hasta hoy. Desde aquellos lejanos 1500 el comportamiento ha sido esencialmente el mismo sin salvedades de sistema de organización económica y política, de manera que[7]: "Existe un colonialismo por debajo de la modernidad capitalista, socialista o marxista y que proviene de 'experiencias coloniales' como la esclavitud en las plantaciones del Caribe a partir del siglo xvi, o de las poblaciones indígenas en diversas partes de la América continental, como otras historias similares en Asia y África.

Encontramos que la colonialidad se halla involucrada en el poder político, en la cultura, en la sociedad y en las formas de conocimiento; en la versión canónica de las ciencias sociales y a su potencial colonizador".

Con las formulaciones de Benemelis nos damos cuenta de que estamos ante o sumergidos en 500 páginas que nos sitúan ante una racionalidad otra, la del intelectual subalterno erigido en aguda, pertinente e inspiradora voz crítica desde la subalternidad etno-racial a la que conscientemente pertenece.

No tiene que ser ese propósito preconcebido por el autor. Su voz no tiene que pronunciarse de manera expresa y premeditada en la posición protagónica de la polifonía del

31

coro nacional, lo cual no le restaría madurez ni determinación pues tenemos los humanos una consciencia que se manifiesta muchas veces sin que estemos en su control.

En posesión o no de consciencia de su protagonismo la voz de Benemelis, sencillamente, es. Actúa en coherencia con su ética profesional y su experiencia de vida, sensata y congruentemente comprometidas entre sí y con los suyos, de los cuales no se auto excluye y respecto a los cuales no se sitúa con aires de superioridad sino en cumplimiento responsable de su rol social.

Podemos decir entonces que estamos en presencia de un militante etno-racial de la negritud que asume, que reafirma, que exterioriza y que despliega su militancia desde su rol profesional, sin la impertinencia mostrada por los intelectuales enfrascados en inútiles disimulos o en ilusorias neutralidades nacionales. Así, como antes hicieran otros afro-cubanos (ej.: el prócer independentista Juan Gualberto Gómez[8] y Walterio Carbonell), el ensayista se erige a su vez y naturalmente, en voz de la nación cubana posible y aún no construida; voz no de poder sino de autoridad.

Por eso su discurso no fuerza, dilucida; no impone, propone, nos encaminada por su propuesta narrativa, analítica, explicativa e interpretativa con la avidez de quien ha transitado por búsquedas reveladoras cuya urgencia de conocimiento/reconocimiento le provocan y le atormenta que sigan permaneciendo a ocultas.

La categoría autoridad

Con su manejo de la trans-diciplinariedad nos sitúa Benemelis en un dilema que viene siendo cada vez más común en las ciencias sociales, pero al que todavía no se adscribe la anquilosada escuela historiográfica de la Isla. Sin embargo: ¿cómo clasificar una obra que tiene como referentes tantos saberes de los cuales a su vez participa?

¿Cómo clasificar una obra en la que su creador no desdeña fuentes ni análisis siempre que los considere válidos y oportunos a los fines de su creación? ¿Cómo clasificar una obra que bebe de la metodología de la historia, de la sociología, de la antropología e incluso de la filosofía y de la politología y en cuál especialidad situar a su creador?

Lo rápidamente identificable es que *El miedo al negro* se posiciona dentro de ese repertorio historiográfico que revisita la historia releyéndola, deconstruyéndola, reanalizándola, escrutando y adentrándose en sus opacidades y ocultamientos, complementándola con otros saberes, para revelárnosla con otros resultados, inevitablemente críticos de los sistemas de dominación instituidos por los detentadores de los poderes, resultados que son también críticos de los cómplices de los detentadores de los poderes.

Lo difícilmente cuestionable es que este es un texto que indefectiblemente es obra cumbre, que no última, de una vida profesional de provechosa consagración, y que participa de una historiografía que sustenta nuevos caminos emancipadores, que como el autor que le dio vida.

El manejo que este hace de la categoría "autoridad" ubicándola como parte del complejo estructural de la dominación, funciona en la lógica y las dinámicas de la autoridad (entendida como el ejercicio de poder ganado no por fuerza sino por prestigio y como su realización legitimada en la efectividad de las acciones y sostenida en el consenso) y no en las del poder.

Es esa la historia emprendida (construida, vivida, narrada e interpretada) desde la inteligencia del subalternizado, facturación indicadora de una nueva aurora del pensamiento de ese conglomerado de nuevos sujetos históricos pugnando por su validación como sujetos políticos, a contrapelo de unos nacionalismos americanos viciados de origen, excluyentes, marginadores, repetidores en nombre de la nación de lo peor de la europea construcción de los Estados nacionales: el racismo y el etnicismo, fundamentos de los totalitarismos de cualquier signo político.

Para ello promovieron "la homogeneidad nacional del espacio nacional y cultural" aunque tuvieran que invisibilizar a los no-blancos, promovieron "la concepción de la nación como una realidad inmutable y cuasi eterna" aunque excluyera a los no-blancos, en suma, establecieron "códigos y relaciones de identidad excluyentes racistas".

En esa estructuración apócrifa de la nación quedar como "minoría" (no necesariamente numérica) implica que no se ejerce o comparte el poder, contrario al grupo mayoritario que sí ejerce el poder político, económico e ideológico, además del acceso o control del aparato estatal[9].

Este tipo de ensayística historiográfica cultivada por Benemelis es de espíritu y esencia postcolonial, verdaderamente liberadora, inscrita en un repertorio bibliográfico amplio y heterogéneo cuya suerte de visibilización ha estado directamente vinculada a los momentos históricos de aparición de unos textos de disímil factura, que no reciben todo el beneplácito de la academia ni el favor del *marketing*.

Un arsenal bibliográfico en el que conviven las obras del afro-estadounidense DuBois con las de los a su vez heterogéneos exponentes del movimiento de la "Negritud", de los antes mencionados martiniqueños Aimé Césaire a Fanón y la de autores americanos, africanos y asiáticos posicionados sobre ejes y categorías diferenciados de los tradicionalmente empleados por la historiografía del colonizador o reinterpretadoras de los ejes utilizados por este. Es la historiografía del mundo colonizado pugnando por desasirse de los resortes dominadores también en las letras.

El autor y lo autoral

Específicamente en Cuba, se sitúan por derecho propio ahí, junto al Dr. Juan Benemelis, gran parte de la producción intelectual de Martín Morúa Delgado, Juan Gualberto Gómez, Walterio Carbonell, Carlos Moore, Iván César Martínez, Enrique Patterson, Tomás Fernández Robaina, las autoras de la revista "Minerva", Leyda Oquendo, Inés María Martiatu, Juan Antonio Alvarado, Pedro A. Cuba, Roberto Zurbano con otras que, sin alcanzar su calidad y plenitud, participan de ese escenario vindicador y reivindicador de la afro-cubanidad y de esta como parte consustancial de la cubanidad.

Benemelis nos ha acostumbrado a estos malabares del pensamiento exhibidos en su tratamiento de las complejidades de las más diversas realidades.

De la historia de la humanidad salta sin demoras y con tino a historiarnos y analizarnos las guerras africanas de los hermanos Castro Ruz, remonta a la historia del mundo árabe o se adentra tomando el pulso a los sucesos de actualidad en ese convulso espacio físico y complejo espacio sociológico, se retrotrae al origen del universo o nos regala sus análisis prospectivos sobre la Cuba del futuro; últimamente nos había agasajado con una pródiga historia del continente africano.

Toda una acuarela de posibilidades en la cual pareciera no quedar espacio para más en su pensamiento. Pero sí: se nos muestra un apasionado del tema de las relaciones inter-géneros y de las relaciones inter-raciales, de las religiones... encarando temáticas candentes estén o no de moda, pero, por lo significativo de estas, siempre de actualidad e inevitablemente imprescindibles y trascendentales.

Benemelis viene entonces destacando como un en estos tiempos inusitado, sorprendente y provocador enciclopedista americano, afro-caribeño, afro-cubano, cubano, pese a sus muchos años físicamente fuera del terruño.

Uno de nuestros investigadores y autores más fecundos y dialogantes, no sólo con la historia y con la politología sino con otros colegas tras cuyas obras va ya diacrónica o sincrónicamente, sin desdeñar la bibliografía occidental, pero sin centrarse en esta, porque ahí están los cientistas sociales africanos, caribeños y afroamericanos, de ayer y de hoy, rampantemente obviados en una Isla que, insiste en subrayar Juan Benemelis, continúa centrando su mirada obstinadamente en sus raíces europeas.

En ocasiones los títulos de los libros son una trampa para los lectores y hasta para sus propios autores. Ocurre que títulos grandilocuentes no se avienen con los contenidos de los textos y nos sentimos defraudados tras su lectura.

También sucede que el autor quede casi por automatismo asociado al título de uno de sus textos, aquel más relevante o de más atractivo para sus lectores; en tiempos de marketing, puede quedar atrapado en alguna de sus creaciones que no siendo la más lograda sí tuviera mejor trabajo de promoción.

El título escogido por Benemelis para su texto funciona como uno de esos ganchos por los cuales nos alegramos de habernos dejado atrapar. Esperando adentrarnos únicamente en el tema racial específico de la afro-descendencia cubana, hallamos mucho más.

El tratamiento del tema etno-racial y el étnico, las complejidades en multiplicidad de niveles y espacios en los que se produce, las maneras en que se ha venido abordando teórica, ideológica, antropológica y políticamente en los distintos escenarios geográficos hasta la actualidad ya serían suficiente, pero hallamos más.

Examina las interrelaciones del problema etno-racial en la disolución de los Estados nacionales marxistas del siglo XX, la presentación del marxismo como fuente nutricia del nacionalsocialismo fascista, el pensamiento de la afro-descendencia diaspórica y su temprana comprensión de que el marxismo no satisfacía las necesidades de esta población, el racismo marxista de los rusos soviéticos y de los chinos, entre tanto más, para nuestro grato asombro e intelectual satisfacción, superan con creces el título escogido.

El ser negro

La polisemia del tema transita en esta obra por interrogantes y respuestas que nos ofrece el propio autor. Con todo, la potente madeja de observaciones golpea nuestras adormiladas mentes para forzarlas a trabajar, buscar, pensar, a interrogar e interrogarnos y procurar respuestas en un texto que ampliamente documentado nos incita a la reflexión y a la activa participación más que a la aceptación. He ahí uno de sus muchos valores.

¿Qué es ser negro?

Interroga y dice que no hay forma de saberlo, pero señala los rasgos fisonómicos por los cuales la subjetividad prosigue identificando a la persona negra. Y, ya sabemos, es de las subjetividades que van emergiendo e imponiéndose muchas normas de convivencia.

Pero esas subjetividades no siempre son espontáneas creaciones individuales y colectivas. Estas muchas veces son las resultantes de pacientes inducciones estimuladas por los creadores y operadores de los poderes para favorecer la retención de estos, para obtener el mantenimiento y estabilidad en sus posiciones y los beneficios que ello les provee. De esas inducciones provienen y dependen tanto supuesto pacto social, tanta ficticia paz social sostenida en la coacción.

Benemelis, como otros estudiosos, adopta su propia interpretación de lo que significa ser negro en el continente americano, situándose para su explicación en una peculiaridad de este sujeto social subalternizado que transita por la dinámica de la subjetividad, concientizada o no, y desde la transnacionalidad afro.

Y nos dice[10]: "el descendiente de africano en el continente americano, subraya, no importa su gradación de mezcla, tiene un sentido de ser 'persona' con raíces históricas y destinos ajenos al tiempo y el espacio de la nación que los acoge. Es la condición existencial que el afro-americano DuBois caracteriza como 'doble conciencia' en referencia al 'negro americano', de lidiar con una subjetividad escindida (americana y africana) y de negación de la ciudadanía sustantiva por parte de las naciones-Estado debido a ser vistos y clasificados como problema por un régimen racista dominante, debe extenderse a toda Afro-América".

Es tan interesante la colocación del autor en su explicación como la conceptualización de DuBois de la cual se sirve. Han ignorado o les han concedido escaso valor los estudiosos cubanos a las ideas de uno de los precursores afro-estadounidenses, afroamericanos, sobre el tema de la afro-americanidad y de las relaciones interraciales.

El historiador DuBois es ignorado porque a la blanca *intelligentzia* le es tan difícil comprenderlo y aceptarlo como refutarlo y negarlo; ni siquiera le desdeñan, le ignoran. Pero el *corpus* de su pensamiento y las articulaciones de las ideas que lo integran son de las más realistas y mejor argumentadas expuestas por los iniciadores de este tipo de estudios y por quienes les hemos seguido.

El ostracismo al que le condenara la academia y la intelectualidad cubana radicaría en el racismo anti-negro de esta, en su desconocimiento del afro y de tanto de la genuina africanidad, en su renuencia a ofrecer a esta la importancia que amerita, como en su negativa a aceptar la idea de que un pensador negro fuera quien acertara en el acercamiento, deconstrucción y presentación de la realidad del subalterno de su misma condición etno-racial.

Este historiador cubano no olvida que existe una construcción política de trascendencia cultural siempre históricamente contextualizada de las clasificaciones raciales. "El negro", expresa sin rodeos[11] "es producto de un largo y complejo proceso de decantación de ideas en el siglo xix, en torno a la naturaleza de la nación a construir, y de las imágenes que las expresarían".

"El negro" fue la identificación; "el mulato" lo fue del estadío intermedio del tránsito de la "barbarie" malsanamente señalada en aquel hacia la "civilización"; "el blanco", creador avieso de la esta codificación y de su asociación con valores y antivalores, se registró a sí mismo como la imagen simbólica de todo lo positivo, como el exponente único de la "civilización", como el llamado por Dios (que para todo los humanos nos servimos de las religiones) para conducir a las otras razas en la trasposición de la penumbra de la que definió como "prehistoria" hacia "la luz" civilizatoria del Occidente cristiano, que identificó con la "historia".

Arbitrariedades de género y raza

La crueldad de sus métodos para lograrlo se justificaría en la supuesta bondad de sus propósitos. Ya vamos remontando la segunda década de una convulsa centuria mientras, abrazados y aferrados a lo peor de la modernidad, no todos alcanzan ni desean penetrar en esa lógica.

"Pienso que la mayor injusticia del mundo moderno ha sido las arbitrariedades de género y de raza". Así de categórico y polémico para nuestro entorno, inicia Benemelis su texto[12], y nos introduce en este conminándonos a recorrer con él por una lógica que en este siglo XXI debería sernos a todos insoslayable e irrefutable, la cual nos permitiría afirmar con el autor que: "las diferencias de sexo no menos que las diferencias de raza son construidas ideológicamente como 'hechos' biológicos significativos en la sociedad, naturalizando y legitimando las desigualdades sociales[13].

Acto seguido se nos torna explicativo al expresar que el mundo moderno –afirma- se conformó a partir del racismo, y por eso ha sido tan difícil al descendiente de esclavos africanos obtener la equidad. Por eso, no es posible abordar el tema del Estado y la nación, de las nacionalidades, de la cultura y la sociedad en las Antillas, y en América en general sin incluir el racismo, la etnicidad, la jerarquización social, la no descolonización y el criollismo-nacionalista.

Pero estos temas no son abordados en toda su plenitud en nuestro continente, pues ello entronizaría una reorganización política y social de sus estados y naciones[14]. Abordarlos en sus complejidades y variabilidades de niveles es tarea que emprende este historiador. En tiempos de subalternidades emergentes, ¿pudiera alguien, con efectivos argumentos, discrepar de su aseveración?

Para desestimar los contra argumentos que pudieran intentar esgrimírsele bastaría con la declaración de la Organización de Naciones Unidas (ONU) del pasado año 2011 como Año Internacional de la Afro-descendencia, no como una dádiva para los millones de afro-descendientes que habitamos hoy los cinco continentes, sino como un llamado de atención, como una alerta a los gobernantes a tomar en consideración las deudas históricas con estos, como un estímulo a emprender el camino de las reparaciones, que no sería tal si no contemplara el derecho al empoderamiento y/o re-empoderamiento de este amplísimo y heterogéneo sector poblacional ya de carácter mundial y con un casi siempre soslayado carácter trasnacional.

Del caso paradigmático del filósofo inglés John Locke, baluarte de la libertad y la democracia, pero uno de los principales accionistas de la tristemente célebre negrera *Royal African Company*, cuya actividad fundamental era la trata de africanos para venderlos como esclavos[15], al supremacista Emmanuel Kant cuya lógica teórica[16] "de la bio-supremacía europea responsabilizada con la misión de extender la

39

civilización a los salvajes no europeos, fundamentó la 'tutela' de la 'ola imperialista' del siglo xix y sus filosofías 'economicistas' y sus historias de jerarquía racial europea".

El Dr. Benemelis hace un prontuario de teóricos racistas que fundamentaron y han venido nutriendo las prácticas racializadas de poder anti-negro y en cuyos presupuestos teóricos seguiría afianzándose el poder, del pasado al presente. Un prontuario que en Cuba alcanzaría de Francisco Arango y Parreño, José Antonio Saco, muchos de los independentistas, los pseudocientíficos "teóricos" de la supremacía racial blanca, gran parte de la intelectualidad, a los castrista-socialistas.

Asimismo, Benemelis nos obsequia con un prontuario general que comprende a teóricos antirracistas que han laborado en aras de la deconstrucción del cuerpo pseudocientífico justificador del racismo.

Franz Fanón, Eric E. Williams, el filósofo jamaiquino Gordon Lewis, entre otros autores afroamericanos, aparecen en un texto que no discrimina saberes, fuentes ni epistemes, junto al "genial berebere Ibn Jaldún[17]", a Eded Okón (historiador africano), Herodoto, los antropólogos franceses Claude Lévi-Strauss y Louis Dumont.

En conjunción con estos en el texto se expresan estudiosos no tan conocidos, pero no menos importantes, y otros prácticamente ignotos y *cuasi* inéditos, como el dramaturgo afro-cubano Tomás González, al que nos devela como un teórico de hondura que no se centrara exclusivamente en los asuntos artísticos.

Dialoga con o también nos muestra el decir de estudiosos que están iniciando la cosecha de sus obras científicas, como los más jóvenes cientistas sociales cubanos, entre los cuales el autor cita al Dr. Pedro Alexander Cubas, así como a activistas cívicos afro-cubanos.

Un balance del racismo

Un pormenorizado balance por el racismo, desde sus orígenes hasta sus más variadas expresiones enfrenta el

40

autor. Como en textos que escribiera con anterioridad, hermana con otros autores especificando que la lejana esclavitud, en otros contextos históricos, culturales, geográficos y políticos, no tuvo identificación racial sino expreso contenido económico.

La racialización de este fenómeno la impondría la trata esclavista y el sistema de esclavitud implantado por las metrópolis europeas en las Américas, escenario de realización para la edificación de sus imperios que, como se explicita en su libro el *El miedo al negro*, serían de construcción históricamente tardía; en esa acometida les aventajaban árabes, asiáticos y africanos negros.

Como invariablemente ocurre con el trabajo de la intelectualidad que articula su organicidad al servicio de los poderes, ese sería conocimiento que se empeñarían en ignorar y arrinconar los paladines intelectuales de la mitificación de la historia occidental.

Si bien el racismo hunde raíces en la xenofobia como expresión de miedo al extraño[18], el uno y la otra no son equiparables. "Esta xenofobia, que sin duda se relaciona con los instintos territoriales, no es sin embargo completamente equiparable al racismo, ya que este no se presenta como un instinto, sino como una teoría[19]".

También emulando sus anteriores textos, precisa Benemelis[20] que no puede existir racismo a menos que sea política, manifiesta o no, de Estado. "El racismo es un fenómeno social de exclusión, que no puede describirse sin la intervención directa o indirecta del Estado".

En el caso cubano, entre otros elementos, Benemelis nos recuerda lo siguiente[21]: "El Estado interviene institucionalizando ciertos discursos y prácticas de exclusión y no sancionando otras prácticas que adquieren su propia dinámica en campos de relaciones específicas, y contribuyen así, directa o indirectamente a la reproducción de distintas formas de racismo y, en casos 'límite', desplegando su poder para prescindir del 'otro'. La educación mantiene la proyección mono-cultural y aún no han sustituido los libros de texto que representan al africano marginado del desarrollo económico y la cultura".

Razón por la cual, quienes en cualquier espacio geográfico y político nos afanamos en las empresas anti-racistas, nos tornamos reiterativos en el señalamiento de la necesidad de la elaboración de planes de estudios que comprendan la multi-racialidad, la multi-etnicidad y el abordaje polifacético y en diversos niveles de estas realidades sociales.

Empeñándonos asimismo en señalar la urgencia del rol de los medios en la reproducción de los elementos de base del racismo y en el fomento de la jerarquización etno-racial, y en la alimentación del racismo por la vía de la desacertada proyección y concreción de la estimulación del turismo, entre otros tópicos que, como la necesidad e inevitabilidad de una legislación protectora y defensora de los sectores subalternizados por cualquier motivo, no exclusivamente el etno-racial, debe existir.

El etno-centrismo blanco

No obstante, el título del enjundioso texto aquí reseñado, el autor no se centra exclusivamente en el racismo anti-negro, no valiendo para este ese calificativo minimizador y acusador del que suele echarse mano con ánimo de demeritar; a tenor, se trata del encasillamiento en el tan llevado y traído "esencialismo" o "racismo al revés". Algo que sería muy forzado pretender encontrar en *El miedo al negro*.

Quizás con la premura de la conflictividad de los tiempos, tal vez con la urgencia del estudioso que saca a consideración su obra sin demoras para ser constatados y socializados sus resultados allí donde más falta hacen: en el escenario de la vida pública, del análisis intelectual y del activismo cívico, el autor en ocasiones pareciera haber confundido la utilización de términos que él mismo ha desmenuzado en su estudio, evidente resultado de su arqueología del conocimiento, de su observación participante y de su exploración cognitiva.

Quien con excelencia ha trabajado la conceptualización respecto al complicado tema racial, repitiéndonos la inconsistencia científica del término "raza" y lo apropiado de versar más en cuanto a la multiplicidad de culturas[22] que de "razas", no es lógico que en el algún pasaje del volumen se refiera a la diversidad de "razas blancas"[23], lo cual puede inferirse como carencia de la imprescindible revisión y corrección previa a la impresión. Lo cual también se observa en la repetición de palabras, párrafos, problemas con la utilización de comillas, etcétera.

Pero quienes le lean con la avidez y paciencia requeridas, quienes no se extravíen en sus propios prejuicios ni hagan rápidas lecturas periodísticas de este ensayo historiográfico, antropológico, sociológico, etcétera., de este estudio de las mentalidades, podrán fácilmente distinguir y comprender unos gazapos y, en ocasiones, repeticiones, que parecieran más el resultado de una comprometida escritura de urgencia y de la ausencia de un buen trabajo de corrección y edición, que de dislates del pensamiento.

La preocupación asiste a esta reseñadora porque no suele ser de esa manera como cada uno se relaciona con un texto, menos si es tan voluminoso y emprende la temática central a partir de una gran variedad de ejes. Por eso la necesidad del detenimiento en el trabajo editorial antes de la publicación. Pues aún siendo este un libro para la acción, lo es también para la posteridad historiográfica individual y colectiva.

Volviendo sobre el etnocentrismo blanco tenemos en el texto amplias referencias recordatorias de un hecho que habitualmente pasamos por alto, y es que este no prescindió de la jerarquización por orígenes y pertenencias culturales si bien no llegó a los extremos de pretender esclavizar, lo cual tampoco necesitaba.

Para entonces Europa disponía de un "nuevo mundo" cuyos territorios robar, ocupar y disputarse, a cuyas poblaciones someter. Por si fuera poco, disponía a su arbitrio de las vastas poblaciones del continente africano para servirse de estas, cual "piezas de ébano" o bestias salvajes: ¿no les había sido concedido ese "derecho" y monopolio por el propio jerarca de la Iglesia cristiana-católica?

Entonces: ¿por qué extrañarnos de que, en la actualidad, esa jerarquía religiosa se manifieste igual de racista, jerarquizadora e intolerante hacia las otredades tal como hiciera cinco centurias atrás?

43

Es de la *Biblia*, precisamente, que se toma el concepto 'elegido' como estrictamente biológico, hereditario, racial[24]. En el siglo XIX, para demostrar que los racistas contaban con la aprobación de Dios, hicieron en Europa una interpretación racista de la *Biblia*. Se basaron en que en el Génesis dice que en la época del diluvio universal Noé tenía tres hijos, Sem, Cam y Jafet, de ellos se originaron tres razas humanas, de Sem descenderían los judíos y árabes; de Cam, los negros, y de Jafet, los blancos. En un momento de enojo Noé maldijo a Canaán, hijo de Cam, diciéndole: 'maldito sea Canaán, siervo de siervos será a sus hermanos' (*Gén. 9:18-29 9:18-29*). Para los cristianos esa frase indica que Dios desea que la 'raza negra' sea sirviente de los blancos".

Con todo, pecan de ignorantes los actuales cristianos, católicos o no, persistentes en reeditar su visceral discriminación anti-negra, su absurda e interesada exclusión de las personas negras, lo que ocurre también al interior de las iglesias cristianas. Esa cristiana ignorancia nos la devela *El miedo al negro*.

A regañadientes y en las últimas décadas, se admitió que la historia y la filosofía no empiezan en Grecia; que China, India, Mesopotamia, el Nilo y las mesetas etiópicas no era un mundo 'pre-filosófico' estático, sino gestante de civilizaciones que precedieron a la de Europa. Ya existen historiadores que consideran negros a los faraones egipcios.

Ya no se pinta de rubio al cartaginés Aníbal Barca. Actualmente "se conoce que el emperador romano Septimio Severus era africano, así como Aurelius Agustines (san Agustín de Hipona, uno de los cuatro doctores originales de la iglesia latina), el líder de la iglesia católica y autor prolífico Quinto Séptimo Florente Tertullianus, castellanizado como Tertuliano (155-230 d. C.), y también san Cipriano. Asimismo, que eran negras como la reina Makeda, referida en la *Biblia* reina de Saba, la bella Sulamita del *Cantar de los Cantares* y Santa Ifigenia, princesa de Etiopía, mártir y discípula de san Mateo, el apóstol"[25].

"Ya se descubrió que era negro Pedro Alonso Prieto, el piloto de 'La Niña' en el primer viaje colombino; que el *Otelo* de William Shakespeare es un negro; que el glorioso general napoleónico Thomas Alexandre Dumas, era hijo de esclava negra, su hijo sería el novelista Alejandro Dumas y su nieto, también mulato, será el dramaturgo autor de *La dama de las Camelias*; que el general español Arsenio Martínez Campos escondía su abuela negra"[26].

El miedo al negro está plagado de verdades incómodas para los poderes, cuyos protagonistas y secuaces pudieran considerarlas ofensivas. "El racismo es una proyección discursiva de la estructura económica moderna, patriarcal y monoteísta, que instrumentaliza a grupos humanos a partir de supuestos principios genealógicos y de una aparente hegemonía de universalismo". Esa es verdad de Perogrullo que no gustan de escuchar sus ejecutores[27].

Adempero, es revelador de la dirección de los compromisos de quienes emprendan la complicada tarea de negar algo sustancialmente constatable: que el racismo anti-negro de la estructura de poder político en prácticamente toda Afro-américa coincide con la misma práctica en las Iglesias cristianas, convencidos de su "superioridad" cultural. Eso, no obstante, a que[28]: "Entre los desastres del monoteísmo se halla la noción de raza o nación elegida".

Con ese vacuo razonamiento, las denominaciones cristianas lo mismo que los protagonistas del poder cultural, han sido tendientes a descalificar a las afro-religiones, negándoles el carácter mismo de religiones, calificándolas las primeras de "demoníacas", los segundos de "expresiones de religiosidad popular" y encerrándolas ambos en una reductora expresión del término "folclor".

A fin de cuenta[29], la "combinación de fe religiosa y ansias de poder y fortuna" reinante en la península, combinación con la cual emprendieran la lucha por la reconquista en contra de los moros, llegaría a América en las embarcaciones del almirante Cristóbal Colón y aquí nos la consignarían, en mescolanza con el racismo, como soporte de las relaciones de poder.

No debe descuidarse en el análisis el objetivo de las élites de poder en Indo-afro-Hispanoamérica. Para estas todo estaría concertado para el mantenimiento y prolongación en su grupo del poder. Si los negros y su africanía significaban un problema para la estabilidad de unas naciones diseñadas desde arriba por los supremacistas, sin importarles la autenticidad y legitimidad de los procesos de creaciones y recreaciones nacionales desde las bases sociales, pues en consonancia[30] "el discurso político y la práctica del poder pretendían acelerar el proceso de 'des-africanización', induciendo la negociación de sus identidades, inicialmente con la castellanización, el catolicismo, la proletarización y la reducción a la folclorización".

El blanqueamiento intelectual

Es interesante que de la incomprensión y menosprecio del mundo afro-religioso y de las manifestaciones afro en su más amplio espectro, pese a que[31] "el racismo está completamente desacreditado como doctrina científica y como ideología política", no queda del todo exceptuada la intelectualidad, hasta el presente tergiversando y reelaborando "una historia a la medida del poder"[32].

Se trata de una intelectualidad instigadora ella misma del blanqueamiento entendido epidérmica, cultural y psicológicamente; es decir, apostadora por el colonialismo cultural como método de homogenización y de forzada "unidad nacional".

Igual sucede en la Isla, donde en la práctica de vida y en los compromisos intelectuales y emocionales se cumple la lógica señalada por Benemelis de que: "Entre raza, etnicidad y clase, la predominancia asignada a los primeros dos factores oscurece la relevancia del tercero, de la clase social.

Para explicar las desigualdades sociales siempre ha sido y es la raza el factor que, pese a estar ocluido y poco enunciado, es el que 'legitima' los privilegios y el poder, por un lado, y 'explica' la pobreza y la impotencia social por el otro, pues se halla implícito en las cualidades, en los modelos y en los valores del supremacista discurso hegemónico"[33], haciendo de esta disciplina, sin dudas, "la más manipulada de las actividades intelectuales"[34].

Menos probable resulta concordar con el supuesto de la sociedad globalizada como "base del mantenimiento de comportamientos racistas cotidianos por amplios segmentos sociales". Asevera Juan Benemelis que[35]: "La modernidad

46

abrió el camino a una sociedad digital globalizada, con gigantescos movimientos de personas, con lo cotidiano de la presencia del extranjero, la cual provocaría angustias en entornos cuasi-inmutables de pequeñas comunidades con modos de vida pre-modernos.

El proceso de desarraigo favorecido por la modernización se halla en la base del mantenimiento de comportamientos racistas cotidianos por amplios segmentos sociales".

Sin embargo, la aprehensión y puede que la neurosis, la ansiedad y el extrañamiento generados por las diferencias entre individuos y colectividades humanas desarraigadas de sus entornos originarios o conviviendo en la pluralidad, si bien podría operar como matriz incubadora de desconfianzas, estas se expresarían en racismo sólo si existiesen marcadores falsamente "raciales" previamente instalados en las subjetividades, en donde estos quedaran significados con cualidades y valores jerarquizados y excluyentes, subjetivamente conformados como antagonistas.

Los imaginarios individuales y colectivos no se establecen "racializadamente" más que si previamente se ha creado, atendiendo al mencionado relacionamiento asociativo-jerarquizador-antagonista de marcadores raciales con cualidades y valores, un sustrato de prejuicios al respecto.

El racismo como práctica no es una inclinación natural a la que necesariamente estar expuestos, ni una herencia genética, aunque sí está demostrado que una vez instalado y sin la aplicación de medidas para su desarticulación, puede tener reproducción endémica.

El racismo es creación histórica, cultural, política, y, ciertamente, en esa perspectiva, habita como constructo ideológico de (des)organización sociológica gravitante en todos los espacios y niveles sociales. Se hace difícil pensarlo anclado únicamente en las diferencias y el desarraigo, aún cuando ambos puedan concurrir como fuentes de temores, incertidumbres y desconfianzas.

Lo que queda claro es que, creado ese constructo[36]: "En cualquier entramado social en que esté presente el racismo como forma de discriminación y exclusión de 'otros' aparece un común denominador: el miedo, lo que inocula una altísima dosis de susceptibilidad primitiva que los hace

47

colocarse a la defensiva, interpretando como agresiva cualquier conducta.

La condena al comparecer en cualquier momento y lugar, sólo hace falta que los condenados pertenezcan a una minoría detestable para que comience la discriminación; siempre ha de existir una sola culpa, la de ser 'diferentes'. El nuevo racismo supremacista pone de realce las diferencias culturales entre grupos étnicos utilizando la idea de que las mismas, entre pueblos europeos y no europeos hacen imposible el convivir en la misma sociedad".

Es lo que ha sucedido en las Américas desde la época de sus revoluciones nacionales, de las primeras a las tardías. Como señala el autor, de Simón Bolívar a los barbudos revolucionarios castristas o los latinoamericanos guerrilleros aupados por estos, ninguno incorporó a las poblaciones afroamericanas en los proyectos nacionales más que como apéndices.

El protagonismo y la centralidad, hasta hoy se piensa, corresponden monopólicamente a los ibero-descendientes, a los herederos de los colonizadores y esclavistas. Todo intento de la población afroamericana de compartir ese poder, ha sido visto, presentado y manipulado como "racismo a la inversa", "auto-segregación" y, más recientemente, como "divisionismo" y "esencialismo".

El aporte del castro-socialismo, esa modalidad del "marxismo de Indias", sería el de la inventiva justificadora del *status quo* racializado, calificando la necesidad y las ansias de compartir el poder por parte de los afro-descendientes cubanos de "deseo de protagonismo", "diversionismo ideológico", y declarando a estos sujetos como "agentes enemigos" o "confundidos".

En toda sociedad quienes detentan el poder por diferentes y complementarios procedimientos y vías transmiten más o menos subliminalmente las ideas de representación que poseen ellos sobre los diferentes grupos conformadores de la nación. En su visión son esas las representaciones que deben hegemonizar el imaginario colectivo.

De esa forma la hegemonía supremacista permea las conciencias y consiguen la imposición del mito ideológico de la superioridad de la élite en cuanto a disciplina, conocimiento, seriedad de los propósitos, educación, manejo de los fondos públicos, comportamiento sexual y por supuesto en una forma explícita en lo referido a los valores morales, la estética física y las relaciones familiares[37].

Ese es el por qué en Cuba la élite política ha atribuido el nombre de folclor a todas las expresiones culturales, hábitos, religión y bailes entre otras cosas que provienen de las costumbres africanas y que se han desarrollado en el país durante siglos de mezclas. entre las culturas ibérica- moros y la cultura africana.

El mensaje de la élite es claro, hay una cultura europea que es blanca y por lo tanto superior a la que los negros y mulatos han heredado, la cual en la actualidad no es cultura sino folklore y el folklore por lo tanto es inferior como cultura a la de los europeos[38].

Los asuntos de identidad son hartamente complejos y abarcadores. Sin embargo: "¿Dónde estaría el afro-cubano sin ese esencialismo, o lo que la teórica feminista Gayatri Spivak llama esencialismo estratégico?

La bio-política

La verdad de la experiencia afrocubana, de la trata a la actualidad, es un terreno profundamente místico, el tablado de las fantasías populares donde se es imaginado; surgen, entonces, profundas preguntas sobre la transmisión y la herencia cultural, y sobre las complejas relaciones entre los orígenes africanos y la dispersión irreversible como consecuencia de la diáspora, sobre-determinándose la cultura popular, al verse excluidos de un espacio social ajeno[39]. A algunas de esas preguntas responde Benemelis en su monumental obra *El miedo al negro*.

Siempre que se aborda el tema racial, se explicite o no se está tratando también de las identidades, de cuantos sub-ejes con estas se relacionan y de cuantas esferas y niveles se imbrican en estos y en aquella (la identidad), incluida la esfera de la política en sus distintos niveles, lo cual no siempre es cómodamente inteligible.

Eso lo sabe nuestro profesor. De ahí su perseverante y enérgica aplicación para evitar que algo se escape a su inconmensurable esfuerzo sistematizador y panorámico en su perspicaz análisis sobre el tema racial.

La literatura de ficción y la ensayística, el análisis de discurso y la teorización epistemológica, la biología y la antropología, la historia, la genética y la política, son algunos de sus auxiliares en su magno esfuerzo demostrativo y explicativo de un fenómeno de vieja data del cual no acabamos de emanciparnos los humanos y que, ya con o sin consciencia, no siempre identificamos como opresor y menos procuramos su comprensión.

Un fenómeno para el que sus víctimas principales no siempre disponen de adecuadas y legales protecciones, y ante el cual pueden mostrar una inducida catarata que, estimulada por los monopolizares del ejercicio de poder, coincidentes con los que disfrutan de sus recompensas, actúa en su contra.

Cuando en el texto se llega al darwinismo social, ya está listo el lector para comprender que este no fuera un hecho inusitado, que con anterioridad la élite letrada habría recorrido un extenso camino preparatorio para lanzar al mundo la teoría del triunfo de los más fuertes vistos como los más aptos, y, por supuesto, ya habrían sido sentadas las bases para afirmar que esos serían los pueblos conformados por personas blancas, por esa "raza elegida" que en pleno siglo XX un enloquecido y hábil Adolf Hitler identificaría con una supuesta "raza aria"; esa raza vista de conjunto como la llamada a gobernar y a explotar a cualquier otro pueblo, "científicamente" certificados todos los no-blancos como "inferiores", "inmaduros", "inmorales", "criminales".

De la pseudocientífica justificación de esa tesis a pasar a la eugenesia como técnica de higienización social quedaría apenas un paso. Este fue dado por europeos y americanos por igual y en colaboración. Los cubanos harían acto de presencia con voz alta y firme. Los afro-descendientes cubanos no mereceríamos la procreación a fin de evitar el debilitamiento moral y biológico de la nación, que debía ser blanca para ostentar valores positivos.

Es honesto reconocer con Benemelis y otros, por más que nos dolamos de ello, que filósofos, historiadores, antropólogos, sociólogos, médicos y biólogos, con el apoyo de literatos y políticos se habían encargado de empedrar el camino hacia el infierno del llamado "racismo científico", que vería la luz hacia finales de la decimonónica centuria. De los esfuerzos hechos por pseudocientíficos por demostrar la inferioridad de las personas negras se pasaría a la articulación del discurso sobre su supuesta amoralidad.

"Desde los años 80 del siglo xix, y en el xx, las ideas eugenésicas y de superioridad racial caucásica se enseñaban en la Universidad de La Habana, en los programas para biólogos, antropólogos, jurisconsultos, para los médicos, en clínicas y hospitales, sobre todo vinculada en la obstetricia, la ginecología y la puericultura (...) no solamente los graduados universitarios de finales del siglo xix y la primera mitad del xx, sino también toda la generación que estudió biología en el bachillerato en las décadas del 30, 40 y parte de la 50, recibió los contenidos racistas de la genética y eugenesia elaborada por esta pléyade de defensores de la superioridad racial blanca. También en los libros de texto de sociología para la segunda enseñanza y la universitaria en esas décadas están explícitas la genética de razas y la eugenesia"[40].

El apoyo dado por la antropología y la etnografía, la biología social, la medicina, la criminología y la aplicación del derecho a la construcción político-cultural del racismo y el haber sido fundamentos de la práctica discriminatoria asentada en las diferenciaciones fenotípicas y culturales no nos autoriza a calificar a estas, en toda su extensión, de "pseudo-ciencias", lo que hace nuestro colega y maestro.

La utilización interesada y criminosa de estas disciplinas no merece contemplaciones en la crítica. Es demasiado arriesgado, sin embargo, afirmar que las "doctrinas pseudo-científicas de superioridad son las causantes de grandes genocidios como el de los arahuacos (taínos), aztecas, mayas, incas, africanos, etcétera. Han estado en el centro del *Apartheid* en Sudáfrica, el *Ku Klux Klan* en Estados Unidos, el nazi-fascismo hitleriano, y los millones de muertos en Argelia, Vietnam y en otras muchas partes del mundo"[41].

Como esta reseñadora lo aprecia, la construcción de la categoría "raza" y la elaboración de las doctrinas de superioridad racial contribuyeron a justificar las discriminaciones que llegaron a la monstruosidad de la esclavitud y de la depreciación de grupos humanos por su supuesta "inferioridad", a la total depravación y barbarismo de la eugenesia, del genocidio, del *Ku Klux Klan*, del fascismo y del sistema de apartheid, pero esas doctrinas, por sí, no son las causas de esos barbarismos, llevados a cabo por políticos, intelectuales supremacistas y ejércitos.

Negar la categoría de "ciencia", hoy, a esas disciplinas, es tan forzado e irreal como negárselo a las ciencias políticas por más barbaridades que puedan haber justificado y justifican.

La deformación de nacimiento con la cual surgieron la etnografía y la antropología, que se incorporaría a la medicina y otras disciplinas en sus comportamientos al servicio del poder colonial e imperial, lo arrastran también otras disciplinas como la filosofía, la filología y muchas especialidades tecnológicas, y no por ello les restamos importancia ni las satanizamos ni pretendemos su anulación, lo que no significa que no ejerzamos hacia estas el análisis crítico más radical.

Quizás lo más positivo en la historia, la etnografía y la antropología ha sucedido precisamente en el mundo colonial, cuando el colonizado comienza a interesarse en ambas y a estudiar sus propias sociedades. Y, aunque todavía es la excepción, cuando el colonizado emprende el estudio del mundo metropolitano e imperial.

Veamos cuán ofensivo le resulta a la jerarquía cristiana que su cultura religiosa y sus manejos de poder sean estudiados por antropólogos, historiadores, sociólogos, politólogos, etcétera, que no participan de ese mundo y que proceden con una postura profesional honesta, porque esta es inevitablemente crítica.

El estudio del colonizado sobre sí y su grupo, dispensa auto-otorgada que con iracundia le impugnan, creyéndose con derecho a la censura, escuelas de antropología como la francesa y colegas del primer mundo que se dicen de izquierda o progresistas, pretendiendo su descalificación y anulación, no debería ser actitud en la que como en una trampa cayéramos los nacidos con otra lógica y forma de vida.

Por eso sigue siendo tan diferente hacer antropología como un profesional proveniente del mundo colonial y posesionado en una visión y una ética colonizadora eurocéntrica o primer mundista, y hacer antropología como un profesional del mundo que fuera colonizado, perteneciente a un grupo social todavía discriminado y tener como objeto de estudio al sujeto-objetivado que mejor conoce y en el cual se reconoce porque es del que forma parte, o con igual posicionamiento tomar por objeto de estudio al colonizador o a su descendencia.

En consecuencia, al interior de las sociedades antes colonizadas es tan diferente el resultado de la antropología hecha por profesionales provenientes de las poblaciones discriminadas y de la población discriminadora. Su colocación es diferente, diferentes tienen que ser sus visiones, sus sensibilidades, la producción y articulación de sus pensamientos, y sus resultados. Es poco tratado, pero queda como paradigmático lo sucedido con los cubanos formados como antropólogos en la ex Unión Soviética. Esos retornaron con una aversión manifiesta hacia el mundo afro, lo cual era más notorio y contrastante en quienes de ellos eran personas afro-descendientes.

A la colonización que sufrieran en la Isla (la heredada y la recibida institucionalmente, por ejemplo, a través del sistema de enseñanza) se añadiría la colonización que sufrirían en aquel país, resultando unos entes desnaturalizados y auto negadores de sus culturas, especialmente de su ser negro.

Siglos de cosificación del sujeto individual afro y de anulación de este como sujeto colectivo, funcionarían como caldo de cultivo de la tácita aceptación social de su exclusión y dominación. A la par, funcionaría como inoculador del miedo en esa población.

En ese camino contribuyó "el filósofo del Estado, Georg Wilhelm Hegel, (quien) dejó santificado su racismo en sus *Lecciones sobre la Filosofía de la Historia*[42]: 'Lo característico del negro (de África) es, que hasta ahora su cosmovisión no alcanzó ninguna objetividad definida, por ejemplo, Dios, o la Ley, que reflejaría una voluntad humana y en la cual podría experimentar su esencia.

Para Hegel, el negro representa al ser humano natural que todavía se encuentra en un estado de salvajismo y rusticidad. El negro exhibe un total irrespeto, un desprecio hacia la humanidad. Para él, la humanidad no tiene valor, esto toma formas increíbles; para él, la tiranía no es injusticia, y una costumbre generalmente aceptada y sancionada es la de devorar la carne humana[43].

De Hegel aprendería Occidente su obsesión por excluir de la historia cuanto no le sea propio, cuanto no comprenda o cuanto pretenda ignorar. Dejemos a África y no la mencionemos más, porque no es un continente histórico, porque le falta movimiento y desarrollo apenas aparece vagamente en el umbral oscuro de la historia mundial[44].

En ese empeño le favorecería otro pensador anti-negro, el sociólogo austriaco Ludwig Gumplowicz, presentado por Benemelis como "un precursor de lo que hoy llamaríamos el 'choque de civilizaciones". Para este austríaco[45]: "Las razas dominantes son las que han promovido las formas culturales más brillantes. La decadencia de las naciones dominantes se ha producido a causa de la degeneración biológica de la raza, por el mestizaje. La historia no es otra cosa que el campo de batalla donde se libran las contiendas entre las razas".

No ha de extrañar que las dos mentes más brillantes de la ilustración, Jacques de Socondat, barón de Montesquieu y François-Marie Arouet, alias Voltaire, fascinaron a toda la pléyade de libertadores y revolucionarios de América, como Simón Bolívar, y a los teóricos del comunismo, Karl Marx y Frederick Engels. Lo llamativo es que no sólo participaron en el comercio de esclavos africanos, sino que también sus teorías racistas discriminaban a los pueblos africanos, de Asia y de América en todas las oportunidades posibles[46].

De manera directa elucida Benemelis los relacionamientos con el racismo que bien suelen considerarse tabú en unos casos y en otros, de manera caprichosa o interesadamente darse por inexistentes. Que liberalismo, capitalismo, ilustración, positivismo y marxismo tienen como elemento común su apego al racismo anti-negro ha sido tema que ya venía trabajando el autor y que nos anticipara en más breves, pero no por ello menos enjundiosos y bien articulados ensayos.

Este historiador cuenta entre los pocos científicos sociales con orígenes en la denominada izquierda (política) cubana que, como el también historiador afro-cubano Carlos Moore, acometieran ese empeño revisitador y de revisión del

54

marxismo, así como de su comparación con otras escuelas teóricas y otros sistemas de pensamiento. Es de lamentar lo poco dada que suele mostrarse la izquierda cubana a la revisión crítica de sus presupuestos teóricos e ideológicos, anquilosándose en estos cual dogmas de fe religiosa.

Raza y marxismo

Pero el pronunciamiento de esa realidad todavía lastima los oídos de tantos de los estudiosos y políticos connacionales residentes en la Isla, temerosos de escuchar verdades, de identificar manchas, de desmitificar a sus ídolos, de moverse a tono con la configuración de su nación hacia pensamientos de conformaciones más heterodoxos.

Ahí está el origen de los retruécanos y prosopopeyas en los que se envuelven tantos de los estudiosos que en la Isla hoy, pues muchas veces más compelidos por pedidos partidistas que por legítimo interés profesional y/o cívico, acometen el estudio del tema racial.

Esos estudiosos no pueden desentrañar y explicar verdaderamente el racismo anti-negro pues tendrían que llegar a explicaciones que les conllevaría serios problemas con el poder político y haría peligrar su situación individual, profesional y existencial.

Existen interrogantes que les sería harto difícil responderse. ¿Cómo justificar la implantación de un sistema de gobierno marxista a una población pluri-étnica y pluri-racial, con tanta densidad demográfica y cultural del componente poblacional afro, cuando la propuesta de la Internacional Comunista para esta había sido de total incomprensión y abiertamente humillante, cuando los fundadores de la doctrina marxista dieron pruebas fehacientes de etnicismo, de etnocentrismo blanco europeo y de racismo anti-negro?

Es improbable no coincidir con Benemelis en que lo interesante ha sido la coincidencia en amplitud de seguidores de la práctica racista y del sistema de pensamiento originado en la filosofía marxista.

Lo interesante ha sido que, pese a la práctica abiertamente colonialista de la Rusia marxista impuesta sobre las restantes repúblicas asiáticas que supeditadas a esta conformaron la ex Unión Soviética y sobre las otras naciones de la Europa oriental en las cuales impuso su sistema de gobierno e ideología, quienes se han considerado fuerzas progresistas en el mundo les concedieran casi abrumadora e incondicionalmente su aprobación, lo cual hicieron animados por unas pretensiones de eternidad (nuevamente exteriorizan una mayor predisposición religiosa que política) que rivalizarían con las que a lo largo de la historia de la humanidad se han atribuido los imperios de cualquier fundamento político y en cualquier latitud.

Mucho hubiésemos agradecido las nuevas hornadas de estudiosos de los asuntos sociales, en nuestros años de educandos universitarios, habernos beneficiado con la presencia del profesor Benemelis o, en su lugar, con sus textos.

Aquel marxismo que considerábamos remoto, abstracto y a ratos incomprensible, cuando no forzado, que nuestros condiscípulos estudiando en la entonces Unión Soviética nos alertaron que ellos le clasificaban como asignatura de "ciencia ficción", nos hubiera resultado accesible desde su deconstrucción y el análisis crítico, no desde la apología que de este se hacía.

Por eso es un alivio que nuestro experimentado colega nos devele el etnocentrismo, eurocentrismo y racismo marxista desde sus propios orígenes, que explicite la imposibilidad de readecuar esa doctrina a otras condiciones y espacio que no sea el de su nacimiento, conduciéndonos en la comprensión del fracaso de las naciones periféricas (latinoamericanas, asiáticas y africanas) para adoptarlo.

Los tres más destacados intelectuales negros del siglo XX, DuBois, Cyril Lionel R. James y Richard Wright, abandonaron el marxismo al considerar que eran los pueblos africanos colonizados y los afro-descendientes segregados y discriminados (no el proletariado europeo), quienes constituían la negación de la sociedad capitalista.

Pese a que, en su época, la trata y esclavitud africana y el racismo eran puntos escandalosos incluso en la Europa moderna,

Marx y el marxismo se centraron en las relaciones de clase marginalizando como derivativas a las raciales.

DuBois se enfrentó a esta categorización marxista argumentando que las relaciones raciales no eran una variable dependiente, un epifenómeno de procesos sociales subyacentes era en sí misma sino un principio estructurador irreductible de las relaciones sociales, culturales y políticas en el mundo moderno[47]".

Leyendo y releyendo su texto comprendemos mejor el obligatorio exilio de este osado analista. La posición "revisionista" ya había sido duramente condenada en su momento histórico por el propio Vladimir I. Lenin. Caro habían pagado los revisionistas del marxismo en todos los tiempos y lugares, incluso en el propio occidente europeo; no sería diferente con los cubanos.

Benemelis no es sólo un revisionista, es más, él es un de-constructor del marxismo con los recursos analíticos de las ciencias sociales, lo que no le perdonarán quienes en la Latinoamérica de este inicio de siglo insisten en tomar esa doctrina como guía para la acción social del presente y para la acción política del futuro.

La realidad es que, más que como ideología política, el marxismo se ha invitado a asumirlo o se ha obligado a acatarlo como fe, como creencia en lo que no se ve, y, como tal, ha debido asumirse como dogma religioso, los cuales, ya sabemos, son como las órdenes: no discutibles y menos revisables, pues son de emanación *cuasi* divina y de aplicación totalitaria e integrista.

La doctrina del racialismo

Cuando estas doctrinas, las cuales presentan la tendencia muchas veces a confundirse y mezclarse entre sí, son puestas ideológicamente bajo una misma entidad teórica, disponemos entonces una completa ideología de superioridad racial[48].

En su empeño sistematizador el profesor Benemelis esclarece conceptos y categorías a la par que, pedagógicamente, nos conduce por el discurrir de los resultados que arrojan las inter-relaciones de estos.

Franco y directo, en lo que coinciden este hombre y su escritura, afirma que el racialismo, el racismo y el etno-centrismo, son tres doctrinas que apuntan hacia la intolerancia y la exclusión de otros seres humanos. A continuación, nos caracteriza cada una de estas categorías[49].

El racialismo, que debemos al teórico francés Joseph Arthur, conde de Gobineau, postula que "las diferentes 'razas' humanas (tienen) un determinado e inmovible nivel de comportamiento social debido a su 'estructura genética'; para los racialistas la raza humana está dividida en una especie de jerarquía racial, cada una de ellas diferente en todos los sentidos, por lo cual debe ser tratada de manera distinta. (...) la raza dominante o principal será aquella con capacidad de espiritualidad y amor por la libertad. Así, estos atributos se les adjudicaron a los europeos por ser descendientes directos de los arios que eran una mezcla de individuos de piel clara de Irán y del norte de la India. Se desprendía entonces que las demás 'razas' humanas eran inferiores a los llamados descendientes de los arios; los de 'raza' negra no eran inteligentes y las 'razas' amarillas eran materialistas y poco imaginativas".

El racismo es la doctrina que identifica al racista con un grupo hegemónico que le permite controlar y actuar con desprecio e intolerancia hacia las demás 'razas'. Por eso resulta tan lógico que los racialistas y los racistas breguen juntos, alimentándose los unos a los otros desde el punto de vista doctrinario. Los conceptos racialistas y racistas en cuanto a la superioridad son reforzados por el etno-centrismo que propone la superioridad cultural de un grupo étnico sobre los demás grupos étnicos[50].

De esta forma, cuando un grupo racial se atribuye todos los beneficios de las teorías racialistas, racistas y etno-centristas, el resultado es una completa ideología de superioridad[51]. Sin prejuicios profesionales y partidarios, tan extendidos entre los cubanos y las cubanas que hoy somos, sin menosprecios para quienes articulan discursos diferentes y/o discordantes de los nuestros, es imperioso que la intelectualidad y los activistas cívicos anti-racistas nos detengamos ante la conceptualización que del racismo nos ofrece el profesor Benemelis.

Dice[52]: "El racismo actual no es el simple o tradicional desprecio u odio de las razas una por otra; él encierra no sólo la destrucción del adversario político, sino de la raza adversa, lo que equivale al reforzamiento biológico de sí mismo como miembro de una raza o una población escogida.

Asimismo, ya deja de ser una especie de operación ideológica de sumisión dentro de un cuerpo social. Es más profundo que una vieja tradición o una nueva ideología, es una tecnología del poder que permita al bio-poder ejercerse. Es un Estado obligado a valerse de la raza, de la purificación de la raza para ejercer su poder hegemónico".

Esa es una perspectiva en profundidad de la problemática que hay que considerar por su alcance. Es una consideración que retoma de Foucault para ampliarla.

Deberíamos reconocer que ninguno la hemos abordado y que su apreciación e interrelaciones para el ejemplo cubano significan un aporte cardinal para la comprensión de la temática racial en su integralidad y complejidad, que significan un aporte de primer orden para la facturación de políticas tendientes a la real descolonización y verdadera conformación de la nación cubana, pues esta supera los objetivos del enfrentamiento al racismo.

Tan importante como su conceptualización y las explicaciones que sobre esta ofrece, incluidas las contextualizaciones, son muchas de las aseveraciones fundamentales plasmadas en este texto. Entre esas aseveraciones están algunas esclarecedoras de sinsentidos redundantes. En esa dirección subraya el autor[53]: "el racismo es más poderoso que el racialismo y el etno-centrismo" precisando que el racismo "es capaz de adaptarse a diversas circunstancias y momentos".

Este es tema sobre el que suele haber confusiones y vaguedades, estableciéndose falsas sinonimias que no pocas veces conllevan a referir como "racismo" otros tipos de discriminaciones como las sexistas y de género; que (des)orientan a registrar como "racismo" fenómenos de etnocentrismo que tienen expresión al interior de un grupo considerado "racial".

59

Y, en el caso de los estudiosos de la temática en la Isla, donde por lo general en los últimos tiempos se ha dedicado escaso tiempo a la teorización, conduce a dejar de lado el racialismo y otras manifestaciones distinguibles en el complejo fenómeno del racismo, siéndose poco dados a asumirlo como ideología y menos a reconocerlo como patología social. A fin de cuentas, las estructuras discursivas son concreciones de las estructuras psicológicas y estas son construidas en el marco de las estructuras sociales, políticas, económicas.

Finalmente, las estructuras discursivas reinantes y difundidas son las construidas en el marco de las estructuras hegemónicas y estas, apunta el autor, han hecho prevalecer entre las personas blancas y entre personas negras "alienadas", los estereotipos sobre blancos y negros consiguiendo dejar la impresión en la cual "parece" que cubanos blancos y negros piensan parecido respecto a la población de color y a otros problemas raciales[54]".

Esa supuesta similitud de pensamientos entre los dos grupos etno-raciales fundamentales de la nación sobre ellos mismos, conduce al olvido de la existencia de alternativas a la situación, algo que perjudica en primer término a la afro-descendencia cubana, y que, en cambio, directa e indirectamente, beneficia a los ibero-cubanos permitiendo el mantenimiento del *status quo*[55].

En las Américas ha primado la tendencia a la "recepción y asunción acrítica de los paradigmas europeos y occidentales por parte de las élites intelectuales" latinoamericanas, "sin repensarlos y recrearlos en la compleja realidad cultural, social y étnica", lo cual "se fue constituyendo en un rasgo estructural y mental en el discurso de estos grupos desde mediados del siglo xix hasta nuestros días. Los discursos que rompen con esta posición son pocos y excepcionales. La América Latina profunda y mestiza ha sido ignorada, despreciada y discriminada por estas élites"[56].

Esa es realidad referida por Benemelis y en la cual se detienen también Quijano, Dussel, Grosfoguell y tantos otros intelectuales contra-hegemónicos. Contra-hegemonía por esta autora percibida como enfrentamiento a cualquier estructura que no se corresponda con las etno-génesis y devenires de las naciones, manifestaciones de pensamiento que actualmente se manifiestan no necesariamente en contra de las ex metrópolis, pero sí por la reconstrucción de las naciones del continente en base a sus cimientos etno-raciales y a sus contextos sociológicos como a la riqueza de su pensamiento.

Es que, "ciertamente, el filósofo francés Michel Foucault acierta cuando afirma que las tramas epistemológicas no pueden ser independientes de las tesis sustentadas y de las posiciones políticas"[57]. Las ciencias sociales no son neutrales ni proponiéndoselo sus profesionales. En el desarrollo y los resultados del trabajo intelectual saldrá a la luz el ser humano que somos, los condicionamientos que tenemos, los asentamientos teóricos que poseemos o la ausencia de estos.

Viaje a los orígenes

Aunque comúnmente no se reconozca, muchas de las argumentaciones racistas parecieran ficciones creadas por mentes perturbadas proclives a la simplificación, si no fuera por las implicaciones que estas acarrean para sus millones de víctimas, moverían a la risa.

En un pasado que casi podemos rozar: "Las tesis racistas que hablaban de la superioridad blanca, en general, o sus derivaciones —nordicismo, teutonismo, sajonismo, celtismo, etcétera—, resultaban manifiestamente absurdas y no hubieran resistido un análisis frío y desapasionado, en el caso de que sus creyentes hubieran decidido someter sus ideas a esta práctica.

Bastaba con preguntarse: si la raza blanca era superior, ¿cómo explicar que durante milenios la China marchara en vanguardia cultural, científica y técnica? Se atribuía a los arios todo aspecto creativo, pero sólo alguien dotado de una imaginación portentosa podía atribuir la Gran Muralla, o las milenarias pirámides de Egipto o del Yucatán, al genio creador de los blancos[58].

En el presente están quienes todavía "sostienen esta idea, del Egipto faraónico como una civilización caucásica, a pesar de los rasgos negroides de las esfinges, de la presencia innegable de dinastías 'nubias', del alto contenido de melanina en la piel de las momias, del testimonio de Herodoto, y de muchos notorios elementos culturales comunes con los pueblos melano-africanos.

Esta discusión en torno a la negritud de Egipto fue iniciada por el senegalés Cheik Anta Diop, el padre la historiografía africana independiente. Se prolongó hasta el Coloquio de El Cairo de 1978 en el que, acorralados por las evidencias, algunos hablaron de 'blancos con alto contenido de melanina[59].

Por ahí enrumban quienes en Cuba consideran que la religión Regla Ocha-Ifá "no puede haber sido creada por negros, porque no tenían cultura y es esta una religión en la que los sacerdotes tienen que ser personas inteligentes, no negros brutos"[60].

Esta, con sus variantes, pero con la misma esencia, es idea sostenida por afro-religiosos cubanos, especialmente jóvenes, blancos y profesionales. Valdría preguntarnos: ¿son la instrucción y la participación en el mundo cultural del otro el camino del fin del racismo? Habría de coincidirse inevitablemente con el profesor Benemelis. Evidentemente, "cuando se parte de prejuicios, casi nada resulta claro y todo acaba por deformarse"[61].

Por eso de la Cuba colonial a la del coloniaje blanco-castro--socialista los teóricos cubanos han sostenido, con camufladas variaciones, el racismo anti-negro. Por eso ante la inevitabilidad de tratar el tema racial los estudiosos cubanos de la Isla afirmaron absurdamente que se trataba de "no de racismo sino de prejuicios raciales", como si estos no hicieran parte de aquel.

Por eso "la simulación como auto-defensa" del negro y del mulato atlántico. Por eso la existencia del mulatismo como ideología con la colateral y marginal utilización del mestizo por parte del ibero-descendiente, para mantener en los márgenes y siempre que puede excluido al cubano afro-descendiente, posición en la cual no actuaría como freno la tropicalizada aplicación del marxismo soviético, igualmente racista y etnocentrista.

Razón por la cual, mal que les pese a los marxistas blancos, y en estos a los castro-socialistas, es dable coincidir con el profesor Cedric Robinson, estudioso de los vínculos entre racismo y marxismo citado por el autor en que los intelectuales negros tienen que buscar más atrás del marxismo, tienen que ir a los orígenes de la perenne resistencia de los pueblos negros, más revolucionarias que las de los proletarios[62].

Entonces[63]: "existe una clara y urgente necesidad para nuevos marcos teóricos capaces de garantizar nuevas luces, oxígeno y aliento al país. Nuevas potencialidades y fuerzas son necesarias para en la solución del problema de subordinación racial en Cuba y la política económica y de dominación social de las personas de piel blanca".

El reconocimiento por la población negra de que nos han negado y adulterado nuestra historia y nos han hecho avergonzarnos de esta, es imprescindible.

Para la afro-descendencia la historia no debería ser sencillamente un mero refugio; esta tiene que ser elemento sustentador de nuestra autoestima y valoración histórica, potenciadora de actuaciones dignificantes y verdaderamente liberadoras, sin negarnos a las colaboraciones y coparticipaciones con otros, pero resguardados de los hasta el presente empequeñecedores tutelajes.

Ibero-descendientes cubanos y cubanas, con o sin conciencia etno-racial, partidarios o no del gobierno actual, bien sabemos (aunque no todos lo manifestemos) que no es la instauración de un sistema político de ideología marxista el fin de la historia de racismo. Que el partido comunista ni siquiera en un país como el nuestro, irremediablemente pluri-étnico y multi -racial, se convierte en "motor impulsor" de la desestructuración del andamiaje racializado, jerarquizador, marginador y excluyente evidenciándonos que esa no es "tarea" u objetivo de su interés.

¿Cómo pudiera ser de otra manera?

Considerémoslo con nuestro profesor lo siguiente: "No se ha producido una crítica marxista de las categorías raciales que estudie las relaciones que las mismas producen. Todo lo contrario, muchos han aceptado las categorías raciales como inmutables sociales, ya fuese por la biología y por la procedencia geográfica. En la medida que el socialismo no expone o no analiza el problema de la mecánica del poder, sólo puede reutilizar los mismos mecanismos de poder ya constituidos por el Estado industrial"[64].

La forzada asociación marxista de las clases con realidades perfectamente diferenciables de estas y que, en todo caso, la comprenden, pero que no son susceptibles del reduccionismo a las mismas, condujo al intento de "clasificar las comunidades negras en las Américas en el término de 'clase social'", como intentó clasificar forzadamente el poeta haitiano René Depestre"[65].

El Dr., Juan Benemelis dilucida lo sucedido con la conjugación y confusión de las categorías "clase" y "raza". "Al ser considerada como 'natura'" la diferenciación racial, fue fácil implementar el estereotipo del obrero como categoría inferior, enarbolar las políticas de eugenesia, abogar por medidas migratorias discriminantes (Cuba y Estados Unidos esclavistas en los siglos xix y xx), y crear los campos de concentración en Europa". [66]

"Hoy sabemos que tanto las razas como las clases son categorías descriptivas, y muy lejos de ser dinamos de la historia, porque en realidad no son sujetos agentes"[67], dice el Dr. Benemelis. Sus colegas dentro de la Isla deberíamos aclarar, complementándole, que no necesariamente se está en posesión de ese conocimiento ni conociéndose se aplica en todos los espacios.

En Cuba, donde las instancias gubernamentales nos fuerzan a existir en otra dimensión del tiempo y acorde con otras evaluaciones de los procesos, los estudiosos del tópico racial hacen malabares lingüísticos para forzar la categoría "clase social" a protagonizar los hechos y las lides de tipo etno-racial y los análisis sobre estos. La repetición de que "en el barrio la clase se impuso sobre la raza" no por disparatada e insostenible deja de ser rubricada una y otra vez como una supuesta particularidad cubana.

Cual él lo testifica en el Capítulo 17, llamado "colonialidad y descolonización", la fuerte identificación racial de la población negra cubana una vez establecida la república vio forzada su disolución en otros identificadores. Ahí estaría la "clase social" para echar mano a esta, que era más conveniente para forzar la apócrifa construcción del Estado-nación.

A la postre, se impondría la imagen de una nación cubana "blanca y homogénea", y la categoría "clase" devendría en encubridora de la exclusión a la que el euro-descendiente isleño, capitalizador de la imagen y de la historia patrias, forzaba a su compatriota afro-descendiente.

En esas circunstancias, la escenográfica nación cubana[68] "se construyó sin establecer un diálogo con su diaspórica africana". Las manifestaciones artísticas afro saltaban a los salones burgueses únicamente amulatadas.

Nada de partidos de centralidad etno-racial, sería la idea que políticamente se impondría con las armas en la mano cuando negros y mulatos perseveraron en hacer escuchar sus exigentes voces, pero su terminación sería una entelequia simuladora del anti-racismo a la cubana. La realidad probaba su existencia. Los partidos políticos eran predominantemente blancos y la cuestión racial la transformaron en motivo de campaña electoral para atraer al electorado negro/mestizo.

No podría fructificar y florecer en el ámbito cubano, como proyecto nacional, un sistema de gobierno y de pensamiento de corte marxista-leninista, pues[69]: "El sustrato epistemológico del marxismo es una construcción occidental, una ideología cuyos presupuestos analíticos están profundamente enraizados en la cultura europea, incapaz de identificarse con la condición de los negros.

El hecho fue que tanto Karl Marx, Frederick Engels, así como los subsiguientes marxistas no pudieron desentrañar y explicar el rol de la plantación esclavista en un modelo capitalista, como lo hizo Eric Williams, que en la práctica mostraba relaciones señoriales de explotación, ni feudal ni capitalista, en la cual la división racial en tal esclavitud ocupaba la preeminencia por sobre la división clasista".

Llama la atención que "muchos pensadores perdidos en la dicotomía clase-capital, que no se percataron o percatan que, en el mundo moderno y contemporáneo, el núcleo racial resultaría acaso más decisivo que la clase, sobre todo a partir de la legitimidad del poder a partir de una supuesta 'naturaleza biológica'. Por eso la raza y el racismo constituyen una figuración social para la dinámica de Estado, de nación, de cultura, para la jurisprudencia, la política, la economía y la psicología social[70].

Un libro censurado

Precisamente por la incomprensión del marxismo sobre las necesidades y los elementos comunes en la historia de los afro-descendientes (ni qué decir de la ignorancia sobre sus particularidades) y, por su desprecio hacia estos en su reduccionismo económico: "Cuando el jamaicano Marcus Garvey elaboró su ideología nacionalista y pan-africanista negra, su propuesta fue que los afro-descendientes nunca lograrían la igualdad y equidad mientras constituyeran una minoría. De ahí su movimiento de 'retorno al África'. Esto explica que el credo de Garvey ejerciera mayor atracción que el marxismo entre los afro-descendientes".

No verá la luz, lamentablemente, la obra de Benemelis *El miedo al negro* en la Cuba del presente, con sus muchas contradicciones a cuestas, entre estas, la fundamental: la distancia insalvable entre la realidad nacional y un sistema de gobierno que ya no se sabe a qué ideología política y tipo de administración corresponde, que esta autora momentáneamente define como "neoliberalismo castro-socialista"; la distancia insalvable que impone ese gobierno entre las narrativas y discursos pretendidamente analíticos de la sociedad y la realidad social.

Pero entre las verdades que sin dudas incomodarían en esta obra a los gobernantes isleños y sus ideólogos estará la revelación del enraizado racismo marxista y neo-marxista; el señalamiento de que los fundadores de esa ideología abrazaran la clasificación de los pueblos en "superiores" e "inferiores" según orígenes culturales y pertenencias etno-raciales; la puntualización del desprecio que mostraran hacia asiáticos, africanos y americanos a excepción de los estadounidenses.

Nada de lo anterior se nos descubrió en los manuales soviéticos por los cuales estudiamos un supuesto marxismo en nuestras escuelas, un marxismo de corte soviético-estalinista, que no nos particularizaban a cuál versión correspondía, ni siquiera se nos aclaraba la existencia de versiones de esa doctrina, pero nos generalizaban haciéndonos creer que el que nos catequizaban era el único y que, todo lo demás, era "revisionismo" o no era marxismo.

Sin ambages y tras escudriñar en los intersticios de las fuentes bibliográficas y hasta en la correspondencia de los clásicos padres del marxismo declara el autor[71]: "Para Marx y Engels, los supuestos promotores de la sociedad igualitaria futura, guías incluso de la política del Estado cubano y de otros, la raza por sí misma es un factor económico, y para ellos, la superioridad racial de los pueblos 'blancos' era algo 'científico'. Marx nunca debatió cómo sus ideas racistas llegaron a entrar en conflicto con la supuesta emancipación socialista. Por eso no extraña que, en su juventud, tanto Hitler como el napolitano Benito Mussolini no encontraran extraño al marxismo y se declarasen socialistas".

De la discriminación anti-negra de Engels no escapó ni el socialista mulato cubano Pablo Lafarge, yerno de Marx. A este le consideró en su calidad de negro, un paso más cerca del reino animal que el resto de nosotros[72].

¿A qué obedece el racismo marxista y su coherente reedición en los Estados que adoptaron el carácter socialista? ¿A qué obedecen el etnicismo soviético antijudío y el racismo soviético anti-negro, el etnicismo marxista anti-gitano, el racismo castro-socialista anti-negro? Esas respuestas las encontramos en el texto de Benemelis.

Precisa[73]: "En el *Anti-Dühring*, Engels da por sentada la superioridad racial de los blancos, como si fuese una verdad científica". Continúa citando a un descarnadamente racista Engels: "Si, por ejemplo, los axiomas matemáticos son en nuestros países perfectamente evidentes para un niño de 8 años, sin ninguna necesidad de recurrir a la experimentación, es como consecuencia de la 'herencia acumulada'. Por el contrario, sería muy difícil enseñárselos a un bosquimano o a un negro de Australia".

Luego prosigue con Marx revelándonos su análisis sobre los planteamientos de este: "La aproximación de Marx a la historia no constituye un método de análisis social. La interpretación del papel supra-estructural, por determinista envuelve un gran sexismo y racismo, imposibilitando a sus categorías teorizar sobre los conjuntos humanos oprimidos como los aborígenes, los negros y las mujeres. Los asuntos de género y raza no existen doctrinariamente en el marxismo al estar incluidos en el análisis global de clase y por tal razón nunca han podido lidiar adecuadamente con las experiencias hombre-mujer y blanco-negro[74]".

Para llevarnos al reconocimiento de que, ni siquiera como método de estudio el marxismo realmente funciona para los estudios de las subalternidades, pues, a excepción del italiano Antonio Gramsci:

"Los marxistas no pudieron sacudirse de la antropología económica de la alianza de clases para subordinar la esclavitud-racismo al proletariado, y consideraron (los teóricos neo-marxistas Barry Hindess y Paul Hirst) la economía de plantaciones ora como modos pre-capitalistas o modos de transición. No pudieron explicar la forma y función del racismo como núcleo de los niveles políticos, cultural e ideológico a fines del siglo XIX. De tal manera aplicaron dogmáticamente la premisa de la división de clases, englobaron la segregación y la desigualdad con la explotación proletaria, y en tal reduccionismo concluyeron que el socialismo solventaría automáticamente el racismo[75]".

Las herramientas conceptuales y doctrinales del marxismo hoy son criticadas por feministas y otros exponentes y estudiosos de la diversidad sexual, tanto como por una gran mayoría de los estudiosos de la racialidad y de las etnicidades, pues ni siquiera en sus versiones críticas estas son suficientes para el análisis de las dimensiones racializadas[76], dejando estancados en ese camino a aquellos cientistas sociales que las convirtieran en su método de análisis por excelencia.

Por esa "fobia racial" expresada por "eminentes marxistas" es dable asombrarnos con el Dr. Benemelis por el hecho de "que a estas alturas se piense (al igual que el académico cubano Esteban Morales) que con la sociedad gestada por el marxismo es posible resolver los conflictos raciales". Y es más asombroso si los convencidos o fingidores de tal concepto son (como Morales) afro-descendientes cubanos, conocedores por experiencia de las vivencias discriminatorias y silenciadoras de las discriminaciones racistas al interior de actual régimen castro-socialista[77].

Los estudiosos que así se proyectan no han conseguido separarse de más de un siglo de tradición de elaboración teórica cubana justificadora de la supremacía blanca. El mismo autor nos recuerda que, aunque la Isla no destacaba por el ahínco en la investigación científica, sus especialistas se aplicaron con esmero, a finales del siglo XIX, en el desarrollo de teorías pseudocientíficas anti-negras.

"El naturalista y científico cubano Felipe Poey compartía la creencia de que el hombre blanco era superior y más inteligente al hombre negro, por ser el más civilizado. Como quiera que, para Poey, el hombre original era blanco (de sus notas también se deriva que esto ocurre porque del 'color' blanco se obtienen los demás colores) resulta que 'abandonada a sí misma', y permitiendo que desarrolle su intelecto, la 'raza negra' se convertiría en blanca.

Poey añade a sus anteriores consideraciones una reconstrucción mitológica del origen de las razas humanas, basada en la leyenda bíblica sobre los hijos de Noé, Sem, 'Cham' (Cam) y 'Japeto' (Jafet), e inspirada en una obra del geólogo y naturalista francés Jean-Claude La Métherie (1743-1817). A propósito de Poey, citamos lo siguiente: 'los hijos de Cham [es decir, los negros] pasaron los trabajos mayores', tuvieron que enfrentar un ambiente adverso y, para oponerse a él, desarrollaron el 'fetichismo' y el sacrificio humano; este dio origen a las guerras y, como consecuencia de ellas, a la esclavitud: 'los esclavos se degradaron, se corrompieron; y esa corrupción, esa degradación subió hasta los amos, y penetró en sus huesos' (los esclavistas, por tanto, se degradan tanto como sus esclavos)[78]".

La desmoralización de los científicos que parcializan su empeño profesional poniendo sus disciplinas al servicio a los poderes, transforma a estos inevitablemente en grotescos ventrílocuos de los políticos, denigrando con sus actuaciones a sus colegas y a sus disciplinas, que entonces son vistas como "pseudo-ciencias".

En el muestrario que aparece en el libro de Juan Benemelis resalta la figura del científico cubano Felipe Poey, cuyo nombre luce el museo de ciencias naturales de Cuba. Arrojan sus tesis una inferida imperfección en los humanos negros que, más que responsabilizarnos, nos transforma en culpables de la corrupción de los otros grupos fenotípicos de nuestra especie. Así entonces, guerras, esclavitud y podremos intuir que el complejo de perversiones que estas entrañan, harían parte de nuestra "culpa" o "pecado original" de nación. Ahí tenemos el ejemplo del científico poniendo su disciplina al servicio del poder; sirviendo de sostén a la estructura racializada de la sociedad.

La mitologización de la historia que realizara el científico cubano digamos, para proseguir a tono con su religiosita visión, que no nos excomulga, sino que nos condena *a priori* aun si pretende una argumentación que pareciera menos violenta o más condescendiente. De igual manera, termina sirviendo a los intereses establecidos por los colonizadores-conquistadores peninsulares, y sostenida por sus descendientes criollos o ya cubanos blancos.

"Sobre estos 'ilustrados' descansó la conformación del siglo XIX cubano, estableciendo los paradigmas ideológicos de la elite blanco-europea hegemónica, influyendo en las vías del crecimiento económico, en la entronización de las ciencias, en especial de las que se centraban en el humano como la biología, la antropología, la sociología, la psicología y la psiquiatría; desgraciadamente todo para tratar de mostrar la superioridad de unos hombres (los blancos) frente a otros (los negros y mulatos). Es notorio que en esta búsqueda de 'pureza' por parte de la población blanca de la isla pasaba por alto el hecho histórico que los ibéricos, como menos a partir del Neo-lítico, atravesaron por un vasto proceso de mestizaje con los grupos humanos que poblaban el litoral norte del África, y en el caso de los canarios con el África occidental[79]".

Sus tesis son hasta hoy sostenedora de una cubanidad parcializada por lo racializada, en la que cabrían con facilidad cualquier otro tipo de parcialidades y discriminaciones, de las religiosas a las políticas, siempre pasando por las económicas y favorecedoras de estas.

Añadirías que, cuando en 1906 el etnólogo cubano Fernando Ortiz publica su desbordante racismo anti-negro en Los negros brujos, tratado de criminalidad al más rancio estilo lombrosiano (el abogado, etnólogo e historiador cubano había sido alumno del italiano Césare Lombroso), el camino le había sido despejado por la Sociedad Económica de

70

Amigos del País y por la Sociedad Antropológica de Cuba. Figuras claves de la medicina, la biología y la antropología en Cuba como el médico Luís Montané, en la Isla el "más relevante teórico de la superioridad racial del blanco[80]" infame sujeto cuyo nombre hoy lleva el museo de la Universidad de La Habana, hacían parte de aquellas.

En la segunda mitad de la centuria decimonónica estaban de regreso de sus estudios en Francia "Montané, Carlos J. Finlay, junto a Felipe Poey y Nicolás José Gutiérrez, quienes (...) conformaron el coro central de la antropología racista y supremacista que cobra 'fundamento científico' en Cuba a partir de 1874, cuando se establece la Sociedad Antropológica de la Habana"[81].

De vuelta al marxismo. Tampoco el peruano José Carlos Mariátegui, considerado guía y contextualizador del marxismo en el espacio latinoamericano, alcanzaría a valorar a la afro-descendencia, con lo cual no podría llegar a comprender las necesidades de tan heterogéneo sector ni a realizar propuestas sensatas a la problemática etno-racial.

Su desprecio estereotipado por todo lo concerniente a lo afro le llevó a concluir que[82]: "El aporte del negro, venido como esclavo, casi como mercadería, aparece más nulo y negativo aún. El negro trajo su sensualidad, su superstición, su primitivismo. No estaba en condiciones de contribuir a la creación de una cultura, sino más bien de estorbarla con el crudo y viviente influjo de su barbarie".

¿Pero acaso comprendió, el líder universitario y fundador del Partido Comunista de Cuba, Julio Antonio Mella la problemática etno-racial?

Imbuido este líder estudiantil como estaba por la teoría de la lucha de clases, pareciera que su temprana muerte y los prejuicios moralistas y raciales de su época no le permitieron asumirse él mismo como mestizo. Pretender que, "de haber vivido más, lo haría, porque era un compañero revolucionario" como recientemente afirmara un historiador afro-descendiente cubano, no es más que una forzada especulación. Lo demostrable es que no lo hizo.

Destaca el autor que: "Si bien el marxismo devino en el lenguaje de muchos movimientos anti-coloniales, como ideología no estableció raíces significativas, y sólo un puñado

71

de obras de relieve se produjeron, como *Ensayos de Interpretación de la Realidad Peruana,* de José Carlos Mariátegui, *Los Condenados de la Tierra* de Franz Fanon[83]".

Quizás las razones habrían de buscarse menos en la economía, sin desdeñarla, que en el pragmatismo para el que la pluralidad de la etno-génesis de nuestros pueblos dispone a nuestra elaboración de pensamientos y a nuestra creación intelectual; eso, cuando no se imitan patrones ajenos, cuando víctimas de la discriminación y poseídos por su efecto enajenador, no nos manifestamos como simuladoras o enajenadas marionetas y ventrílocuos de intereses ajenos, cuando no funcionamos como sujetos-objetivados, lo que es en rigor todo ente colonizado.

Una cita del jamaicano Gordon Lewis atinadamente situada por Juan Benemelis lo explicita con excelencia. Dice[84]: "En Europa la clase social es una cuestión 'nativa' a su entorno (que) uno puede 'sentir' la clase social en Europa como uno puede sentir el aire que respira (...) La raza, entonces, se transformó en un motivo endémico a la conciencia del Nuevo Mundo, y esta es la razón por la cual uno puede 'sentir' la raza en América como uno puede sentir el aire que respira".

El espíritu afro-descendiente es, esencialmente, eso. Es mucho más que la melanina en la piel, que un tipo de fisonomía y de cabello. Es un sentir no discernible con la racionalidad etnocentrista europea o de origen europeo. Es un sentir desde lo que somos por ascendencia etno-racial particular en estrecha ligazón con un sentir desde lo que somos por fuerza colonialista.

Debemos tener en consideración que, en efecto, en las Américas no sólo la movilidad social ascendente está condicionada racialmente. También, de ser afro-descendiente y conseguirse ese ascenso, se prosigue "sintiendo" el estigma de la pertenencia etno-racial, como de no conseguirlo y ser euro-descendiente se vivencia la ilusión y se experimenta el "sentir" de "superioridad" respecto al igual socioeconómico, pero de piel negra.

Por ello es innegable que[85]: "Los problemas políticos, sociales y económicos del Tercer Mundo, y de la América hispana no radican exclusivamente en la diferenciación de clases, o de hegemonía cultural. América, al igual que el Tercer Mundo, contiene el legado de la trata y del colonialismo: la desigualdad en la raza humana" siempre gravitando en cada uno de sus espacios, siempre incidiendo en sus subjetividades.

Nunca han sido creadas las condiciones estructurales para la deconstrucción y oportuno inicio de extirpación de esa cruel e infausta realidad. Por ello los relacionamientos sociales y políticos, y la colocación asignada en los ámbitos económicos y culturales, continúan plagados de la arbitrariedad de la racialización y de cada una de las injusticias que engendra o las que admite.

Ahí estaría la elaboración de cientistas sociales afro caribeños y africanos instruidos en Europa y allí residentes, cuyas producciones intelectuales, cuando se aplican a la autenticidad reflejando la coherencia entre sus historias de vida colectiva e individual, ofrecen resultantes que pueden ser emulables en calidad a cualquier otra erigida sobre pilares diferenciables por propios, pues son las consecuencias de la acumulación, sedimentación y reelaboración del capital cultural propio y del capital cultural incorporado, no yuxtapuestos sino pasados por el filtro del ser propio, de los referentes culturales discriminatorios y de las experiencias de vida que, aun indeliberadamente, son conservadas a manera de huellas en la memoria.

La construcción racial está, por imposición colonialista, en los orígenes del nacimiento de Indo-afro-Hispanoamérica como mundo sociológico, cultural, económico y político nuevo. El elemento del color creó una connotación especial, una especie de psicología enfermiza y demencial en la mente de los blancos en el poder[86].

Este racismo cubano, caribeño, americano, "basado fundamentalmente en el color de la piel del esclavizado devino en una ideología completa de supuesta superioridad y supremacía permanente que simple y sencillamente tenía como su principal basamento el color de la piel y los rasgos físicos del otro (quien era simplemente el esclavo, el africano, el negro) una especie de ser moviente que no podía, ni debía poseer ningún tipo de valor moral, espiritual, cultural, estético o de inteligencia abstracta[87]".

Contexto de orígenes

Ateniéndose a esa enfermiza y traumatizante lógica[88], "la elite cubana ha diseminado de forma constante e intencional sus valores racistas con el objetivo de crear una conceptualización natural y emocional de que lo que ellos están representando no es simplemente sus aspiraciones políticas o su propia ideología, sino más bien la cultura nacional que cada uno debe aceptarla como tal".

Con ello persigue el mantenimiento en mínimo de la autoestima de la afro-descendencia, planteándose como objetivo final, que de forma espontánea se cree un sentimiento de inferioridad entre la población de piel oscura y el tradicional normal sentido de superioridad en la población de piel clara[89].

En un mundo en el cual se impusieran la dominación y la supremacía como regularidad en todo tipo de relaciones sociales, se hizo *cuasi* "natural" que las versiones de la historia que trasciendan sean las de los vencedores. Al paso del tiempo, suelen ser estas las que se den por ciertas. Conservadas en la memoria oral las versiones de los vencidos, muchas veces más realistas, carecen de la credibilidad conferida al documento, del cual para perjuicio nuestro nos ha hecho obsesivos el letrado occidente.

En conexión con esto puntualiza nuestro autor Benemelis[90]: "Como bien se sabe la historia la escribe el vencedor, quien se apoya en su poder para hacer legítimas y valederas sus intereses, ideas, percepciones, intenciones, conveniencias y valores que pretende inculcar dentro de los vencidos. Así pues, los ideólogos, escritores e historiadores de los vencedores analizan los acontecimientos y la realidad de la vida de acuerdo a su posición en la sociedad tratando de vender todo el tiempo su propia visión a los oprimidos y brutalizados por los vencedores".

Tocante a ello, el autor llama la atención sobre la relación entre descolonización y construcción de pensamiento. Subraya: "Sólo por la importancia que tuvo para Occidente el proceso de descolonización, se produjeron cambios en la mirada sobre el 'otro' que tenía Occidente, y específicamente, la mirada que tenía la antropología sobre las 'otras' culturas.

Fue a partir de la descolonización afro-asiática y la revolución de los derechos civiles en Estados Unidos, en la década de los sesenta, que algunos teóricos marxistas europeos, aguijoneados por Jean Paúl Sartre, buscaron acomodar el tema de la liberación de las minorías negras dentro del marco de la ideología[91].

Esto sucedería en una etapa histórica en la cual pronto se comenzaría a hablar de "postmodernidad" y seguiríamos haciéndolo, sin hasta hoy ponernos de acuerdo en su profunda esencia, como no sea en su caracterización. Su más concentrada y nítida conceptualización la encuentra esta estudiosa en el texto reseñado.

En su Capítulo sobre la discriminación en sus vínculos con la modernidad y la postmodernidad, puntualiza el autor[92]: "El posmodernismo no es una época cultural, representa un cambio de terreno de la cultura hacia las narrativas locales, la descentralización de viejas jerarquías y grandes narrativas inaugurando nuevos espacios de protesta sexual, cultural, racial y étnica".

¿Por qué no miraría antes el mundo occidental al afro-descendiente de otra manera? ¿Por qué no le concedería importancia más que relativa, en tanto objeto que le rindiera beneficios? Benemelis tiene su respuesta[93]: "El racismo que afrontamos hoy día, sobre todo contra el africano y sus descendientes en la América, se profundizó en el siglo xix, producto de la esclavitud antillana y de la colonización territorial afro-asiática por parte de Europa.

En este 'contexto de orígenes' la ideología euro-céntrica imagina al África como un continente oscuro por fuera de la historia, sitúa a las personas negras por fuera de las definiciones regionales y nacionales latino/americanistas. Por eso, las corrientes intelectuales, las formas culturales y los movimientos sociales negros han sido trans-nacionales desde la dispersión con la esclavitud".

Actualmente debemos tener presente que[94] "estamos envueltos en la lucha por la hegemonía cultural, que no se refiere a la dominación pura, sino a los cambios en las disposiciones y configuraciones del poder cultural".

Comprendemos a la sazón el desinterés mostrado por Occidente hacia la producción intelectual americana, hacia nuestras culturas, que todavía consideran y consumen como "exóticas" y "primitivas". Favorece este conocimiento en la comprensión del temor a la transnacionalización afro mostrada por Europa y por las blancas élites de las repúblicas del continente americano, ambas igualmente preocupadas por los posibles embates de las potencialidades de la unidad transnacional afro.

Retoma Benemelis a Quijano y Dussel para con ellos recordarnos que[95] "el eurocentrismo es una *actitud colonial* frente al conocimiento, que se articula de forma simultánea con el proceso de las relaciones centro-periferia y las jerarquías étnico/raciales. La superioridad asignada al conocimiento europeo en muchas áreas de la vida fue un aspecto importante de la colonialidad del poder en el sistema-mundo. Los conocimientos subalternos fueron excluidos, omitidos, silenciados e ignorados".

En medio de elucidaciones primordiales nos recuerda este historiador lo que nunca deberíamos perder de vista a la hora de analizar las disciplinas sociales, que[96]: "Los conocimientos epistémicamente están ubicados en el lado dominante o subalterno de las relaciones de poder".

Los resultados del trabajo intelectual, si es honesto, necesariamente se correlacionan con el posicionamiento que, en uno u otro flanco, tengamos. Esa honestidad únicamente es productiva si se es consciente y consecuente del posicionamiento[97]. "El éxito eurocéntrico consiste en hacer que sujetos socialmente ubicados en el lado oprimido de la diferencia colonial, piensen sistemáticamente como los que se encuentran en las posiciones dominantes". Esta consideración compele al intelectual a posicionarse con consciencia y asumir los costos o, en su lugar, se posiciona oportunistamente y disfruta los beneficios.

Precisamente evitando los altos costos pagados por el intelectual comprometido con la veracidad histórica pasada y presente de la problemática etno-racial, encontramos los apócrifos análisis, explicaciones y conclusiones de ciertos intelectuales afro-descendientes respecto al tema. Pesa en ellos el colonialismo interiorizado, generacionalmente transmitido e institucionalmente reforzado.

He ahí la personificación del intelectual que no traspasa las barreras ni quiebra los frenos de la colonialidad del poder y, auto-justificado en la necesidad de la moderación, "de la espera del momento oportuno", se hace partícipe del juego del poder blanco-supremacista convirtiéndose a su vez en la personificación del estorbo a la construcción de la nación verdadera inclusivista.

Son ellos consecuencia modélica del funcionamiento de la ideología supremacista blanca inconfesamente reinante entre cubanas y cubanos desenvolviéndose en cualquier sistema social, ideología que enferma a todos y a todas, pero únicamente a los discriminados perjudica en sus oportunidades políticas, culturales y económicas.

Son representación de la continuidad de la vigencia de esa ideología en el castro-socialismo. Son muestra y efecto del recurrente caricaturesco accionar persecutorio "en pos de la raza pura" de unos peninsulares que, en 1492, ya eran cautivos de la perturbación psicológica que les causara el haber sido colonizados durante siglos por los moros, y que hicieron traslación de su desequilibrada posición hacia la inventiva de la "raza" (en rigor, del fenotipo) y de la cultura del otro, del diferente, como causantes de depravaciones e inferioridades (psico-culturales, socio-políticas, económicas).

Desde 1492 unos peninsulares que improbablemente ya podrían ser "puros", unos peninsulares mestizos entre los que pululaban además de los mestizajes intra-europeos blancos, los fenotipos del negro y del mulato, impondrían a la población originaria de las Américas y a las poblaciones africanas y su descendencia, la obsesión de la cada vez más improbable "pureza racial". Ese sería el fermento psicológico de los "teóricos cubanos" de las doctrinas supremacistas. Ese sería el fermento cultural, psicológico e ideológico de la imposición y eternización del determinismo racial en América y Cuba.

A los blancos teóricos supremacistas cubanos y al determinismo racial dedica atención el autor en esta y en otras de sus obras.

Ese fabuloso imaginario sería instalado y adquiría carta de mayoría de edad con la producción pseudo-científica de los blancos criollos en América, como aspirantes a la independencia administrativa y política y no a la autenticidad cultural descolonizadora ni a la elaboración ideológica afín y coherente con la realidad americana. Para ellos y ellas, hasta nuestro siglo XXI, la europeidad es su marca de "civilización"; por consiguiente, no consiguen ver la cubanidad sino a través de la europeidad.

Deja planteado sin subterfugios Benemelis[98]: "En el caso cubano la antropología y los paradigmas médicos se hallaban determinados por las tradiciones culturales y los prejuicios sociales. En el imaginario colectivo de una nacionalidad 'blanca' primaba el miedo a la población negra ante la disyuntiva de una revolución a lo Haití.

Los elementos denigrantes para el afro-cubano, utilizados en esos años eran de que, entre los negros, sobre todo los ñáñigos, existía la práctica del canibalismo. Tanto la santería, el oráculo de Ifá como la sociedad secreta abakuá eran consideradas máculas sociales repugnantes, y el negro fue exhibido como violador de mujeres y asesino de sus maridos y padres. Esta aprehensión a las religiones afro-cubanas, y el temor a un gobierno compartido con los negros, potenciaron la inmigración española".

Ha sido ordinario que la europeidad y el eurocentrismo de unos seres que acusan al diferente, especialmente negro, de "inferioridad" y de vilezas de todo tipo, sea poco más o menos naturalmente sustituida con el afrancesamiento y con la "estadounización" (permítase el neologismo; "americanización" no es el término apropiado porque nos comprende a todos los nacidos en este continente, aunque con prepotencia se lo apropien los nacidos en Estados Unidos y con colonizada docilidad se los cedamos la mayoría restante), mostrando una aguzada minusvalía psicológica y un muy frágil sentido identitario.

Ellos o ellas no son *per se*, sino identificados con aquella identidad otra que consideran "superior", en la cual quieren a todo costo verse representados y con la cual aspiran a acoplar a como dé lugar. Sus referentes no son la resultante de búsquedas intra sino extra comunitarias. El repertorio patrimonial de su cultura no lo encuentran en Cuba sino de preferencia en España. Su identidad es ambivalente, sus cambios no se legitiman en el devenir histórico sino en la inestabilidad de sus relaciones hacia el exterior de sí y de la nación cubana.

Ellos son los herederos de los hacedores de teorías autóctonas que nada tendrían que envidiar a las de los teóricos del fascismo europeo y del nazi-fascismo alemán. Teorías de las que estuvieron imbuidos los blancos independentistas y nacionalistas americanos, que, del norte al sur del continente, con la excepción del Caribe francófono, holandés y anglófono, coincidieron en la ilusión de crear Estados, naciones y países independientes exclusivamente para sus blancos pobladores, y en concebir e implementar políticas tendientes al ilusorio blanqueamiento de tales sociedades, pues el nacionalismo americano ha sido racista.

La república cubana nacería con la mácula del racismo anti-negro y con la desvergüenza de entronizarlo legalmente con leyes tendientes a la estimulación de la inmigración blanca. La política de supremacía blanca y de su concomitante racismo anti-negro nos ha dejado en la historia nacional e internacional "un sangriento vacío intelectual, que lejos de hacernos grandes, destruye a pedazos la posible nación que debemos delinear, asumir y completar, para bien de todos aquellos que el destino puso juntos a vivir en el mismo territorio[99]".

Cuando como consecuencia y expresión de la política de supremacía blanca y del racismo anti-negro se incrimina como "racista al revés" al nacionalismo afro-estadounidense que sí propuso la creación de una estructura afro paralela a la blanca, estructura que no le comprendía más que como esclavo, aun si "moderno", lo mismo que cuando oportunistamente se presenta en interesada confusión el esencialismo afro-cubano como "nacionalismo negro" hablándose de un irreal "divisionismo" negro en Cuba propiciado por el negro, en verdad se está remedando, metamorfoseado, el racismo nacionalista de supremacía blanca.

Lo paradójico es que, en la Isla, "lo blanco", así de personas como de atributos culturales, ha ido tornándose tan indefinido (si es que alguna vez lo fue) y dudoso en el funcionamiento no de las mayorías, que ha sido cada vez más una falacia que obliga a la invención por parte de los perseguidores de ese ideal fenotípico y cultural. "Lo blanco" en Cuba ha sido cada vez más un disfraz que obliga al sofisma discursivo y representativo de lo que existe ya como irregularidad y pareciera que va en vías de extinción.

En síntesis y con desenvoltura explica el Dr. Juan Benemelis un proceso actual cubano al que no siempre se le toma el pulso cabalmente: "El posmodernismo convierte a cierto tipo de descentralización de la narrativa occidental en una posibilidad prometedora" dice en síntesis, y complementa presentándonos la otra cara del proceso cuando observa que "la agresiva resistencia hacia lo diferente por las élites blanco supremacistas, es el intento de restaurar el canon de la civilización occidental contra el multiculturalismo, mediante la identidad nacional y cultural a partir del absolutismo étnico, del racismo cultural[100]".

En Cuba prosigue comportándose el racismo tanto biológico como cultural y políticamente. Allí, se persiste en la "inferioridad" y depravación de los no-blancos. Apenas un par de años atrás el periódico *Granma*, órgano oficial del Partido Comunista de Cuba (PCC), sorprendía con el reconocimiento de nuestro mestizaje, apoyándose para ese reconocimiento en la genética.

Otra vez la ciencia auxiliaba al poder. Por lo cual, intentaba decírsenos que, ya que todos los cubanos somos genéticamente mestizos: ¿para qué polemizar sobre el tema racial?, ¿qué vamos a exigir "como negros", como seres por cinco siglos vejados, si se desplaza el objetivo de la lucha etno-racial, de la justicia a la genética?

Esas son las circunstancias en las cuales han venido surgiendo nuevos derroteros neo-marxistas, procurando incorporar con relevancia la categoría "cultura" en la racionalidad de los análisis. En diálogo con estos y ambientando con las condiciones de Cuba, puntualiza el estudioso[101]: "Al estar basada la sociedad socialista cubana en un sistema racial desigual, reproducirá ese sistema desigual a través de maneras y formas desiguales".

Y abunda al respecto el autor: "En los modelos anteriores, colonia-República (…) la diversidad expresaba la heterogeneidad de las modalidades esclavista versus esclavo, hegemónico versus subordinado. En el caso del socialismo, la desigualdad expresa (y es producto de) una relación de dominación que se funda en un acceso desigual de bienes materiales, y en relaciones políticas asimétricas; este escenario no es temporal ni transitorio, sino que es un estado estructural. El 'nosotros' esgrimido por la élite blanca no sólo se apropia de algo, sino que, además, participa de modo determinante en la conformación de los atributos negativos o positivos del otro[102].

Las añejas y siempre vigentes acusaciones de "racistas" a los afro-cubanos que encaren la realidad de las asimetrías etno-raciales y de las prácticas racistas en Cuba, del pasado republicano burgués al presente castro-socialista, hallan explicación en el discurso de Benemelis.

Los ataques hacia estos durante los últimos 53 años los entendemos claramente deteniéndonos en la realidad de que[103]: "El marxista interactúa con el negro, a condición de que se desvista de su negritud y se presente como ciudadano o proletario, invisibilizando la injusticia con el mito de la igualdad racial bajo el socialismo".

Deberíamos volver la mirada al poeta martiniqués Aimé Césaire que, en 1956, rompe con el Partido Comunista francés "a causa de su 'convicción casi innata –que incluso los marxistas comparten con la burguesía europea– de la superioridad de occidente en todos los sentidos[104]".

Empleando los propios argumentos del marxismo, explica Benemelis la persistente resistencia del afro-cubano de la siguiente manera[105]: "La relación de dominación en una sociedad socialista, según teorizaron los dirigentes soviéticos Lenin y León Trotsky, es una relación conflictiva, en la cual encontramos adaptación, sometimiento por parte de las clases subordinadas, pero también resistencias, oposiciones por parte de los grupos o naciones dominadas.

No debe sorprender, entonces, en el entorno multi-racial cubano resistencia u oposición de los negros y mulatos ante una situación social específica".

La óptica patriarcal

No más que argucia del poder para mantener su supremacía del color, retener el goce de los privilegios y legarlos a sus descendientes. "La ideología de supremacía blanca no solamente oculta la historia, la rehace y construye a su manera, con una intención muy bien determinada, es decir, el mantener su poder hegemónico en lo político, económico, cultural y social y no permitirle al otro que se sacuda del yugo ideológico de la subordinación al blanco por razones históricas y bio-políticas. Este deseo de hacer al negro y al mulato cubanos objetos de una subordinación permanente utilizando todo tipo de argucias, estratagemas, mentiras, suciedades y verdades a medias, es lo que caracteriza a la abominable y vigente ideología de supremacía blanca en Cuba[106]".

Quienes nos implicamos en la temática etno-racial sin conformismos partidarios difícilmente no concordemos con el estudioso en el hecho referencial de que ninguno de los regímenes sociopolíticos hasta ahora establecidos ha sido la solución al problema etno-racial.

La razón estriba en que[107]: "El liberalismo político, el marxismo, y el mito de la democracia racial provienen de la misma matriz conceptual y de poder moderna. En otras palabras, y weberianamente expresado: el protestantismo ascético que construyó esa noción contingente y única de agencia humana pasa a tener ahora como soporte secular la lógica impersonal del mercado y del Estado, que reproduce, a través de estímulos empíricos como el dinero y la coerción legal, el mismo tipo de individuo que antes producía la fe".

Para enfrentar con resolución esta problemática tendría la humanidad que desarroparse de disfraces cómodos para unos e incómodos para las mayorías. Los supuestos de la "democracia racial" a la brasilera o de la "solución definitiva" al problema racial a la cubana, aquel afincado en el capitalismo y este en el castro-socialismo, no han llegado nunca a ser tales, ni lo podrían.

La "coerción legal", la iniquidad y la inequidad han funcionado en ambos sistemas de gobierno y de organización social generando un muy similar individuo prejuiciado por motivos etno-culturales (más exactamente, en las Américas, por fenotipo), clase y género cual si naciera de los viejos cimientos cristianos.

En consecuencia, tampoco el marxismo y el socialismo no son la solución en sociedades pluri-culturales y pluri-raciales. ¿Deberíamos confiarnos en que lo sería un llamado "socialismo del siglo XXI" nunca teorizado y, por lo que se está viendo en los países en los que se dice se va gestando, remedador de exclusiones?

La "óptica patriarcal" con las cuales funcionan la utopía marxista y el capitalismo[108], impiden a sus propulsores desenredar la madeja de la organización social en base a la opresión. Esta enunciación que nos llega con *El miedo al negro* es clave para la comprensión de la problemática, para entender el por qué del sexismo y machismo marxista cuando se supone que su utopía contempla la concreción de una sociedad de justicia, la cual no puede ser sino con equidad para todos y para todas.

La tergiversación de la historia desde el poder despersonaliza y deshumaniza al afro-descendiente. "El 'negro' desaparece como colectivo social cultural y es presentado por medio del marco estrecho, económico, de la relación a través de la cual pudo ingresar a América. El 'negro' ingresa a la historia cubana como un elemento de la plantación a disposición del sistema económico de la época: la trata, el tráfico intercontinental, y como fuerza de trabajo en las minas y en las haciendas.

Su vida cotidiana, sus conflictos y tensiones con los propietarios y, en particular, con los miembros de los otros grupos subordinados y con los de las cuadrillas, sus costumbres y sus hábitos alimentarios, son temas que no tienen cabida en esta obra de historia regional, que, sin embargo, marca un hito en la historiografía nacional[109].

Las distorsiones, las mentiras y los encubrimientos historiográficos que siguen vigentes en la historiografía "revolucionaria" cubana, junto a la utilización del "ruido ideológico" convergen asociándose en el objetivo supremo de mantener subjetiva y objetivamente la idea de la supremacía fenotípica y cultural euro-blanca y la realidad práctica del dominio de ese sector sobre el resto de la sociedad, en Cuba mayoritariamente negra y mulata.

El "ruido ideológico" se comporta como "una de las formas ideológicas que crea un tipo de creencia de parcialidad lo cual evita que los miembros del grupo racial dominante en Cuba, presten oídos, atención o tomen en serio a otros que no pertenecen a su círculo[110]". Su eficacia estriba en que "que trabaja en el laberinto de complejidades sociales en forma tal que la comunicación y el entendimiento entre individuos y grupos sociales se vuelve casi imposible y más difícil que en cualquier otra de las formas ideológicas".

En ese "laberinto de complejidades sociales", ahora con el auxilio del auge de los medios de comunicación electrónica, la ideología de supremacía blanca se perpetúa y extiende evidente y subliminalmente.

Actores negros y mulatos ridiculizando a sus iguales de raza y cultura no son la excepción; guiones para la programación de televisión, radio y teatro en los que está presente el mensaje de la "minusvalía" de la afro-descendencia y en los cuales los presentadores se burlan abiertamente de sus connacionales negros, o en los que ridiculizan a los luchadores anti-racistas; la aceptación tácita de las instancias de poder sobre esa situación, son manifestaciones de la actualidad en Cuba de la política de supremacía blanca.

En ninguna problemática social la neutralidad es cierta; con estos siempre va coligada la existencia o no de la justicia social. El tema racial no admite neutralidades.

En medio de la aceptación del poder de este (des)orden, expresión sociológica y cultural de su coherencia con la idea de supremacía blanca, los llamados a la espera de "el momento propicio" para el enfrentamiento de esta situación, llamado en el que participan intelectuales blancos y negros y representantes de las más altas esferas de gobierno (ej.: Ricardo Alarcón, el ex presidente de la Asamblea Nacional del Poder Popular), dicen de la articulada complicidad de los representantes del poder político y cultural en aras del sostenimiento de la estructura racializada anti-negra.

La conminación al afro-descendiente a la pacífica y paciente espera del "momento propicio" para enfrentar el racismo anti-negro (lo que en rigor es enfrentar el supremacismo blanco-criollo y emprender la desestructuración del sistema de colonialidad), es la afirmación testimonial de cómo la institucionalizada "resistencia a todo cambio es una resistencia a transformar el órgano donde emanan las leyes de leyes[110].

Para no aparecer públicamente como racistas y antinacionales, en Cuba la Castro-socialista élite gobernante ha considerado suficiente el rechazo a la discriminación étnica y racial a través de la Carta Magna de la república. Claro que ello languidece en la abstracción, sin adquirir un valor fehaciente y una obligatoriedad de cumplimentación mientras la declaración constitucional no esté respaldada por un cuerpo legislativo basándose en el cual se pueda establecer una normativa de justicia etno-racial.

Según Benemelis, una de las principales manifestaciones de la ideología de supremacía blanca, ha sido claramente reflejada en las llamadas elecciones socialistas- populares, donde el voto es considerado por la elite como una práctica ideológica. El acto de votar lejos de ser libre y voluntario, es en la actualidad una ceremonia ideológica o un ejercicio encaminado a mantener el mito de que todos piensan igual.

Creando la impresión de que todos se comportan igual desde el punto de vista político, permite a la elite mostrar su mensaje de que todos están totalmente de acuerdo con su política racial y con la forma en que ellos conducen y manejan todos los asuntos nacionales.

Pero lo mencionado en este epígrafe es algo que la llamada historiografía de la revolución no contempla. Realizada la bibliografía publicada que la integra casi en su totalidad por una élite que se pretende ilustrada, que es abrumadoramente ibero-descendiente, jerarquizadora y discriminadora, y que cuenta con los auspicios y paraguas resguardadores de una dirigencia que no acepta otras narraciones historiográficas que no sean las que, falsas y/o inmorales, les resulten convenientes, y que las hacen cambiar o las cambian según su conveniencia, sólo por excepción apostará por el subalterno, incorporándolo en análisis muy tangenciales y adulteradores de la realidad, casi siempre cuando el contexto de las ciencias sociales en el exterior no le deje otra opción.

Así, se ha convertido en moda tratar los tópicos de género, las diversidades sexuales, la violencia doméstica, y, entre tanta moda mal llevada, de las asimetrías etno-raciales. Esos intelectuales saben que, no obstante, sus análisis, explicaciones y conclusiones tienen que resultar favorecedores a los gobernantes castristas. En consecuencia, con eso, que es garantía de su estatus de privilegio o de al menos no sufrir presiones y marginaciones, actúan.

Tardíamente enterados los gobernantes de la Isla de la importancia que internacionalmente se está concediendo, en los planos cognitivo y político a esos asuntos, "orientan" a sus investigadores a darles seguimiento, pero... estos son conocedores de los límites de sus búsquedas.

El miedo inoculado en sus mentes funciona como la más efectiva contención. La referida "domesticación" del afro-descendiente cubano por parte de sus connacionales supremacistas euro-descendientes ha funcionado con mayor meticulosidad que la desata tras 1912, cuando se creía que la Isla tenía que romper con lo antillano y pertenecer por derecho propio al mundo nor-Atlántico[112].

El racismo anti-negro que portan gobernantes, empresarios, intelectuales y prácticamente todo integrante de la élite isleña, hace su parte expresándose en el sistema de la colonialidad del poder. Es el racismo del marxista sujeto colonialista o del marxista sujeto-objetivado ya colonizado. Mal se las ven con ambos los intelectuales afro-cubanos e ibero-cubanos (estos son lamentablemente menos) que adopten una consciente actitud de escrupulosa revisión de la historia o de teorización acorde con las realidades de la subalternidad y con las necesidades de la nación inconclusa que todavía somos.

Somos una nación inconclusa y fragmentada en la cual se ha estimulado el orgullo de nación consolidada que no somos. Así, "asumimos lo que no somos y negamos lo que somos. La 'colonialidad' de la sociedad cubana, desde el colonizador Diego Velásquez a Fidel Castro está dada porque asume como propio un ideal que no le corresponde".

La cubana es una nación en torpe, contrariada y embarazosa construcción, agravada por la entronizada de un modelo que no resuelve sus propias contradicciones, patrocinando proyectos que agudizan una desestabilización como consecuencia de la adopción de modelos ajenos (cuyo fin es 'normalizar' el desorden creado por ellos)[113].

Pero sucede que, "en la realidad efectiva se da la pluralidad: la razón totalitaria vive siempre al acecho y en el temor de la diversidad, por eso es una razón paranoica. Vive asimismo en el movimiento de destrucción del 'otro', de someter: es la razón del conflicto y de la violencia.

Razón particular que pretende ser universal, ser lo todo, por lo tanto, irrazonable, pues de lo contrario se pierde y zozobra en el absurdo. En vano trata de ocultar su radical contingencia bajo la pompa del tener y del poder: el 'otro' es presencia irreductible. Pese a todos esos esfuerzos, la razón totalitaria no consigue asfixiar esa presencia invisible, aprehendida por ella como inquietud o peligro[114]".

Con sentido de veracidad histórica tenemos que reconocer con Juan Benemelis que[115]: "Tanto las razas como las clases han sido factores cuyas posiciones moralmente arbitrarias han tenido efectos legales y políticos. Aún las relaciones de prosperidad y poder se estructuran en líneas raciales, y los estereotipos reflejan la realidad institucional de inclusión y exclusión, de igualdad y desigualdad, como antes lo hacían de libertad y esclavitud".

La arbitrariedad de negar políticamente los derechos a los afro-estadounidenses, situación mantenida hasta los años '60 del pasado siglo, emula con el apartheid sudafricano, con la falsedad de la "democracia racial" brasilera, del escenográfico e irreal fin de la discriminación racial castro-socialista y con la invisibilidad en la que se ha mantenido al afro-descendiente en países latinoamericanos como Bolivia, Argentina, Perú, México, Ecuador o Chile por sólo mencionar algunos ejemplos, en los cuales durante décadas se ha negado su presencia. Demostraciones vívidas de que las fobias raciales como el racismo político subsisten incluso con la reducción del problema racial al de clase[116].

Así tenemos que[117]: "El racismo, con sus corolarios de intolerancia, exclusión social de las multitudes, control permanente de los poderes económicos, políticos, jurídicos, culturales, religiosos, sociales, su opresión psicológica al diferente u otro, su dominación y explotación debido al color de la piel o poseer una fisonomía diferente a la que poseen los del grupo hegemónico se instaló en la isla de Cuba desde el primer viaje de Cristóbal Colón a fines del siglo xv (1492), y aunque sufrió diversas metamorfosis a través de los subsiguientes siglos, se mantiene hoy, finalizando la primera década del siglo XXI, como el principal problema social, político, económico, jurídico y cultural de la aún no cuajada nación cubana".

Comunistas y afro-descendientes

Legalmente, su corolario es la llamada Ley de Peligrosidad pre-delictiva, que ha servido para atestar las cárceles cubanas de negros y negras jóvenes. El estatus peligroso o "Ley de peligrosidad", como se conoce, es un instrumento que degrada al ser humano, porque lo condena sin haber cometido delito alguno, convirtiéndose así en una aberración del Derecho Penal cubano[118].

En el caso del Castro-socialismo no se diluye y menos desaparece la asociación entre marxismo y racismo. Aquí se cumple lo referido por Juan Benemelis[119]. "El marxista interactúa con el negro, a condición de que se desvista de su negritud y se presente como ciudadano o proletario, invisibilizando la injusticia con el mito de la igualdad racial bajo el socialismo".

Por ello es innegable que la acusación de racismo a grupos afro-descendientes que asumen la negritud, es un síntoma del racismo, pues se evita ver o responderle al sujeto como negro, a la vez que establece la evasión de asumirse como blanco, evitando en un gesto colonialista, reconocer su responsabilidad de perpetuar el orden que le da sentido y poder exclusivo. No es la filosofía o ética lo que se razona en tal circunstancia, sino los mecanismos que cuestionen su predominio racial[120].

A la tendencia de último momento de ciertos estudiosos afro-cubanos de la temática etno-racial en la Isla, que intentan ver en la participación de sus compatriotas afro-descendientes en el fuerte movimiento sindical y cívico de la Cuba anterior a 1959 una vocación "comunista", valdría mencionarle otro de los señalamientos importantes hallados en *El miedo al negro*.

La realidad es que, en las Américas, los afro-descendientes "no se afiliaron en masa a los partidos comunistas, y ello tuvo varias causas importantes. No sólo los comunistas incurrieron en el craso error de categorizar los 'cordones negros' como posibles opciones para constituirse en naciones, sino que arremetieron contra los predicadores y guías eclesiásticos negros, presentándolos como 'opresores' de la raza.

La ideología marxista-leninista se hallaba contrapuesta directamente contra las religiones de origen africanos; los partidos comunistas se encontraban en manos de blancos que de una manera u otra practicaban el racismo, y pese a que resultó una meta comunista, poco hicieron para organizar las áreas negras[121].

Es muy loable la búsqueda por estudiosos afro-cubanos de posibles caminos de creación de autoestima en el sujeto-objetivado negro, pero esa no llegará empleando similares e iguales métodos que los de los supremacistas en el poder. Inventarnos un movimiento negro fundamentalmente comunista o un movimiento comunista fundamentalmente negro no sería la vía apropiada.

Es innegable que los afro-descendientes cubanos hicieron parte importante de los comunistas nacionales, sin embargo, la historia del comunismo es muy reciente, quedan en la memoria los testimonios recientes; estos no compelen a aseverar la existencia de un "movimiento comunista negro".

El nacionalismo de afro-cubanos y afrocubanas tuvo, como la población que le dio vida, variedad de expresiones de ideología política. El comunismo apenas le permitió una.

El sindicalismo y el comunismo se juntaban y repelían por igual, pues si sus demandas les servían de junta de empalme, el carácter impositivo del comunismo no se avenía con la pluralidad de posicionamientos de la heterogénea población afro, que pasaba también por manifestarse con otros enfoques ideológicos, del que pese a todo no queda excluido el religioso cristiano en sus diversas denominaciones.

Una intelectualidad afro-descendiente cubana debatiéndose entre la ideología comunista, la sindicalista, la religiosa (en su diversidad), la burguesa y otras, o de la conjunción de varias; una intelectualidad afro-descendiente cubana que prendida en la letárgica ideología del mulatismo escasamente se acercó y en la cual muy poco prendió la caribeña Negritud, sería muestra de la pluralidad de posicionamientos y a la par del caos ideológico en el que puede ser sumida una población a la cual se le violenta a la discontinuidad con sus referentes históricos naturales y se le compromete al nacimiento como ente nuevo en situación de colonizado del otro componente fundamental del ente sociocultural nuevo al que aquel pertenece, ente sociocultural al que el colonizado ha dado vida como protagonista primero en su fundación.

La radicalidad de la ruptura de los blancos supremacistas castristas con lo mejor de la intelectualidad afrocubana y la virulencia de la crítica de aquella hacia esta, que no podría sino ser cuestionadora directa y exigente en el nuevo gobierno respecto a la población negra, denota la presencia de continuidades y discontinuidades en la esfera política y cívica de la nación y en el sistema de administración de esta que entraban en periodo histórico de refundación.

En dicha relación el contenido revolucionario lo portaban y comunicaban los intelectuales radicales afro-cubanos. El contenido obcecadamente conservador lo portaban y exteriorizaban principalmente con sus acciones (no olvidar la inmediata disolución de las sociedades de negros y mestizos) los políticos e intelectuales supremacistas blancos.

Esos supremacistas blancos en toda la historia republicana se apropiaron para sí el calificativo de "revolucionarios" sin conocer ni reconocer, sin querer ni permitir la alerta respecto al problema fundamental de la nación cubana: la estructura racializada y racista sin deconstruir.

Esos supremacistas blancos "revolucionarios" fueron reacios a la comprensión de que sin la deconstrucción de esa estructura todo pedido de "unidad" estaría más tarde o temprano condenado al fracaso (como ha sucedido), pues reproduciendo el coloniaje (colonialismo en realidad; Cuba ha sido gobernada por dos hermanos auto-reconocidos como "gallegos") postulaba una "unidad" falsa y vejatoria, por sometedora y dominadora.

La elite blanca cubana en su completa subrogación europea y dependencia sicológica, ha transformado la cultura de los colonizadores en su cultura oficial. En la práctica, sin embargo, ellos están más apegados a las culturas cubanas afro-cristianas que a los rasgos culturales europeos.

La elite cubana actúa como colonialistas internos en su propio país, han ejercido una completa hegemonía cultural subrogada con el desafortunado consentimiento de aquellos que han sido víctimas de sus mitos ideológicos.

Contradictoriamente, su arrellenamiento en la arrogancia y prepotencia etno-racial, aparejada a la clasista (se erigieron en la nueva burguesía cuando decían denostar de esa clase social), pronto se revelarían (lo que no quisieron ver) en uno de los mayores peligros de supervivencia para su régimen.

Había acontecido que en nombre de la libertad y la patria un perdido país del mar antillano que necesitaba 'fabricarse' una genealogía, estableció una historia codificada, llena de leyendas, de biografías de los patricios totalmente filántropos, sobre las guerras de la Independencia, de manera tal que quien osara refutarla era y es un profano ex comunicado pues no todos tienen el derecho de escribirla a menos que se atenga a los arquetipos oficiales.

Así, se ha vestido a Cuba con un eterno traje teórico por encima del país real, por el cual se nos obliga a una ficción ideal, a una pose lejana de lo natural. Así, la idea de nuestra nación de nuestra identidad vive entregada, pero no a una realidad, sino a una imagen, a la ambigüedad como destino", dificultándonos el camino hacia la verdadera construcción de la nación, integrada o no[122].

Los tempranos años '60 conocerían de la malograda Negritud "revolucionaria" y de la virulenta y visceral reacción supremacista blanco-castrista hacia aquel. La masiva emigración del año 1980 por el puente marítimo establecido en el puerto de El Mariel, vería por primera vez participar de un suceso de tamaña envergadura a las familias negras.

La otra oleada migratoria marítima (la escenificada en 1994), esta con recursos propios, lo que es decir asesina y suicida, para la afro-descendencia cubana fue continuidad a mayor escala de la precedente.

La emigración iniciada en los '90 y continuada por medio de los más ingeniosos medios, de la prostitución abierta a los matrimonios ficticios con o sin conocimiento de la parte extranjera, los ficticios contratos de trabajo, las falsas cartas de invitaciones confeccionadas en la Isla sirviéndose de la computadora en préstamo de algún amigo, están siendo maneras de emigrar los afro-descendientes.

Pero no sólo por la precariedad económica sino por inconformidades políticas y por presiones de los agentes policiales y de la seguridad del Estado que con el más genuino espíritu lombrosiano mantienen la criminalización del afro-descendiente, su victimización y que no aceptan sus pronunciamientos políticos independientes pues estos no admiten el vasallaje.

La realidad nacional en términos demográficos es harto elocuente[123]: "Negros y mulatos a pesar de estar en mayoría, continúan siendo considerados los presentes/ ausentes dentro de la población, y son tratados como los otros, a pesar de todo lo que ellos han hecho como una supuesta parte de la comunidad en su conjunto".

Las penurias materiales y espirituales sostenidas para la población afro-descendiente, su incremento numérico, el sostenimiento de la educación e instrucción anti-negra, el desmedido crecimiento de la población penal negra, la visibilización de la institucionalidad del racismo, la negativa a abordarlo políticamente, por el poder y la oposición, y la imposición del tema como tabú en la academia, serían abono para la irrupción en las artes del tema de la discriminación racial anti-negra y su conexa marginalidad.

Asimismo, para la insistencia de la joven intelectualidad negra en la acometida de estas realidades en contra de toda política de censura oficial, para el re-empoderamiento de las afro-feministas versus unas feministas blancas e institucionalizadas, oficialmente designadas, que las niegan.

Esa actitud crítica de la persistencia en la negatividad criminal del estado de cosas mostrada por los jóvenes intelectuales afro-cubanos al inicio de la segunda mitad de los pasados años '80, no ha sido homogénea ni ha carecido de inmensas contradicciones.

Según el autor, muchos afro-descendientes cubanos no consiguen deshacerse por sí de la victimización a las que les somete la "persistente ideología de alienación y de subordinación que va más allá de la pérdida de poder y de oportunidades económicas y severos daños sicológicos, al orgullo y a la humanidad de sus víctimas".

Es válido destacar que dicha "repulsión hacia la ideología de supremacía blanca tiene una larga historia." Esta ha sido retomada por esos intelectuales, consiguiendo algún tipo de articulación con los a partir de entonces para ellos descubiertos colegas de la afro-diáspora, lo cual se ha logrado no obstante todas las limitaciones que nos impone el blanco poder supremacista castro-socialista.

Cuando el maestro Juan Benemelis cita a los y las más jóvenes intelectuales afro-cubanos, establece una ilación del ayer al presente del intelectual afro-descendiente cubano que, nacido en el siglo XIX y pasando por la república nacida en 1902 le comprende a él y otros aquí mencionados desenvolviéndose a partir de los años '50 y '60 de la vigésima centuria y que a muchos mantiene en activo hasta un presente en el cual confluimos varias generaciones cronológicas hermanadas esencialmente por las mismas o similares y complementarias inquietudes, necesidades, frustraciones y anhelos, lo que es esencialmente decir por el mismo conflicto y por la misma lucha.

La diferencia reside en que los que conforman esa silenciada, negada y/o tergiversada afro-diáspora producida por el blanco supremacismo castro-socialista, contradictoriamente han tenido mayores oportunidades de desarrollo de su pensamiento, de conocimiento de otras realidades afro, de articulación con la trans-nacionalización afro, de accionar civil para y por la causa de la afro-descendencia, que quienes arraigamos en la Isla.

Aquí, siendo igualmente silenciados, negados y/o tergiversados, además se nos somete a incomunicación, se nos negó el conocimiento de la existencia de esa afro-diáspora. A los afro-diaspóricos se les sigue excluyendo de los encuentros de (parte de) la nación con (parte de) la emigración. A los afro-cubanos de adentro que seamos incómodos (es decir, a la mayoría) tampoco se nos concibe como pieza fundamental del engranaje de la nación y del verdadero encuentro de esta con la emigración, que no debería proseguir viéndose desde acá selectiva y fragmentadamente.

Representaciones de "la nación" y de "la emigración" que también en ese escenario obedecen a estereotipadas imágenes de representaciones etno-raciales y de posicionamientos intelectuales, superando en ese caso estas a las imágenes por pertenencias políticas. Igual que se nos hace difícil hallar una coherencia de nación en nuestro pasado colonial (...) es incierto el sueño colectivo sobre el futuro.[124]

¿A qué obedece la situación planteada?

Pues a que del colonialismo-esclavista a la república de servilismo Castro-socialista[125]: "Hemos estado llenos de incomprensiones raciales y políticas, culturales y anti-culturales; hemos separado la nación de la realidad", hemos tenido representaciones de Estado que se sitúan por encima de la realidad de la nación y que han impedido la refundación de esta.

Con este panorama en mente podemos, con el colega Juan Benemelis[126]: "¿Fuimos alguna vez cubanos o ello fue y es un invento histórico? ¿Existen vínculos entre nación y territorio? ¿Somos una nación o hemos dejado de serlo? ¿El Estado cubano organiza jurídicamente una nación, pero es nuestra nación una comunidad nacional con un Estado como destino? ¿Fue alguna vez o lo es de todo este país? ¿Quiénes somos todos? ¿Hay integración en nuestra identidad y compartimos valores? ¿Existe el sentimiento de un pasado común y la idea de un futuro compartido? ¿Existe voluntad de quienes la componen de ponerse en un mismo plano uno con el otro? ¿Hijos de qué sueño somos, del pasado republicano, del actual, o queremos otro diferente?".

Volviendo al escenario que precede a las interrogantes y planteándonos rápidas, aunque demostrables respuestas a estas, sin ánimo de apuntar ni de sugerir esas como únicas, sí podrían enunciarse como causantes de que no toda la intelectualidad afro-descendiente cubana alcanzara conciencia de afro-cubanidad y de que, poseyéndola, no necesariamente la exprese o lo haga selectivamente.

Por ejemplo, si se proyecta en el exterior o entre colegas extranjeros; de que los rendimientos de la elaboración teórica y, en general, de pensamiento sobre el tema sean pronunciadamente dispares en calidad y no pocas veces contradictorios en visiones y en conclusiones.

Por eso, existiendo "una clara y urgente necesidad para nuevos marcos teóricos capaces de garantizar nuevas luces, oxígeno y aliento al país", inéditas "potencialidades y fuerzas son necesarias la solución del problema de subordinación racial en Cuba y la política económica y de dominación social de las personas de piel blanca". Apremia por eso reconocer que los "mitos ideológicos" también han incidido en la intelectualidad con conciencia y militancia afro-cubana.

En concordancia se genera la contradicción de que, aunque las mentiras, los engaños y las manipulaciones forman parte de este sistema ideológico totalitario de supremacía blanca (con todas las ansiedades, complejos, enfermedades mentales y marginaciones creadas entre las victimas), estas ideas opresivas no siempre han sido ignoradas y rechazadas por los grupos e individuos más conscientes dentro del grupo coaccionado[127].

De la intelectualidad afro-descendiente cubana, la carente de conciencia etno-racial o en posición simuladora de apoyo al poder supremacista blanco, se hace partícipe del señalado por Benemelis como "racismo natural" que "considera admisible, la degradación de negros y mulatos" incluidos los "chistes oprobiosos y ofensivos contra el sector poblacional no blanco".

Además, considera tolerable la minimización de la cultura, los aportes patrióticos, las religiones populares (mayoritariamente no cristianas), las ideas estéticas, las nociones ético-morales y la agenda económico política de los ciudadanos considerados como no blancos (es decir, los negros y los mulatos)[128].

Estos son los afro-descendientes que nos piden silencio aduciendo que quienes adoptamos una posición crítica no vamos "a arreglar el mundo". Estos son los afro-descendientes que consideran que para "conseguir algo en este tema tenemos que trabajar con el poder".

Son también los que nos instan a imitarles[129] "viviendo, viendo qué uno puede conseguir para uno y para su familia, y para eso –han aprendido- hay que decirles a los blancos lo que ellos quieran escuchar; si lo que les gusta escuchar es que no son racistas, pues se les dice, aunque uno sepa que no es verdad, aunque uno se tenga que cuidar, porque uno sabe que son malos, ¡malísimos!, pero ellos son los que mandan, siempre ha sido así, y eso nosotros no lo podemos cambiar".

El poder triunfa cuando ha copado la psiquis del dominado. Ese triunfo no quiere decir que nos conquista –no a todos-, mas sí como colectividad nos domina quebrantando nuestras fuerzas y aplastando nuestros ímpetus. El poder blanco-supremacista ha triunfado con el sometimiento del afro-descendiente, aunque este sea fingido.

El supremacismo blanco ha triunfado porque en esas circunstancias el afro-descendiente no respeta, pero se humilla y acata, quedando anulado en su realización como sujeto humano, ciclo este de repetición contextual cuya prolongación se recrea con la pavorosa posibilidad de duración *at infinitum*.

Al blanco americano, como generalidad, no le ha interesado saber quién realmente es su connacional negro. El blanco ha controlado el poder y sido su imagen representativa. El blanco ha creado las categorías "raciales" y les ha dotado del contenido conveniente para sí. La nación ha sido estructurada jerárquicamente por él, que se ha cuidado de establecer los mecanismos sociales y raciales garantes de sus intereses.

Para sus intereses elaboraría el estereotipo de él mismo asociado a todo lo que él impusiera como positivo, y el estereotipo del negro en asociación con cuanto él como supremacista impusiera como negativa. No importaba que su creación no se ajustara a la realidad, ya se encargaría él (blanco-céntrico europeizante) de hacer que la realidad se reajustara a sus intereses.

Y sigue[130]: "En el maniqueísmo blanco-negro, el símbolo del mal, del verdugo, de lo sucio, de lo pecaminoso o de la fealdad se halla bien definido, por lo cual no extraña que el propio negro, y sobre todo el mulato, padezca de negrofobia cultural, y comparta este presunto inconsciente con el blanco. Esclavizado por esta imposición cultural euro-blanca vive (...) una ambigüedad neurótica, la del choque del negro construido por el blanco, el 'lacaniano' de conciencia escindida, ante el negro de la negritud".

Algún tenue aire de renovación sentimos[131]: "En la actualidad, los principales pilares y variaciones tácticas, acuerdos y disfraces de la ideología de supremacía blanca son mejor conocidos por la comunidad negra. Las lecciones y enseñanzas del pasado han dotado al presente de un tipo de conciencia negra permanente y clandestina, la cual cada día se vuelve más conocedora, de los métodos necesarios para vencer los cimientos internos sobre los cuales está sustentada la dominación blanca".

La subalternidad política

Existe un axioma fácilmente verificable y en extremo relevante que costó trabajo en muchas partes del mundo reconocer y validar y que, en la Cuba de las últimas cinco décadas fue primero ignorado y sigue siendo rechazado. La realidad, siempre terca, continúa denotándolo.

El axioma en cuestión es que, los asuntos de discriminaciones, los asuntos de las subalternidades, los complicados y no siempre tangibles asuntos del racismo anti-negro que van ineludiblemente comprendidos entre los de discriminaciones raciales y entre los de subalternidades, contienen carácter político.

El complejo ideológico que con esas problemáticas se correlaciona, conteniéndolas o expresándolas, puede enmascararse socialmente y, a su vez, complicarse, con la manufactura de ideologías como las del mulatismo y con la supuesta o real adopción de políticas tendientes a la asimilación y la homogenización, lo que, aunque por otras vías y con otras apariencias agudiza tanto la situación etno-racial como las políticas de exclusión.

Esa es realidad verificable pese a los discursos y a las narrativas contrarias, falaces y disimulados. Esa es una realidad verificable no obstante el tipo de gobierno y de sistema social. La narrativa historiográfica y el análisis de Juan F. Benemelis desenmascaran ocultamientos contenidos en las políticas de asimilación, semejante en sus efectos a las políticas de exclusión. Ambos procesos basados en "la emergencia del bio-poder según las modalidades que se ejercen en los Estados modernos".

Bio-poder como política de Estado elaborada según el presupuesto biológico de la "inferioridad" de unas "razas" y la "superioridad" de otras. Política extensiva al ámbito ético, estético, religioso, económico, social. Política que informa posiciones discriminatorias, marginadoras y excluyentes. Política que, con mayor o menor visibilidad, estimula y sostiene la fragmentación y la atomización social en beneficio del grupo étnico o racial monopolizador del poder.

Y, apunta Benemelis[132]: "La distinción entre razas buenas y otras inferiores, será un modo de fragmentar el campo de lo biológico que el poder tomó a su cargo, de producir un desequilibrio en la población, ahora subdividida en subgrupos que, en rigor, forman las razas. Son éstas las primeras funciones del racismo: fragmentar (desequilibrar), introducir cesuras en ese *continuum* biológico que el bio-poder inviste".

Puede que por ello se suscite una realidad que, aunque lo aparentara, no es del todo paradójica y que se plantea en El miedo al negro. "Existen dos relatos míticos –dice-, el que piensa la relación con el otro en una lógica de asimilación, de homogeneización, de una supuesta armonía racial, y el de las víctimas, otrora esclavos, cimarrones, mambises y libertos encerrados en una sola comunidad de pertenencia, la 'invisibilidad' que no se reconoce en ninguna de las representaciones que de la 'Patria' se hace.

Mientras se hace énfasis en el rescate de las huellas africanas y en la construcción de una identidad igualitaria, se olvida la permanencia de un discurso hegemónico que valora lo más blanco y la permanencia de la inferioridad y de la marginalización de lo más negro. Así pues, el socialismo no pone en cuestión la jerarquía socio-racial y se sigue utilizando las identificaciones raciales incluso cuando se trata de salir del estigma contra lo negro[133].

Del mito de la asimilación derivaría la táctica empleada por el gobierno castro-socialista de representar a los afro-descendientes en el poder seleccionando entre estos a los que cumplan con los requerimientos de auto-anulación etno-racial y de olvido de sus iguales de raza y cultura, actitud que conlleva el aceptar y apoyar políticas de acciones directas o indirectas en contra de la afro-descendencia.

Rememora el profesor Benemelis en su texto[134]: "Durante la etapa post- abolicionista, en la república y bajo el socialismo, solo un pequeño grupo de negros y mulatos han sido aceptados por la élite para algunas posiciones, simplemente para evidenciar que no son racistas y con el objetivo de demostrarse a sí mismos, pero especialmente a la población de color, que los negros y mulatos deben estar satisfechos con el reconocimiento que los dirigentes les han hecho a algunos de ellos". Continúa precisando que esa táctica permite a los supremacistas en el poder ofrecer la imagen de que no son racistas.

Esa táctica, que denomina "patriotismo integracionista", representa la continuación de la dominante exclusión de las grandes masas de negros y mulatos del poder nacional y de las principales actividades económicas", y únicamente la han utilizado cuando no pueden evitarla "o como ha sucedido en la actual etapa socialista del país que se ha requerido una estrategia política[135].

"No hay ideas nacionalistas que puedan ser consideradas como válidas para la población de color, si la implementación de la misma llama a tolerar la exclusión, la discriminación o los prejuicios raciales en cualquiera de sus formas. Aún más, cuando durante años la población de piel oscura ha sido testigo y sentido incontables actitudes y comportamientos demagógicos cubiertos de fraseologías nacionalistas y patrióticas de aquellos cuyo único objetivo ha sido ocultar la ideología de supremacía blanca"[136].

Es rotundo en su apreciación nuestro colega: "Cuando en un territorio conviven dos grupos con identidades y religiones diferentes, y el poder no se comparte equitativamente, nos hallamos ante un flagrante caso de *apartheid* político". De manera que, en Cuba, es el "apartheid político" lo que prevalece estructuralmente.

No importa si su intelectualidad y los políticos no lo definan: perversamente, es[137]. En correspondencia el Dr. Juan Benemelis inicia su análisis sobre la relación del Estado y la nación en Cuba, con una serie de interrogantes fundamentales que considera pueden ser sospechosas y xenófobas puesto que no se refieren solamente a qué o quiénes somos, sino también a qué o quiénes queremos ser[138].

La concatenación de las respuestas posibles a sus interrogantes, que bien pueden ser las nuestras o complementarse unas y otras, nos conducen del presente al pasado auxiliándonos en el vislumbrar de futuros potenciales para la nación cubana fragmentada que hoy somos. La inmanencia de cada proyecto realizable es recíproca con las ideas de nación que se proyecten.

Hasta hoy han sido las ideas supremacistas blancas. ¿Tiene que ser así? ¿Es irrevocable un proyecto que nos ha situado en posición de forzoso y por esa vía inevitable estancamiento, obstruyendo la realización de la verdadera nación cubana, "con todos y para todos", esa en la que todos y todas podamos exigir como cubanas y cubanos porque la fisonomía y el color, la ideología política, el sexo y la filiación sexual no sean estigmas, porque hayan cesado "relaciones absurdas y cínicas"[139] entre las y los connacionales de la Isla?

La realidad cubana ha sido sistemáticamente rechazada por los proyectos políticos triunfantes o impuestos en el país. Cada uno ha rehusado atenerse a la realidad de que la nación cubana es esencialmente multinacional.

La más quimérica negación de esa realidad fue la Castro-sociolista utilización de la antropología para decretar la existencia de un "etnos-nación".

Con esa negativa subyacente, sin importar ideología política ni sistema de gobierno, es improbable adquirir el convencimiento de que "la muerte de la ideología de supremacía blanca" podría provocar la muerte del racismo en Cuba, la muerte de la categoría social de blancos y negros y la muerte de la estructura jerárquica de dominación basada en el color de la piel, que ha existido durante siglos.

Incluso como consecuencia de su desaparición se originaría el nacimiento de una verdadera unidad nacional social y cultural, con un agudo sentido de humanismo y de democracia política nunca antes conocida en los 500 años de historia de la nación.

Esa conciliación de las pluralidades es la única posibilidad de concreción una nación multi-étnica y pluri-racial, en donde el mestizaje es una realidad en crecimiento que no niega ni anula las particularidades de origen etno-racial. Esa conciliación de las pluralidades nunca ha sido tenida como proyecto nacional triunfante por la dirigencia cubana en ningún periodo de nuestra historia patria.

Es imprescindible hacer constar que esa conciliación no significa la obligatoriedad de la integración como anulación y tampoco como sometimiento. En todo caso, significa la convivencia con concordia, el reacomodamiento de los diferentes componentes sociales en un nuevo orden vivencial de interrelación con simetría.

Estos obstáculos no infranqueables se interponen en la viabilidad de otras formas de realización de las naciones, particular y de manera perceptible logran entorpecer el desenvolvimiento de nuevas proyecciones.

La idea de la nación "como una realidad inmutable y *cuasi* eterna" y el limitar sus posibilidades de realización a[140] "la coherencia cultural de una comunidad unívoca y homogénea" soslayan las dinámicas de la existencia social, circunscribiéndola forzadamente a unos moldes opresivos y no siempre inaprensibles; en los cuales se piensan y facturan las políticas pero que no consiguen comprimir por más que así se conciba a las sociedades.

La raza y la ley

Siendo un conocedor del derecho, el colega historiador nos explicita relaciones entre raza y leyes que a los neófitos en esa especialidad se nos escapan.

En el Capítulo 9, intitulado "De la bio-raza a la bio-política", dedicado a la explicación de la concepción de la raza como creación de la biología y a la aplicación de esta en la esfera de la política, expone que es la comunión de derecho y violencia, lo que ubica a esta última fuera del derecho, y por tal peligrosamente fundadora de derecho.

Al normar la vida a partir de la raza, esta queda como un estatuto meramente biológico que puede ser suprimido, sobre todo porque su defensa (la del blanco hegemónico) se transforma en el 'criterio último' de legitimación del poder.

Pero la bio-política va más allá, puesto que para poder 'eliminar' a la vida, tiene que despojarla de cualquier categoría cultural civilizadora (el negro primitivo) y pregona la prevención de la amenaza (la eugenesia o limpieza racial), para lo cual se formulan medidas profilácticas que se anticipan a la sentencia de culpabilidad (características criminales), soslayando la culpa efectiva.

Lo interesante de este párrafo es que nos torna más comprensibles hechos de la cotidianidad y otros ocurridos por excepción. Con este conocimiento es posible distinguir como parte de la bio-política y de la violencia taxativa en el ejercicio del derecho un hecho de la historia reciente de Cuba que por más que conmocionó no fue interiorizado en su exacto valor.

Cuando unos años atrás se suscitaron varios hechos de robo de pequeñas embarcaciones para llegar a La Florida (Estados Unidos), únicamente fueron sentenciados a pena de muerte los tres jóvenes negros que cometieran ese acto, aun cuando no hubo derramamiento de sangre, no tenían armas y pudo verse en la televisión con cuánta ingenuidad actuaban frente al poder de los guardacostas cubanos. Entonces, el expresidente Fidel Castro justificó la medida aduciendo la necesidad de "dar un escarmiento" para evitar la repetición.

La pregunta que correspondería hacernos sería: ¿por qué pudo suceder ese acto de salvajismo claramente discriminador de parte de los gobernantes? La respuesta estribaría en la constatación de que el poder en la Cuba castro-socialista es igualmente racializado y esa racialización es, fundamentalmente, de carácter anti-negro.

Convendremos en que[141] sin ejercer el poder, el racismo pierde trascendencia. Al estar incrustado en las relaciones de poder formula una ideología que legitima y reproduce la hegemonía; logra, mediante la categorización y clasificación, el rol pasivo del otro".

Para el "escarmiento" se tomaron como chivos expiatorios tres jóvenes negros, uno de los cuales había sido internacionalista. El ex presidente Castro, sencillamente, ponía en práctica el bio-poder blanco consciente del sustrato racista anti-negro con el cual contaba a su favor. Las personas blancas o que se lo creen no defenderían a una negra, que en su imaginario es siempre un delincuente. Las negras, adocenadas por el miedo, tampoco protestarían por uno de los suyos.

En Cuba, el linchamiento de negros llevado a cabo por el gobierno del presidente-general José Miguel Gómez en 1912 está en lo más recóndito de la memoria, recordándonos que cada negro o negra puede ser la víctima de linchamiento a manos de sus "hermanos" y "hermanas" de piel blanca.

La impunidad con la que diariamente nos discriminan es la mejor constatación de que, manejemos o no las categorías antropológicas, conozcamos o no los presupuestos teóricos, junto a la hipocresía y el cinismo del discurso político negador de la existencia de racismo entre los cubanos y las cubanas que somos, es desde este que funcionamos en todo tipo de relacionamiento. Por eso fue posible el linchamiento de 1912 y el gubernamental asesinato racializado de los tres jóvenes negros, y citemos al respecto al autor.

"La noción de 'raza' lleva a la estatalización de lo biológico como tecnología del poder, al racismo de Estado o la bio-política, la cual con un programa de higiene pública se atribuye funciones de la soberanía como el derecho sobre la muerte, y la normación de la población. Así, defiende al 'conjunto' de los peligros contaminantes internos, del adversario que es ahora biológico.

De allí que para Foucault la especificidad del racismo no es del orden de las mentalidades e ideologías, sino que está ligada a la tecnología del poder como 'mecanismo que permite el ejercicio del bio-poder[142].

Cuando en la Isla denunciamos que mantienen vigencia, se profundizan y extienden las manifestaciones de euro-centrismo con su concomitante racismo anti-negro, que los medios masivos y gráficos en general se empeñan en visualizarlos y sirven de estímulo con sus imágenes para su reproducción, generalmente obviamos que estos están operando como agentes del bio-poder, que la "raza" está estatalmente legitimada y explicada como parte de "la tecnología del poder".

La larga imposición en la Isla de silencio al respecto al racismo anti-negro, las criminales reprimendas contra quienes se empeñaran en exponer su existencia, la reedición de estereotipos racializados-racistas en las imágenes y la labor profiláctica anti-afro de publicaciones partidistas[143], entre otros factores, actuando como engranajes consustanciales de esa tipo de "tecnología del poder" habían despejado el camino para la acción de terrorismo de Estado llevada a cabo hacia los tres jóvenes negros arbitraria y despóticamente fusilados.

Un terrorismo de Estado directamente aplicado sobre ellos e indirectamente aplicados sobre toda la afro-descendencia cubana. Los gobernantes lo sabían: la respuesta a su despropósito sería el silencio.

Para entonces el miedo de cinco siglos y los resortes con los cuales oportunamente se había mantenido e incentivado en estas últimas cinco décadas, había actuado y actuaría a favor de la aplicación por ellos del bio-poder. De ahí derivan su insolencia y desdén anti-negro[144]: "Al eliminarse la desigualdad *de jure* –explica el profesor sobre las sociedades en las que se estableciera la dominación racial- se conservaron formas de desigualdad de facto, amén de las creencias, valores, símbolos, imágenes, prácticas, instituciones, estructuras, funcionamiento social".

Ese es hecho que deja algo desmesuradamente claro. En cada sociedad las leyes son el reflejo de la macro-ideología, más o menos explícita, que sirve de fundamento y sostén de la hegemonía del grupo o sector dominante. En una sociedad como la cubana, donde ese fundamento y sostén es, entre una variedad de elementos todos discriminadores y excluyentes, el racismo anti-negro como "técnica del poder", este tiene que hacer parte consustancial de su legislación como de la aplicación de sus leyes.

Como en otras ocasiones esclarecedoramente nos los advierte en este párrafo el profesor Juan Benemelis[145]: "El racismo lleva en última instancia a la noción de eliminación del 'otro', puesto que las especies inferiores, la mala raza, deben desaparecer para eliminar anormales, degenerados y lograr la proliferación de seres fuertes y vigorosos y una vida más sana y más pura. Estamos ante una pura relación biológica, puesto que el adversario (el afro-descendiente) no es un adversario en el sentido político del término, es un peligro biológico a eliminar".

En otro aparte, Juan Benemelis hace la exégesis del caso cubano subrayando la peligrosidad delictiva: "La discriminación, la segregación o las demandas de seguridad hegemónica fundadas en la dureza penal y la selectividad del carácter de víctima hace que al afro-descendiente no se le juzga porque sea culpable, sino que ya de antemano es culpable y por tanto es materia juzgable y condenable.

La abrumadora carga destructiva que atañe a tal política, como lo ilustra la revulsiva represión contra los miembros del Partido Independiente de Color, en Cuba, casi todos negros mambises orientales, hacen que en la filosofía política o la teoría social propugnada por la élite blanco supremacista cubana, la relación entre vida y política se reduzca a una apropiación violenta de la primera por parte de la segunda, bajo el paradigma de una soberanía, relacionado con los procesos biológicos y la conservación de la raza blanca en el del bio-poder.

En Cuba, que, aunque haya tenido el primado la tendencia a no auto-concebirse en el concierto de las naciones indo-afro-hispanoamericanas, muchos menos en las caribeñas, lo mencionado anteriormente ha sido posible porque no obstante comparte con las naciones de las que ha intentado rehuir la realidad de la herencia colonial española hoy expresada en coloniaje.

Así tendremos que, en toda esa armazón[146]: "El nacionalismo político y cultural delimitó al Estado dentro de una nación cultural; pero en muchos de ellos quedaron inmersos otras nacionalidades y grupos étnicos en calidad de subordinados". Ha sido común en estas sociedades que: "El racismo de la diferencia cultural desempeñaría el mismo papel que el racismo de la inferioridad natural".

Será recurrente en esas naciones el fenómeno de "búsqueda de la homogeneidad nacional del espacio nacional y cultural, la concepción de la nación como una realidad inmutable y cuasi eterna", estimulando con ello la generación de "códigos y relaciones de identidad excluyentes racistas".

En esas circunstancias tenemos que[147]: "Mito e ideología legitiman la segregación del 'otro', privándole de toda humanidad al naturalizarlo y estigmatizarlo. En esta dimensión imaginaria de la diferencia quedar como 'minoría' (no necesariamente numérica) implica que no se ejerce o comparte el poder, contrario al grupo mayoritario que sí ejerce el poder político, económico e ideológico, además del acceso o control del aparato estatal".

"Se buscaría que además de participar de manera racional-instrumental en el Estado, el ciudadano lo hiciera también de la mitológico-ritual de la nación para lograr su realización. Se ha hecho un *karma* la idea de que la identidad nacional implica estabilidad política, lealtad a la nación; quienes no forman parte de tal 'identidad' resultan elementos desestabilizadores.

Así, la soberanía estaría quebrantada por los límites a la integración de todos los grupos étnicos. Los racistas con el control estatal y preeminencia ideológica intentan mantener el territorio que ocupan, o por el hecho de que lo han ocupado desde tiempos remotos. El problema estriba cuando el discurso nacionalista es invocado contra sectores poblacionales que desean mantener sus propias culturas frente a la discriminación de la hegemónica, camino que puede desembocar en la violencia[148].

El riesgo del desencadenar la violencia de fundamento y expresiones racistas, inobjetablemente latente en sociedades estructuradas racializadamente, hoy planea y se extiende en la Isla con fuerza mayor[149]: "la justicia social se construye cuando los acuerdos sociales se basan en el respeto igual para personas libres e iguales de diferentes géneros y razas, cuando disponen de las mismas oportunidades frente al poder y en el mismo, cuando no persisten las diferencias culturales e ideológicas".

Nada de eso sucede en la población cubana de la Isla, que siente acrecentarse sus miserias materiales, que percibe y siente su polarización material de corte racializado y que se empobrece cada día más éticamente.

Se impone entonces lo siguiente[150]: "El reconocimiento de la alteridad como condición para una nueva nación", lo que "implica la coexistencia de blancos, negros, mulatos, etcétera, aunque también un tratamiento de los derechos colectivos mediante la comunicación intercultural reconociendo y combinando la diferencia y la semejanza en los planos individuales y colectivos".

La colonialidad del poder

Siendo primordial el tema racial, Occidente lo ha desdeñado tradicionalmente. Quizás porque ha considerado que todo al respecto está dicho. Quizás porque en su desprecio etno-centrista y racista haya considerado que el *otro*, el diferente, el Calibán, era insignificante y demasiado despreciable para articular un pensamiento estimable, para adentrarse en el campo de la teoría y no sólo para revelarse contra la situación de inferioridad, sometimiento y hostilidad que se le impusiera.

Con lo cual volvemos sobre la colonialidad del poder, expresándose en el saber, en la desvalorización de los saberes del *otro*, del no europeo, no blanco, no masculino, no heterosexual, condenado por tanto a la subalternidad.

Lo cierto es que en la actualidad[151]: "No existe una teoría política que lidie con el racismo, incluso los filósofos que abordaron temáticas alternativas a su vez no le prestaron la suficiente dedicación a la experiencia de la esclavitud y del Estado nacionalista excluyente".

Esa teoría se comenzaría a articular muy recientemente, en los históricamente escasos últimos 50 años, precisamente ante los influjos descolonizadores y movilizadores de las poblaciones afroamericanas y africanas, alcanzando con posterioridad a las poblaciones afro-europeas y asiáticas.

En ese un complejo pensamiento en el cual con tanta naturalidad como sucede en las sociedades multi-étnicas y pluri-raciales de las cuales provienen y/o participan sus exponentes, se mixturan saberes y ejes epistemológicos. En este el aporte de la mujer negra, distintivamente de las afro-feministas, comparece de manera fundamental. A estas profesionales va Benemelis, las cita, dialoga con ellas.

Remite Benemelis al profesor de Humanidades Thomas McCarthy, de la Universidad de Northwestern, según quien[152] "la injusticia contenida en la teoría crítica es no incorporar a la 'raza', de manera sistemática, en la teoría política normativa que domina la filosofía angloamericana; y alude el ejemplo de cómo la 'clase', el 'género' y la 'cultura' lo han logrado. Tanto Charles Wade Mills como el filósofo afro-americano Lucius Outlaw y la influyente feminista afro-americana, y profesora en Derecho, Kimberle Williams Crenshaw aconsejaron la necesidad de elaborar una teoría crítica de raza".

Todo ello refleja la atrofia que arrastraban las ciencias políticas que fueron suplantadas por las nuevas 'ciencias sociales' de la sociología, la psicología y la economía, las cuales tampoco se sacudieron de tales atrofias. Las herramientas conceptuales para analizar las dimensiones racializadas siguieron ancladas en culturas, en patrones de socialización y en formaciones de identidad, así como en el lenguaje de las descripciones en el medio internacional siguen arraigadas en las experiencias políticas características del siglo pasado[153].

Tenue y lentamente algo comienza a cambiar. Se trata de una transformación que, a largo plazo, con la paulatina transformación de las subjetividades, pudiera revolucionar los anclajes sociopolíticos de la modernidad[154].

La identificación de valores históricos en la población afro-descendiente, el reconocimiento de estos y de la activa y cardinal presencia de exponentes acriollados o africanos en la cultura occidental europea, actúa a favor de la reconstrucción de teorías y filosofías facturadas en base a la ignorancia, a las tergiversaciones y a los ocultamientos[155].

Esos cambios operan en beneficio de las personas negras, blancas y mestizas de cualquier sexo y género. Esos cambios intervienen a favor de la reestructuración sociopolítica de las sociedades y de la correspondiente reconstrucción de las narrativas maliciosas, tergiversadoras y ocultadoras que se han elaborado en beneficio de las exclusiones y que han sido gestadas con el soporte de estas.

Hemos arribado al punto en el cual parte de la intelectualidad americana ha tomado conciencia de que: "Esta diversidad de legados coloniales" que heredamos en indo-afro-Hispanoamérica, "abroquelados en las repúblicas independientes, solo puede desmontarse con proyectos para descolonizar no solo el poder sino las ciencias sociales involucradas en este 'colonialismo interno'. Es lo que la feminista Aymara Silvia Rivera Cusicanqui ha llamado 'La ceguera epistémica y ética' que condujo a prácticas de pensamiento que asumen la cientificidad del método y de los principios disciplinarios, sin cuestionar cuales fueron parte del paquete de la auto-construcción de la modernidad y su consecuencia inevitable, la colonialidad[156].

Esa conciencia no existió en los años '60 del anterior siglo. Entonces, si bien se habló de descolonización teniendo la autonomía de los Estados nacionales como horizonte (lo cual explica las posiciones tomadas por Fanón en su libro de 1961, *Los condenados de la tierra*). (…) todavía no había una conciencia expandida de la necesidad de pensar la descolonización a dos niveles. Uno, la descolonización económico-política. El otro, la descolonización intelectual[157].

La descolonización de los '60, en las Américas, no siempre resultó en una elaboración de pensamiento raigalmente descolonizado. El apego al marxismo de muchos de sus líderes e intelectuales, las disputas entre líderes e intelectuales marxistas y los que se atenían a las condiciones de sus medios socioculturales, económicos y políticos, no era acicate para la creatividad del pensamiento en las condiciones autóctonas.

El estudioso brinda un razonamiento fundamental, que si bien expuesto por otros contemporáneos, aquí adquiere una dimensión cognoscitiva diferente. Dice[158]: "Debemos considerar que estamos envueltos en la lucha por la hegemonía cultural, que no se refiere a la dominación pura, sino a los cambios en las disposiciones y configuraciones del poder cultural. Los supremacistas blancos esgrimen un cínico escudo protector que les impide desarrollar estrategias culturales diferentes; para protegerse a sí mismos todo lo consideran una derrota ocasional, y fingen claramente a través de todo".

La hegemonía remite a la preponderancia y a la "superioridad". Así, la cultura que consiga obtenerla predominaría sobre las otras, pero, a su vez, presumiría de una supuesta "superioridad" que igualmente remitiría a la jerarquización como técnica de dominación y, por consiguiente, ejercicio de poder, como ha sucedido.

Llegados al nivel de comprensión que ya tiene al respecto parte de los círculos productores de pensamiento, como parte del ejercicio del pensamiento crítico lo más oportuno sería deshacernos de categorías viciadas como esta categoría gramsciana de la "hegemonía", enseñoreada hoy como epistemes de valor en las ciencias sociales de cualquier signo de ideología política.

La necesidad de descolonización del pensamiento, de poner fin a la colonialidad del poder en todas sus expresiones y, en este, de las ciencias sociales, implica emprender la re-conceptualización, la creación de conceptos y categorías más propicios a los contextos regionales, sociológicos y a las necesidades de las épocas. Agudizando la mirada con perspectiva de subalterno, la categoría "hegemonía" está ocupando un espacio que no debería corresponderle, explicitando a su vez la colonización de pensamiento a la que nos exponemos incluso cuando pretendemos descolonizarnos y contribuir a la descolonización macro cultural.

Obviando de momento el anterior paréntesis en que esta reseñadora acompaña con su criterio al autor, es menester el detenimiento en lo interesante de la asociación que él hace.

A la repetida tesis de "la lucha por la hegemonía cultural", cuando otros se enredan en divagaciones, el Dr. Juan Benemelis la socorre con la explicación concisa de su contenido y nos orienta en la identificación de los nuevos caminos a transitar para la visualización de esa supremacista preponderancia cultural y política blanca, ahora enquistándose en "los cambios en las disposiciones y configuraciones del poder cultural".

Lo anti-ético de ese comportamiento (no importa el signo político ideológico en que acune y se desarrolle) que emana como alerta de la aseveración Benemelis, es que sus

110

protagonistas "esgrimen un cínico escudo protector que les impide desarrollar estrategias culturales diferentes".

Añadiríamos, porque no les interesa la real transformación de sus políticas, conocedores de que significaría el fin de su supremacía, sustituida por otro grupo hegemónico o (sería lo positivo para todas y todos los amplios sectores de la subalternidad) por una nueva estructuración sociopolítica ancorada y reconocida en la autoridad y no en el poder.

El reconocimiento de que estos supremacistas, "para protegerse a sí mismos todo lo consideran una derrota ocasional, y fingen claramente a través de todo", es otra alerta que no deberíamos olvidar.

Ahí clasificarían las actitudes de ciertos cristianos que no siendo verdaderamente macro-ecuménicos (es decir, que, no convencidos de la validez de toda creencia religiosa, de toda expresión espiritual y también del ateísmo no excluyente), asumen como táctica el acercamiento y fingido diálogo con aquellos representantes o miembros de sectores sociales que les resulten útiles y convenientes a sus fines, que pueden ser de los materiales a los espirituales.

Todo camuflaje del intelectual supremacista ahora luciendo el disfraz de "integrador" u otros similares, son afines a sus propósitos protectores en la "derrota ocasional", a la espera del momento de arremeter con su contraataque.

¿Cuánto intelectual euro-descendiente cubano del que no más ayer hemos tenido que sufrir su racismo, hoy "apadrina" a algún joven intelectual afro-descendiente al que, por supuesto, intenta condicional sus posiciones y domesticar su personalidad, a fin de desviarle de sus intenciones de profundidad analítica y de búsqueda real de la historia de supremacía blanca criolla en la Isla?

Es de esa manera porque, pese a que "en términos de reconocimiento hegemónico y de superioridad, la última posibilidad de la 'raza blanca' concluye con el desbancamiento del nazismo, precisamente a manos de una nación mestiza, no europea, Estados Unidos"[159], toda la estructura sociopolítica, en cualquier latitud y condiciones, ha proseguido reeditando el sueño de la supremacía blanca, en Cuba, de la supremacía etnicista de los euro-descendientes con sus prácticas de racismo institucionalizado objetiva y subjetivamente, pues si bien las leyes no lo refrendan los tribunales si actúan prejuzgando y juzgando en base a la pertenencia etno-racial.

Una nueva perspectiva epistémica

La necesidad y urgencia de reconfiguración de los ejes epistemológicos, de la epistemología toda y la necesidad y urgencia de realizar una equilibrada apreciación de los saberes no occidentales coinciden con la necesidad de repensar la modernidad sin la visión etnocentrista europea.

Pudiera asimismo implicar deshacernos de las epistemes de análisis pensados según la modernidad europea, a fin de cuentas, territorial y culturalmente localizada, y procurar nuevos ejes para el análisis de nuestras realidades.

Se impone una perspectiva epistémica desde ubicaciones subalternas raciales y étnicas, el lado oprimido de las relaciones de poder", la construcción de "una teoría crítica descolonial radical partiendo de una ubicación geo-política y cuerpo-política diferente del que habla. El 'ego-cogito' cartesiano (pienso, luego soy) es la base de las ciencias modernas occidentales, pero entronizando un dualismo entre mente y cuerpo y entre mente y naturaleza que no es coherente con muchas formas de concebir la vida[160].

La percepción parcializada, tendenciosa y supremacista de fundamento eurocéntrico y de práctica euro-centrista, discursivamente creadora de imágenes falsas de la realidad, como esa en la cual Europa es la cuna de la "civilización" y los europeos son los "elegidos" para "civilizar" al mundo y sacar a los otros pueblos de su supuesta ignorancia, "se pone en entredicho en el siglo XX.

Es el siglo donde se habla del incumplimiento de sus promesas emancipadoras y del hundimiento de sus principios fundacionales: la crisis de la razón, el descrédito de las visiones unitarias de la historia, como las de Hegel y, a pesar de muchos, la de Marx; la crisis del concepto de progreso y las promesas incumplidas por el mito de la economía, etcétera[161].

Más que la crisis, el fracaso de la modernidad ya europea ya americana radica, precisamente, en sus presupuestos y en la pretensión de la universalización de estos. La realidad es que otros pueblos han convivido con la modernidad y asumido de ella lo que les ha convenido, muchas veces lo que les han impuesto, sin dejar de ser, sin dejar de elaborar desde sus esencias, sin europeístas disociaciones entre cuerpo, mente, sentimientos y espíritu, pues sus racionalidades no es que sean inexistentes, sino que, sencillamente, son diferentes.

El pensamiento emancipatorio si bien fuera asumido y monopolizado por los círculos intelectuales y académicos europeos y norteamericanos, precisamente es creación de intelectuales marginados de territorios colonizados o de pueblos nacidos como objetivados sujetos colonizados, del llamado "Tercer Mundo".

Ahí clasificaría el amplio y siempre hasta hoy en ampliación pensamiento de la Negritud y de la Neo-negritud. Afro-feministas, los artistas e intelectuales contra-hegemónicos participan de ese pensamiento emancipador de la postmodernidad, aun habiendo convivido con y en la modernidad, y actualmente conviviendo con esta y en esta.

Una de las razones radica en que, por ejemplo, en Afro-América, la población afro-descendiente si bien incorporó por fuerza de la imposición la cultura del colonizador, resguardó y recreó la suya. La afro-descendencia ha sido, por nacimiento y por vocación, esencialmente postmoderna, sin que la fragmentación que se le impusiera la condujera a la esquizofrenia ni a ningún otro tipo de descentramiento.

Su enriquecimiento mayor ha sido/es la posibilidad de manifestarse con los códigos de su origen y pertenencia afro a la par que con los códigos de su ya también pertenencia euro, pese a que la blanca supremacía considera la cultura africana como atrasada, y la imagen del otro como un obstáculo para el progreso, desarrollo e integración de la nación", con lo cual arremetió contra esta en su propósito de blanquearla ya que no podría desaparecerla.

Su aportación mayor a las sociedades en las cuales se desenvuelve y de las cuales es fundadora, sería el haberles insuflado el espíritu de lo afro de las más variadas formas, sin que la población euro-descendiente se haya percatado, al punto de pretender solazarse en una imaginaria "blanquitud" y pretender su supremacía en base a esta.

No fructificó en las Américas el proyectado "proceso de 'des-africanización', induciendo la negociación de sus identidades, inicialmente con la castellanización, el catolicismo, la proletarización y la reducción a la folclorización". No afectó tanto como se planificó que[162]: "En su discursiva, el Estado negara el reconocimiento de valores positivos a las culturas afro-descendientes".

África está en América y no tan arrinconada como se pretende; está en la esencia de lo americano y no exclusivo de lo afro-americano. La africanidad ya conforma la autoctonía de este continente. Este ha sido, en Afro América, fundamentalmente el fracaso de la modernidad de la que contradictoriamente tan orgullosos nos manifestamos.

Es una incongruencia llanamente verificable que en Afro América los circuitos del poder de cualquier ideología, al igual que el capital, construyen su propia red en este espacio de homogeneización donde se estereotipa el control sobre las narrativas, y las representaciones pasan a manos de la burocracia estatal". De no ser así[163]: ¿cómo nos darían por cierta una América homogénea y monótonamente moderna, tan rasa culturalmente como no es?

Pero ocurre que[164]: "Las formas post-modernas de pensamiento no nos conducen a alternativas a la modernidad sino, en el mejor de los casos, a modernidades alternativas. Las alternativas a la modernidad, esto es, la descolonización del saber, tiene que provenir también de formas de pensar que fueron desprestigiadas por la modernidad del saber".

Preocupado y ocupado con la descolonización del pensamiento, del común y del más intelectualmente elaborado (es decir, con "el desmontaje de estructuras de poder estatal, laboral, de control de la sexualidad, de ideologías" que le sustentan, y con la búsqueda de la justicia social, el profesor Benemelis en la cuerda del pensamiento descolonizador formula un planteamiento crítico abarcador de ambos desvelos entre los que colman su diligencia.

114

Amén del hecho 'moralmente arbitrario' de la diferencia sexual, la 'raza' –afirma- constituye todavía uno de 'nuestros problemas más básicos', sin embargo, la filosofía política no desarrolla ninguna forma de teoría social crítica en lo concerniente a la raza, una aproximación crítica más informada histórica y socio-culturalmente sobre la persistente herencia del racismo legalizado.

La propuesta simetría en los supuestos ciudadanos libres e iguales de la 'utopía realista' contemporánea, no importa su color ideológico, es inexistente, puesto que no describe un mundo social posible; para ello se necesita una organización social que elimine los modos de pensamiento etno-céntricos, que diseñe una estructura básica justa y viable, que tome a los hombres 'como son' y a las leyes 'como podrían ser[165].

Examinando y escrutando posibles vías de establecimiento de justicia gnoseológica y social, propone Juan Benemelis que el reconocimiento de aquéllos a quienes las normas en sus versiones establecidas no logran reconocer, podría implicar un 'viraje radical' en nuestro sentido de justicia, a construir una concepción de 'justicia libre' de doctrinas e ideologías de cualquier especie[166].

En el camino liberador emprendido por la subalternidad el Dr. Juan Benemelis sitúa al "pensamiento fronterizo", esa "respuesta descolonial trans-moderna de lo subalterno a la modernidad euro-céntrica", productora de una redefinición/subsunción de la ciudadanía, la democracia, los derechos humanos, la humanidad, las relaciones económicas más allá de las estrechas definiciones impuestas por la modernidad europea.

En esa medida el pensamiento fronterizo es provocadoramente liberacionista e innovador. Es germen de transformaciones fecundas para los sectores emergentes en el pensamiento y en la acción; y al romper con la sumisión psicológica, ese pensamiento se establece como un instrumento descolonizador.

Las adulteraciones y ocultaciones de que es objeto la historia universal producida por el occidente etnocentrista han producido unas narraciones en las cuales la historia de la colonización de América, uno de los episodios más abominables de la historia de la raza humana, es hasta los días presentes una historia metamorfoseada, edulcorada, en donde los villanos son muchas veces descritos como héroes, y el genocidio, la intolerancia, el racismo, el ostracismo cultural y la exclusión social, que aún mantiene a millones de seres humanos en las Américas en la marginalidad, son criminalmente silenciados debido a la complicidad de los grupos que todavía sostienen como su principal estandarte ideológico la ideología de supremacía blanca[167].

Ese es el método reiterado para conseguir la auto-reproducción de las asimetrías sociales de todo tipo, de la supremacía blanca, masculina, homofóbica, misógina, a la que en recientes décadas se sumaría la supremacía del ideal de la eterna juventud.

Es de esa manera que los gobernantes, enajenación mediante de los sujetos sociales cosificados y adocenados, consiguen mantener la reproducción de sus relaciones de poder. Es así como los sujetos perjudicados coadyuvan al sostenimiento *del status quo* en el cual son atenazados y compelidos a permanecer.

El profesor Benemelis retoma al sociólogo Boaventura de Sousa Santos para resaltar "que no hay justicia social sin justicia cognitiva", explicándonos que, "por eso, la descolonización del poder no puede ocurrir sin la descolonización de la ideología que sustenta la matriz colonial de poder de la supremacía blanca".

La superación de ese status quo únicamente puede ocurrir a través del proceso de descolonización y post-colonización, que inevitablemente tiene que ser afirmación de la libertad, de la igualdad, y afirmación de identidades negadas, de la diversidad entre sujetos y comunidades[168].

Si bien el éxito eurocéntrico consiste en hacer que sujetos socialmente ubicados en el lado oprimido de la diferencia colonial piensen sistemáticamente como los que se encuentran en las posiciones dominantes; es la subjetividad de quienes son el centro del mundo porque lo han conquistado[169]; por ello, lo transgresivo del pensamiento fronterizo radica en la deconstrucción y reversión de la lógica de esa racionalidad.

Ese es hoy el pensamiento de Aníbal Quijano, de Enrique Dussell, del teórico y sociólogo jamaicano Stuart McPhail

116

Hall, de Juan Benemelis, de Rogelio Martínez Furé, de Carla Andrade, de las afro-feministas y de tantos más, pues es un pensamiento con productores en aumento.

De esa deconstrucción y reversión tiene necesariamente que surgir una nueva multiplicidad teórica con nuevos posicionamientos que deben transformarse en nuevas acciones, que comprendan la liberación de toda atadura a la para los americanos castrante modernidad europea. Rebasada la dilatada hora de la independencia, ha llegado por fin la hora del crecimiento hacia la mayoría de edad sociológica, política, cultural, lo que en algún momento querrá decir económica.

La razón por la cual la ubicación epistémica étnica/racial/de género/sexual y el sujeto que habla están siempre desconectadas responde a que el postmodernismo y el post-estructuralismo como proyectos epistemológicos están atrapados en el canon occidental, reproduciendo en sus esferas de pensamiento y de práctica una forma particular de colonialidad del poder y del conocimiento (Foucault, Jacques Derridá, Antonio Gramsci); y es que nuestros conocimientos siempre están 'situados'.

La discusión epistémica sobre las implicaciones de la crítica epistemológica de intelectuales feministas y raciales/étnicos ha estado subalternado a la epistemología procedente del mundo occidental[170].

Por eso, la descolonización epistémica (…) es impensable a partir del marxismo, desde el psicoanálisis, o desde la posmodernidad puesto que estas formas de pensamiento están todas ellas atadas a la modernidad, son la crítica a la modernidad en la 'interioridad' de la modernidad misma. Por eso es posible, y fácil, desde una posición como la de Hart y del sociólogo italiano Antonio Negri sostener que no hay 'afuera' del imperio. Al mismo tiempo, es fácil, desde una posición como la de Fanón o la de Quijano[171], criticar tal noción de 'totalidad' y asumir la 'exterioridad.

La revisión epistemológica realizada por el profesor Juan Benemelis va a la perspectiva metodológica de los manoseados conceptos de "identidad", de "diversidad" y a las relaciones entre estos esgrimidas en los discursos culturales, éticos y postmodernos, contribuyendo a despejar entuertos de interés para el sostenimiento del racismo y para su deconstrucción.

Según Benemelis, el concepto de diversidad deja de ser la forma discursiva posmoderna que ve la propuesta equitativa afro-descendiente como una provocación de justicia. La diversidad actual es sin reivindicación, y negación de la afirmación de identidad.

Y, también afirma que no importa si ser negro fue al inicio una identidad impuesta por el esclavista criollo; sólo que, al resultar obligadamente una forma de vida, al igual que de lucha anti-racial hace que establecer la identidad negra no conlleve continuar el racismo, sino un medio para identificar al racismo, y una forma de aglutinación y organización para confrontar las fobias de los distintos grupos sociales, sobre todo en el contexto cubano, donde se piensa que no existe.

Razón por la cual el subalterno, en este caso afro-descendiente, puede sin menoscabos para su integridad psicológica apropiarse términos originalmente descalificadores de sí, como el de "negro", construido inicialmente no como parte de la elemental caracterización física sino como descalificador, y re-significarlo en su lucha por la verdadera emancipación de sí y de toda la sociedad.

Ninguna propuesta realizada sobre la deconstrucción y construcción del conocimiento será significativa si no cambian radicalmente las bases de la racionalidad que la crea, articula y alimenta. Sólo con la irrupción de los marginados y de los discriminados socavando los cimientos de las estructuras de dominación ontológica mitificante, es posible abandonar la pretendida historia de la razón hegeliana, marxista, positivista, liberal, para reducirla a una 'historia del pensar racional.

Y también en ese sentido es válida e imprescindible la re-significación descolonizadora de la terminología y de los códigos, en tanto podemos modificar los usos del lenguaje en su integralidad, pero no podemos cambiar la lengua.

Los marginados y discriminados tienen que irrumpir en la historia haciendo y diciendo. La elaboración de pensamiento de estos es fundamental. Mas no pueden quedarse ahí, es menester que ese pensamiento se socialice, que trascienda como letra impresa lista para la polémica, que dialogue con otros saberes, con otras interpretaciones de los saberes y con otros posicionamientos intelectuales y cívicos, que llegue a la eurocéntrica academia y la remueva hasta su médula.

Para entonces sí podremos decir que existe un pensamiento liberacionista-contra-hegemónico articulado. En la actualidad ese pensamiento, como totalidad, se mantiene atomizado y existe en la ambigüedad de pensarse a sí mismo como contra-hegemónico mientras en gran medida permanece atado a la racionalidad occidental, lo que deviene en desenfocadas líneas de análisis, en ocasiones disparatadas, y en resultados no siempre realistas.

¿Qué es, si no, la actual letanía anunciadora del "socialismo del siglo XXI"?

La deformación de origen, el producir ese pensamiento desde presupuestos occidentales y etnicistas (eurocentrismo), facilita la posibilidad de la consciente deformación que otros puedan hacer de esos análisis y la inducción al estudioso contra-hegemónico para ir desnaturalizando sus estudios, haciéndole "ver" en la realidad y en la literatura lo que no es, lo que no existe, o estimulándole interpretaciones que no se avienen con los hechos ni con la mayor parte de la literatura (historiográfica o no) coleccionada.

Los temas de la libertad, "de la dimensión ontológica del discurso de 'raza'" y "las complejas diferencias culturales que conformaban la identidad de los 'racializados' adquirieron "resonancia en el siglo xix" entre los intelectuales afro-estadounidenses[172].

Esos intelectuales temían que "atendiendo al supuesto 'destino manifiesto' que llevó al aniquilamiento de la población aborigen en América, la población negra podría afrontar el mismo destino de genocidio racial, algo que ya había sucedido en Argentina y que había asomado su intención en la masacre del Partido Independiente de Color.

Sobresaldría en esa hornada DuBois, "el verdadero antecesor de la teoría de la crítica racial, y quien formuló la distinción entre identidad y política de liberación (…) Fanón sería el siguiente escalón con sus estudios críticos en *Piel Negra, Máscara Blanca* (1952)" que "encara el montaje de la alineación racial". (Él influiría enormemente en post-estructuralismo y principalmente los de-construccionistas.

Hasta el presente William DuBois, Eric Williams y Frantz Fanón marcan profundamente el desenvolvimiento especulativo y teórico de la teoría de la crítica racial[173]. "Tanto DuBois como Fanón reconocen el impacto 'historicista' en la alienación racista. Los sujetos estigmatizados racialmente presentan una conexión ambivalente con una historia que banaliza sus identidades para que ella no se 'substancie' en las realidades que les rodean.

La empiricidad como manifestación de la historicidad habla de un sujeto empírico al estilo del *Fedón* platónico, integrado en una totalidad social y que no es por eso mismo un 'yo', sino un 'nosotros'. Cuando el sujeto latinoamericano se plantee su propia auto-comprensión no será otra que la de un 'nosotros'.

De ahí que el acto originario de auto-afirmación como sujeto (soy afro-descendiente) es un ejercicio valorativo originario que hace nacer la realidad como objetiva con pretensión de universalidad, aun cuando la conciencia no pueda ser probada como anterior ontológicamente al mundo, sino todo lo contrario; por tanto, lo axiológico pasa a ser prioritario respecto a lo gnoseológico".

Con discernimientos y diagnósticos de este tipo, tan infrecuentes en las letras cubanas, nuestro profesor excede los límites de la historia para, sin escurrirse de la misma y sin eclipsarla sino todo lo contrario, aplicándose a la trans-disciplinariedad, adentrarse en el estudio psicológico, ético y filosófico de la afro-descendencia. Su reflexión cobra importancia para la mirada escrutadora sobre la afro-descendencia y para la auto percepción de esta, en su totalidad e individualidad.

Señalar, con William DuBois, Eric Williams y Franz Fanón (posiblemente el único estudioso afro que en su momento histórico se detuviera en la exploración psicológica en profundidad de la afro-descendencia) el desequilibrio inducido en el sujeto afro, es capital para detenernos en la comprensión de la variedad de posicionamientos que hacia sí y los suyos tiene este ser, existencialmente vulnerado y quebrantado, desenvolviéndose con las barreras que imponen objetiva y subjetivamente la objetualización con la que el supremacismo blanco le tortura y sacrifica.

120

Ese es conocimiento para tener presente en el estudio de la intelectualidad afro-descendiente, que no obligatoriamente queda exenta de ese desequilibrio, causante de inseguridad, inconsecuencia e irresolución, de apocamiento, ambigüedad y oportunismo. Negada en ocasiones a enfrentarse a la realidad de discriminación estructural de la que también es objetivo, en otras sintiéndose, cuando es víctima de la teoría de la actea, según la cual se piensa a sí mismo como clon negro del sujeto euro-blanco.

Y, situándose por encima de su gente negra, termina haciendo el juego a los supremacistas, en la medida en que se traiciona a sí misma y complica y dilata a sus hermanos y hermanas de raza y cultura las posibilidades de trabajar en aras de su auto liberación, que es hacerlo, como anunciara Fanón, por la liberación de todos y todas, pues el supremacista etno-racial a la postre está aprisionado en la aberración del juego de poder por él creado.

Ese conocimiento es fundamental para distinguir, comprender y aprehender lo acontecido en sociedades claramente marginadoras de la población negra. También lo es para distinguir, comprender y aprehender lo acontecido en sociedades (ej. la cubana y la brasilera) donde la hipocresía se ha institucionalizado y, persistiendo la reedición de las asimetrías atendiendo a "la línea del color" (DuBois), los discursos políticos e intelectuales que hegemonizan los espacios más o menos públicos como el intelectual, y que trascienden hacia el exterior, refieren la existencia (irreal) de "democracia racial" o del "fin de la discriminación racial".

Escaso será el avance en los estudios sobre racialidad, etnicidad y relaciones de poder asentadas en ambos, si se oculta o se niega la existencia de desequilibrio en el sujeto-objetivado por motivos raciales y/o culturales.

Si el intelectual afro-descendiente o euro-descendiente que los emprende no identifica en sí las secuelas de su origen y/o colocación y participación en uno u otro extremo de la estructura históricamente construida, si no reconoce que su elaboración de pensamiento esta signada por las epítemas a la que le predispone su origen y si, alcanzado ese conocimiento, no se decanta por el empleo de los ejes epistemológicos acordes a la realidad etno-racial del continente americano.

Escasa será la importancia de las acciones cívicas emprendidas en aras de la eliminación de la racialización, del etnicismo y a favor de la eliminación de las asimetrías establecidas en base a ambas realidades, si no se considera como variable esencial el mencionado desequilibrio ocasionado por tan crueles prácticas en el sujeto-objetivado por la discriminación etno-racial.

La génesis de la ambivalencia de ese sujeto con las historias nacionales procede de ahí. Toda otra causante por mayor relevancia que adquiera es secundaria.

Ese, y no la cantidad de melanina que se tenga en la epidermis, que no es más que una justificación para el establecimiento legal y práctico de la discriminación, marginación y exclusión, para el ejercicio de la dominación y la imposición del sometimiento por parte del elemento poblacional etno-racialmente dominar (que no necesariamente el cultural y cuantitativamente dominante), es el umbral de las auto-discriminaciones y de las discriminaciones, marginaciones y exclusiones de las que participan sujetos-cosificados auxiliando a sus discriminadores a perjudicar al propio grupo discriminado.

La puntualización que realiza el autor de la prevalencia en el afro-descendiente de lo axiológico sobre lo gnoseológico, su comprensión del predominio del colectivo "nosotros" social sobre la individualidad del "yo", su discernimiento de que esa es realidad construida por el blanco supremacismo para imponerla al sujeto afro, y su reconocimiento de la originalidad de la autoafirmación de la individualidad de la persona negra desde su auto-identificación como un "yo soy afro-descendiente", es substancial para la comprensión de las posibilidades de transnacionalización de la población afro-descendiente en las Américas negras.

La singularidad del momento histórico actual para la afro-descendencia, singularidad de repercusión para todo el (des)orden social, radica precisamente en el inicio de ese reconocimiento de individualidad por parte del afro-descendiente, de auto reconocimiento del sujeto y en el sujeto colectivo afro, en su reconocimiento de sus potencialidades a través de la identificación de su historia transnacional, africana y americana, así como en el reconocimiento de su potencial activo en la trans-nacionalidad.

Como sujeto histórico emergente, debido a las particularidades de la historia que le fuera impuesta, es la afro-descendencia el nuevo sujeto con mayores posibilidades de actuación en la totalidad social como en su rol cívico-político-cultural. Su heterogeneidad bien encauzada y positivamente enrumbada se comportaría como fuerza dinamizadora y enriquecedora con posibilidades de comportamiento holístico.

Este sujeto colectivo está conformado por una disimilitud de clases, de géneros, de sexos, de grupos etarios, de culturas, de ideologías, de profesiones, lo cual le configura como integralidad y como expresión de una multiplicidad de sujetos en busca de voz y, sobre todo, en busca de espacios para hacer escuchar sus voces, articular sus demandas e ir procurando medios para la satisfacción de sus necesidades.

Ello implicaría una nueva perspectiva de la universalidad o, en su lugar, una sustitución de esta idea fundamental de la modernidad europea y eurocéntrica por la de la transnacionalización; todo un desplazamiento de eje que sería fundamental y trascendente en las maneras de concebir la historia y, lo principal, de hacerla. Implicaría la deconstrucción del "historicismo euro-céntrico" como único futuro viable para la humanidad y sus naciones[174]. Involucraría el reconocimiento de la confirmación de la multiplicidad de ejes y perspectivas de la historia.

Únicamente por el párrafo que en este epígrafe se ha pretendido rápidamente dilucidar ya sería más que oportuna y provechosa, relevante *El miedo al negro,* obra de continuidad enriquecedoramente articulada con las de afro-cubanos imprescindibles como el prócer independentista Juan Gualberto Gómez y el patriota e intelectual Marín Morúa Delgado, los ensayistas Walterio Carbonell, Carlos Moore, Iván César Martínez y Enrique Patterson; las feministas e investigadoras Leyda Oquendo e Inés María Martiatu, Tomás Fernández Robaina y Daysi Rubiera.

El miedo al negro es creación que rebasa a la nación para inscribirse en la historia del pensamiento transnacional afro, al estilo de las de DuBois, Fanón, Eric Williams, Stuart Hall, George Lamming, Paul Giroy, Iván César Martínez y Carlos Moore, Ochi Curiel y la pléyade de afro-feministas que hoy, como en el siglo XIX, están haciendo y diciendo por encima de fronteras nacionales.

Las producciones historiográficas de ellas y ellos concurren, sin distingos de sexos y géneros de sus creadores, convirtiéndose en referencias ineludibles y perentorias. Porque el proceso de desalienación es un proceso también literario, se lleva a cabo en el ámbito de la recuperación de la conciencia y de la historia, de la vinculación entre cultura y nación, en la cual esta última asegura a la cultura las condiciones y el marco de expresión[175].

En busca de un héroe

El Dr. Juan Benemelis se caracteriza por la honestidad personal y profesional. Lanza explicativamente ideas renovadoras que a no muchos gustará escuchar. Para él, como para Iván César Martínez, Carlos Moore, Leyda Oquendo y más, esos que nos han dado por héroes de la patria no necesariamente lo son.

El altar de la patria debe ser revisitado y muy claramente reconstruido. En ese sitial tenemos a villanos como el ex presidente José Miguel Gómez, asesino de negros independentistas o de simples ciudadanos negros; han sido situados en lugares en los que casi no son vistos héroes como el general Quintín Bandera, general de las tres guerras de independencia de Cuba; y han sido excluidos muchos y muchas, como José Antonio Aponte, nuestro primer anti-esclavista e independentista, o Paulina Pedroso (legalmente reconocida por el apellido Hernández), la llamada "madre negra" de José Martí.

Comprometido con la veracidad de la historia y con su posición de intelectual afro-cubano, lo que, es decir, de profesional cubano que ha heredado la imposición de la subalternidad dentro de su nación, forzado en esta a emprender el camino de la diáspora afro-cubana forzada por

124

los hermanos Castro Ruz, cuestiona también la necesidad que nos crearan de centrar nuestra cubanidad en un José Martí quiméricamente impoluto, convertido en apóstol.

Se explica: "Esta frenética necesidad de un héroe nacional que cimentara la búsqueda de nuestra identidad, en las primeras dos décadas de la República, y en las de la actual Revolución, nace de los temores de desintegración social que desencadenaba la inmigración –en el primer caso—y el desbalance demográfico --en el segundo—ambos atentando con alterar el perfil social y político.

Así, han maquillado a Martí para mostrarlo a los jóvenes con la cara referida por la oligarquía liberal y sólo se habla del general Antonio Maceo, el Titán de Bronce, en la liturgia conmemorativa de las fuerzas armadas. La Cuba de Martí nunca existió ni existe, y las proezas guerreras de Maceo y su credo político no impidieron la creación de una nación repartida racialmente".

Con la agilidad de una pedagogía que entronca entre la popular de Paulo Freire y la jesuítica, interroga y ofrece una plausible respuesta: "¿Quién es el bárbaro, Martí con su cubanía por encima de razas, para una Cuba que no existía (bandera enarbolada para aplastar a los independientes de color), o Evaristo Estenoz que quiso torcer el rumbo de lo evidente con su Partido de negros?

¿En qué lugar está la civilización, en la Cuba real de Pedro Ivonet, teórico del Partido Independiente de Color, o en la soñada e inventada por los martianos? Quizás, como apunta Juan Benemelis, habría que aceptar la noción del pensador tucumano Juan Bautista Alberdi, para el cual existía una barbarie letrada mil veces más desastrosa para la civilización verdadera, que la de todos los salvajes de la América desierta. Interrogantes y respuesta que inducen a la búsqueda y reinterpretación de esa historia que nos dan por cierta e incuestionable, cual si de la teología más ortodoxa se tratara.

Según nuestro autor, la fabricación de la historia es, en toda América, una empresa que consume cantidades colosales de tiempos y esfuerzos. En nombre de la libertad y la patria una perdida Isla-país del mar antillano que necesitaba 'fabricarse' una genealogía no-antillana, estableció una historia codificada, llena de leyendas, de biografías de los

125

patricios totalmente filántropos, sobre las guerras de la Independencia, de manera tal que quien osara refutarla era y es un profano ex comunicado pues no todos tienen el derecho de escribirla a menos que se atenga a los arquetipos oficiales.

Así, se ha vestido a la isla de Cuba con un eterno traje teórico por encima del país real, por el cual se nos obliga asumir una ficción ideal, a una pose lejana de lo natural. Así, la idea de nuestra nación de nuestra identidad vive entregada, pero no a una realidad, sino a una imagen, a la ambigüedad como destino[177].

Hasta el presente la historiografía producida en la Isla, en cualquier periodo histórico, ha padecido la aversión anti-negra que nos muestra siendo ocultadora o negadora de esta realidad. Para comprobarlo bastaría echar una mirada a las dos últimas obras publicadas al Doctor en Historia Rolando Rodríguez (*La conspiración de los iguales* y *La república de corcho*), plagados ambos de la representación de "los arquetipos oficiales" para blancos y negros.

En ambos textos del mencionado historiador, abogado y filósofo marxista, (profesor titular de Historia de Cuba de la Universidad de La Habana, premio nacional de Historia y condecorado con la distinción por la Cultura Nacional, actualmente miembro de la Secretaría del Consejo de Ministros), se observa en la racionalidad expuesta que en la era castro-socialista prosigue en Cuba "la preservación jerárquica de las taxonomías raciales y ocupacionales", la conceptualización de la relación entre raza, Estado y nación, sus balances y pronósticos del estado del proceso civilizatorio, sus evaluaciones del potencial adjudicado a las diferentes etnias en relación al proyecto de modernización socio-económica y cultural[178].

Aprendemos con el texto del Dr. Juan Benemelis que en el sustrato de las ideas de Rolando Rodríguez permanecen vivos el francés Arthur de Gobineau y los ideólogos del nazismo alemán; está ahí la práctica del "bio-poder" (Michel Foucault), es decir, de la "'etnicidad' de la política para justificar la tenencia absoluta y hegemónica del poder, con su potencial homogeneizador y asesino.

Sus aberrados intentos analíticos nos recuerdan que el germen para el *Ku Klux Klan* a la cubana persiste en el siglo

XXI cubano. No nos hemos descolonizado. Por eso no ha entrado en nuestro léxico el uso del término "post-colonización" que ya emplean naturalmente otros colegas, entre ellos Juan Benemelis.

Nos los explica Benemelis[179]: "Al no forjarse con la independencia el proceso de descolonización, el cual más que resultar una evolución objetiva de transferencia de poder, es subjetiva pues tendría que reconocer y remodelar la deformación ideológica colonial, la pasión monolítica de lo ibérico, habría que cuestionar los proyectos políticos que se constituyeron a partir del devenir de una sola de las partes pobladoras del territorio".

En otro momento, amplía[180]: "El racismo subrepticio, enmascarado, metamorfoseado que existe en Cuba hoy se utiliza para mantener a la élite blanca con total poder y control sobre la sociedad, una especie de círculo vicioso de retro-alimentación y pertenencia al grupo social controlador y a la 'raza' dominante.

Por estos motivos se hace necesario desenmascarar el racismo oculto existente en la Isla, por cuanto el mismo constituye un completo y bien estructurado sistema político que no está escrito ni vociferado, sino inserto en el tejido socio-político de la nación de una forma muy bien oculta para de esa forma desorientar a sus víctimas.

Con su falsificación de la historia y su mitificación de José M. Gómez, el Dr. Rodríguez se pronuncia historiográficamente con su racismo anti-negro a favor del poder del que participa, expresando una aberración refractaria a todo humanismo que por más que su autor se imponga o sinceramente precise afirmar lo contrario, lo develan claramente como un supremacista blanco.

Heredero de los eugenistas, su terrible proceder, sin embargo, "de esta manera tan natural y sencilla", sustenta "las políticas asesinas de segregación racial, discriminación racial, eliminación de las culturas de los grupos racialmente oprimidos, la negación al acceder a la igualdad, la equidad y al poder económico, político, jurídico y social".

Son estas prácticas y consumaciones que bajo el castro-socialismo se pretende convencernos de que se convierten en acciones mesiánicas y humanistas de parte de los hegemónicos por cuanto el otro, es decir el no blanco por causas naturales o por razones divinas, carece naturalmente de los atributos necesarios para equipararse a aquellos que son considerados como blancos[181].

Engranajes de esa política racializada y supremacista (socialista o burguesa) han sido la forzada e inoperante homogenización cultural, que siempre contiene la inferiorización y desprecio hacia lo afro; la invisibilización documental de la población afro-descendiente; y la creación y ampliación de la ideología del mulatismo.

Por eso las punzantes observaciones del Dr. Juan Benemelis cuando refiere que el afro-descendiente sigue visto "como sospechoso criminal", o que reincidimos en la negativa "a ser caribeños". Tareas en las que ha servido al poder castro-socialista, como a la república burguesa y al sistema colonial, las ciencias sociales producidas por la intelectualidad oficial, por la oficiosa y, paradójicamente, no pocas veces la producida por los cientistas sociales incorporados en la oposición política.

De Tomás Estrada Palma, primer presidente de la república oficializada, a los hermanos Castro Ruz, "la sociedad en un esfuerzo por negarse a sí misma", ha terminado "rechazando la otra parte que la identificaba: el negro". Los criollos blancos, a diferencia de los criollos negros, no pensaron la nación inclusivista, sino en términos exclusivistas (de ellos, por ellos y para ellos) y excluyentes de todo otro componente etno-racial. Al afro-descendiente, en tan mezquina ecuación, se le ha forzado a la supeditación[181].

El proceso de independencia y de socialismo conllevó a formas más sutiles de dependencia. En efecto, conservar la organización económica colonial favoreció el mantenimiento de las estructuras de poder pre-existentes, garantizando su estabilidad interna. La ficción estatal que implica la auto-determinación y la soberanía nacional está al servicio de los discursos que ponderan determinadas características de superioridad racial y sancionan la justicia de los vencedores sobre los subordinados[182].

En ese proceder se igualan o complementan las proyecciones discursivas y los procederes del presidente de la Asamblea Nacional cubana, de la historiografía oficial, de la legislación (con su Ley de Peligrosidad Pre-delictiva) y las prácticas coercitivas y represivas de la Policía Nacional.

Todas estas acopladas en la estructura de coloniaje, impidiendo el avance hacia la post-colonialidad imprescindible para la nación e impensada por la élite de poder supremacista, que del colonialista José Antonio Saco a los hermanos Castro Ruz están estrechamente conectados.

Ciertamente: "Nuestra nación es el corolario de un terrible pasado de negación y olvido, por un afanoso intento de fundar al Estado nacional a partir de las culturas europeas. La 'era criolla' fracasó a la hora de emprender la construcción del Estado nacional, al no creer sinceramente en principios de igualdad entre los hombres, pues para ellos la realidad multi-cultural siempre fue un enigma.

Así, la independencia de la metrópoli fue una fórmula de conciliación política entre euro-cubanos independentistas, anexionistas y pro-coloniales, más que un puente integrador de aquel abismo cultural entre blancos, negros y mulatos; de discursos que han construido simbólicamente a la nación cubana como 'blanca y europea.

Sucede que la "era criolla" no concluyó en la era castrista. Esta absolvió aquella y ha representado la "fórmula de conciliación política entre euro-cubanos" que se han auto-proclamado "revolucionarios" y "marxistas", en algún momento pro-chinos, en otro pro-soviéticos y ahora "socialistas del siglo XXI".

Lo constante ha sido la perduración de la auto-proclamación como "martianos" y la constante negación del abismo cultural existente entre blancos, negros y mulatos a la par del sostenimiento de discursos que han construido a la nación cubana como blanca y europea[183].

Ubicado en su visión crítica de subalterno contra-hegemónico, emisor de una voz firme y clara hasta el presente historiográficamente silenciado, Benemelis presenta su razón. Para él esta "estriba en un punto irreconciliable: tras su independencia Cuba jamás asumió la tarea descolonizadora, pues ello hubiese implicado la revisión de la cultura colonial ibérica y la reivindicación total del negro". De ahí y del "intento de construir una patria y nación, sin un sentido muy claro", deriva "la causa de todas las desgracias políticas" de la Isla de Cuba[184].

Añadido el hecho de que según Benemelis, al acoger la sociedad cubana a la violencia revolucionaria como factor de cambio y desarrollo, como un valor propio, se reemplazó el concepto cristiano de hermandad, tenemos un cuadro más completo de lo sucedido en la sociedad cubana respecto a la naturalización de la violencia supremacista blanca en sus más diversificadas demostraciones.

Esa cruel realidad es la que toda al afro-descendiente cubano, consciente o no de su diferencia y del valor de esta, de la doble conciencia referida por DuBois y retomada por Benemelis. "El descendiente de africano en el continente americano, no importa su gradación de mezcla, tiene un sentido de ser 'persona' con raíces históricas y destinos ajenos al tiempo y el espacio de la nación que los acoge.

Es la condición existencial que el afro-americano DuBois caracteriza como 'doble conciencia' en referencia al 'negro americano', de lidiar con una subjetividad escindida (americana y africana) y de negación de la ciudadanía sustantiva por parte de las naciones-Estado debido a ser vistos y clasificados como problema por un régimen racista dominante. Es esa doble conciencia, opina nuestro historiador, que debe extenderse a toda Afro-América.

Esa doble conciencia no acuna en el afro-descendiente enajenado al punto de la auto-negación. Digamos, no se evidencia en el intelectual afro-descendiente cómplice del poder supremacista, negador de sí y desfigurador o solapador de la realidad de los suyos. Otra es la realidad de los afro-descendientes militantemente afro-cubanos.

La realidad del pretendido Estado-nación cubano es que[185]: "El Estado y la nacionalidad 'cubana' no lograron funcionar como unificadores, sino como segregadores de los negros, repitiendo el gesto de los colonizadores ibéricos. Cuba ha sido y es una nación creada según un criterio moral católico como apoyo para legitimar la dicotomía, para instrumentar la diferencia; pero este es un mundo retórico de ideas ajenas a las circunstancias y distancias sociales entre las diferentes poblaciones que la constituyen".

130

El ex esclavo o liberto negro, formalmente libre, pasó a ser el ser periférico. El blanco, con poder o no pero inevitablemente con mentalidad colonialista y racista, en tanto la medida de todo lo positivo, se erigió en el centro de una nación políticamente pensada y construida por los supremacistas. La realidad de la nación en construcción desde las bases no ha sido nunca considerada por el poder.

De ahí que seamos, hasta el presente, en palabras de Benemelis, un "Estado sin Nación", víctima del "Nacionalismo racista". De ahí que hayamos arribado y nos estemos adentrando en la vigésimo primera centuria siendo una nación fragmentada y en construcción, entorpecida por el poder en sus posibilidades de concreción. Por eso, de 1902 a la fecha se exige "la renuncia del negro a participar en la construcción de su propio destino.

Benemelis hace un resumen de la derivación constatable de todo ello.

En Cuba hay negros y blancos, y los mulatos son camuflados como "trigueños" en su mayoría, y se proclama que no hay discriminación racial; por eso no existen legislaciones específicas para prohibir la práctica de discriminación en el empleo, pues las instituciones no reconocen la existencia del problema. Las consecuencias del racismo han sido nefastas en los trabajos, pues han privado a los individuos de su derecho incondicional de tener acceso igual a las oportunidades de empleo[186].

Nuestra herencia y mezcla racial nos ha creado la ilusión de una igualdad absoluta, prohibiendo así la discusión abierta y aceptación de que muchas veces nuestras acciones no se comportan como nuestras ilusiones. Sin embargo, aquellos que sufren y padecen la realidad de su condena a condiciones económicas más bajas simplemente porque quizás 'salió' muy oscuro, o su pelo es demasiado rizo o sus facciones muy negroides, entienden claramente las actitudes enraizadas, como plantea Benemelis.

Únicamente habría de aclarársele al autor que no todos los perjudicados por la estructura racializada y jerarquizadora impuesta por el poder a la sociedad cubana "entienden claramente las actitudes enraizadas".

Él mismo lo había mencionado en su texto. La historia de ocultamientos, silencios y camuflajes de la historiografía oficial ha situado en desventaja al afro-descendiente para la comprensión de su situación. Las ambigüedades discursivas de la política y las acciones coercitivas de los órganos de poder supremacista contribuyen a descentrar la esencia de la resistencia consciente del afro-descendiente, en la misma medida en que las tácticas atomizadoras hacia toda la sociedad agudizan su situación de aislamiento.

En ese escenario la toma de conciencia del origen de los males del racismo se dificulta. A su vez, se sataniza al afro-descendiente, sobre todo al militantemente afro-cubano, pretendiendo su desmoralización ante la sociedad toda y en su comunidad etno-racial.

Así[187]: "la incertidumbre psicológica" a la que se condujera al esclavo convertido en liberto primero y en semi-ciudadano después, debida primeramente "a la coacción que ejerce el blanco para que adopten sus costumbres, su lengua y su religión (…) no sin antes hacerle ver que la cultura hegemónica ha sido indiscutiblemente superior", se perpetuaría en el castro-socialismo con la imposición al afro-descendiente de la doctrina política marxista y con unas prácticas de vida que revalidaban y aseguraban su posición de subordinación.

Pretender subvertir el ordenamiento supremacista o únicamente el pensamiento generado por esa estructura de coloniaje ha merecido para el infractor del orden establecido el castigo del bio-poder. La muerte social o física han sido los castigos por excelencia.

En la realidad hasta de más de 500 años vivida por el negro en Cuba está el fundamento de la ambivalencia discursiva y de los temores acendrados en muchos de estos. Ya que invariablemente "hablamos/enunciamos desde una localización en las relaciones de poder", la ambigüedad o la claridad y radicalidad discursiva anclan en esa localización.

Cuando el autor afirma que[188]: "No se puede transitar de una sociedad racista, como la republicana, a una realidad que se llama así pos-racista, sin considerar cómo este racismo continúa determinando la jerarquía individual y de comunidades en la sociedad, la economía y el poder político",

132

cuando asevera que: "Lo que preocupa al blanco hegemónico actual en Cuba son los mecanismos capaces de cuestionar su poder y plantear el fin de su predominio racial", deja ostensible e inequívocamente establecida su localización de subalterno capaz de la deconstrucción del (des)orden racializado blanco-supremacista, su elaboración de pensamiento independiente de/a pesar de ese poder, y su militancia afrocubana.

Ese es posicionamiento en el cual debe establecerse la afro-descendencia. Es proceso que tiene que ser precedido del despojo de los atuendos, convertidos o no en esencias, del colonialismo. El colonizado isleño no tiene que sacrificar en aras del otro, del colonizador, sino de su individualidad y de su colectividad.

Es desde ahí que debe proyectarse en la sociedad multinacional, pluri-étnica y pluri-racial, pues ese no es un posicionamiento de auto exclusión, sino de comprensión de la conflictividad nacional atendiendo a la imposición de la esclavitud primero y de la subalternidad después.

En ese escenario, tomar distancia reflexiva de la situación micro y macro social, de las condiciones políticas, económicas, culturales, no representa una actitud de auto-marginación ni de auto-exclusión, como insidiosamente afirman representantes e ideólogos del blanco-supremacismo, para quienes la nación se dispone con un centro, ellos, y una periferia, los no blancos.

No ha de asombrarnos la contraposición de las narrativas y del ejercicio crítico del colega Benemelis en cuanto a los rápidamente facturados discursos oficiales, oficialistas y de algunos opositores políticos sobre el tema racial cubano.

Juan Benemelis se proyecta en clave fanoniana y la enriquece. Sus oponentes se proyectan, aun si metamorfoseándose según los tiempos históricos (ayer revestidos de colonialistas, luego de burgueses, hoy de proletarios o de sus representantes) en clave euro-centrista, afirmándose en Gobineau. El suyo es discurso de post-colonización. El de ellos es discurso de colonialistas; participando del juego de estos, marcha el discurso del colonizado que no rompe las cadenas.

Benemelis considera que "el callejón sin salida que enfrenta la nación es creado por la colonia y la modernidad, ambos extranjeros al macro-contexto cubano" o de que "el proyecto socialista no logra elevarse a la generalidad entrando finalmente en un callejón sin salida, no porque el jefe de la élite lo precipitase, sino por abrazar el comportamiento colonial y una ideología que ignoró a los actores reales excluidos al sumergirlos en clase" parte de su consciencia de subalterno y de su militancia etno-racial tanto como de la seriedad y claridad en su producción intelectual.

Nada parecido a la ambigüedad discursiva de otros, directa o indirectamente partícipes de los juegos del poder.

Colonialismo y colonialidad

El fenómeno del colonialismo y de la colonialidad exige estudios más minuciosos, realistas y contextuales, despojados de toda sujeción a lastres psicológicos y epistemológicos procedentes de mentalidades colonialistas, neocolonialistas o de colonialidad.

Esos estudios exigen inéditas y polifacéticas miradas; requieren indagaciones más penetrantes y variadas, que no limiten sus fuentes y que estén dispuestas a no dejarse acoplar a explicaciones preestablecidas; apremian a la novedad en la conceptualización y a la cuidadosa revisión del repertorio conceptual cultivado o certificado y adoptado por las ciencias sociales euro-centristas.

En Cuba hemos sido por lo general condescendientes en el análisis crítico del complejo fenómeno del colonialismo. Hasta fecha contigua en las Américas le hemos querido ver casi superado y como un producto de agentes externos.

Hemos dado la espalda al hecho de que, excepto la población aborigen americana, todas las otras que o que podemos, queremos y nos reivindicamos americanas procedemos de familias extranjeras llegadas por voluntad o traídas por fuerza a estas tierras; esto, en conjunción con la estructura de coloniaje europeo de carácter etno-racial y su resonancia en la colonialidad, define las particularidades de nuestras sociedades.

Complacientes y contemporizadores con los poderes, hemos soslayado que[189]: "Existe un colonialismo interno basado en la opresión de los grupos menos favorecidos y la falta de identidad del colonizado.

En la actualidad, el problema de la falta de representatividad de los afro-descendientes obliga a que se emprenda una acción descolonizadora sobre el colonialismo interno, pues sólo a través de la afirmación de las identidades y culturas será posible lograr el cambio social".

La radicalidad de la transformación social y psicológica que implica la descolonización contempla la superación de la visión etnocentrista euro, que no la sustitución de esta por otra, pues en naciones pluri-étnicas ello devendría en el reemplazo un etnicismo por otro y, probablemente, en la sucesión dominadora de una raza por otra. Superar esta visión etno-céntrica –según Benemelis-, es requisito fundamental para la descolonización, por eso los subordinados sólo han cambiado de rostro o han mantenido la misma forma anterior.

La radicalidad de esa metamorfosis demanda el entendimiento de que[190]: "La descolonización no puede reducirse sólo a una dimensión de la vida social, sino que requiere una transformación más amplia de las jerarquías raciales, de género, espirituales, epistémicas, económicas y de estructura del poder".

Se trata de una mutación de la totalidad objetiva y subjetiva de la micro y la macro sociedad dirigida hacia la construcción de estructuración social fondeada en pilares acordes a las necesidades, anhelos, frustraciones y sensibilidades de su propio material sociológico.

El equilibrio y la hondura analítica alcanzados por Benemelis y por los autores y las autoras que le han precedido en la colocación de subalterno que da la cara al poder colonial o de colonialidad y lo de-construye con su narrativa, provendrán de nosotros mismos, los sujetos antes objetivados y posteriormente subalternados.

En nosotros están las potencialidades (capacidades, experiencias, habilidades, saberes y energías) para liberarnos del colonialismo o de la colonialidad de carácter psicológico, premisa para la liberación del colonialismo o de la colonialidad de carácter teórico y práctico.

El miedo al negro: Antropología de la colonialidad, requiere e incita a su lectura y relectura detenidas y participativas. Mucho nos dice ese autor con sus, comparaciones, sus negaciones, sus explicaciones, sus interpretaciones.

Es menester detenernos en la siguiente aseveración de Benemelis[191]: "La colonialidad del poder es mantenida invisibilizando la diferencia con el mito de la democracia racial; para romperla es necesario reivindicar la identidad. La reivindicación de identidades negadas es una parte fundamental de la descolonización, al restaurar el sentido humano del no-humano".

La importancia de auto reconocernos negros, de reivindicar nuestra identidad afro-descendiente, sin el gravamen minimizador que históricamente nos han endilgado y hemos interiorizado, disminuyendo nuestra autoestima, proviene de ahí, de nuestra liberación psicológica, epistemológica, y va de la mano con nuestra pugna descolonizadora en aras de desestructurar un sistema de perniciosa jerarquización y supremacía etno-racial.

Para que sean tangibles nuestra autoestima y nuestra liberación psicológica y epistemológica, es indispensable para el afro-descendiente romper "con la realidad y el horizonte crítico que le imponen: la discriminación" y siempre atento neutralizar por todas las vías las posibilidades de rearticulación de este.

Se impone iniciar la liberación psicológica, teórica y práctica del sujeto-objetivado reconociendo que, en el continente americano luego de la independencia[192]: "La situación inicial de la conquista americana se repitió; a la colonización siguió la re-colonización" de manera que "los negros y mulatos originarios de Cuba son invisibles, a pesar de ser hoy la mayoría", realidad encubierta en su último censo demográfico.

"La descolonización en Cuba no existió pues la independencia no puso en práctica una ética y política de respuesta responsable y diálogo con el afro-cubano surgido de la esclavitud; no llevó a la práctica medidas en favor de los más marginados, desposeídos, y deshumanizados, sino que aplicó una política de la representación en la que el blanco-europeo como grupo pretendió representar al todo de forma demócrata-autoritaria.

No se descolonizó al Estado, a la economía, a la educación, a las instituciones nacionales, y el acceso a ellas, y la afirmación del ser más allá de las jerarquías raciales hacia un mundo trans-moderno, al decir del filósofo argentino Enrique Dussel. No se podía apostar por una construcción nacional en conjunto, o de otorgar espacios específicos para distintos grupos, medidas que impedirían la reintroducción del racismo y de las lógicas coloniales".

Psicológica y teóricamente liberado, en total antagonismo con planteamientos provenientes del siglo XIX y reforzados por la antropología sociocultural de Fernando Ortiz, Benemelis vuelve sobre las interrogantes con las que abre el Capítulo 16 del libro reseñado.

Sin sobresaltos por las reacciones de los detentadores, protectores e ideólogos del poder, o de otros asidos a falsas pero repetidas certezas, resuelve que "la pregunta de qué es cubano, todavía no tiene respuesta". Para él, lo que se puede intuir es que lo cubano es una simple abstracción que desde que se le dio vida ha sido a la vez homogeneizante y segregadora". Por consiguiente: "De esta contradicción se deduce que la nacionalidad aún está en construcción. El nacionalismo revolucionario en el que se funda el sistema político actual es de exclusión pues tiene su raíz en las tradicionales instituciones asimilacionistas que niegan la diversidad de identidades etno-raciales".

Su dialéctica y polémica conclusión dialoga y contiende con un incisivo y definitorio Fernando Ortiz. En la perspectiva de Benemelis el tipo nacional cubano es aspiración y puede ser expectativa de realización futura. Para Ortiz el cubano era una realidad ya manifiesta, la resultante de la transculturación. Pero si la transculturación es verificable, también lo son la marginalidad y la exclusión del no blanco, especialmente del afro-descendiente cubano.

En clave "ortiziana" el cubano es figuración, es lo que aceptamos por fe, por necesidad intelectual de participar en la concreción de la nación. En clave "benemeliana" no se

137

acepta que el cubano sea el prototipo del criollo blanco pues este es apenas una parte de Cuba.

En clave "benemeliana" entrevemos que la transculturación se percibe como atavío encubridor de la ideología del mestizaje; por consiguiente, en esta lógica analítica el cubano es una posibilidad latente todavía sin fraguar y por consiguiente sin definición, el cubano es la posibilidad de construcción consolidada de la nación que debemos ser y no hemos sido.

La liberación del colonialismo y de la colonialidad requiere la liberación de sus atrofias de todo tipo, incluida la obsesión que los agentes colonialistas nos impusieran por el mestizaje, convertido este en ideología del mulatismo, entendido aquel como "adelanto", como "civilización".

En la base de esa ideología está la imposición psicológica al afro-descendiente de que todo lo procedente de sus culturas afro es "inferior" y debe por tanto ser extirpado. El trasfondo de la ideología del mulatismo sigue siendo la dicotomía colonialista y modernista de la racionalidad versus barbarie, lo que es decir lo blanco versus lo negro, lo euro versus lo afro.

El mestizaje ha ocultado la ideología blanco-supremacista de burgueses y marxistas por igual[193]: "Detrás de ello se escondía la preservación jerárquica de las taxonomías raciales y ocupacionales, su conceptualización de la relación entre raza y nación, sus balances y pronósticos del estado del proceso civilizatorio, sus evaluaciones del potencial adjudicado a las diferentes etnias en relación al proyecto de modernización socio-económica y cultural".

La auto-descolonización pasa por la comprensión, aceptación e incorporación de que la cosmovisión afro, como la aborigen, es tan rica como la cosmovisión europea que se nos impusiera y puede que más exuberante que esta; de hecho, la cosmovisión africana en el amplio espacio americano ha recibido el influjo enriquecedor de otros componentes étnicos. La visualización de esa realidad salta a la luz en la densidad de las culturas afro en los procesos de transculturación indo-afro-hispanoamericana.

Por más que el euro-descendiente cubano lo niegue y rechace, tiene tanto en sí de las culturas afro como no quisiera, pues pese a la negativa a la aceptación consciente de la realidad que nos concierne, Cuba es un país en el que durante siglos se ha venido conformando desde las bases sociales una nación afro-hispana.

Esa es la razón fundamental por la que las afro-religiones tienen entre las cubanas y los cubanos inconclusos que hoy somos más posibilidades de arraigo que el cristianismo, pues sus estructuras y ortodoxias están más a tono con la pragmática del pensamiento de los cubanos y cubanas que desde las bases sociales vamos formándonos y con nuestras formas de vida.

Esa es dinámica inconsciente, espontánea y legítima, en la cual rebotan los discursos supremacistas anti-negros, que es decir anticubanos, de la jerarquía de la Iglesia católico-romana en la Isla, solazada en la epistemología euro-centrista del colonialismo hispano y de la colonialidad blanco-criolla.

Esos comportamientos nos remiten a la descolonización cual la conciben sus estudiosos y la van emprendiendo activistas cívicos y políticos en el Caribe anglófono, por ejemplo. Para Benemelis, al ser la descolonización un proyecto inacabado en Cuba, y al existir una ontología colonial de pueblo homogéneo en proposición, pero diferenciado en la práctica, es necesaria la descolonización epistemológica mediante una nueva comunicación inter-cultural, la cancelación definitiva de la fábula del mestizaje y la irrupción de una nueva forma de ver la nación.

Como generalidad, no hemos llegado cubanas y cubanos a ese punto de ruptura y elaboración gnoseológica ni a ese punto de reequilibrio psicológico, a lo Karl Jung. Cunde en nosotros la alienación (del colonizado y del colonizador) pero no nos atrevemos a reconocerlo.

Cuando muy escasamente en la Isla emprendemos la crítica de las reaccionarias posiciones del cardenal de la Iglesia católico-romana en Cuba, por ejemplo, obviamos que su posicionamiento, que ayer hiciera parte consustancial del colonialismo, luego de 1902 lo ha hecho de la colonialidad, de la reproducción de los mecanismos de dominación colonial hacia el interior de la sociedad.

"El gran olvido y el gran silencio aquí, fue y sigue siendo, en cierto sentido, la colonialidad", pasamos por alto que la

139

repetición "de todo el esquema de pensamiento gestado en Europa, desde el cristianismo, el liberalismo y el marxismo hasta la ciencia y la filosofía, se reprodujo —con variantes— en América Latina, se prolonga hasta hoy. Por eso es fundamental el reconocimiento del autor de que los nuestros, los latinoamericanos, son Estados menos nacionales, "puesto que los proyectos políticos de la nación se han constituido a partir de una historia incompleta y manipulada"[194].

Ha de quedar claro que el resentimiento no tiene lugar en la posición como subalterno del autor que estimula a no hacerle espacio a ese sentimiento en el afro-descendiente; por eso considera que la crítica del paradigma colonizador europeo, extendido por las élites blancas en el poder latinoamericano, no implica la negación del conocimiento, sino el desprendimiento de la colonialidad del ser y del saber.

La marginalidad

Hace el ensayista un señalamiento que tiene efecto de alerta relativa a evidencias de las que frecuentemente nos sustraemos en el cuadro situacional de la afro-descendencia cubana. Señala[195]: "Cuando la marginalidad cultural, como parte del patrimonio, es representada por los gestores de la cultura hegemónica, el marginado se ve imposibilitado de ejercer su auto-determinación y está a merced de los 'entendidos' que formalizan su derecho de gente".

Es una alerta que cobra especial importancia en el momento actual. Como parte de maniobras tendientes al mantenimiento del estatus quo, de la colonialidad del poder ejercida por los supremacistas blancos-criollos con los dos hermanos colonialistas, "gallegos nacidos en Cuba", por todas las vías se acentúan las tácticas de sostenimiento de la hegemonía cultural. Se ha hecho común responsabilizar a la afro-descendencia consciente, militante y activa de (presuntamente) "crear problemas" a la nación[196].

Esa es responsabilidad que procuran endosarle políticos e intelectuales, contando entre los últimos a colonizados

140

intelectuales afro-descendientes, colaboradores de la ideología de supremacismo blanco, paradigmas de la teoría de la altea.

Los pronunciamientos críticos de todo lo relativo al racismo anti-negro en la Isla, las abiertas denuncias internas y hacia el exterior sobre la activa vigencia de este, los intentos de acciones cívicas y la deconstrucción y construcción de pensamiento independiente de este sector, están siendo recibidos por los gobernantes isleños, tal cual sucediera luego de obtenida la independencia formal del país, como amenazas a su poder.

Reparando en la posibilidad del fin del soporte etno-racial de las relaciones de poder, a imitación del ex presidente cubano José Miguel Gómez, los gobernantes actuales trasladan hacia la afro-descendencia militante la responsabilidad histórica de la ficticia unidad de la nación, acusándoles de atentar contra esta.

Pero la unidad de la nación cubana ha sido y es más anhelada e imaginada que su realidad. Esa supuesta unidad de "razas" no la garantizará la mentira ni nacerá de esta. Esa unidad no ha sido conformada, no podría ser en circunstancias coloniales ni de colonialidad, que es decir de imposición del sometimiento de un sector poblacional a otro, por más que "los 'entendidos' que formalizan su derecho de gente" a la afro-descendencia así lo ambicionen y se esfuercen para lograrlo[197].

En el re-empoderamiento y empoderamiento de la afro-descendencia cubana subyace el nunca reconocido derecho que le asiste al reconocimiento político de sus diferencias en paridad con los otros grupos etno-raciales que van dando vida a la nación.

Deshacerse la afro-descendencia de la inercia en que la han sumido y con el cual la han atomizado macro y micro-socialmente el colonialismo y la colonialidad, posesionarse en ese conocimiento, exigir y obtener el reconocimiento político y de derecho de su re-empoderamiento y de su empoderamiento, así como la comparecencia de hecho de ambas acciones, serían las garantías de que el afro-descendiente cubano pueda "ejercer su auto-determinación", única protección frente a las injusticias más o menos visibles del poder blanco-supremacista.

Cerciorarnos de que soportar el supremacista despotismo castro-socialista no guarda diferencia con soportar el despotismo burgués o el colonial; convencernos de que cada uno de esos sometimientos nos han lacerado; asegurarnos de que el actual prosigue menguando nuestros derechos como humanos (aunque al gobierno "revolucionario" le disguste la sola mención de este tipo de derechos y tenga su versión muy interesada de los mismos); percatarnos de que todos los despotismos han tenido el propósito de reducirnos a la condición de no-humanos o, en su lugar, de inferiorizar nuestra humanidad; afirmarnos en la necesidad de "restaurar el sentido humano del no-humano" en que se nos conceptúa y encasilla; es principiar en el camino de la auto-determinación que por derecho propio nos corresponde.

El no reconocer las diferencias y los derechos del otro hace que la libertad como los derechos humanos sean conceptos relativos que no garantizan la eliminación de la práctica discriminatoria. La integración como un proceso de asimilación plena y total a uno de los grupos, el paternalista, por el otro, el más vulnerable, reduce a este último a la condición de subalterno. Para que la descolonización se concrete en el continente luso-hispano, es necesario buscar la connivencia de las lecturas desde la "otredad" o marginalidad, y evitar el discurso hegemonizante tanto discursivo como económico y político[198].

Disuadirnos de emprender ese corte con la epistemología colonialista y con su heredera de la colonialidad ha sido/es propósito de las acciones tácticas de los protagonistas poder y de sus salvaguardas e ideólogos. Supeditar nuestras imperiosas necesidades de equidad a unos supuestos "intereses nacionales" que no son otra cosa que la voluntad del grupo supremacista de perpetuarse en el poder y transferirlo a sus descendientes, no hace sino remedar la fórmula atrofiada de relaciones de poder en la que es improbable cuajar a la nación cubana.

La postergación de la política de equidad en el ejercicio del poder y de la consecuente equidad distributiva, es decir, el aplazamiento del establecimiento de la política de justicia social (que no puede ser parcial ni voluntariosa), es expresión del rechazo al reconocimiento de nuestra auto-determinación y de

142

la impositiva continuidad de la hegemonía del supremacismo blanco, en su versión castrista.

La incorporación de afro-descendientes en el comité central del Partido Comunista de Cuba y en la estructura de gobierno no es más que una de las acciones coyunturales mencionadas por el autor. Esas personas no tienen capacidad de decisión ni pasan de ser parte del decorado.

No están ahí por su conciencia etno-racial sino por su incondicionalidad al régimen, contando también con su aceptación del supremacismo blanco. Esas personas son afro-descendientes, no existen pruebas de sus manifestaciones como afro-cubanos.

En los difíciles tiempos que corren, urgidos de definiciones, de negociaciones claras y beneficiosas para las partes que deben componer la futura nación, esos afro-descendientes son representaciones de la "historia incompleta y manipulada" que nos fuerzan a continuar escenificando. Esa presencia de negros y mulatos en las más altas instancias de poder en la Isla son la constatación de que[199] "la revolución cubana no ha luchado contra la esencia de la colonización, la filosofía que sustenta la separación del uno con el otro, sino contra su forma". En suma, son agentes del remedo de la colonialidad del poder.

Adempero, la presencia de estos destaca la inquietante premura para emprender la descolonización estructural y personal en la sociedad cubana. La descolonización no se restringe a los países formalmente dependientes de gobiernos foráneos. A lo que concluye el Dr. Juan Benemelis aseverando que la descolonización puede aplicarse también a un Estado marxista, al no considerar los sujetos sólo unidos por intereses de clase, sino contenidos en colectividades socio-culturales diferenciadas por la jerarquización política.

La deconstrucción epistemológica

El pensamiento de-constructor de la epistemología supremacista por motivos de raza y cultura tiene que contar, forzosa y apremiantemente, con el protagonismo de los sujetos-objetivados que, auto-liberados en la psiquis, emprendan la búsqueda de la verdadera historia de sí y de los colonialistas, formulando nuevas narrativas, propias, negadoras o complementarias de las realizadas por los colonialistas y sus sucesores en la colonialidad.

La negativa de intelectuales cubanos a reconocer el trabajo de colegas afro-descendientes con proyecciones intelectuales de afro-cubanos no es más que manifestación del supremacismo blanco vigente y copando la academia isleña, siempre a la par del racismo anti-negro. A esos afro-cubanos trae el maestro Benemelis a sus páginas, comparte con ellos y ellas su espacio de contra-hegemonía, y de alguna manera les ponen a dialogar.

Ese heterogéneo pensamiento afro-cubano contra-hegemónico, lo que es decir necesariamente anti-supremacista, entre cubanas y cubanos de todos los colores y fenotipos, pasa por las narrativas ensayísticas y por las artes, por la obra historiográfica de Walterio Carbonell y por la historiográfica, filosófica y antropológica de Juan Benemelis, por la producción plástica de Roberto Diago y Jorge Luís Pupo como por la ensayística y la dramaturgia de Julio Moracén y Tomás González, por la narrativa y la ensayística de Daysi Rubiera e Inés María Martiatu o por la lírica de Georgina Herrera y Esteban Cárdenas, por la ensayística de Roberto Zurbano y la narrativa de Teresa Cárdenas, entre tantos y tantas más, privilegiando esta reseñadora mencionar a creadores afro-cubanos y afrocubanas, por ser comúnmente relegados y voluntariosamente invisibilizados.

Ese pensamiento articula en el marco y horizonte de una vasta y arrinconada literatura afro, que del viejo continente madre, África, surca las profundas aguas del "Atlántico Negro" hasta las jóvenes Américas indo-afro-hispanoamericanas, emparentándonos a toda la afro-descendencia. Que del remoto inicio histórico de la esclavitud racializada a la contemporaneidad de enajenante colonialidad la Negritud es una en reactualización circunstancial, lo ratificamos en el libro de Benemelis: *El miedo al negro: Antropología de la colonialidad.*

El *Retorno al país natal* de Aimé Césaire y otros es corroboración de que "Las Américas negras" son realidad inextinguible no obstante los persistentes intentos de blanqueamiento. "El fantasma de la nación negra" no anida exclusivamente en Haití, como temieran los lombrosianos nacionalistas blancos. Ese es "fantasma" acrecentado en las potencialidades de la transnacionalización afro, ya verificándose en las afro-religiones.

No importa cuántos en las Antillas hispanas se nieguen a aceptar nuestra caribeñidad. Tenemos una historia común que nos trasciende, que nos signa y nos significa incluso si nos desenvolvemos en tierra firme. "El rechazo a la cultura africana", la maliciosa o ignorante negativa a la aceptación de riqueza y pluralidad, rechazo presente en la ideología de "la mulatez" como en la "cultura euro-cubana", condujo una "Utopía homogénea y a (una) realidad multi-cultural", que ha tenido como colofón esta "identidad fallida".

Nada han conseguido hacer al respecto el "marxismo de Indias" ni la imaginada "democracia racial" brasilera. Nuestros proyectos nacionales han sido fallidos por jerarquizadores y excluyentes, por responder a modelos foráneos y no a las necesidades de las naciones que pretendían/pretenden conformar. Los guerrilleros blanco-criollos" que terminaran declarándose marxistas han sido tan anti-negros como los burgueses.

¿Cómo entonces podría haber justicia social si han perpetuado la estructura de poder sostenida en el racismo y el etnocentrismo, manifestándose ambos en la marginación y exclusión de los sectores subalternos?

Es esa la "estructura de exclusión" que ha mantenido al "negro 'en su sitio'", sin diferencias contenido sino de forma trátese de una república burguesa o socialista.

En congruencia, nuestros libros de historia no mencionan la producción intelectual africana. A África, nos dicen en estos sin palabras y con escasas imágenes, tenemos que concebirla como tierra de barbarie, carente de "civilización", beneficiada por la trata negrera pese a que la desangrara de alrededor de 20 millones de sus mejores hijos e hijas, los y las más jóvenes y fuertes, sin adicionar la ciega humana en las villas y campos.

Tampoco conocemos en nuestros libros de historia la producción intelectual de la afro-descendencia en las

Américas. Es este el mensaje extra-verbal que procede de esa ocultación: de que el negro era bruto, incapaz de algo más que la violencia, debería considerar una suerte la esclavitud pues le puso en contacto con la blanca y "superior" civilización europea. ¿Cómo vamos a encontrar en esos libros a intelectuales africanos como el ex esclavo yoruba Oluddah Equiano que sí nos presenta *El miedo al negro: ¿Antropología de la colonialidad?*

"La genealogía des-colonial de Equiano, es desconocida en el pensamiento europeo, afirma Benemelis[200]. Equiano plantea terminar con la esclavitud, compensar las naciones africanas por los daños infligidos y legalizar el trabajo". Pensamiento tan sólido le "separa de los abolicionistas blancos quienes argumentan contra la esclavitud, pero mantienen la inferioridad del negro. Por ejemplo, para Jean Jacques Rousseau la desigualdad era natural; si bien condenó la esclavitud no aceptaba la igualdad de los negros africanos a quienes consideraba inferiores".

¿Cómo van los supremacistas que hegemonizan nuestro pensamiento y estafan nuestras vidas a mencionarnos al africano Oluddah Equiano, un ex esclavo yoruba que realizara una "crítica directa, brutal (…) a los comerciantes y explotadores europeos"?

Y sigue ilustrando Benemelis: Oluddah Equiano ya no se sitúa en el mismo nivel que la detracción de Bartolomé de Las Casas". Su crítica al colonialismo "se ubica en el espacio des-colonial y se piensa en y desde la diferencia colonial. Oluddah Equiano inicia una impugnación que hoy se reproduce, partiendo de la "bio-política" de Foucault, el cual la desplaza al espacio epistemológico de deslinde y apertura del pensamiento des-colonial".

Equiano sufrió/sufre el mismo ocultamiento que la intelectualidad afro-descendiente cubana del siglo XIX, incluido el periodista y muy activo independentista Juan Gualberto Gómez, o el mismo Antonio Maceo, cuyo pensamiento perseveramos en desconocer.

Peores suertes han corrido las intelectuales afrocubanas, entre quienes, a fines de la centuria XIX, destacara la ex esclava María Ángela Storini, preocupada por la suerte de la mujer negra y la estereotipación que de esta se hacía… ¿se

146

hacía?... forzándola a la representación de roles creados por "el otro", fundamentalmente el hombre blanco en América, quien la ha rechazado, despreciado y utilizado en la misma medida, construía para ella.

Nada de lo acontecido en una sociedad queda fuera de su sistema de relaciones ni de la ideología que lo sustenta. La invisibilización, rechazo y negación de las narrativas que la nación hicieran los intelectuales afro-cubanos, la eliminación de la simbología de esta que pudiera ser representativa de la nación, todo ello, como las perspectivas de relacionamientos entre los sexos, las oportunidades de ascensión social, de beneficios económicos y las posibilidades de acceso a los espacios de poder, se integra en la ideología anti-negra del supremacismo blanco-criollo.

"Al igual que el resto de las naciones del Hemisferio – sentencia Benemelis[201]-, Cuba estableció una fuerte asociación entre nacionalismo e igualdad racial, simbolizado en el 'cubanismo' asumiendo lo que se ha llamado el 'mito de la democracia racial'".

Lo que polémicamente pudiéramos calificar como "nacionalismo castro-socialista" es indiscutiblemente racista anti-negro. Los gobernantes castristas llegarían muy lejos en el cinismo político. Su perspectiva histórica contemplaría un *colach* favorecedor de sus ambiciones de poder. Mostrarían una comprensión antinómica de la historia polarizada, de un 'espíritu latinoamericanista', que sería un rescate de lo español y lo latino por oposición a la negritud[202].

África y la cuestión racial, que nunca han comprendido, estaría muy bien en su manipulación política en la arena internacional; les haría ello quedar como exponentes de una solidaridad que esgrimen frente a sus adversarios políticos. La afro-cubanidad, cuando no para comercializarla, les sería un estorbo a esconder. Los actores de la Negritud a la cubana serían vistos y maltratados como hacen los poderosos con los enemigos despreciables.

Agregarías que, en su mentalidad de modernos "civilizadores", no esperarían de negros y mestizos cubanos más que lisonjas y agradecimientos. Las exigencias que les harían estos y sus pronunciamientos políticos de independencia y verticalidad, han constituido para los gobernantes castristas una "traición" a sus propósitos civilizadores, un intento de humillación que castigarían severamente y sin contemplaciones.

Tempranamente los gobernantes castristas afirmarían discursivamente "el fin de la discriminación racial", al tiempo que perpetuarían su práctica. De modo que nunca se plantearía la reconstrucción epistemológica de las ciencias sociales en particular y del conocimiento en general.

La historia proseguiría siendo más una mitología del supremacismo en la que sus intelectuales colaborarían ampliamente. Seguiría condenado y censurado todo intento desmitificador, des-apologetizador, de relectura y reescritura de la historia patria, una historia incompleta y mal contada en la cual la afro-descendencia ha continuado "en su sitio", ese que le ha fijado el otro, el esclavista feudal reconvertido en republicano marxista.

No sería significativa la disimilitud en el comportamiento político hacia la situación etno-racial al sostenido en los inicios formalmente republicanos. Afirma Benemelis[203] que, desde 1959 "el nuevo país se auto-explicaría por una silente tenacidad discriminatoria, trivializando el compromiso moral de igualdad racial establecido en el discurso patriota durante las guerras de independencia con la población afro-descendiente, que tan decisivamente apoyó las guerras. Si bien el discurso oficialista desagravió el negro del pasado, no reivindicó al negro vivo.

A este lo aceptó a condición de dejar de ser para mutar en "compañero revolucionario", dispuesto al auto-sacrificio "por la patria, la revolución y el socialismo", en menoscabo de sí y de sus iguales de raza y cultura.

Obligado a aplaudir la deshumanización que de él se hacía en un discurso político en el que se aseguraba que "la revolución hizo al negro persona", un discurso político en el cual afloraba sin tapujos y reactualizada con tintes marxistoides la dicotomía civilización *versus* barbarie, rió el chiste anti-negro mientras le lanzaban a muertes casi ciertas en unas guerras africanas cuyos móviles no conocía y que formaban parte de los alardes humanistas y la vocación colonialista e imperial del comandante-presidente de Cuba.

148

La demografía le ha hecho crecer mientras las imágenes publicitarias no le representan o lo hacen en sus peores condiciones. Igual que en tiempos de los Independientes de Color, la diplomacia y las profesiones mejor remuneradas de mejores condiciones de trabajo, se les mantienen vedadas.

La historia de Calibán y Próspero no terminaba con el "marxismo de Indias" en su enunciación cubana, más bien, entraba en una nueva fase de su puesta en escena, disfrazada de proletarización. La exclusión de la parte afro de la nación se mantendría porque no se ha tratado de "prejuicios raciales" como ahora pretenden hacernos creer, sino de la continuidad del sistema de discriminación racial.

La ideología racial en Cuba

El racismo que se desarrolló en Cuba no difería del abrazado por los nazis y los darwinistas sociales, ya que presenta a las razas humanas como 'especies' en diferentes etapas evolutivas. Por ejemplo, en 1919 hubo un pánico moral acerca de los llamados 'brujos negros' que estaban supuestamente matando a niñas blancas y cometiendo toda clase de delitos para sus ritos 'salvajes'.

Hubo una campaña en contra de los 'brujos' en la prensa, como también, el linchamiento de algunos negros. Personas negras de clase media protestaron durante algunas semanas, pero no hubo una movilización masiva; los líderes negros ya pertenecían a la clase media y tenían el recuerdo de la Guerra de 1912, bautizada como la "guerrita de los negros".

Esto demuestra el problema de buscar la igualdad racial a través de un intento de tomar las riendas del poder, o sea por la vía electoral o por la armada; cuando hubo una amenaza real contra los intereses de la elite, entonces sucedió una represión fuerte[204]".

"La elite criolla pro-ibérica había superado el período de independencia, y no necesitaba cambios socio-políticos, y su única y más importante preocupación era la de revertir la demografía a favor del sector no africano mediante las consignas de mejoramiento de la raza; pensamiento muy significativo que reflejaba lo que sentía gran parte de la burguesía cubana.

Y sigue: eran los momentos de intensos conflictos raciales producto del inicio de la importación de jornaleros baratos haitianos y jamaicanos para la agricultura cañera en las provincias orientales".

Concluye Benemelis apuntando que, en 1913, un año después de la masacre contra el Partido Independiente de Color, se creaba la Liga Nacional Cubana de Homicultura, integrada fundamentalmente por un grupo de médicos. Esta liga, según expresa una carta impresa enviada ese año al Presidente de la Academia de Ciencias, Juan Santos Fernández, se creó, 'con el fin altruista y patriótico de atender, en Cuba, al mejoramiento social, mediante el estudio científico de las múltiples causas de degeneración que perjudican la especie humana.

La diferencia entre la esclavitud, que a destiempo se practicó en Europa, África y el mundo musulmán durante estos tres siglos, y la esclavitud que se desarrolló en las Américas, es precisamente la connotación ideológica de supremacía y distinción entre los seres humanos por el color de la piel y el fenotipo. A la forma de producción esclavista se le añadió algo antes desconocido: el elemento del 'racismo' con todas las secuelas degradantes y negativas que ello implicó hasta los tiempos presentes[205].

"Cuando la religión dejó de ser el principal subterfugio para la aplicación del racismo y la exclusión social, los europeos comenzaron a transfigurar su ideología hegemónica en supuestas teorías 'científicas' que estaban bien lejos de serlas, pero que convenientemente fueron construidas como conocimiento por parte de los estados colonialistas de la época (especialmente en los siglos XVIII y XIX). Estos paradigmas pseudo-científicos sugestionaban el mantenimiento de la ideología de supremacía basada en la superioridad de los blancos por sus 'atributos biológicos'".

"Esta 'etnicidad' de la política para justificar la tenencia absoluta y hegemónica del poder, fue descrita por Michel Foucault con el término de bio-política[9]. Por tanto, como el mismo Foucault definiera en la otredad, el 'otro' se convierte en un hecho natural. Así pues de esta manera tan natural y sencilla, las políticas asesinas de segregación racial, discriminación racial, eliminación de las culturas de los grupos racialmente oprimidos, la negación al acceder a la igualdad, la equidad y al poder económico, político, jurídico y social, se convierten en acciones mesiánicas y humanistas de parte de los hegemónicos por cuanto el otro, es decir el no blanco por causas naturales o por razones divinas, carece naturalmente de los atributos necesarios para equipararse a aquellos que son considerados como blancos".

"Las excusas religioso-políticas y luego las bio-políticas, las cuales de una forma u otra también se han entremezclado, siguen siendo las mismas de hoy (…) Estas, aún se mantienen con gran vigencia en sociedades como la cubana, aunque pública y oficialmente no se diga abiertamente. La única razón de ser del racismo, es y será, la exclusión y marginalización del 'otro', que en el caso de Cuba son los negros, los mulatos y todos aquellos que no son socialmente aceptados o co-optados como blancos".

"El racismo en Cuba se justificó inicialmente con la religión, los amerindios no eran cristianos ni tenían idea de la existencia de Jesús, el Nazareno. Al ser considerados paganos eran no personas para los ibéricos y por tales considerados salvajes y susceptibles, como fueron, de un tratamiento completamente inhumano que incluía el trabajo forzado, la esclavitud, el desprecio e irrespeto a su cultura, el apoderamiento de sus mujeres y niñas para el recreo sexual de los conquistadores y plantadores, la apropiación de las tierras y bosques y la más absoluta segregación".

"En las Américas, incluyendo a Cuba, jamás se mencionó la larga esclavitud blanca de la antigüedad y la modernidad. De esos hechos históricos y reales, para los inventores y sostenedores de la ideología de supremacía, no se podía, ni se debe aún, ni se puede hablar. Ese tema tiene que mantenerse como tabú si acaso se menciona se debe pasar por alto como un accidente histórico intrascendente y *cuasi* pasajero".

"Malsanamente se inculpa a los africanos de que ellos mismos hacían ventas de esclavos a los europeos y se dice con toda mala intención, sin que se haga el más mínimo ejercicio histórico e intelectual, al no analizarse, en lo absoluto, las verdaderas causas y razones, así como el hábito y generalización de este tipo de comercio que ocurría entre todas las naciones durante esos siglos antes mencionados. Los criollitos no solo se beneficiaban con la explotacion de los africanos esclavizados, sino que participaban activamente en la compra-venta y la transferencia humana del África hacia America", el llamado comercio triangular.

"La ideología de supremacía blanca no solamente oculta la historia, la rehace y construye a su manera, con una intención muy bien determinada, es decir, el mantener su poder hegemónico en lo político, económico, cultural y social y no permitirle al otro que se sacuda del yugo ideológico de la subordinación al blanco por razones históricas y bio-políticas. Es este deseo de hacer al negro y al mulato cubanos objetos de una subordinación permanente utilizando todo tipo de argucias, estratagemas, mentiras, suciedades y verdades a medias, es lo que caracteriza a la abominable y vigente ideología de supremacía blanca en Cuba".

"Resulta importante destacar que la masiva incorporación dentro de Cuba de antiguos siervos de la gleba, liberados de su condición de servidumbre para servir a la corona española como soldados, mayorales en los latifundios y haciendas azucareras o simplemente como pequeños agricultores libres, tuvo un impacto fundamental en el desarrollo del racismo en la isla de Cuba.

Estos peninsulares, en su mayoría aldeanos analfabetos y con bajísimos niveles educacionales y una mínima cultura pedestre, también, como sus antiguos señores, estaban ávidos de adquirir riquezas y llegar a través de ese enriquecimiento, a convertirse en señores terratenientes, caballeros de la corte o en miembros de la nobleza, deseaban abandonar su sangre roja y convertirse en personas de sangre azul como sus antiguos señores feudales de la nobleza y los altos miembros de la curia".

"Debido precisamente a sus bajos niveles educacionales, culturales y de sofisticación, estos antiguos siervos resultaban ser presa fácil para el desarrollo de las ideas religiosas y bio-políticas de superioridad e intolerancia hacia el otro, y por eso fueron increíblemente útiles para el esparcimiento y desarrollo de la ideología de supremacía blanca en Cuba que desarrollaba la elite hispano-criolla".

152

"Para los bio-políticos racistas de Cuba (tanto los de siglos pasados como los del siglo xxi) les resulta inimaginable reconocer que África negra durante el período anterior y posterior a la trata con las Américas, era una civilización de más de 100 millones de habitantes que utilizaban y producían implementos de hierro y herramientas para hacer más productiva su agricultura.

Les resulta imposible, en su ceguera, prejuicios e ignorancia, reconocer o admitir, que en esa misma África sub-sahariana existían grandes centros urbanos y que se producían preciosas esculturas, trabajos muy artísticos de cerámica y bellas telas y tejidos. No pueden reconocer, que los reinos africanos comenzaron a entrar en el sistema feudal y que contaban con regímenes estables y bien organizados e importantes universidades y que por supuesto, como ocurría en Europa, en Asia y en América, no todas las naciones poseían el mismo nivel de desarrollo, unas estaban más desarrolladas que otras como los Ashanti, los Akán y los yorubas, pero que todas eran capaces de auto-sostenerse".

"El colmo para los racistas en relación con África es tener que reconocer que Egipto, Etiopía y Nubia, los tres grandes imperios negros de la antigüedad fueron, no sólo la cuna de la civilización durante siglos, sino que la cultura y el saber de los griegos fueron adquiridos en las instituciones de saber de esos países negros de África.

Por eso afirmamos que el problema de la esclavitud africana en la isla de Cuba no constituye, ni debe constituir un pretexto para la existencia de la llamada ideología de supremacía blanca, y que esta ideología, afirmamos, carece de basamento filosófico, sociológico, ético, histórico, biológico o de cualquier tipo.

Es una ideología de construcción política estructurada por España para poder controlar a las Américas y privilegiar a las clases dominantes del Imperio. Una ideología que luego les sirvió a quienes en América adoptó las posiciones, y adquirieron los privilegios que dejara el colonialismo español (a las elites del poder)[206].

"En países como Cuba, donde ser blanco constituye no sólo una muy intencionada construcción social basada en la apariencia física (muchas veces discutible o super borrosa): la ideología de supremacía blanca, con todas sus falsedades y sentido de destrucción y alienación humana, resulta una grosera representación del mundo, una indecente percepción de la realidad, un escarnio de la historia nacional y de la historia internacional y un sangriento vació intelectual, que lejos de hacernos grandes, destruye a pedazos la posible nación que debemos delinear, asumir y completar, para bien de todos aquellos que el destino puso juntos a vivir en el mismo territorio".

"Con toda su carga de violencia, desposesión, alienación psíquica, despersonalización y aniquilamiento de la dignidad y la condición humana, el racismo que se pretende vender como natural y se practica de forma subrepticia, es, de los racismos posibles, el peor. Esta variante práctica del racismo pretende ignorar su existencia y si lo admite, minimizarla al extremo que parezca algo natural, objetivo, imposible de eliminar y de bajo perfil en cuanto a la posible realización personal de aquellos que son sus víctimas".

"Este racismo pretende simplemente legitimar el *status quo* bajo una permanente promesa de que mañana ese asunto desaparecerá cuando las condiciones estén más maduras. Este tipo de racismo niega, de forma sistemática, cualquier referencia, publicidad, crítica pública o debate nacional que se refiera o toque el tema del racismo.

De esta forma, tanto a través de los medios masivos de comunicación, como del sistema educacional y otras importantes instancias nacionales (como del debate público y abierto), quedan cerrados o silenciados y también intocados, permitiéndole a la ideología de supremacía blanca continuar su paso arrollador e infeccioso sobre la sociedad y en particular sobre aquellos que no forman parte de la estructura blanca de la nación".

"Este racismo 'natural' considera admisible, la degradación de negros y mulatos, chistes oprobiosos y ofensivos contra el sector poblacional no blanco. Considera tolerable la minimización de la cultura, los aportes patrióticos y sociales, las religiones populares (mayoritariamente no cristianas), las ideas estéticas, las nociones ético-morales y familiares, y la agenda política de los ciudadanos considerados como no blancos (negros y mulatos).

154

Si analizamos que todos los científicos del mundo en el siglo XXI están de acuerdo de que el concepto de raza no es más que una invención europea que surgió y se desarrolló como una justificación y una respuesta 'coherente' a los actos criminales, genocidas e imperiales que realizaron durante los siglos xvi al xx, entonces las ideas de un racismo subrepticio, natural o tolerable no pueden tener cabida en ninguna sociedad, y por supuesto, tampoco en Cuba".

"En lo que respecta a la significación del negro en este territorio, hay que matizar la diferencia de la connotación que estos tienen en Estados Unidos. En Latinoamérica habitualmente se establece una relación de lo negro con lo natural, que implica una sensualidad y sexualidad superior, una espontaneidad que rehúsa lo artificial, una naturalidad 'deseable' pero que a la vez supone simplicidad e inferioridad. Al contrario de Estados unidos el negro es la oscuridad, el mal y lo diabólico y, dada la tradición puritana, es este lado negativo el que prima en detrimento de ese lado natural que predomina en el mundo hispánico".

Y, sigue nuestro autor: "Por estas razones, es de suma importancia oponerse decididamente a ese tipo de racismo llamado natural o subrepticio, demostrar hasta la saciedad que su existencia es tan lesiva, desgarradora y humillante como el tipo de racismo llamado abierto. Es necesario que se elimine de inmediato la mentalidad oficiosa, oficial u oficialista, de acusar subliminalmente, a los marginados (negros y mulatos) como si al vivir como viven fueran inferiores, cuando en realidad son las víctimas de un sistema político-ideológico de superioridad que los hace vivir y co-existir en un medio hostil. Negros y mulatos son las víctimas y no las causas del problema".

"El racismo ha cambiado, se ha trasmutado en nuevas formas y expresiones que constituyen lo que el lingüista y psicólogo holandés Teun Adrianus van Dijk denomina 'racismo moderno'. Según el autor, una de las formas de racismo moderno más difundidas es aquella que no está fundamentada en la biología sino en aspectos de carácter cultural: 'los otros –señala el autor- no son denostados por lo que son sino por lo que hacen y piensan'. El problema viene cuando dichas apreciaciones culturales se hacen sobre grupos completos: 'el problema cultural de los negros'".

"El ciclo permanente y vicioso establecido en Cuba entre raza y estatus socio-económico-político no se rompe ni se romperá hasta que no se elimine el racismo natural y subrepticio. De proseguir, bajo las actuales consignas basadas en la generalización (el pueblo, las masas, los cubanos, los trabajadores etcétera), los llamados blancos cubanos seguirán siempre en el poder ocupando y escalando los mejores niveles sociales y los no blancos quedarán permanentemente subordinados y a punto de realizar una explosión social de altas y peligrosas proporciones".

Disertación
de Benemelis y Faguaga

2012: ¿Un año de transición hacia la verdadera nación cubana?

Presentación

---La experiencia de la conspiración de esclavos llamada "La Escalera".

---El "negro escarmentado", la perentoriedad del "negro frustrado" y el "negro folclorizado".

---1868, 1895, 1901, 1902, 1930, 1953, 1959, décadas de poder castrista.

---De la colonia formal a la colonia de facto: reeditando estereotipos del "buen negro".

---El milagro de transparentar "lo negro".

---"La negritud" no es lo negro; es el negro con conciencia y acción.

---El peligro mayor de la nación no está afuera, sino adentro.

---El peligro mayor de la nación está dándose ya: pasar de la fragmentación a su desintegración.

---El reto de no reeditar proyectos excluyentes de nación.

---Unidad no implica subordinación.

---El poder del conocimiento y el conocimiento del poder.

---El símbolo de la representación y de la representatividad; la representación de la representatividad del símbolo; y, la representatividad de la simbología de la representación: la semiótica explicando a la sociedad en sus fuerzas ¿vivas? y ¿pasivas?, en sus fuerzas de poder y de autoridad, y en sus transiciones más o menos veladas.

---Revisitando y releyendo la historia: hablen los símbolos en sus espacios; los símbolos y sus espacios; los símbolos y sus inspiradores; los símbolos con sus sostenedores; defensores y detractores.

El decenio del afro-descendiente

Está por concluir el Año Internacional de la Afro-descendencia. Quizás nos alistamos ante el nada minúsculo hecho de que, finalmente los organismos internacionales detentan el poder de decisión para delinear y aprobar ejes fundamentales para las vidas de los millones que cada vez más difícilmente habitamos este caótico sistema-mundo.

Que aprueben el reclamo de inaugurar por vez primera un decenio para poner en lugar protagónico las históricas frustraciones, necesidades y reivindicaciones de la afro-descendencia, todo lo cual hace mucho tiempo debió haberse traducido en derechos, legales y efectivos y que, desde los inicios republicanos, se fueran postergando en uno o ambos dominios, convirtiéndonos en letra muerta las cartas magnas de más avanzadas formulaciones.

De un punto cardinal a otro de su geografía física, gubernamental y cívicamente Indo-afro-Hispanoamérica ha aprovechado los meses en curso para diseñar, articular, readecuar y ejecutar políticas que, teniendo como destinatario más evidente a la población afro, poseen un alcance mayor, pues su subyacente prioridad se encamina ---estén o no conscientes los mandatarios continentales.

A tantos blancos criollos latinoamericanos monopolizadores de los poderes desde la independencia respecto a la metrópoli colonial española, les interese o no es ya inevitable enfrentar la reconfiguración estructural de esas sociedades, dando paso a la conformación coherente y al consecuente funcionamiento sociopolítico, económico y cultural de las verdaderas naciones multiétnicas y multi-raciales que desde sus forzados orígenes coloniales estuvieron destinadas a ser.

158

Pero luego de haber funcionado en la práctica a partir de sustituciones disímiles forzadas por imposiciones y opresiones, en pares dicotómicos con exigidos sometimientos, marginaciones y exclusiones, obligando a la invisibilización en los poderes de los más amplios sectores poblaciones -a decir, las poblaciones autóctonas, africanas y afro-descendientes-, y a la incorporación en estas de la enajenación como escape o de la resistencia como práctica de vida.

Las fundacionales relaciones de poder, colonialistas ayer y de coloniaje desde la independencia formal hasta el presente de cualquier modelo económico, nos impusieron unos proyectos de nación, enajenantes y excluyentes.

Del libertador Simón Bolívar a los más variados gobiernos totalitarios, autoritarios o francamente dictatoriales, de los hermanos Castro Ruz, al nicaragüense Daniel Ortega y al ecuatoriano Rafael Correa, en cada uno de nuestros países lo que esos dirigentes políticos han considerado nuestra "libertad" ha reproducido la exclusión y el sometimiento de los nos blancos o de los no mestizos asimilados, buscadores de un blanqueamiento espurio, de una "blanquitud" humillante y cínica, y de una tradición occidental europea y europeizante, incoherente con nuestras etno-génesis.

Se han impuesto en el continente proyectos nacionales que, burgueses o "revolucionarios", unos y otros (auto) reivindicados "nacionalistas", con el devenir histórico y los acelerados procesos de mestizajes biológicos y culturales, han añadido a sus cualidades reaccionarias y fundamentalistas ese integrismo que habitualmente criticamos al mundo árabe sin detenernos a identificar sus múltiples y cotidianas expresiones en este, nuestro continente americano.

Todos estos, sin distinciones, han dejado sumergidos e invisibilizados, negados y frustrados a los más auténticos proyectos nacionales, los incluyentes, pues la inclusión no se avenía con sus interesados propósitos jerarquizadores, marginadores y excluyentes, ni con el elitismo burgués ni con el revolucionario, con los cuales la blanca-criolla aristocracia se ha hecho de los poderes y forzado a los más amplios sectores poblacionales a reeditar la posición del esclavizado productor de riquezas para el disfrute de aquellas.

Derechos civiles y humanos no corresponderían en esos diseños; la universalidad de la ciudadanía naufragaría, restringida a los participantes del poder o a los que tendrían representación en este.

Fuera de lugar de esa Modernidad republicana americana quedarían, en el escenario rápidamente rememorado, las mayorías, resistiendo y, en palabras del afro-ecuatoriano Adolfo Albán Achinte, re-existiendo, reelaborando "la vida en condiciones adversas intentando la superación de esas condiciones para ocupar un lugar de dignidad en la sociedad".

Fuera han sido dejadas esas mayorías obligadas a la subalternidad, casi siempre manipuladas por fuerzas contendientes como, por ejemplo, las viejas, tradicionalistas y ajenas teologías cristianas *versus* una teología americana de la liberación restrictiva en sus interpretaciones, en donde como en los proyectos nacionales al uso las poblaciones originarias y la afro-descendencia, las mujeres y otros sectores sociales sometidos y/o desechados, no hallarían espacios de realización propios sino a través del prisma del marxismo europeo con su reducción de todo análisis a la prioridad de la categoría clase social.

La nación: comunidad imaginada

En esa abigarrada paisajística de la nacionalidad en Indo-afro-Hispanoamérica, que no puede obviar el entorno del Caribe y sus fronteras imperiales de las cuales en este espacio territorial y en sus imaginarios, ambos históricamente construidos por los supremacistas, somos productos y legatarios, hasta la más somera revisión histórica de la construcción del impuesto proyecto de nación cubana nos remite a la práctica impositiva y excluyente, en este caso, de un "no-persona" primero y de un "otro" después invariablemente identificado con la afro-descendencia.

Esa revisión de lo que nos han dado por historia nacional cubana se hilvana del pasado al presente con hilo sostén y conductor que ha mantenido con firmeza en sus manos la

160

blanca-criolla élite en el poder: burgués ayer, castrista en este presente que ha perseverado por más de cinco décadas, y que amenaza con trascender estructural e ideológicamente a los hermanos Castro pese a su amplia distancia de la cosmovisión de las amplias mayorías isleñas y no obstante sus profundas discordancias con esta.

La nación, en tan certera definición del cientista irlandés Benedict Anderson, es una comunidad imaginada que se expresa en el lenguaje verbal y extra verbal. En la pertinente perspectiva analítica del teórico cultural Homi K. Bhabha, la nación supone la duplicidad de una doble construcción: la manifiesta en la narrativa cotidiana de quienes la vivencian, y la manifiesta en la narrativa de quienes la discursan y construyen las narrativas que sobre esta trascienden.

Atendiendo a esa duplicidad sobre la nación, en el caso cubano nos encontramos que la unidad, políticamente interpretada como subordinación y sometimiento, nos conduce por el mismo vaso comunicante de la filosofía martiana a la praxis del castrismo ---este con sus demagógicos discursos plagados de estereotipos---, pasando por cada uno de los gobiernos republicanos previos a este, todos usufructuarios de los mismos presupuestos o falsas verdades, utilizando interna y externamente motivos de la afro-cubanidad como pintoresquismo politiquero.

Entramado en el cual la coartación y la manipulación de sacerdotes y sacerdotisas de las afro-religiones, han transcurrido en paralelo a la censura, desacreditación y estigmatización de estos, sin diferencias sustanciales atendiendo a épocas históricas y sistemas de gobierno.

El derecho cívico reivindicado como donativo y su detentación como agradecimiento, a la par que el pedido implícito de los gobernantes a la no reclamación por la sociedad del ejercicio de aquel; la cultura asimilada como la ascendencia ibera y el folklor como la ascendencia afro.

El núcleo conformador de la nación intelectualmente decretado como el ibero y el afro intelectualmente explicitado como secundario e infecundo.

La independencia política y el fin del sistema de esclavitud fueron falsamente presentados como ofrendas resultantes del sacrificio del blanco-criollo, dejando de lado la perenne historia de rebeldía africana y afrocubana y la temprana toma de conciencia política y del despertar del sentimiento de identidad nacional de estos, expresados en hechos de histórica comprobación y de muy escasa mención, incluso en la historiografía, son elementos fundamentales estructuradores de un imaginario de nación condicionado por las omisiones, falseamientos y tergiversaciones de los hechos que manifiestan la primacía en la fundación de la identidad nacional y la nacionalidad de la afro-descendencia, imaginario que a su vez se reproduce en función de la fijación como dogmas de las falsedades antes mencionadas.

Un proyecto de nación impuesto por la fuerza y expresión de unas atrofiadas relaciones de poder que, de la época colonial hispana al coloniaje con ropaje burgués o "revolucionario", se reedita sin vacilaciones y escasas oscilaciones, donde la legítima nación no ha podido cristalizar, ahogada por esas fuerzas retardatarias de su proceso de fragua y de consecución.

Proyecto de nación originalmente impuesto en contubernio con fuerzas foráneas (ibéricas y estadounidenses) y escudados en estas, pero que correspondía a la voluntad de la blanca criollada isleña, que desde la larga guerra por la independencia evidenció su ambición de poder, mostró su desprecio y menosprecio hacia los afro-descendientes cubanos, y una obstinada perseverancia para relegar a los cubanos negros/mulatos.

Iniciada la república burguesa los mejores ejemplos de ello serían el tratamiento otorgado al general Quintín Bandera y finalmente su asesinato, así como la aniquilación de las fuerzas de pensamiento y acción más radicales e integradoras entre los afro-cubanos, entiéndase, de los organizados en el Partido Independiente de Color, que siguiendo el proyecto cultural y racialmente integrador de nación que propugnara Antonio Maceo, abogaron por el primer proyecto republicano verdaderamente incluyente e igualitario de nación.

Del pasado al presente, el imaginado diseño nacional racial y culturalmente jerarquizador, autoritario y totalitario, ahistoricista, fundamentalista e integrista, ha sido el

162

reproducido en el ámbito de la política, de la mayoría de las narrativas intelectuales y en no pocas artísticas.

La cosmovisión excluyente

La oficial y oficiosa intelectualidad, la academia, la mayor parte de la historiografía conocida y reconocida, expresiones estas racial, cultural e ideológicamente coherentes con ese imaginario proyecto nacional, le han buscado fundamentos, justificaciones y han manipulado sus explicaciones en cada época de crisis, actuando como componentes del andamiaje retardatario de construcción de la verdadera nación cubana, eternizándonos así el pretérito poder colonialista con ropaje neo-colonizador una veces y de coloniaje otras, o inclusive, de ese par en conexión.

Si el conocimiento entraña poder, la participación en este último ha sido sistemáticamente negada a la afro-descendencia cubana con la omisión y manipulación de aquel y, llegados al caso, con la represión.

La presentación histórica del reclamo de equidad de los Independientes ha sido una manipulación maniquea, como "ingenuos" apátridas, pro-imperialistas, "burgueses" negros ávidos de protagonismo y de posiciones de poder, elementos divisores, violentos y fomentadores de una posible intervención militar estadounidense.

Y ha sido también presentada malsanamente como "guerra racial" de igual manera en este 2011, a las puertas del centenario de su "protesta armada", con lo que se da cuenta del conocimiento por parte de los monopolizadores del poder y de sus secuaces ---incluidos sus ideólogos---, de que la ilegitimidad de su proyecto sería insostenible si en amplios sectores poblacionales de la Isla permeara el arresto encauzado por el poder del conocimiento.

Tal ilegitimidad es enérgicamente defendida por la blanca criollada supremacista a la cual representa y de la cual se presenta como parte sin serlo ---el general-presidente Raúl Castro, hermano de su antecesor, el cual ha declarado públicamente (auto)percibirse como "un gallego nacido en

163

Cuba"---, he ahí la razón por la cual ocultan, niegan y tergiversan nuestra historia.

1868, 1895, 1901, 1902, 1930, 1953, 1959 y, desde entonces, estas largas y extenuantes décadas de poder castrista, han sido la reedición de la constante confrontación exclusión *versus* integración. Consecuentemente, cada uno de esos momentos ha contado con el sostén intelectual adecuado a su fin específico.

La especulación y la aseveración han actuado por igual, con el único propósito de inmovilizarnos dentro de una "Cuba para los cubanos", entiéndase "blancos", masculinos, misóginos, homofóbicos y cristianos, sustituida esta última condición entre las décadas del 60 y el 80 del siglo XX por la de ateos y ateizantes, para ser luego aquella retomada y convenientemente utilizada a su favor por el poder político, nuevamente con la asistencia de la intelectualidad bautizada de "revolucionaria".

La alianza del poder político castrista con la jerarquía de la junta directiva del Consejo de Iglesias de Cuba, con la nunciatura católica primero y con la jerarquía de los obispos católicos en la Isla después, la visita[2] del Pontífice Juan Pablo II entonces y la anunciada visita del facistoide e inquisidor bávaro Joseph Aloisius Ratzinger, ahora en su rol de Pontífice Benedicto XVI (para abril del 2012).

Siendo partes de ese trazado de cosmovisión excluyente, anti-negro y antinacional, actúan en igual dirección: el intento de reforzamiento de una Cuba blanca ---calificativo cada vez más relativo pero igual de fuerte en el imaginario---, machista y misógina, cristiano-céntrica y anti-negra, de una Cuba falsa para las narrativas de quienes la vivenciamos en su cotidianidad pero real en las narrativas de quienes la monopolizan en los poderes y en las trascendencia de las narrativas por estos visibilizadas.

Una Cuba en donde la estructura ha sido diseñada para que la subalternidad no alcance más espacios que los donados y donde la invisibilización y la tergiversación de sí, la marginación y la exclusión, les siguen siendo impuestos y en la que se proyecta su eternización en esa circunstancia. Una Cuba en la que la ciudadanía no es un derecho sino un privilegio donado a discreción del sistema y con las restricciones que este le impone.

Esa es la Cuba en la cual, de la colonia formal a la colonia de facto, se prosigue la repetición de los estereotipos del "buen negro", el que, según la interpretación cristiana ---tan similar a la castrista---, "perdona" y "pone la otra mejilla", del que se alía a los poderes y, siempre en subordinación, le favorece actuando en contra de su gente, de sí mismo en tanto sujeto colectivo e individual, recibiendo en pago el beneficio de alguna prebenda, nunca el reconocimiento y, menos, la estimación y el respeto que implicarían el trato entre iguales, pues el sometimiento no es caldo de cultivo para el enaltecimiento y la consideración sino para la deshonra y la desmoralización.

Es esa la Cuba que no contempla la existencia del sujeto individual y colectivo afro como afro-cubano, con la militancia que se correlaciona con la conciencia de sí, de su entorno y su pertinente accionar. No obstante, traidores, timoratos y enajenados han existido/existen en todas las agrupaciones y segmentos sociales.

Reivindicación de la afro-cubanidad

A la par, coinciden con estos las fuerzas socialmente más vivas, legítimas representantes de los sectores sociales excluidos y, tantas veces, sometidas estas a las más denigrantes campañas de tergiversaciones de su imagen pública, o sometidas a la invisibilización, métodos ambos de intento de su anulación del panorama en el cual se expresa la dinámica de las múltiples, variadas y puede que divergentes fuerzas cívicas y políticas de la nación.

El milagro de transparentar "lo negro", conseguido por los Castro, coherentes con el proyecto blanco-criollo de nación nos ha despigmentado al general Antonio Maceo, nos ha ocultado a José Antonio Aponte, nos ha desacreditado a los Independientes de Color, nos ha desaparecido al movimiento afro-feminista y nos ha mutado a Juan Gualberto Gómez de uno de nuestros más preclaros pensadores y excelsos periodistas a un mulato segundón del blanco José Martí, en quien recaen todos los honores de pensador y organizador independentista y revolucionario.

En hilo directo, nos ha ocultado la existencia de un movimiento de reivindicación de la afro-cubanidad divergente del folclorizante "negrismo" a lo José Zacarías Tallet, nos ha negado la existencia de una afro-diáspora producida por la conjunción de los arrebatos autoritarios, totalitarios e integristas de los hermanos Castro Ruz y de su racismo anti-negro, y ha pretendido la reedición (pseudo) científica de la existencia del etnos-nación cubano y la rehabilitada imposición de la tesis del mestizaje como falsa solución ante la evidencia del racismo estructuralmente reeditado y de sus correlativas inequidades e iniquidades racialmente ancladas.

Esta posición ideológica, que ensalza a un independentista blanco-criollo linchador de negros como el presidente José Miguel Gómez, exaltado en la actual historiografía revolucionaria como "patriota" y defensor de la soberanía patria, y no como el traidor de la legítima nación que nos correspondería ser y no hemos sido, no como el traidor de aquellos a los que hace un siglo debió haber visto como a sus hermanos de nación.

El entonces presidente José Miguel Gómez contribuyó a la reproducción del "negro escarmentado" que, tras la ejemplarizante masacre con la que se frustrara la llamada "Conspiración de La Escalera" en el siglo XIX y ---en paralelo y fundamental--- se minaran las posibilidades de ascensión económica y sus concomitantes anhelos de ascensión social y, a la postre, política, del afro-descendiente cubano, produjera la perentoriedad del "negro frustrado" y la construcción intelectual del "negro folclorizado", ambas imágenes de utilidad al poder político hasta la actualidad.

Por eso el peligro mayor de la nación cubana no está, nunca ha estado, afuera, sino adentro de sus cada vez más porosas fronteras. No han sido fuerzas exógenas a esta, sino endógenas, sus verdaderas anuladoras o postergadoras.

Ayer, su mayor peligro radicó en su limitación práctica de la identificación del carácter nacional a la sola descendencia ibero-blanca, luego en la folclorización de su negritud, hasta

166

hoy mal interpretada por reconocidos estudiosos de la temática racial como sinónimo de "negro" y de "lo negro", negándole una nítida conciencia de su situación, con orgullo de su pertenencia etno-racial, y con la correspondiente y meridiana acción.

Hoy, el peligro mayor de la nación está librándose ya, y consiste en la obstinación en el anclaje desfasado en el modelo blanco-criollo y anti-negro, excluyente de toda perspectiva diferente de cosmovisión.

Es ese el peligro que sitúa a la nación ante el desafío fundamental: el de pasar de la fragmentación en la que se ha regodeado y prorrogado, a su verdadera integración, o insistir en transitar hacia su desintegración.

Razón por la cual, de cara al futuro inmediato, el reto mayor de cualquier proyecto nacional establecido en el poder o en pugna por conseguirlo, será el de la inclusión de todos sus componentes, es decir, la no reedición de diseños nacionales excluyentes y jerarquizadores. Por consiguiente, el reto radica en la potenciación, reestructuración y reequilibrio de sus fuerzas vivas.

En ese escenario de polifacéticas fuerzas se inscriben las heterogéneas perspectivas analíticas y de gestión de la afro-descendencia, de las propugnadoras del *status quo* a las impugnadoras de este, todas con sus correspondientes posicionamientos, todas con sus respectivas cuotas de costos éticos y morales como sujetos individuales y colectivos, etno-raciales y nacionales, en atención a sus imaginarios, patrocinios, demandas y procedimientos, en atención a sus compromisos y militancias, a sus tácticas y estrategias.

Ambas tendencias extremas moviéndose en un escenario de juego de luces y sombras. De la visibilidad que ofrece la representatividad adulteradora que un recién incorporado 30% de negros/mulatos ---mayoritariamente mujeres y jóvenes--- a un Comité Central que se impuso como rectora de la nación, el Partido Comunista de Cuba y la celebración de un taller de la afro-descendencia, excluyente interna y externamente pero visibilizado por los medios masivos nacionales y con la anuencia de la Organización de Naciones Unidas, a la imposición gubernamental de la opacidad de las iniciativas de las fuerzas vivas de la afro-descendencia.

Todo ello en pugna con el proyecto excluyente de nación, con lo cual la Primera Asamblea por los Derechos Civiles de la Afro-descendencia (2010), el Primer Foro sobre Raza e Identidad (2010) y la segunda edición de este Foro (2011), esta vez en articulación con voces prestigiadas de intelectuales de la afro-diáspora fomentada por los gobernantes hermanos Castro Ruz, quedan a trasluz pese a sus encomiables y legítimos esfuerzos de participación ciudadana, no obstante su empeño en estimular el y hacer parte del re-empoderamiento de la afro-descendencia.

Así, por obra y gracia de la "revolucionaria" invisibilización de la auténtica militancia afrocubana, del pasado al presente, el símbolo de la representación y de la representatividad de la afro-descendencia nacional es usurpado unas veces por y donado otras a, un apócrifo sector de esta, viciado de las secuelas de las frustraciones del "negro escarmentado", del "negro frustrado" y del "negro folclorizado", y no pocas veces, resultante de la trágica sumatoria de estos.

Es ese el producto exhibible por el mundo. El desatendido afro-descendiente, sin conciencia de sí u ocultador de esta, enajenado, simulador y/o tergiversador, que usualmente enarbola los discursos que otros, blancos-criollos, le dictan, o que facturan ellos para agradar a aquellos.

Estos discursos cuyos destinatarios suelen ser ingenuos y crédulos auditorios internacionales, desconocedores de los intersticios de las complejidades de la realidad nacional isleña y de las particularidades en las cuales se desenvuelve su afro-descendencia, aunque no deja de llamar la atención la intencionalidad de importantes sectores de esos despistados y deslumbrados auditorios de conceder crédito a la falsa idea de la homogeneidad del afrocubano y de la igualmente falsa linealidad y uniformidad de su pensamiento.

Escenarios en los cuales la representatividad de la militancia afrocubana más radical en sus posicionamientos y en sus producciones intelectuales, de la Isla o del exilio, queda ordinariamente excluida, silenciada e ignorada, escamoteándose la fundamental simbología de la representación, rehusándose la validez de la semiótica explicando a la sociedad en sus fuerzas ¿vivas? y ¿pasivas?,

168

en de poder y de autoridad, y en sus transiciones más o menos veladas, en sus juegos de fuerzas expresados en sus simuladas e impuestas representaciones y en sus omisiones.

Es esa la causa de que, mal que les pese a algunos, los cubanos del presente estamos obligados y urgidos de revisitar, releer, reanalizar y de desentrañar nuestra propia historia, de hacerlo en las complejidades particulares de esta y en sus articulaciones nacional, regional, continental, internacional, siempre con perspectiva transnacional, buscando los símbolos y espacios, intentando reinterpretar estos en sus espacios, hurgando en las historias e intenciones de sus inspiradores y de sus sostenedores, de sus defensores y de sus detractores.

En esa compleja maraña de narrativas, demarcando límites y revisitando siempre escurridizas y permeables fronteras, iremos construyendo nuestros análisis históricos, sociológicos y políticos verdaderamente postcoloniales.

En ese camino de reconstrucciones vamos andando, a tropiezos, una parte de los activistas cívicos y de la intelectualidad afrocubana, en la elaboración de nuestro propio corpus crítico, mirando hacia nosotros y hacia el mundo con mirada de subalterno y de excluido, a la par que de activistas cívicos y de militantes etno-raciales afro.

En ese camino se va construyendo, desde las bases, la legítima nación cubana que, desde el poder, con sus prácticas de coloniaje, procura continuar intentándose asfixiar. Que, finalmente, llegue a feliz término una gestación de ya tan larga data como más de siglo y medio, será responsabilidad de todas las células que desde su etno-génesis la conformamos y sostenemos, sin distingos de colores epiteliales, de morfologías ni de ideologías políticas, porque la nación, para legítimamente ser, tiene que proyectarse "con todos y para el bien de todos" o, sencilla y trágicamente, en estos tiempos de desnacionalización amplia y galopante, no sería más.

En ese sentido, el 2012, año de conmemoración del centenario del mayor linchamiento sufrido por la afro-descendencia cubana, se nos avista como un momento histórico determinante.

El poder político castrista y la autoridad de las fuerzas cívicas de la afro-descendencia excluida pudieran librar su más importante batalla hasta el presente. ¿Se reeditará otro linchamiento de negros? Hasta el presente lo único que tenemos claro es nuestra fatídica y quizás inducida disposición para la inmolación. Por ahora, quedamos a la expectativa de los acontecimientos.

Los Fuegos Fatuos de la Nación Cubana

Reseña analítica_por María I. Faguaga Iglesias del libro escrito por Juan F. Benemelis e Iván César Martínez. El libro es un análisis sobre la esencia filosófica-política del racismo en Cuba, su vigencia y el futuro de la nación cubana. Y fue publicado en el 2009 por el Ceiba Institute of Afro-Cuban Studies. Kingston, Jamaica.

Introducción

Releo *Los Fuegos fatuos de la nación cubana* con la apetencia y avidez de quien descubre otra Cuba, la que reincidentemente nos queda oculta, y lo hago de la mano de maestros que, a generaciones nacidas en la Isla tras los cambios políticos, económicos y culturales de 1959, nos han tenido vedados.

La suerte de conocerles, me permitió tener y prontamente este ejemplar. Paradójicamente, se me transforma en pesar por tantos cubanas y cubanos que deberíamos poseer sin dilaciones esta como obra cercana, no en biblioteca sino en casa, no en el librero sino ahí, mientras más próxima mejor, para manosearle recurrentemente mientras procuramos extraer la savia que nos brindan sus autores, los ensayistas afro-cubanos Juan F. Benemelis e Iván César Martínez.

No se trata de "moda" ni de "modismo". Los autores nos ofrecen una creación cuyo conocimiento y estudio se nos convierte en imperativo, en imprescindible, si pretendemos calarnos y comprendernos como la nación que verdaderamente hemos sido, con sus imperfecciones, incluidas aberrantes marginaciones y exclusiones, y avanzar hacia la nación que debemos ser, "la posible"[1], libre de las ataduras coloniales que desde su nacimiento arrastra y de las que no se ha aprestado a deshacerse.

¿Qué encontramos en este libro, *Los Fuegos fatuos de la nación cubana*?

Entre esas imperfecciones se detienen en su objeto de estudio, en la fundamental, "la raza", como construcción histórica de interés esencialmente político-económico, y en "el racismo", como ideología de odio, de desamor, de falta de solidaridad humana, desprecio, arrogancia, explotación, genocidio y destrucción psicológica de las víctimas[2].

"Raza" y "racismo" posibilitan el establecimiento de las jerarquizaciones como "inferiores" y "superiores", con la falsa justificación del fenotipo, pero a partir de las cuales se engendra, difunde y trasciende el atrofiado funcionamiento de las sociedades.

La pericia de Juan Benemelis e Iván Martínez, ampliamente conocedores del tema, desde la academia y desde sus propias experiencias de vida como activistas sociales e impenitentes viajeros, les permitió facturar una obra erudita y de tono coloquial, de contenido científico, lo que es decir descubridor y reflexivo. Una obra que es a la par teórica y sentenciosa, con la virtud de quedar libre de innecesarias densidades. Una obra que se instituye en documento de consulta y, por momentos, en manifiesto político reivindicativo.

Nada excepcional si nos atenemos al compromiso de ambos con la lucha frontal contra el racismo anti-negro.

Fundamentándose en la historia de la humanidad y de Cuba, entresacando de esos resquicios en los que comúnmente no muchos estudiosos ---con o sin (mala) intención---reparan, con prosa amena, que ilustra y ofrece información sin rebuscamientos ni ínfulas presuntuosas, transitan estos colegas por los derroteros de la filosofía y de la politología.

Lo hacen sin temer el auxilio de la sociología y de la antropología, incluso de la psicología, aun con el reconocimiento de que estas ciencias desde sus nacimientos han servido ampliamente a los intereses discriminadores de los poderes establecidos.

Ellos nos recuerdan que la historia la escribe el vencedor, quien se apoya en su poder para hacer legítimos y valederos sus intereses, ideas, percepciones, intenciones, conveniencias y valores que pretende inculcar dentro de los vencidos. Así pues ---aclaran---, los ideólogos, escritores e historiadores de los vencedores analizan los acontecimientos y la realidad de la vida de acuerdo a su posición en la sociedad tratando de vender todo el tiempo su propia visión a los oprimidos y brutalizados por los vencedores[3].

Razón por la cual, nos puntualizan[4] que han "utilizado el método de 'reconstrucción' para mirar dentro de la filosofía de la historia de la realidad cubana, método (...) más eficiente para abordar el muy particular, incisivo y cínicamente escurridizo fenómeno racial cubano, con todas sus implicaciones de exclusión social, subordinación 'racial', alineación humana, coerción y desarrollo de estereotipos de 'superioridades' e 'inferioridades' que tanto han incidido en el drama social cubano".

En 230 páginas, a través de 13 Caps., a los que añaden una introducción y unas pareciera por su extensión (cuartilla y media) que rápidas conclusiones ---ni la una ni la otra, por su profundidad y puesta al día en la importancia nacional del tema, deben soslayarse---, encontramos teoría ---incluida una amplia conceptualización--- y análisis filosófico; repaso del origen de la esclavitud y de la transformación del racismo en su sostén y en cimiento de la hasta hoy prolongada supremacía blanca con sus secuelas de inhumanidad y de retención del monopolio del poder en manos de una "raza".

Refieren las vastas justificaciones al racismo a partir del discurso antropológico y la actitud mayoritaria de los intelectuales y científicos blancos cubanos que a ello se sumaron; la vigencia del "miedo al negro" que habiéndose heredado desde la realización de la Revolución de Independencia de la vecina Haití perdura en la estructura de poder isleño (fidelista); la concordancia entre marxismo y racismo; la incoherente relación entre la aplicación del racismo en un sistema democrático y la violación de los derechos humanos que el racismo representa.

Destacan la no siempre feliz conexión entre cultura y nación, y el escrutinio de la "estructura social-racista"

173

existente en Cuba entre 1902 y 1958. Aunque con otros títulos dados Caps., se adentran en el análisis de esa estructura en los recientes 51 años de vivencias de la nación.

Sobre el mito mesiánico

Todo ello, aderezado por el análisis del fenómeno de la "Negritud" en sus diversas expresiones y variados exponentes; la revelación del por qué no se erradica el racismo en la Isla, y la relación del "mito mesiánico y político" ---la búsqueda ansiosa de esa figura *cuasi* divina[5], síntesis de Antonio Maceo y de José Martí, una especie de Mesías que librara a la nación de todos sus males--- con la ideología de supremacía blanca.

Este ensayo es fruto del análisis bibliográfico, del trabajo de terreno, y, estaríamos siendo ingenuos si pensáramos que no implican las experiencias de vida de ambos estudiosos, de las cuales ---como acontece con todas las personas--- derivan sus posiciones ideológicas.

De hecho, advierten a sus lectores, de que sería "inadecuado e inútil querer ser imparcial e intelectualmente neutro en el examen de esta problemática, pues desde esa neutralidad (…) resultaría difícil desentrañar una construcción realizada desde contextos ideológicos específicos de control y de exclusión, como son el patriarcado secular y el teológico, o el esquema esclavista y sexista de poder, que sirven para bloquear masivamente la vivencia y presencia de sectores mayoritarios de la familia humana"[6].

Los creadores entregan una obra didáctica, aunque libre de didactismos, y, sin dudas, polémica. La historia pasada la convierten en apoyatura para el análisis del presente y el avance de lo que debería ser el futuro devenir. Desde la introducción, con la metodología del *flash back*, van al encuentro del debate de la contemporaneidad, situándose activamente en su centro, sin temor al ejercicio de la crítica.

Debería ser, este, tratado de consulta igualmente para los elaboradores y realizadores prácticos de política. Lejos de merecer la censura y el silencio, debería ser estudiada,

174

analizada, criticada, discutida, por los cubanos de dentro y fuera de la Isla, estudiosos del tema o no, y, pudiera serlo por tantas otras agrupaciones sociales, víctimas o victimarias de racismo o de cualquier otro tipo de discriminación, pues, a fin de cuenta, unas y otras quedan enfermas y pueden ser muy seguramente transmisores del mal.

Afortunadamente, se de algunos ejemplares circulando por ahí, suscitando perplejidad, reconocimiento y siempre --- de lo que he tenido conocimiento--- una excelente acogida.

Doblemente discriminados

Doblemente discriminado el negro por condición etno-racial y por ciudadanía.

Reservo para el final en este inicial intento de recuento de los tópicos abordados, uno al cual se dedica el Capítulo 4, el del *"desclasé afro-cubano"*. Le dedico espacio aparte y de extensión mayor por considerarlo un aporte fundamental a la comprensión del fenómeno del racismo en el ayer y, especialmente, en el presente cubano[7].

Podemos o no coincidir con cada uno de los planteamientos de los autores. Concordamos no obstante en la profundidad y complejidad del cuadro en el cual desvelan a la población negra/mulata, llevándole a primer plano de la escena con su intimidad y psicología, en las relaciones con sus coterráneos blancos, y mostrándonos las contradicciones de "la mulatez" y su manipulación por parte del poder hegemónico blanco.

El actual *"desclasé* afro-cubano" es el corolario de un contradictorio proceso independentista, en el cual sus pensadores alternaban en "la ambigüedad (...) entre la aspiración a una nación y la conservación de los privilegios de las castas". Posición que[8] "se transfiere al hecho de la creación del Estado independiente cubano"

De esta forma se produce[9] "la negación efectiva de la existencia de las naciones étnicas y la afirmación ficticia de la nación política o cívica". Lo que "se evidencia en la confusión sobre nacional y ciudadano, que revela el doble problema

175

racial, referente a la exclusión de los nacionales en la creación de un Estado de ciudadanos y de inclusión de una minoría en la construcción de la comunidad de nacionales".

Y esta aclaración respecto al "doble problema racial" funciona ---con o sin conciencia de los autores--- en otro sentido, lo que es otro beneficio del ensayo, ganando un grado mayor de eficacia.

Ha sido recurrente en el gobierno cubano de estas cinco décadas, el rechazar de diversas maneras ---no pocas veces anulándoles--- a quienes incursionen en el tema racial. Con tal propósito a través de sus ideólogos ---oficiales y oficiosos--- insiste en la vieja retórica de "con los humildes, por los humildes y para los humildes" identificando dentro de estos a la población negra/mulata y, en ocasiones, casi reduciendo únicamente a esta a tal condición

Ha insistido a su vez en la inexistencia del problema racial, en la "creación" o "invento" de este por parte de sus expositores y, por ende, "adversarios políticos" del proyecto "revolucionario". Había surgido la "teoría del Enemigo" (título del epígrafe), justificada en la fabricación del "síndrome del acoso enemigo". Desde entonces, "hablar o escribir sobre el problema racial o comportamientos racistas fue visto como traición a la nación"[10].

El señalamiento oportuno de la doble discriminación, por raza y por ciudadanía, no solo desmorona la tesis de que los interesados en el problema racial de /en Cuba o fuera de esta, necesariamente son "asalariados del imperio" (EE.UU.) o entes "divisionistas", sino que con el racismo cubano anti-negro se sitúa sobre el tapete la discriminación hacia el nacional a favor del extranjero. Añadiríamos, en no pocas circunstancias, a favor del cubano residente en el exterior que visite la Isla y deje allí sus euros o dólares.

Además, en otro sentido funciona muy positivamente el señalamiento del "doble problema racial".

Entre los ideólogos del sistema algunos insisten en dedicar tiempo a tratar de "revelarnos", cual si de tesis religiosas se tratara ---y, puede que sí, pues no pudiendo apreciarse en la realidad nacional cubana, sería algo en lo que creer por fe--- la existencia de un "etnos-nación cubano".

176

Es que no atinamos a ver, entre otras razones, porque no se le ha estimulado verdaderamente, sino que se ha "construido" figurativamente, como parte del "racismo subrepticio, enmascarado, metamorfoseado que existe en Cuba hoy. Racismo que es empleado "para mantener a la élite blanca con total poder y control sobre la sociedad[11].

Se impone el "límite" para el afro-cubano, a quien "el ser cubano nada le garantiza para ejercer el poder económico y político" quedando la relación entre blancos y negros como "un terreno incierto de coexistencia". Terreno en el cual es el negro/mulato relegado a una micro-sociedad adjunta, a una geografía de la periferia del poder económico y político[12].

Complejo de inferioridad y trastorno de dependencia

Y, precisamente "por los límites a la participación y por la política de sometimiento respecto a los excluidos raciales" los cubanos todavía no tenemos un Estado verdaderamente nacional, por lo cual[13] "el análisis de nuestra sociedad no puede reducirse ---tal cual advierten los autores--- al ámbito estrictamente nacional".

Pese a que lo sugiere el título de un epígrafe, el tema del "complejo de inferioridad" de los negros/mulatos cubanos, además, lo hallamos diluido por varios espacios de esta narrativa. ¿Cómo suponer a un ser que no padezca tal complejo cuando se le limita todo y de todo lo positivo y se le fuerza a lo negativo, haciéndole llegar a interiorizar el racismo contra sí y los suyos?

Si desde la impuesta Modernidad americana "el factor raza es lo que ha dado significación a lo social y modeló las prácticas jurídicas y las instituciones" y persisten cobijados en el imaginario nacional los efectos irracionales de las "prácticas de limpieza de sangre y de raza" que funcionaron a manera de "estrategia de dominación y marginación" congruentemente, como en varios momentos se destaca en *Los fuegos...*, son negros y mulatos quienes actualmente engrosan la población penal cubana[14].

Si reina una "política estatal que los considera como presuntos criminales y delincuentes" y les responsabiliza de la precariedad en la que habitan[15] ---lo que escuchamos y vemos a diario en cualquier calle de la Isla, en el tratamiento que la policía les ofrece, y en actitudes y discursos de muchos de sus conciudadanos que se creen o son "blancos"--- entonces: ¿Cuáles son las oportunidades reales que tiene este humano, al quien se le fuerza a representar inferioridad, de deshacerse del trastorno de dependencia[16], de renovarse por sí, de alejarse del síndrome de la "inferioridad"?

¿Cuáles son sus oportunidades, reales, de deshacer la ilusión de blanqueamiento que simboliza la "mulatez"? No es que sea imposible, pero, es realmente tarea harto difícil.

Todos los discursos ---educacionales, políticos-- conspiran contra la salida del negro-mulato de su dependencia. Lo contrario, significaría el fin de la ideología de supremacía blanca en la cual se sustenta el poder blanco-criollo.

Señalan oportuna y ---vale insistir--- nítidamente los doctores Benemelis y Martínez: La ideología blanca en Cuba, con todos sus prejuicios, vicios, defectos e irracionalidades, con todas sus visiones paternalistas e intereses limitados, no garantiza de forma adecuada a las personas de piel oscura la capacidad racional de actuar como un ciudadano con una voluntad, conociendo exactamente sus opciones y sabiendo cómo expresar sus ideas y propósitos.

La ideología blanca no concibe que los cubanos de color conozcan realmente el significado de la palabra libertad, democracia política, democracia racial, poder y progreso[17].

Así fue desde la colonia, pasando por la república de 1902 a 1958, y se mantiene en la ya prolongada etapa republicana denominada ---"Revolución" o "periodo revolucionario"- al frente de la cual han estado, en estos 52 años, los hermanos Fidel y Raúl Castro Ruz.

Por eso existe igualmente, la confusión entre negro y mulato. Por eso, en determinadas circunstancias cubanas, un mulato puede ser un blanco[18]. Añadiríamos que no únicamente en su actuación jerarquizadora y minimizadora de un "otro" (el negro) que no lo es tanto, ya que: ¿de dónde procede el mulato como no sea de la mezcla biológica entre negros y blancos?

178

Claro que el enunciado cobra vida para referir la posibilidad actual, con el incremento acentuado del mestizaje biológico por el crecimiento demográfico de las parejas interraciales, de la movilidad y plasticidad de las tantísimas categorías "raciales", diferenciadoras de los matices de color pigmentario que empleamos entre cubanos.

Al punto, el antes denominado "blanco oriental" y el "indio" dejaron de existir, transmutándose en "trigueños", o sea, en una "variante" del paradigmático modelo de los "blancos". De hecho, el "mulato" como el tipo enunciado en líneas superiores, pudiera ---no sin cierta ironía--- clasificar ya como "especie en extinción".

La deconstrucción

Trans-disciplinariedad en la de-construcción de la problemática etno-racial del afro-descendiente.

La residencia de los autores en el exterior (en Jamaica Iván César; en Estados Unidos Benemelis), como su pertenencia a la generación de los '60, del ya fenecido siglo XX ---etapa de efervescencia cultural---, muy posiblemente a la parte más activa de esta, les da una amplitud en el diapasón de sus posibilidades de diálogo con autores múltiples y de variados enfoques en el tratamiento de la temática eje de su obra.

Son citado mecánicamente a estudiosos de varias generaciones y nacionalidades ---estadounidenses, europeos, caribeños, africanos, latinoamericanos y asiáticos--- y sus propios coterráneos. La interlocución es amplia y en varios registros, de la historia a la filosofía, pasando por el teatro, la psicología, la poesía y la novelística, siendo siempre la resultante complementadora de unos con otros.

Benemelis y Martínez no se aprisionan en teorías ajenas. Se auxilian de estas, contextualizándolas, concatenándolas con la lógica de sus análisis. No se trata de repetidores, sino de juiciosos y experimentados investigadores y ensayistas y, en concordancia, se proyectan.

Ahí también radica su importancia, como aporte fundamental al debate sobre el tema "raza" y todo lo que deriva, como todo lo que este compromete y todo lo comprometido a partir de este.

De publicarse en la Isla, donde tras la oficiosa estigmatización como "tabú" del tema racial muy poco se ha producido sobre esta temática, que tendría que ser de primer orden en el concierto nacional cubano, y, mucho menos, ha aparecido impreso, el texto de Benemelis y Martínez representaría un aporte esencial a la recién iniciada y estrictamente limitada y controlada tentativa de debate, las más de las veces efectuados en marcos de semiclandestinidad, de pobre visualización, lejos del alcance de los que deberían ser los más escuchados, es decir, de los negros-mulatos.

En este final del primer mes del año 2010, no creo posible a corto plazo, la edición en la Isla del libro aquí reseñado. La temática racial continúa siendo ultrajada, minimizada y solapada. Todo ello pese a la reciente creación, en la Unión Nacional de Escritores y Artistas de Cuba (UNEAC) de la Comisión contra el Racismo y los Prejuicios Raciales[19].

Un par de programas informativos (Mesa Redonda. Diciembre 2009 y 21 de enero 2010) con pretensiones de convencer a alguien de que "no existe el racismo en Cuba" sino "prejuicios raciales", en los que, para colmo de males, participan supuestos estudiosos y personas negras-mestizas que, entre otros intentos justificativos, echan mano de la evidencia de los matrimonios inter-raciales, nos conducen de vuelta a la revisión de Los fuegos fatuos....

"Bajo el mulato se hace desaparecer a los africanos --- explican--- y sus descendientes, pues desaparece la diversidad y las culturas y con ello quedan ocultas las diferencias de estatus y jerarquía y no son necesarias las relaciones inter-grupales"[20]. De tal suerte fue instalada "la supuesta 'ideología mestiza'" en la cual "la efigie del blanco siempre resultaba el modelo y a su vez el paradigma de la cultura dominante".

He ahí el motivo por el cual el actual gobierno cubano reedita el "racismo llamado natural o subrepticio", cuya existencia es tan lesiva, desgarradora y humillante como el tipo de racismo llamado abierto[21].

Se aplica, entonces, una ideología racista que no se proclama abiertamente, ni se escribe y mucho menos se institucionaliza. Ideología que es ejercitada cotidianamente sin ambages, ni miedos, y se defiende en voz baja (pero que pueda escucharse) con las más ridículas y bochornosas imágenes teóricas en donde el sentido de la comparación, la mentira, el uso de las pseudo-teorías biológicas y (...) negaciones (...), se hacen presente inescrupulosamente[22].

Para conseguir ese objetivo, tal cual afirman los autores, las autoridades gubernamentales ha contado siempre ---como durante las administraciones coloniales y las de sus sucesores republicanos, entre 1902 y 1958--- con parte de la intelectualidad ---casi toda, exilada o no, blanca y blancófila---, y con los medios de difusión, ahora estatizados y por tanto bajo su monopolio.

La televisión es su fiel aliada; la transmisión del estereotipo folclorizado ---"a través de la selección y la ridiculización de algunos de sus rasgos", incorporaríamos, de los peores rasgos--- de la población negra-mulata que muestra, nada tiene que ver con, por ejemplo, la dramaturgia del prolífero Eugenio Hernández, ni con la obra poética del versátil Rogelio (Agustín) Martínez Furé, afro-cubanos que encarnan la defensa de los valores negros, la recuperación de la esencia africana mutilada por lo eurófilo[23].

La "cubanidad", tal como nos la han presentado y nos han hecho asumirla, resulta encubridora de discriminaciones, en particular, de la discriminación racial. Paralelamente, es una "cubanidad" racista, en tanto toma partido sobrevalorando el legado blanco-europeo de la nacionalidad, a la par y, en la misma medida, en que subvaloran los otros legados, particularmente los de procedencia africana, así como las creaciones cubanas de origen africano.

Benemelis y Martínez se adentran en esta temática y lo hacen prácticamente sin ponerse límites, sino desde un amplio abanico de posibilidades para el análisis.

La literatura, el teatro, la poesía, las ciencias sociales, la música, así como los exponentes de estas artes son revisitados y sus narrativas de lo nacional *cubano* son escudriñadas con agudas y desprejuiciadas miradas críticas.

Descolonización de las epistemes

Benemelis y Martínez no se detienen ante los altares en los cuales han sido colocadas determinadas personalidades del mundo de la cultura y de las ciencias. Tampoco les hacen retroceder los altares plagados de personalidades de la política, ni de hoy ni de ayer. Tomás Romay, Fernando Ortiz, Roberto Fernández Retamar, y muchos más, son dilucidados desde el análisis de las prédicas de cada uno, como lo son José Martí y Fidel Castro. Cultura y nación, parecieran decirnos, no necesariamente son un buen matrimonio, "no siempre encajan.

No puede serlo si seguimos viendo la realidad afianzados en la racionalidad que nos han impuesto desde la esclavitud, mirando[24]: "con ojos de colonizadores o de colonizados".

Por eso es fundamental acceder al ejercicio de la libertad. Es necesario para que esas miradas cambien. Lo es para que seamos conscientes y podamos ejercer criterios desde nuestras propias racionalidades, desde nuestras miradas particulares, sin que tengamos obligatoriamente que aceptar, acoger y reproducir lo que nos viene dado por el poder, incluido el decirnos quienes y como somos.

Los autores nos convocan a plantear lo identitario desde una perspectiva nueva. Así es porque estamos requeridos de "reconocer e interpretar" las "especificidades" de la cultura cubana si pretendemos "conformar una identidad auténtica, revertiendo las visiones pre-construidas de Europa como el canon y África como lo perdido"[25].

No se trata de asumir posiciones chovinistas ni de caprichosas rupturas a ultranza. Tenemos que romper con la colonialidad del saber, con la opresión de los poderes. Se trata de "la famosa 'insurrección de los saberes sometidos' de (Michael) Foucault", eso es lo que permite ser realmente independiente, y en las situaciones particulares de las excolonias, conlleva al proceso de efectiva descolonización de sus sociedades[26].

Es algo que no podemos hacer tomando acríticamente el trabajo bibliográfico de nuestros cientistas sociales, de ayer y de hoy. Muchos de estos ---conscientes o no---, en todas las épocas, con independencia de su filiación ideológica de derecha, centro o izquierda, han sido extremadamente complacientes con los poderes establecidos.

Debe tomarse como premisa en la exploración, análisis y reconstrucción de la identidad nacional, que el "proyecto republicano" vigente, es producto de la vertebración de una ideología supremacista de orientación racista, por parte de gobernantes y pensadores cubanos blancos desde la independencia hasta hoy[27].

La Sociedad Antropológica de Cuba, fundada en 1874, nada tendría que envidiar a los ideólogos del nazismo. Esta destacó por sus estudios abiertamente racistas con los cuales, desde posiciones pseudo científicas, pretendía demostrar la inferioridad intelectual de la raza negra.

Ello es objeto de exposición pormenorizada y de análisis en *Los fuegos....* Fue la cubana ---como la europea de esa época--- una pretendida "ciencia" de franco carácter "racista y supremacista" de lo cual no se ha desasido totalmente[28].

Opinaba el profesor cubano, blanco y marxista, Juan Marinello, quien fuera presidente del Partido Socialista Popular (comunista) que "lo negro participa de manera fundamental en lo cubano, pero no es su esencia primera"[29].

No ha avanzado mucho en su apreciación sobre la "cultura nacional", en la actualidad, uno de los reconocidos entre los mejores intelectuales cubanos vivos, Monseñor Carlos Manuel de Céspedes. Para Monseñor Céspedes "el tronco" de la nacionalidad es todo lo hispano y lo africano apenas "ramas fecundas"

Jóvenes afro-descendientes y problemática etno-racial.

Luego de casi tres décadas de silencio sobre el tema racial, apareció públicamente un título asombrosamente desconcertante: *El problema negro y su solución definitiva en Cuba*, del investigador marxista, afro-cubano, Pedro Serviat[31].

Paralelamente entre jóvenes negros y mestizos, fundamentalmente, iba naciendo el movimiento del *hip hop* cubano, con toda su carga de denuncias sobre la discriminación racial anti-negra, la violencia policial y la reivindicación de lo afro.

Los artistas plásticos cada vez más hacían del tema su objeto y objetivo. Cubanos en el exterior trabajaban el tópico racial cubano, actualizándolo. En la Isla, apenas podía hacerse solapadamente, ganándonos la aversión del oficialismo, casi criminalizados, pagando un alto precio a nivel personal, incluido el ostracismo y la condena al desempleo, cuya existencia tampoco se reconocía.

Los jóvenes habíamos nacido en una sociedad en la cual prácticamente en todos los discursos se nos decía que vivíamos "en Revolución". Nos acostumbramos a escribir con mayúscula inicial la palabra "revolución" como si de un nombre propio se tratara, lo que guarda relación con la significación y el peso que ha procurado dársele, en sustitución incluso del de República como sistema de administración socio-política.

Sin embargo, a los jóvenes no se nos permitía, a partir de nuestros intereses generacionales, de nuestras exploraciones al entorno, y de nuestras interpretaciones, hacer ---si se prefiere ver e interpretar en la lógica del discurso preponderante e impositivo de estos 52 años--- lo que hubiera sido, entonces, nuestra propia Revolución.

Solo clandestinamente conseguimos ir sacando de lo último del baúl de los recuerdos del inconsciente colectivo y de un no muy lejano lugar del imaginario nacional, el tema racial, con sus complicaciones y sus contradicciones. Son las complicaciones y contradicciones que muchos de nosotros, negros-mulatos, estábamos experimentando y se nos forzaba a negarlo, a repetir el viejo y colonizador discurso de la "cultura mestiza" y de la existencia de los "prejuicios raciales heredados del capitalismo".

No nos llegaba literatura del exterior que abordara el tema. Menos, si se trababa de los cubanos emigrados. Mucho

184

menos, si esos emigrados pertenecían a lo que el discurso oficial denominó "mafia cubana de Miami".

Descubrir a los intelectuales de la emigración, diáspora o exilio ---cada quien según se autodefina, con todo su derecho a hacerlo---; descubrirles trabajando, sin fracturas cronológicas y con "objetividad" ---que tanto nos reclamaban en el sistema de enseñanza y tan poco nos aportaban, distorsionando la realidad histórica pasada y presente, hablándonos de un futuro que semejaba ciencia ficción--- el tema que nos convocaba; hallarles dispuestos al intercambio con los de acá, fue ganancia y revelación mutua, por encima de las distancias geográficas y, quizás, algunas también de orden ideológico.

Nos educaron se supone que, según patrones marxistas, que luego supimos eran traducciones de manuales soviéticos, lo que, es decir, interesadas versiones hechas por el poder soviético. Y ese poder, por supuesto, no estaba muy atraído y menos aún comprometido en el tema "racial" y "colonial", como no fuera para ejercer ellos mismo el sostenimiento de la colonización con las naciones que, con Rusia como polo hegemónico, conformaban la antigua ex Unión Soviética.

Los pocos antropólogos cubanos estudiaban en aquel país, pues la especialidad, hasta la actualidad, no forma parte del *staff* universitario. Nos asombraba que retornaran generalmente tan discriminadores de todo lo afro o negro, incluso si ellos mismos no eran blancos.

La respuesta la hemos ido intuyendo casi a ciegas. El pasado año, los que tuvimos acceso a estos, pudimos comenzar a descubrirla en la serie de ensayos que al respecto publicó el profesor Benemelis. Ahora se nos articula mejor de la mano de estos dos estudiosos, que, habiendo profundizado en la temática, concretan su veta pedagógica en la síntesis de tan complejo aspecto.

El racismo marxista

Ellos nos dicen[32]: "Tanto en Karl Marx y Friedrich Engels su firme adhesión al euro-centrismo, la bio-política y las teorías darwinistas los convirtieron de hecho en ideólogos de la ideología de supremacía blanca, al reducir toda la esfera histórica social al concepto de la 'lucha de clases', no tomando en cuenta o simplemente demostrando otros aspectos del desarrollo social".

Y abundan[33]: "Para Marx y Engels la subyugación de pueblos de diferente origen étnico no era nada extraña o reprobable a la práctica de los que propugnaban el marxismo. Lo que es, sin embargo, poco conocido es que el racismo ha sido co-sustancial con los principios marxistas, a partir de lo que el propio Marx y Engels dijeron sobre el tema".

Con la mixtura de datos personales sobre las vidas de los llamados "fundadores del marxismo", como con sus propias citas, Benemelis y Martínez nos conducen por el demostrable racismo de los reductores de los conflictos sociales a la condición de "lucha de clases".

Esa es tesis utilizada, incluso actualmente, por no pocos estudiosos isleños que continúan enfrascados en hacer creer o, al menos, hacernos repetir ---ya ni se toman el trabajo de intentar demostrar---, que el "problema en Cuba no es racial, sino económico". También insisten, por supuesto, en que "la culpa la tiene el bloqueo de EE. UU" a lo cual, en tiempos del "mal ejemplo" que da a la Isla la llegada de un afro-descendiente a la Casa Blanca, los intentos de explicativos-impositivos tienen un agregado.

El desprecio por los judíos, mexicanos y africanos salta ante nosotros, desde las letras de *Los fuegos fatuos*… como un insulto para los nacidos aquí tras 1959. Nos hubiéramos cuestionado o no la necesidad del marxismo en nuestros entornos latinoamericanos y caribeños, especialmente en el cubano, tan plural en su pensamiento pese a que no llegue a abrazar el pluralismo, ahora se nos abren tantas interrogantes. Menciono algunas de estas:

¿Conocían los autodenominados marxistas cubanos de esta parte de la ideología política a la que se afiliaban?

¿Por qué pretender imponer, en una nación etno-racialmente plural, una ideología política que entraba totalmente en contradicción con su realidad social?

Es cínico y cruel, en una sociedad nacida etno-cultural y económicamente de la esclavitud, imponer una ideología defensora de ese sistema de explotación y, además, calificarlo de "liberador": ¿"Liberador", para quiénes?

¿Es que el marxismo, luego el marxismo-leninismo, solo fue un ropaje ideológico, de supuesto corte moderno, impuesto para perpetuar un sistema de opresión de contenido etno-racial y de apariencia "liberadora"?

Enfatizan los autores: "Los problemas políticos, sociales y económicos del Tercer Mundo, y de la América hispana no radican exclusivamente en la diferenciación de clases, o de hegemonía cultural. América, al igual que el Tercer Mundo, contiene el legado de la trata y del colonialismo: la desigualdad en la raza humana.

Pero esta estructuración aplicó el sometimiento del africano en las plantaciones de las Antillas, consolidando la supremacía blanca inherente al Estado moderno, por intermedio de una élite que monopolizaría los mecanismos de autoridad, sabiduría, y fuerza". Y, luego, aclaran lo siguiente[34]: "Solo en los últimos años han comenzado las referencias públicas de los abusos, injusticias y explotación en términos raciales, que cuestionan y retan las estructuras y definiciones del poder supremacista blanco".

En Cuba, sin embargo, todavía se mantiene con fuerza la tesis de un colonialismo esclavista hispano que supuestamente fue "menos malo" y hasta "benigno".

Difícilmente y casi en susurro puede mencionarse la violación a la esclava y la existencia del mulato como fruto de la violencia; el ejercicio de la prostitución de la mujer negra como mecanismo de sobrevivencia; la violencia que ha representado y representa la fabricación del "mulatismo" como ideología utilizando al fruto del intercambio sexual entre personas negras y blancas para someter a su parte negra y beneficiar a la blanca, sin que llegue a considerársele un sitio entre estos últimos.

Estas son algunas entre otras muchísimas crueldades que permanecen, y de las cuales no siempre la población es consciente, debido a la aplicación, en todos los aspectos de la vida y a todos los niveles, de la supremacía blanca.

Conocer que los marxistas "arremetieron contra los predicadores y guías eclesiásticos negros, presentándolos como 'opresores' de la raza", y que se contraponían "directamente contra las religiones de origen africano", nos esclarece la continuidad, por más de 30 años de autodenominado "gobierno revolucionario cubano", de la política colonial que consideraba "delincuente" y "criminal" al afro-religioso, ensañándose con este sector más allá de la aplicación de la política atea y ateizante de esos años[35].

Preguntémonos: ¿Cómo pretender, entonces, que el santero, el abakuá, el Voudou o el palero cubano solicite, luego del 3er Congreso del Partido Comunista de Cuba y su apertura a la admisión de religiosos a su seno, la entrada al Partido Comunista Cubano?

Marxismo, misticismo y mesianismo, presentes en el proyecto político en el poder en la Isla, que entorpecen y han llegado a convertir en "tabú", lo que es decir en prohibición oficiosa, la discusión y hasta la investigación sobre la situación del tema racial en el territorio nacional, son articulados en uno de los párrafos que pudieran ser considerados síntesis sin que así aparezcan en la estructura de *Los fuegos fatuos*.

Cuba, marxismo y afro-cubanidad

Tras presentar el cuadro deprimente de la situación real en la que desenvuelven sus vidas la mayor parte de la población negra/mulata cubana, podemos leer[36]: "A pesar de todas estas cosas objetivas y reales que ocurren en Cuba de manera normal y cotidiana y que niegan por completo el pensamiento martiano de 'con todos y para el bien de todos', la aprehensión del drama racial no es plenamente percibida debido a la fuerza tremenda que ha tenido, no solamente la histórica ideología de supremacía blanca que el gobierno sigue y práctica, sino muy especialmente, la forma en que esta ideología se ha manifestado en los últimos 50 años a través de un revestimiento patriótico, místico y paternalista no conocido en los cinco siglos de poder blanco sobre la Isla".

Si únicamente hubiesen hecho este enunciado los autores, para a partir del mismo haber intentado fotografiar, incluso sin análisis, lo sucedido en Cuba, ya pudiéramos decir que hicieron diana, pero... ya sabemos, ellos han mucho más.

Algo, no obstante, no nos queda claro con una afirmación encontrada al final del epígrafe sobre la relación entre marxismo y racismo.

Sobre el Estado marxista, expresan los autores, que al asumirse como una especie de salvador supremo que diluye la cuestión racial en los derroteros clasistas, el esquema entorpece el solventar los dilemas de las minorías mediante la negociación y los acuerdos, pues superpone la pertenencia nacional a la dimensión cívica; tal fue la razón por la cual al integrarse la mayoría de los nuevos Estados alrededor de la etnia más numerosa, niega los derechos de las otras minorías, como represión preventiva.

Adviene la incomprensión porque, en el caso cubano, durante la época colonial la población negra en varias oportunidades superó cuantitativamente a la blanca. Hoy, pese a las cifras arrojadas por el censo del 2003, muchas personas dudamos que la población negra-mulata no rebase el tercio de la nacional como ahí se asegura.

No obstante, el Estado republicano, nacido sobre el esfuerzo y la sangre del sector nada despreciable negro/mulato, fue retenido en manos de sus connacionales blancos. Habría que recordar que los primeros presidentes de la recién nacida república fueron destacados independentistas, algunos de ellos combatientes insurrectos e, igualmente, dejaron en total desventaja a la población negra que había demostrado mucho más que ser valiente, había demostrado ser hermana y actuar sin odios ni rencores.

La "fase integrativa" de la cubanidad

En Cuba, tal vez más importante que el peso demográfico cualitativo de la población blanca-europea y la blanca-criolla, sería / es la retención del monopolio del poder en sus manos, lo que está en el origen y devenir histórico de esta imperfecta, compleja y no concluida nación. Es eso lo verdaderamente trascendente. Ahí estaría el origen de la atrofia de nuestra nación, pasando indefectiblemente ---como en toda Afro-indo-Hispanoamérica---, por las relaciones de poder.

Los Fuegos fatuos... destaca como obra intelectual y de compromiso socio-político. Es realización iconoclasta, ampliamente argumentada. A los ojos de no pocos, imbuidos del afán de hallar "enemigos" y hasta de "inventarlos", parecerá "subversiva", pues en esos términos ha sido calificado el propio eje temático de la misma.

No expresan parcialidad ni ánimo de inculpación arbitraria los autores, lo que en las últimas décadas algunos suelen reprochar a quienes afrontan este tipo de investigaciones. En ningún caso, a menos que se esté tratando de hacer politiquería, encontramos rasgos de panfletos ni de intenciones difamatorias o, como se dijera en la Isla, en los tiempos de fervor "revolucionario", de "crítica destructiva".

Es la obra de dos intelectuales afro-cubanos, obligados ---como tantos otros--- a la diáspora por sus ideas respecto al tema, sobre lo que debe ser la nación, sobre la necesidad de su recomposición o de su verdadera creación, que obliga a ser integrador en paridad y no falsamente integrador ---lo que hasta la actualidad ha sucedido---, porque esto último implica el sometimiento.

Podemos apreciarla como el fruto del empeño de dos cubanos legítimos y auténticos. De esos pocos cubanos y cubanas que han arribado a la "fase integrativa" de la cubanidad de la cual alguna vez hablara Fernando Ortiz. De dos cubanos que desesperan porque saben de la necesidad de avanzar en la conformación identitaria nacional, y que, de lo contrario, nos abocamos al riesgo de la desintegración de su tejido social, o, lo que es lo mismo, de dejar de ser.

No percibo veneno ni rencor en sus apreciaciones críticas. Se desempolva y desnuda a la nación para mostrarla cual ha sido y es, con todas las imperfecciones que, en sus 230 páginas, pueden mostrar y demostrar, como quien lo hace en la intimidad de su habitación, despojándose de sus más íntimas prendas y mostrándose ante el espejo o ante la pareja, sin temores ni complejos, sino hasta dejándose acariciar en aquellas partes de sí que no le agradan.

Es la voz de dos de los hijos de la Patria ---o de la "Matria", según nos instalemos en nuestra perspectiva de género---, y los vástagos suelen ser críticos con sus progenitores, lo que también sucede a la inversa, porque para unos y otros el amor les hace quererse siempre desde la utopía del mejoramiento. No se quieren mejores para "el más allá" que nos anuncian algunas religiones, sino para el mañana, de ser posible para el ahorita ---sin el sentido mexicano de indefinición, sino en el muy concreto que le damos los cubanos--- al estilo de la filosofía afro-religiosa.

Es la obra de dos intelectuales comprometidos profesional y cívicamente con su país, aunque, por el momento, no puedan residir en él. Por eso, además de detenerse en las particularidades del tema racial en el pasado y presente de la Isla, vislumbran un posible futuro. Sin arrestos proféticos, si con desprejuicio y en ejercicio de su condición de cubanos y de ciudadanos, ofrecen sus propuestas sobre lo que debería hacerse, lo que es igualmente válido y necesario como cientistas sociales.

Desde la introducción del libro, podríamos intuir que es eso lo que sucedería; que no nos enfrentábamos a una vulgar repetición o justificación, sino a otro tipo de narrativa de la historia nacional.

En páginas iniciales Benemelis y Martínez afirman lo siguiente[37]: "Para logar un análisis profundo y una catarsis de los defectos y taras de la nación cubana, es necesario reconstruir el andamiaje dado por la cultura y la historia convencional en todas sus manifestaciones, identificar los patrones deformantes como el racismo, la violencia política, el caudillismo, la supremacía masculina, la subestimación de la cultura, entre otros factores".

Más adelante, enfatizan que "La historia de la Cuba colonial necesita rehacerse para incluir la perspectiva de los esclavos, el protagonismo de su herencia cultural, de cómo percibían la esclavitud y sus luchas abolicionistas; se necesitan rescatar las biografías de esclavos, palenques, documentación, la tradición oral, el folclor. Es necesario estudiar los orígenes étnicos de los esclavos y sus alzamientos contra el sistema de plantación y la colonia, y como ello ha marcado las distintas regiones de la Isla".

Practicando desde el intelecto el "derecho de rebelión" los doctores Juan Benemelis e Iván Cesar Martínez, reconociendo

191

la alta complejidad del tema en el cual se adentran, son incisivos afirmando que el liderazgo revolucionario no quería y no puede solucionar este problema histórico. Ellos no pueden hacerlo porque respaldan la supremacía blanca de forma consciente e inconsciente y porque el problema sólo puede ser solucionado por el propio pueblo negro.

El liderazgo del país puede facilitar u obstruir el proceso, pero ellos no pueden solucionar un problema cardinal del cual ellos son parte[38]. Así, directamente, explicitan la posición de la cual parten para ofrecer propuestas.

"Esperar", palabra de orden y, en ocasiones, enunciada como orden, al más rancio estilo militar, es la manera en la que muchos pretenden que la población negra-mestiza continúe otorgando crédito a quienes les denigran y desprecian, les someten y enajenan. Para Benemelis y Martínez, también para no pocos negros-mulatos de la Isla, esa solicitud es un pretexto táctico, "con el objetivo de ganar tiempo para evitar la necesidad de confrontar el problema cara a cara".

Soluciones cívico-políticas: Empoderamiento. Responsabilidad. Des-enajenación. Democracia.

Recordándonos, desde la filosofía, la responsabilidad personal y colectiva por nuestras acciones, advierten que la población de piel oscura en Cuba debe tomar el control de sus acciones colectivas y llevar a cabo las decisiones finales de que deben hacer para deshacerse de su prolongada y permanente situación de subordinación, coacción, marginación y pérdida de sus libertades individuales y colectivas.

Continúan advirtiendo que esos que cumplen y que viven de acuerdo a la ideología de supremacía blanca son responsables de sus acciones.

En este punto, cabría una interrogante: ¿Realmente todo el mundo es "responsable" de sus acciones?

De serlo: ¿Se es en todo momento "responsable" de las acciones que se ejecutan? ¿Cómo responsabilizarse de aquello de lo cual no se tiene conciencia?

No debemos olvidar ni minimizar la importancia real de un factor fundamental en la historia del racismo en cualquier parte del mundo, como en el accionar al respecto, a manera de contrapoder.

Se trata de la enajenación que genera en muchas personas, la coacción y la opresión, cuando ha sido practicada y desplegada ampliamente durante siglos, comprometiendo la auto realización de decenas de generaciones. Este, sería tema que merecería examen más minucioso. Análisis no conformista pero sí realista, que permita identificar cuáles son las fuerzas con las que se cuenta realmente.

Quienes, desde las libertades de las cuales -con todo tipo de obstáculos y de dificultades que desde la Isla no alcanzamos a vislumbrar ni a imaginar- piden a los de la Isla comportamientos más determinados, deberían tener en consideración las razones que les obligaron a emigrar[39]. Incluso, deberían también considerar que no a todos se les ha permitido el recurso de abandonar el país, muchos están en prisión, quedaron psiquiátricos o están muertos.

No olvidemos, por su importancia y simbolismo, la figura del historiador afro-cubano, marxista, Walterio Carbonell, apresado, enloquecido, condenado al ostracismo. La complementariedad de roles en la reconstrucción nacional debe pensarse desde los implicados. "No pedir peras al olmo", dice el viejo refrán hispano. "El saber está repartido", anuncia un oddún de Ifá. El uno y el otro, conformadores de nuestro saber tradicional, nos previenen.

Benemelis y Martínez nos presentan la democracia más como "el fruto del colapso de toda hegemonía posible" que como "una evolución profunda hacia un nuevo proyecto de sociedad", aclarándonos que es esa la causa de su tardanza "al menos tres siglos" para establecerse en Occidente, y de que en Cuba hiciera "oídos sordos al problema racial"[40].

Lo anterior obliga a que el tránsito hacia soluciones democráticas en la Isla, "exigirá que sean resueltas ciertas contradicciones sociales que ayer obstaculizaron la emergencia de un proceso democrático efectivo: la de aceptar o justificar la existencia en el seno de la nación, de escandalosas disparidades, y la marginación y la exclusión".

Ello exigirá, ante todo, si verdaderamente se pretende avanzar en la realización de lo nacional inclusivo, o, de lo auténticamente nacional, el enfrentamiento honesto, amplio y profundo de las contradicciones raciales y de la presencia esparcida e igualmente profunda del racismo.

Benemelis y Martínez muestran la manera en la cual, consideran, debe darse la futura democracia a la cubana.

La avizoran como democracia en el sentido de movilidad social y circulación del poder político y con la redistribución del acceso a la riqueza y al poder, independientemente de sus estructuras formales (democrático en lo político, de libre mercado en lo económico). (…) un poder no-pluralista --- opinan---, pero representativo de la demografía nacional, puede ser mucho más democrático que un sistema de pluralismo formal, en la medida en que este último no permite la representatividad equitativa en la práctica política, de la dirección económica[41].

Son concisos los autores en sus propuestas de resolución a la problemática nacional.

Consideran que la accesión proporcional de las élites pensantes negras y mulatas, a las instituciones del poder, constituye el paso final y definitivo de Cuba hacia su integración nacional (interrumpida por la masacre de negros en 1912 y la ola migratoria ibérica), hacia la participación política y, por consiguiente, hacia la democracia, si por tal queremos decir mejor circulación y distribución de los poderes políticos y materiales; para ello, es evidente que se necesita un verdadero vuelco de las racionales y estáticas jerarquías sociales y, por lo tanto, al desbloqueo sociológico, a la emergencia de nuevas capas procedentes de la masa crítica negra y mulata.

En algo pocos de los interesados en la problemática racial opondrán conjeturas a los doctores Benemelis y Martínez. La mayoría coincidimos en que[42] "uno de los mayores desafíos es luchar contra el prejuicio, presente y retro-alimentado en nuestro imaginario de las más diferentes formas, a través de los medios de comunicación".

Un segundo aspecto sigue sin suscitar consenso. Si bien convenimos que "el problema resulta una encrucijada nacional", perduran los reparos a que "blancos y negros deben aportar soluciones", como a que "el primer paso para comenzar a resolver esta situación es que la población no blanca comience a organizarse en grupos y sociedades, junto a los blancos que entiendan la raíz de esta problemática"[43].

No se ha alcanzado la comprensión de que la problemática racial reviste carácter nacional, ni de que, aunque en diferentes formas, afecta a blancos y negros-mulatos, en tanto es drama de proporciones superlativas. El aumento del mestizaje biológico complejiza más el asunto, sin que la población siempre e ineludiblemente lo perciba.

Opinan muchos que "ese es asunto de negros, atrasados y acomplejados"; este es criterio que se maneja con independencia del color del exponente. Para algunos negros-mulatos este es asunto a resolver, únicamente, por ellos, y, aunque parece que son muy pocos, andan por ahí quienes proponen la realización de una "revolución negra", con la vista puesta en la construcción de una "nación" para negros/mulatos.

Otros, sin llegar a reconocer, o sí, la existencia de la problemática, pero sin registrarla como drama ni como trauma de hondura, aseguran que debe quedar la búsqueda de su solución en manos de la población blanca, pues sus coterráneos negro-mulatos mostrarán "apasionamiento" y no podrán ser "objetivos" en la búsqueda de soluciones.

Quizás el sustento de ambos planteamientos sea el vigente "miedo al negro".

El racismo en Cuba tendría solución temprana, si en la Isla existiera una genuina voluntad política e ideológica por parte de la élite dominante, en ayudar a que este proceso marche sin grandes contratiempos, para ello, lo único que tendría que hacer esa élite sería el propiciar el desmantelamiento de la ideología de supremacía blanca (cosa a la que no parecen estar dispuestos a realizar)[44].

Esta afirmación, esencial, encierra la clave del desenlace, positivo o negativo, a favor de la deconstrucción del andamiaje social racializado que hemos heredado, alimentado o, incluso si lo rechazamos, de alguna manera hemos contribuido a su sostenimiento y reproducción, o en contra del actual sostenimiento de ese orden social.

Los Fuegos fatuos: imprescindible para la cubanidad en gestación

Los Fuegos fatuos de la nación cubana ---alerto--- no es capricho de especialistas ni factura de "subversión enemiga", criterio que se acostumbra a manejar muchas veces arbitrariamente en Cuba cuando las investigaciones y los criterios provienen de estudiosos nacionales radicados en el exterior, especialmente si son cubano-estadounidenses.

Los *Fuegos fatuos…* es anuncio y previsión sobre un asunto fundamental para Cuba, para Afro-indo-Hispanoamérica y para el mundo, desde que el racismo como mecanismo de control y de represión, y como ideología de poder reforzada en la bio-política ---en la falsa certeza de la existencia "de inferioridad y superioridad racial congénita y hereditaria" fatalmente se "instalara" en este hemisferio tras "el primer viaje de Cristóbal Colón" a estas tierras[45].

Como oportunamente se nos muestra en el texto, el racismo, "aunque sufrió diversas metamorfosis a través de los subsiguientes siglos, se mantiene hoy, finalizando la primera década del siglo XXI, como el principal problema social, político, económico, jurídico y cultural de la aún no cuajada nación cubana"[46].

Benemelis y Martínez ---prácticamente desconocidos en Cuba, luego de décadas radicados en el exterior---, comprometidos con la suerte de su nación, y de su país, han hecho con *Los fuegos…* su parte, adelantándonos una de las posibles narrativas re evaluadoras de la cubanidad, ofreciéndonos un documento de consulta, una contribución a la polémica, una posible plataforma para el accionar.

Nos queda a nosotros, millones de cubanos y cubanas asentados en la Isla y por los más disímiles espacios geográficos, intervenir con nuestra parte, continuar por sus caminos en la búsqueda de nuestra verdadera historia y en la relectura de la que nos han dado por cierta.

196

Nos queda a los asentados en la Isla, sobre todo, asumir posiciones más activas en la reconstrucción de nuestro ser identitario nacional. Hacerlo sin marginaciones ni exclusiones de ningún tipo: ni políticas ni económicas, ni étnicas ni raciales, ni de sexos ni de géneros, entre otras, para que principiemos en la responsabilidad histórica de ser los cubanos y cubanas mejores que debemos y tenemos que ser.

La nación cubana "mestiza" ha sido un engendro distorsionado y distorsionante, una ilusión para entretener a incautos. La nación cubana verdaderamente integrada e integradora se ha retardado por siglos, a propósito, y por la mezquindad de intereses de su élite blanca-criolla. Ya no puede esperar más.

Esa es la lección fundamental, para esta lectora, luego de releer a Benemelis y Martínez. Mi agradecimiento para ambos autores: como afro-cubana y como estudiosa.

Historia de África

De Juan F. Benemelis
2011. ZCEditores. 1st. Ed., USA

Reseña analítica
María I. Faguaga Iglesias.
Historiadora y Antropóloga

Este libro nació frente a las pirámides faraónicas…,
Atravesando la inmensidad del Sahara…,
Deslumbrado por ruinas romanas de Sufetula y Tisdrus…,
Caminando por las callejuelas de Timbuctú…,
En la Uagadugú de los otrora temibles guerreros Mossi…,
Fumando en las pipas de agua de Zanzíbar…,
En las frías noches del Kilimanjaro…,
Compartiendo con Tutsis y masáis…,
Sentado en las orillas del Lago Victoria…,
Ojeando las frágiles crónicas medievales de Kilwa…,
Meditando en el templo de Changó en Oyó…,
Libando vino de palma en la lacustre Abomey…,
Sobrecogido ante el tam-tam Ashanti en Kumasi…,
En El-Mina, depósito de esclavos para América…,
En los diálogos con Malcolm-X…,
En los sabios diálogos con el centenario W. E. DuBois…
En los diálogos con el keniano Jomo Kanyatta…
En los diálogos con el yoruba Obafemi Awolowo…
En los diálogos con el filósofo camerunés Woungly Massaga…
En los diálogos con el argelino Abdelaziz Boueflika…
En los diálogos con el brasileño Raymundo de Souza Dantas…
En los diálogos con José Luciano Franco…
En los diálogos con Rogelio Martínez Furé…

Juan F. Benemelis (1)

Preámbulo

El *Tarik africano*, esa voluminosa y sólidamente documentada monografía del africanista Juan F. Benemelis, no es una historia más sobre África. No es un compendio narrativo más sobre el continente al que hay todavía quienes siguen considerándolo "negro" u "oscuro". La valía de este *Tarik* no radica exclusivamente en la cantidad de temáticas que aborda ni en la extensión cronológica a la que se dedica.

Lo más importante de esa voluminosa obra es que desde este lado del mundo e identificado como uno de sus descendientes, como un afro-cubano comprometido con el continente ancestral y con el fin de las discriminaciones etno-raciales, su autor mira a África de manera penetrante, panorámica y sin ñoñerías.

La ve en su diversidad y con sus complejidades, penetra en sus lógicas y nos las revela con lo que para los occidentales pueden ser sus laberintos. Eso hace el autor sin sustraerse de las dificultades y contrariedades de esa confusa y para, muchos incomprensible realidad sociológica.

Benemelis es reincidente comprometiéndose éticamente con su labor. Es lo que cabe en un profesional, pero no es lo que siempre se hace.

Afianzado en el presupuesto ético y en el amplio conocimiento de su objeto/sujeto de exploración inevitablemente el resultado intelectual tiene que ser de buena calidad. Pero es de una calidad *"otra"*, porque el posicionamiento epistemológico del autor no es el que tradicionalmente han tenido/tienen las ciencias sociales occidentales, preñadas de etnocentrismo y de racismo.

Desde la introducción a su voluminosa y ricamente matizada *Historia de África*, Juan Benemelis nos recuerda algo que por ser resultante de la instrucción y educación occidentales colonialistas primero y de coloniaje después solemos olvidar.

Ahí está el autor para recordarnos que "los europeos harán de África la proveedora humana para las granjerías americanas. Esta sangría, cuantificable en decenas de millones desarticularía su sociedad, provocando su regresión, al

200

anularse con la trata humana y durante siglos, cualquier otra opción económica. Baste decir que África perdió más seres humanos durante la trata esclavista que las ocurridas en todas las guerras mundiales desde el siglo XVI" ([2]).

Benemelis, que como la historia africana por la que nos conduce ha tenido el mismo una vida profesional marcada por el drama, no pudo ver publicado su libro en Cuba, donde con el título *"África: una interpretación histórica"* recibiera el premio UNEAC (Unión Nacional de Escritores y Artistas de Cuba) en la categoría de ensayo, en 1978.

Los extremismos y fanatismos son siempre perturbadores de las individualidades y retardadores de lo mejor para las colectividades. Ese sino perturbador fue el que hicieron recaer sobre el autor en su país.

Ese ha sido el sino que ha correspondido a la afro-descendencia en cualquier parte, con cualquier régimen político y con cualquier tipo de administración económica, pues la izquierda en las Américas no siempre ha sido menos etnocentrista y racista que la derecha.

El cinismo racial político de parte de esa izquierda ha consistido, en unos casos, en utilizar las causas de la afro-descendencia como banderas a enarbolar en contra de la derecha. En otras coyunturas el cinismo racial de la izquierda americana ha consistido en ignorar la situación de la afro-descendencia y forzarla a encaminar sus necesidades a partir de la lucha de clases.

La Cuba *"socialista"* que con premura y sin una política diseñada a los efectos había dado por finalizada la discriminación racial anti-negra, la Cuba que apoyara la lucha por la reivindicación de los derechos civiles de los afro-estadounidenses, que se enredaba en campanas anticolonialistas en África y concedía refugio a perseguidos miembros del *Black Power* o entrenaba a futuros guerrilleros africanos, era la misma Cuba que había desarticulado con radicalidad sin par la posibilidad de un movimiento afro-descendiente cubano de izquierda que pugnara por la verdadera desestructuración del andamiaje sociopolítico de esencia jerarquizadora y etno-racializada.

Esa es la Cuba en la que el premiado libro del Dr. Benemelis fue censurado por un super escrupuloso ministro de cultura, que ignorara los criterios del jurado, del presidente de la UNEAC, Nicolás Guillen, e ignorara la historia no solo de África sino de la Isla –que es lo más grave para cualquier dirigente, especialmente para un ministro de cultura-, considerándolo "un libro de contenido no marxista y que aupaba el racismo en el país" ([3]).

La ignorancia del señor erigido en uno de los más celosos salvaguardas isleños del marxismo no le permitía apreciar que el real conocimiento del pasado y del presente es la única real defensa, sostén y afirmación con la que contamos los humanos para no repetir nuestros errores, para avanzar hacia el futuro con confianza y realizaciones beneficiosas para todas y todos.

La historia no salva o nos violenta. Todo depende de cuáles sean las narrativas de esta que conozcamos y que sirvan de fundamento a nuestros posicionamientos. El censor de turno está claro que tuvo por fundamento de su proceder las narrativas sobre nuestra nación que hasta hoy nos ha dado el poder. Unas narrativas que lejos de lo que se da por sentado, nos violenta y nos enferma porque son ocultadoras o tergiversadoras de muchas de nuestras verdades.

El fundamento del censor de Benemelis reside en esa apócrifa historia oficial que han criticado intelectualmente Walterio Carbonell, Gastón Baquero, Carlos Moore, Leyda Oquendo, Iván Cesar Martínez y el propio Benemelis, entre otras y otras.

Esa historia a la que sin explicitar sus críticas en la práctica han trabajado para de-construir Fernando Ortiz, Rómulo Lachatañeré, Lydia Cabrera, Carlos Moore, Rogelio Martínez Furé, Tomas Fernández Robaina y Pedro Alexander Cuba, entre tantos y tantas más. La mayoría de los no mencionados quedando generalmente anónimos pues con tanto descaminado cuidado ideológico y entre tantas acusaciones de "divisionistas" sus obras nunca ven la luz.

Contradictoriamente con el criterio entonces emitido por el censor incriminando referente al *Tarik africano* de Benemelis de aupar el racismo en el país, poses como la suya han alimentado el supremacismo blanco en la Isla. Supremacismo que en una nación negri-blanca no se puede dar sin su concomitante racismo anti-negro. Colocación esa

202

que no se sitúa en la polifonía de voces enriquecedoras de la nación, sino emplazada frente y contra la nación.

Es ese el posicionamiento del entonces señor ministro de cultura, sostenido desde la larga época colonial hasta este presente de coloniaje socialista.

Poses de radicalidad supremacista que nos fomentaron una afro-diáspora por motivos políticos de contenido etnoracial cuya existencia nunca ha sido reconocida por el régimen. De esa afro-diáspora hace parte activa con una producción intelectual prolifera, diversa y privilegiada en calidad el autor de la Historia de África aquí reseñada.

La articulación del *Tarik*

El presente no es un examen crítico de su bibliografía. Esa revisión analítica llevaría tiempo y forzaría a recorrer caminos múltiples y al parecer dispares en la vida de los humanos. Porque Benemelis es de esos autores a cuyo pensamiento y escritura no escapan temáticas, apostando con naturalidad por el enciclopedismo.

El presente tampoco es un examen crítico pormenorizado de su *Historia de África*. Lo cual requeriría contar con los conocimientos adquiridos por el autor como intelectual acucioso, pero también como experiencia de vida, en tanto ex diplomático en tierras africanas y activo militante afrocubano en la Isla y en la diáspora.

Este es un autor de excepción en la historiografía cubana de las últimas cinco décadas. Su acceso a información le ha permitido adquirir esa riqueza de matices analíticos ganada a partir de las vivencias, de las observaciones acuciosas, del contacto con materiales patrimoniales, de tener la oportunidad de ser testigo de primera mano de acontecimientos trascendentales del siglo XX africano, de haber contado con la amistad de importantes líderes africanos, de intercambiar con otros intelectuales afrodiaspóricos y de procurar mantenerse actualizado de lo que acontece en la Isla.

Otras de sus características refuerzan su no pertenencia a la regla de comportamiento de la Cuba contemporánea. Es un afro-cubano por convicción pese a su condición de mulato y a su pertenencia a una población en la que se fue gestando desde la colonia, entre los mecanismos de dominación, la "ideología del mulatismo", separando al mestizo de su componente afro, negro, pero sin considerarlo al nivel de su componente ibérico o euro, blanco o cercano a serlo.

De todo lo cual se infiere, aun si en su aclaración histórica no lo hiciera Benemelis, que su *Tarik africano* y toda su bibliografía queda condenada a la censura del actual régimen isleño, que como todo sistema autoritario y totalitario ha concebido el trabajo intelectual únicamente como apoyatura justificativa de sus bastedades. Salirse de esa norma abrazando la responsabilidad social que conlleva el rol profesional se ha pagado caro.

Como caro ha debido pagar Benemelis por aplicarse a la historia como un profesional y no tomándola como un cuentero, un cuentista o un publicista, haciéndolo con posicionamiento de subalterno.

Caro ha debido pagar por pretender, con su activismo de intelectual afro-cubano, mostrarnos a la afro-descendencia como participes y protagonistas de sus narraciones de la historia isleña.

Caro ha debido pagar Juan Benemelis por pretender mostrarnos que no solo es auténtica la búsqueda del empoderamiento de la afro-descendencia cubana, sino que es coherente con su historia de acciones por sí y por la nación cubana en su integralidad.

Esta es una historia de África que nos deja claro desde la introducción la plétora, la diversidad y la complejidad de su objeto-sujeto de estudio.

Es eso lo que hallamos en la fecundidad de sus treinta Caps., en sus casi mil páginas. Cada uno de esos Caps., desborda de la acumulación del conocimiento al análisis científico sin apartar la importancia de las narrativas mitológicas. En corte epistemológico diacrónico y sincrónico el historiador nos conduce por milenios de riqueza hechológica africana para traernos hasta el Panafricanismo.

El África del Norte deslumbra tanto a Benemelis como el África subsahariana. El África de las incursiones bereberes, de la cultura faraónica y del gran imperio etíope le atrae tanto como el África romana, el África de los imperios de Ghana y Mali, el África de las ciudades Estados hausas y del Islam o de los encuentros afro-europeos, del propio hecho colonial, de la lucha anticolonial, de sus manifestaciones de nacionalismo y de sus ensayos socialistas.

El autor nos lo había advertido en su presentación. La articulación de su historia nació del deslumbramiento que le produjo el descubrimiento de la vastedad africana, del compartir una etapa de su vida en tierra ancestral, de su acceso a las "crónicas medievales de Kilwa", de sus meditaciones "en el templo de Changó en Oyó". Nació de "los diálogos con Malcolm-X". Nació de su ensimismamiento "ante la sabiduría del centenario William E. DuBois" ([4]).

Es que en la vasta historiografía de Benemelis hay un hilo conductor que le confiere coherencia. Sus intereses por el cosmos y por los orígenes de la civilización humana, por la esclavitud, por las contradicciones políticas en cualquiera de los continentes, por las asimetrías etno-raciales y por la complejidad de la historia africana, además de su fascinación por personajes que no han sido incorporados a la historiografía occidental o que en esta han quedado constreñidos, guardan relación directa con la polisemia de pensamiento del ser afro que es este historiador y que él no asfixia sino que vive en su riqueza y desde esta se proyecta.

Eso lo diferencia radicalmente de otros de sus coterráneos, enajenados por el reinante supremacismo blanco. Por eso también las resultantes de sus obras y sus posicionamientos cívicos contrastan, pudiendo llegar al antagonismo y a la defensa del estatus quo.

"La historia africana ha sido narrada a partir de la visión parcializada de las élites colonialistas, primero y las teorías de superioridad racial" ([5]), asevera el ensayista iniciando la introducción de su texto. Quienes conocemos su obra podemos entonces retrotraernos a otro libro suyo de reciente publicación, El miedo al negro o a una obra anterior de la que junto al historiador y periodista afro-cubano Iván Cesar Martínez es coautor, *Los fuegos fatuos de la nación cubana.*

Ambas obras y una profusión de artículos y ensayos más breves exponen su pensamiento sobre el racismo anti-negro, sobre la ideología de supremacía blanca, sus prácticas y los posibles modos de desarticularla en Cuba. Que este libro exista desde el '70 (siglo XX) deshace posibles tesis desacreditadoras respecto al desinterés pasado del autor sobre la temática. En el empeño no solo le acompañó la experiencia. Le acompañaron la pasión por y la aplicación en el trabajo intelectual.

Si así hubiera sido, si el autor tuviera un acercamiento primero reciente a la temática etno-racial, la solidez informativa y argumentativa de *Los fuegos fatuos de la nación cubana* y de *El miedo al negro*, más el comprometimiento militante del autor con la causa, bastarían para conceder crédito a su obra y persona.

Volviendo sobre la cita anterior, su aseveración esclarece dos posiciones que derivan finalmente en dos tomas de partido: la de la historiografía tradicional burguesa o la "revolucionaria", ambas igualmente etnicista y racista, y la de quienes, como el autor, asumen el rol del cientista social con ética profesional, por lo cual estos inevitablemente van a la búsqueda de la veracidad de la historia.

Quizás por eso la acusación del entonces ministro de cultura en Cuba. Pues el Dr. Juan Benemelis narra e historia afincado en la profesión, no en los partidismos y sectarismos lastrantes de esta. De manera que él no se deja atrapar por "un instrumental analítico reduccionista como la sociología, el marxismo u otras ideologías o corrientes filosóficas, donde el individuo es un ente encajonado en un marco de limitaciones, en un destino predeterminado por las fuerzas naturales y leyes sociales; en términos de resultados periódicos a las fuerzas de formaciones socio-económicas que se reemplazan automáticamente" (6).

Y añade seguidamente: "El criterio de las definidas formaciones históricas sociales y económicas, que se reemplazan una a otra, de forma automática, unilineal e inexorable, refleja la impotencia humana y un marco de limitaciones para con su medio socio-natural. Con un parcial estudio de la sociedad europea feudal y capitalista, una legión de historiadores y cientistas sociales, desde el siglo

XIX, generalizaban una 'ley' histórico general: la sucesión lineal de formaciones económicas o de imperios" (7).

De esa manera, siempre según el esquematismo de su privativa lógica, concibieron los europeos la totalidad del mundo. Esa es la percepción que se impondría en las ciencias sociales, que debiendo ser por excelencia las ciencias de la diversidad y de la complejidad lo han sido del reduccionismo. Ciencias sociales que, nacidas en los centros metropolitanos, ideologizaron y politizaron sus contenidos de maneras que llegaron a ser realmente aberrantes.

La cuna de la humanidad

Nada descubrían adempero con su imparcialidad por el poder político. Desde que se crearan las elites religiosas e intelectuales estas han funcionado con esa dinámica. Precisamente en el *Tarik* de Benemelis y sobre el imperio egipcio se refiere "el uso sutil de literatura propagandística" y que: "Los trabajos literarios alabando la burocracia y dando consejos sobre la conducta, eran muy populares" (8).

Pasando sobre sus roles profesionales, historiadores, sociólogos y antropólogos durante décadas que suman centurias han negado obstinadamente la importancia del continente africano para la sociedad mundial. Lo mismo ha negado la importancia, vitalidad y complejidad de la historia de ese continente llegando al súmmum de restar la condición de humanos a sus habitantes, con lo cual ya no tendrían que dar crédito a su inteligencia ni a los espléndidos, múltiples y admirables frutos de estas.

Estamos en el siglo XXI. A la distancia de más de quinientos años del aciago "encontronazo" y de iniciada la trata negrera, de establecida la esclavitud por primera vez racializada y del bestial sistema de plantación, existe ya una profusión de Premios Nobel de literatura y hasta algún destacadísimo Premio Nobel de la Paz (Nelson Mandela) que son africanos.

"Los recientes hallazgos fósiles sugieren que los primeros homínidos del mundo vivieron aproximadamente 6 millones

207

de años en el marco geográfico del este africano, en la región de los grandes lagos. Son conocidos también los fósiles de 4 millones de años, del piteco Lucy y sus descendientes y el descubrimiento en 1996 en Etiopía de herramientas de piedra de 2.5 millones de años. Las regiones de Etiopia, Kenya y Tanzania son quizás donde se produjo el nacimiento de los humanos modernos, según los nuevos descubrimientos"[9].

Sin embargo, el mundo y los cientistas sociales en particular apenas se entusiasman con el descubrimiento histórico que confirma a África como cuna de la humanidad.

Ese es descubrimiento que derriba la afirmada linealidad del desenvolvimiento de la humanidad, que derriba la tesis cristiana de los humanos negros por castigo "divino", que derriba los esquematizados análisis que atienden a la inalterable sucesión de épocas históricas, que apuestan por el "evolucionismo", por la obligatoriedad de las sucesiones y por el uso dicotómico de categorías negadoras de las complejidades del desenvolvimiento de la humanidad. Es decir, significa la ruina de las pretensiosas e impositivas, etnicistas y racistas tesis europeas.

No obstante, Benemelis argumenta lo siguiente: "La pretensión de todas las ciencias sociales propugnadas por los historiadores y antropólogos especializados en la definición de las sociedades africanas, trataba de universalizar aquellos fenómenos que, en sus criterios, influyen en la marcha de la historia. Las reconstrucciones históricas basadas en estudios filológicos o bíblicos y en las génesis mitológicas serian comunes, como la maldición de Cam, brindando una insegura evidencia cronológica" [10].

Es razón por la cual "los libros de historia escritos a partir del siglo XVI no incluyen al África, ni siquiera en su aspecto más decisivo, en la gestación el homo sapiens" [11].

Si bien es cierto que "Europa despertaba de su Edad Media e inauguraba un período de expansión económica y cultural. A partir de este pedestal, los pensadores europeos consideraron al resto del planeta como decadente o bárbaro" [12], adquiere mayor relevancia en ese análisis la estructuración jerárquicamente etno-racializada de las relaciones de poder que, a partir del encontronazo, la colonización, la trata negrera, la forzosa evangelización cristiana y el sistema de plantaciones, impondría la Modernidad europea y su violento establecimiento en el continente americano.

Relaciones de poder no desestructuradas y que son la causante fundamental de que las revisitaciones a la historia realizadas por los herederos de los esclavos, por las poblaciones todavía sometidas a la subalternidad y encaminadas con sus propias epistemologías, como la que emprende el africanista Benemelis, sigan siendo vituperadas y censuradas cuando no rampantemente ignoradas.

Esa es la causante de que la sangría humana a la que se sometiera a África sea consuetudinariamente esquivada en la mayoría de los análisis sobre su pasado, sobre el pasado de la humanidad en su totalidad y asimismo lo sea en los análisis de actualidad sobre las condiciones en las que hoy se encuentran las naciones africanas.

Así ha ocurrido pese a que esa sangría fuera de "magnitud tal cuyas cifras hacen palidecer cualquier comparación", pues el "continente madre "perdió más seres humanos durante la trata esclavista que las (perdidas) ocurridas en todas las guerras mundiales desde el siglo XVI" ([13]).

Hasta el presente nos consternamos, horrorizamos e indignamos con el holocausto provocado por los nazis. Ni mencionamos el holocausto al que durante siglos las ex metrópolis europeas sometieran a la población africana. Se llega al extremo de temer el empleo del término "holocausto" en identificación con las cacerías de humanos negro-africanos, la trata esclavista y la esclavitud.

No solo sus compromisos históricos con los poderes políticos y su prepotencia están presentes en las actitudes de las ciencias sociales occidentales. Lo está también su incomprensión de ese "otro" africano al que inferiorizándole no han creído necesario empeñarse en comprenderle.

Benemelis, apenas rebasadas sus dos primeras décadas de vida, llego a un África en ebullición descolonizadora, en contradicciones nacionalistas, tribales, políticas, en antagonismos entre tradicionalismo y modernidad, entre tribalismo, nacionalismo y panafricanismo, que le cautivaría y removería sus (falsas) certezas de joven hombre mulato cubano en la misma medida en que le obligaría a escudriñar dentro de sí y conocer quien realmente era-es.

Por eso nos lo aclara con la comprensión de quien lo ha experimentado sintiéndolo, única manera de vivir con intensidad: "La historia del África no puede encerrarse en bloques de estructuras culturales-filosóficas, ella no es un progreso escalonado, una cadena de círculos ascendentes. La historia africana no resulta un recorrido lineal que se rige por ideologías, arquetipos económicos, estatales o visiones grupales. El africano reaccionaría con soluciones espirituales a las crisis que la racionalidad o la tecnología irían entronizando"[14].

Esa comprensión es fundamental no solo para el africano. Es fundamental para la comprensión de la afro-descendencia desde varios ángulos, es decir: para la comprensión de la afro-descendencia sobre sí misma, de esta sobre el mundo con sus múltiples *otros*, y del mundo hacia esta.

El error de los proyectos nacionales americanos en los cuales la afro-descendencia es participe ha sido haber hecho de la herencia supremacista blanca el centro de las naciones, obviando la diversidad etno-racial y la consecuente pluralidad de subjetividades. Por eso hasta el presente la mayoría de los proyectos nacionales americanos son fallidos, insistentes en reproducir el coloniaje hacia los no blancos.

La carencia de esa comprensión y la desestructuración de la lógica de pensamiento del africano en manos de la colonización europea con su engranaje cultural y político respondiendo a una cosmovisión tan alejada de la holística cosmovisión africana una vez alcanzada la independencia, harían difícil el funcionamiento del sistema presidencialista.

No debemos olvidar que la organización sociopolítica del África a la que llegan y colonizan los europeos era muy diferente de la organización metropolitana que estos impusieron y que nunca alcanzo a abarcar a toda la población africana. Desde entonces ese ha sido uno de los mayores trastornos de la población africana, acostumbrada a responder a etnias, a grupos étnicos y a jefaturas tradicionales, todo lo cual se complejiza con la multiplicidad de idiomas y de compromisos o de pugnas que tienen carácter histórico.

Ese es el cuadro al que se añade la educación occidentalizada y la enajenación que provoca en algunos.

Para quienes aun desempeñándonos en el área de las ciencias sociales, teniendo como sujeto de estudio a la afro-

210

descendencia e interesados en África, por una multiplicidad de factores (entre estos por la escasa bibliografía y la imposibilidad de visitar el territorio) estamos alejados de conocer la verdadera historia del vasto continente, este *Tarik africano* nos devela tanto el complicado proceso de desarrollo social, cultural, político y económico africano como las razones medioambientales y climatológicas por las cuales en determinados momentos históricos esos procesos debieron tomar nuevos rumbos.

Los encuentros inter-étnicos

Lo primero que llama la atención a esta reseñadora es el origen del nombre del continente y su imbricación con el Islam. Tenemos que África es "denominación musulmana" que "deriva de *Ifriqiya*, la antigua provincia romana, integrada primeramente al califato Omeya (Túnez); base logística fundamental a mitad de camino entre Egipto y Marruecos, que según el historiador y científico musulmán Ibn Jaldún recibe este nombre de su primer conquistador, Ifricos o Efriqish que vino con los himyaríes o fenicios unos mil doscientos años antes de la Era Occidental" [15].

El rol del Islam en la totalidad continental africana es más significativo de lo que pudiéramos intuir. "Mediante la penetración política, religiosa y comercial, el Islam norafricano desempeñará un papel catalizador que sentó las bases para una solidaridad histórica continental" [16].

"Mientras que en África septentrional la hegemonía islámica posibilitó la creación de estados unitarios autóctonos y fuertemente organizados (Túnez, Marruecos, Egipto), en algunas regiones subsaharianas el contacto con los árabes y bereberes islamizados favoreció y aceleró la unión de las comunidades en unidades políticas territoriales estables y estructuradas. Esto fue en general el caso de los grandes imperios africanos como Malí, Ghana, Kanem-Bornú y otros reinos menores como Futá Yalón, Liptako, Hausa-Damana, Sennar, Darfur y muchos otros" [17].

Por eso la importancia que hoy tiene el Islam en la llamada "África negra". Por eso su utilización para fines políticos y de

211

asfixia cultural y económica de otras etnias. Deberíamos detenernos en su estudio para identificar las causas por las cuales ha servido en determinados momentos históricos para la articulación de la afro-descendencia por el mundo.

No olvidemos el caso de Malcolm X ni de la Nación del Islam. Debemos tener presente la importancia de esa religión en los levantamientos de esclavos en la brasilera ciudad de San Salvador de Bahía y la reciente presencia del Islam en Cuba, donde todo parece indicar que ha llegado a través de jóvenes afro-descendientes. Pero debemos tener presente la presencia de elementos de la cultura islámica en la filosofía de Ifá y por extensión en el culto Ochá-Ifá tal cual es practicado en Cuba.

Por el presente *Tarik* conocemos que con anterioridad a los cambios climáticos el Sahara "estaba conectado con el sur europeo y con el este mes oriental" [18]. "Lo que provocara un corte en la vinculación de la historia cultural y antropológica del África sub-sahariana con el África circun-mediterránea y de las culturas ribereñas del Medio Oriente seria el cambio geo-climatológico que significó durante el Mesolítico la modelación del otrora fértil Sahara en un vasto e intransitable océano de arena, con una muralla infranqueable de selvas y pantanos" [19].

Ese hecho provocaría "una dispersión demográfica" que las inmigraciones en busca de zonas más habitables: en dirección norte, hacia las costas mediterráneas, hacia el valle del Nilo, y, en tercer lugar, hacia el sur, siguiendo también el retroceso de las sabanas y las selvas, quedando establecida la posterior divisoria humana de África"[20].

La claridad de este hecho es relevante. Ignorarlo impide la comprensión de hechos primordiales como la presencia negra en el norte africano o del Islam en el sur, entre tantas migraciones intra-africanas que produjeron entrecruzamientos biológicos, otros tipos de encuentros inter-étnicos al interior africano o sencillamente resultaron en la convivencia de poblaciones de orígenes geográficos y culturales diferenciados.

No es descabellado considerar la idea de que esos encuentros inter-étnicos en territorio africano posibilitaran la convivencia de comunidades de esclavos de diferentes etnias, regiones, lenguas, religiones, en el para ellos nuevo espacio americano y frente a la crueldad del régimen de esclavitud plantacional americana.

212

Descubiertos estos hechos para sus lectores el historiador prosigue de-construyendo esas montañas de falsedades que, en este caso sobre África, nos han dado como verdades históricas. Nos muestra que antes del siglo XVI África no era ni un desierto ni una selva en aislamiento, que eran intensos sus contactos con Persia, la India y hasta con la mítica China.

"Ha existido una sórdida y tenaz campaña desplegada en la edad de oro del colonialismo, con vistas a denigrar la personalidad histórica y cultural del africano" (21).

Si, era preciso para el poder estereotipar al africano. Había que construirle como presa de un supuesto "barbarismo", de una irreal "inferioridad", necesitado de "civilización occidental" para poder expoliarlo, someterlo a la monstruosidad de la extirpación de su suelo, de la separación de su familia, del trabajo esclavo a perpetuidad y hereditario, entre tanta barbaridad más que saldría de las mentes de europeos creídos "superiores", lo que justificarían con sus ciencias, sus artes y su religión.

El vasto territorio africano como escenario de movimiento y de confrontaciones de imperios autóctonos primero y europeos después lo tenemos en este *Tarik* que nos regala el Dr. Benemelis, donde nada descuida de la complejidad de la construcción, sostenimiento y final de los imperios africanos, prácticamente nunca mencionados algunos y otros totalmente ignorados, hasta las disputas colonizadoras europeas en el continente africano.

Se detiene ampliamente en la caracterización de las administraciones coloniales europeas en África y las consecuencias para las sociedades colonizadas. Sobre las consecuencias precisa las maneras en las que se altera el imaginario de una parte de la población africana, esa en contacto directo con el colonizador. Expone a este tenor que las potencias europeas para sus beneficios estimulaban el vasallaje y el tribalismo a la par que obstaculizaban el desarrollo de una burguesía nativa y de una fuerte clase media.

Sumariamente especifica: "Las condiciones del trabajo asalariado, las uniones sindicales, las plantaciones privadas, la economía mercantil lograban desmoronar los estériles prismas comunales y clánicos. Si por un lado esta fragmentación íntima fue normal e involuntaria, las mudanzas de las estructuras

213

políticas allí donde se efectuaron probaron ser un episodio realizado con toda intención, procesado en un plano donde la conciencia del cambio y sus consecuentes ajustes provenían de los grupos colonizadores dominantes. En esto reside la distinción con los contactos iniciales" (22).

A diferencia de los usos historiográficos tradicionales, donde los africanos no aparecen más que como abstracciones, el *Tarik* de Benemelis nos presenta a unos africanos activos, pugnando por su defensa.

Los mitos del colonizador y del colonizado

El reparto europeo de África a través de la conferencia de Berlín (1884-1885), "no fue de coser y cantar, pues hubo mucha resistencia de los africanos, sobre todo los organizados en estados en la zona costera atlántica, como los yorubas, Ashanti, los Fulbé y demás"(23).

El deslumbramiento por África no ciega al historiador que es Juan Benemelis, el cual ve en el continente madre y en los hijos e hijas de este sus bellezas y virtudes, sus grandezas, sus errores y sus confusiones.

Por eso sus críticas a los colonialistas, pero también a los colonizados que se aprovecharon de la desestructuración que en esas sociedades crearían las administraciones coloniales. Igualmente dirige su análisis crítico a los socialismos africanos, que no siempre respondían a las necesidades de la multiplicidad societal africana sino a la mentalidad de una parte de esa elite creada por años de colonización.

Aquella elite intelectual y política africana se desprendería del influjo europeo burgués para dejarse atrapar por el influyo europeo marxista de corte soviético o por el maoísmo y hasta por el castrismo. Ninguno de esos modelos que tomaban respondía a las necesidades africanas y, a la larga, demostraron que tampoco respondían a las necesidades tradicionales de sus propias sociedades.

Terminaría sucediendo de ese modo porque: "La era de la colonización llegó finalmente para cambiar la estructura ideológica del continente y darle una nueva dirección. La ocupación colonial europea tuvo un serio impacto cultural en África con su educación occidental, las sociales, religiosas y políticas ideas que se mezclaron con el antiguo orden social de dioses y ancestros.

Después de varios siglos de reorientación un nuevo escenario de líderes emergió con las nuevas ideas y actuales pensamientos. África en las décadas posterior a 1940, fue dominada por algunas importantes ideologías nombradas Pan-Africanismo, Negritud y socialismo africanos" ([24]).

Nada conformista ni complaciente afirma Benemelis: "Si bien el inicio de la descolonización ha significado la aspiración de edificar las historias particulares ausentes de los prejuicios que gravaron las investigaciones del colonizador, éstas con frecuencia suplantan el mito colonizador por otro mito, cambiando con superficialidad los papeles en la trama, forzándose la búsqueda y desproporciones de situaciones históricas, movimientos y personajes de la antigüedad, cayendo en la misma trampa de los colonialistas" ([25]).

Su crítica mirada de profesional subalterno no le hace perder de vista que la independencia comporto elementos negativos. Entre estos destacaría la inexistencia de cuadros africanos para asumir las funciones administrativas y, el presidencialismo constitucional de partido único que coartaba "las inversiones 'imperialistas' a favor de una planificación central que respondía al supuesto 'socialismo africano'" ([26]).

Mucho se ha llevado y traído el fenómeno del tribalismo africano sin aterrizar en análisis claros. Desde afuera de África lo que pareciera inobjetable es que esa es una realidad tan atroz, que la desangra y mantiene con tanta inestabilidad como en su momento sucediera con las cacerías de los futuros esclavos que alimentarían las embarcaciones de los traficantes de africanos y los bolsillos de todos los victimarios.

En los años '80 (siglo XX) la ya fallecida Dra. Leyda Oquendo realizó sobre el tema su tesis de doctorado, lamentablemente no muy publicitada ni estudiada en Cuba pese a que si fue publicada. Concisamente, como quien conoce muy bien de qué habla, nos aclara el Dr. Benemelis que el Pan-Africanismo y la Negritud defendieron la personalidad africana y respetaron los valores africanos.

Después de la independencia las dos ideologías fueron abandonadas para dar camino al socialismo africano, el cual llevó al África hacia la anarquía y el poder de los militares, los que forzaron la salida de los gobernantes oficiales por nacional e internacional presión de grupos con el único objetivo de promover guerras civiles (27).

"Todo ello propicio el tribalismo, la cadena de golpes de Estado, el desplome y caos de naciones enteras, como Liberia y Somalia, e impidieron la implantación de un pluralismo democrático y de una eficiente economía de mercado" (28).

Benemelis no descuida en el examen histórico y político la influencia del contexto internacional.

Precisa que a los anteriores factores "se unió la rapacidad e inhumanidad de muchas corporaciones internacionales que vieron en tal caos una dimensión de provecho, la pugna entre los dos bloques durante la Guerra Fría, y la falta de realismo de las instituciones económicas internacionales, como el Banco Mundial y el Fondo Monetario Internacional, que aplazaron o desviaron las decisiones acerca de los cambios necesarios en la infraestructura productiva, creándose por otra parte gigantescos aparatos burocráticos"(29).

El *Tarik* de Benemelis acomoda los hechos en su espacio físico y nos describe este, aportando también las diferencias medioambientales del pasado y del presente. Con ese fin acude a la geografía, a la geología, a la meteorología y a la arqueología. Factores que correlaciona con las posibilidades de desarrollo de los diferentes escenarios físicos del vasto territorio africano y con las cualidades desarrolladas por las poblaciones oriundas de cada uno de esos escenarios.

Benemelis no es autor que nos lance su narración sin más. Refiriéndose a la aridez del Sahara nos especifica que esta "culminó trágicamente en el desigual desarrollo en ambos bordes del Sahara ---el Magreb y el Sudán---, que precipitó a la trashumancia obsesionante a su población interna berebere"(30). Nuestro autor dialoga con los hechos y con el medio como lo hace con una amplia gama de autores de todos los tiempos y sin reparar en tendencias historiográficas e ideologías políticas.

De los autores europeos considerados clásicos en el estudio de África hasta el presente el historiador afro-cubano contrasta sus tesis y, siempre que lo considera oportuno, las cuestiona e increpa. Deja claro que en muchas de esas tesis el esquematismo va de la mano del etnocentrismo y del racismo.

Partiendo de presupuestos etnológicos etnocentristas, racistas y reduccionistas autores como "Leo Frobenius, Maurice Delafosse y Charles Gabriel Seligman, considerados los clásicos para el estudio de la prehistoria africana, bajo el influjo de los relatos bíblicos suponen que los pueblos camitas (originarios del Oriente Medio y que la *Biblia* hace descender de Cam, hijo de Noé) de piel oscura, eran racialmente afines a los europeos y por tanto culturalmente superiores a los negros" [31].

Respondiendo al evolucionismo doctrinal esos y otros estudiosos afirmaron que, tras las migraciones escenificadas por esa etnia al sur y norte del Sahara, "dondequiera que los africanos lograron un período magnífico, ya sea en el Magreb, en el Sudán, en el Nilo o en Etiopía, se ha enarbolado esta indocumentada infiltración camita, donde oleadas tras oleadas de pastores camitas logran imponerse a los moradores del desierto y a los negros agricultores, incorporándolos a su 'avance' económico y político" [32].

Nuestro historiador, haciendo uso de fuentes diversas que abarcan la antigüedad romana, africana y el presente, opta por mostrar un abanico de posibilidades y las acompaña de sus argumentaciones lo mismo populares que científicas, en base a pictografías y fuentes bibliográficas.

Los historiadores griegos Herodoto de Halicarnaso, sus colegas romanos Cayo Salustio Crispo y Cayo Cornelio Tácito, el geógrafo griego Estrabón, el erudito norte africano Ibn Jaldún, el antiguo escritor árabe Ibn Novairi, el historiador y astrónomo griego Claudio Tolomeo, el historiador y teólogo visigodo Paulus Orosio, el historiador y literato ruso-hebreo Nahúm Slouschz y el arqueólogo, egiptólogo e historiador norteamericano, James Henry Breasted y el cura católico francés Charles Eugene de Foucault, entre tantos más conviven en el texto del Dr. Benemelis.

A cada uno el africanista afro-cubano los espolea, los interroga, los muestra en sus contradicciones o en sus aciertos. A sus lectores, el Dr. Benemelis deja claro que la insistencia de tantos historiadores en negar el origen norteafricano de los bereberes obedece a una "tendencia a negar la posibilidad de resultados a cualquier cultura 'negroide'", lo que "llevó a forzar

217

un origen asiático, tanto de ellos como de cualquier otra resultante africana" ([33]).

Los bereberes "aparecen en innumerables pinturas y esculturas egipcias como cautivos bajo el nombre de libios, lo que los hace originarios del África norte[11]", y "es notoria la abundante semejanza entre los nombres de muchos clanes tuaregs y los de los pueblos libios enumerados en los papiros e inscripciones de las V y XIX dinastías faraónicas" ([34]).

Destaca Benemelis un muy significativo hecho del cual la "historiografía convencional guarda silencio". Se trata de la presencia de caballos en África del norte y de su empleo en la tracción de los carruajes. El autor nos hace saber que "diversas fuentes reseñan que ya los etíopes conquistadores del antiguo Egipto, en el siglo sexto a. C., poseían también carros tirados por cuatro caballos". De manera que esos carros en la región "fueron anteriores a los que introducirían los invasores Hicsos en Egipto en el 1580 a. C."([35]).

Tan importante como la presencia del caballo es que "la fabricación de estos carros (...) demuestra que ya en el Neolítico, los bereberes hacían un extenso uso de los metales". Pero la historiografía occidental convencional, tan dada a dar seguimiento a la tecnología, pasa por alto "el salto tecnológico que implica el uso de carros de ruedas, acarreados por animales tiene lugar en África, y fue introducido por los bereberes y por los etíopes" (36).

Es que el reconocimiento por esa literatura occidental de los adelantos materiales e intelectuales que disponía África privaría al europeo de representarse a sí mismo en una supuesta "superioridad" que lo (auto)erigía en "civilizador".

De egipcios y fenicios

Una y otra vez el autor identifica y esclarece confusiones que sobre las sociedades africanas han creado y casi legitimado los estudiosos occidentales, forzando sus análisis de aquellas sociedades a los esquemas y devenires de las suyas, habiéndonos hecho transitar a fuerza de sumirnos en la ignorancia por sus confusiones y por las que fabricaran, creándonos una "gruesa ilusión óptica".

Con esa "gruesa ilusión óptica" hemos discurrido de uno en otro "superficial caso de semblanza"[37] y sin que la mayoría podamos hoy en la Isla contar con el *Tarik africano* para acometer la deconstrucción de los escasos y nebulosos o erróneos conocimientos que sobre África recibimos.

Porque no solo El Magreb, África toda "es tierra de leyendas, de divinidades y de héroes míticos"[38], donde pululan las divinidades con naturalidad.

De la literatura de la época rescata el profesor Juan Benemelis los complicados movimientos migratorios étnicos y las luchas por las invasiones y conquistas de espacios y de poder que tenían lugar.

Fenicios, semitas, hebreos, egipcios, hicsos, persas, bereberes, y tantos pueblos más, muchos de ellos extraviados en el tiempo saltan de las páginas del *Tarik* con sus caravanas, sus peculiares armas, sus organizaciones sociales, políticas y económicas para develarnos milenios de culturas africanas y mostrarnos como se iban construyendo las cosmovisiones de los grupos, en los cual desempeñaban rol principal los gobernantes y, en su auxilio, los sacerdotes.

Juan Benemelis se suma a los estudiosos que consideran que "los africanos antiguos emigraron dentro de África, vertical y horizontalmente, así como fuera de África para poblar el mundo" [39]. "Ello significó el surgimiento de civilizaciones antiquísimas, a partir de las propias condiciones africanas. Es posible discernir cuatro complejos sociales y lingüísticos básicos resultantes de la evolución humanoide en los residuales culturales de los lagos orientales. Ellos son: los bosquimanos, los pigmeos, los llamados negros y los caucásicos que dieron lugar a los bereberes del Sáhara y África norte, a los semitas de la Arabia, Mesopotamia y el Cáucaso, y a los supuestos 'camitas' que recorrerían parte del valle nilótico. Estos cuatro grupos tomaron rumbos diferentes: los pigmeos hacia los cinturones boscosos del África Occidental y el Congo; los negros, hacia el África Occidental; los bosquimanos hacia el sur y los caucásicos al nordeste africano y en un empujón inicial a la Península Árabe"[40].

"De esta primera oleada, proveniente de los grandes lagos, se desarrollan las culturas paleolíticas a todo lo largo del rio Nilo. Posteriormente las mesetas etíopes serán, durante casi un millón de años, el fondo sobre el cual se mezclarían grupos de negros en estadios superiores. Con una cultura agrícola desarrollada, arribaron provenientes de la masa continental, huyendo de la lenta pero incontenible desecación sahariana. La resultante entonces sería un complejo étnico-cultural básico en todo el Nilo, con mayor o menor grado de sincretismo" (⁴¹).

Benemelis nos presenta los adelantos que iban logrando cada uno de los pueblos, muchas veces resultados de sus uniones más o menos espontaneas, pero no escatima en hacernos saber las crueldades de las que fueron capaces.

Hace palidecer la narración de la venganza de la soberana cirenense Feretima, madre del rey de Cirene. Muerto su hijo por incursión de las tropas de "la metrópoli rival de Barca (al oeste de Bengazi)", la progenitora "apelando a la ayuda del sátrapa persa en Egipto, y con el apoyo de tropas persas lograría derrotar e invadir la ciudad de Aníbal Barca.

La venganza de Feretima ---detallada por el historiador Herodoto---, fue sangrienta; los notables y jefes principales de Barca, junto a sus hijos, fueron empalados y exhibidos por toda la ciudad. Feretima ordenó cortar los senos de las esposas y colgarlos en las murallas, mientras sometía a la esclavitud al resto de sus habitantes" (⁴²).

Pero en la crueldad no hubo distinciones por sexos. Esa era la práctica de la época y no recaía en hombres o en mujeres la responsabilidad de tal.

Al monarca conocido como Narmer o Menes (3100 a. C.), "primer faraón de la primera dinastía egipcia" (43), que recibe el crédito de haber unificado el Alto Egipto con el Bajo Egipto mediante la guerra, una "lápida ceremonial lo muestra contemplando prisioneros siendo sacrificados, atacando enemigos del norte" (⁴⁴).

Los avances económicos y territoriales de los fenicios, alumbradores para la humanidad del alfabeto y que se adentraron en el Atlántico, los bereberes con su larguísima presencia histórica (superior a los 25 siglos), también aparecen en el *Tarik*.

220

"El historiador Herodoto ya describía 25 siglos atrás a las mujeres libias usando diversos ornamentos de cuero rojo, y el conocido naturalista y explorador francés, Theodore André Monod, detalla cómo las mujeres tuaregs de la banda del río Níger, aún los usan", dice Benemelis en su *Tarik africano*[45], y la presencia de otras étnicas con sus particularidades y aportes a la humanidad, así como los procesos de estratificación social y la organización de las sociedades en ciudades y Estados nos lo ofrece este *Tarik*.

Algo insólito en la literatura de la Isla sobre ese continente que para tantas cubanas y cubanos más que "madre" genérica lo es también genética y cultural pues allí están sus orígenes ancestrales directos.

La presencia de cultos a divinidades que parecen provenir de grupos étnicos distantes en otros expone los préstamos culturales y posibles transculturaciones que llegan a nuestro presente histórico dificultando esa pureza cultural-religiosa pretendida por algunos.

"A principios del siglo XX, el etnólogo Ferdinand Ossendowinski ya argumentaba que entre las sectas musulmanas en la región del Mzab existía una cofradía llamada Aissana, cuyos miembros aún practicaban el milenario culto de Astarté-Tanit. A poca distancia de las modernas ciudades de Dakar y Saint Louis, en Senegal, donde se supone habitaron colonos cartaginenses, algunas localidades africanas idolatran efigies de Astarté, así como bustos con caracteres fenicios" [46].

Un África que vive

Faltaría al *Tarik* la presencia de mapas. Esta reseñadora prefiere no pedirle la presencia de otras imágenes porque, en realidad, el *Tarik africano* de Benemelis, cual esta conceptualmente concebido y casi dramatúrgicamente articulado, pudiera tener una versión ilustrada. De estar disponibles estas, esa es una posibilidad en la que debería pensar su autor.

221

Asoma en este *Tarik* una interpretación diferente de la habitualmente ofrecida sobre la construcción de las pirámides egipcias. Se ha repetido hasta la saciedad la tesis de que serían obras frutos de la esclavitud de cientos de miles de egipcios. Benemelis muestra esta tesis en letras de Herodoto. Paralelamente presenta la interpretación ofrecida por el egiptólogo egipcio Zahir Hawass, director de las pirámides de El Cairo. Hawass concluye que no menos de 25 mil hombres se encargarían de los trabajos en las pirámides pero que estos serían campesinos, no esclavos.

Benemelis cita al especialista egipcio cuando afirma que el mito de esclavitud es muy bueno para todos, el mismo parece bueno para las películas. En realidad, la esclavitud puede construir grandes edificios, pero nunca pueden producir algo como esta civilización. Si usted mira cada inscripción y cada escena en una tumba la misma muestra amor, muestra la idea de un proyecto nacional.

El Antiguo Egipto tenía un sistema llamado de apoyo familiar, cada casa tanto en el norte como en el sur participaban en la construcción de la pirámide en lugar de pagar impuestos. La pirámide era un proyecto nacional para toda la nación[47].

No olvida dejar sentada la importancia religiosa y por ende articuladora socialmente que tenían las pirámides. Cosmología y cosmogonía se daban estrechamente la mano en ese símbolo egipcio que todavía hoy, como sucede con las pirámides mexicanas o centroamericanas, nos sobrecogen intelectual, emocional y espiritualmente.

El complejo de pirámides en su totalidad servía al faraón muerto, pero también enlazaba el reino y el cosmos. El complejo consistía en un templo y un palacio de imitación, con la pirámide como medio de ascenso. Las escenas dentro del complejo representaban el rol del faraón en el cosmos como vencedor sobre las tendencias del caos. La pirámide representaba el montículo primaveral sobre el cual había tenido lugar la creación del universo [48].

Por las páginas del *Tarik africano* desfilan importantes personalidades y encontramos momentos relevantes de la humanidad y ambos no solo de la esfera política.

Ahí está su destaque de que la XII dinastía egipcia, "de los Mentuhotep y Amenemhat califica como el momento cumbre de la literatura egipcia. En ella se gesta la primera gran novela de ficción de la humanidad, como el náufrago y la serpiente monstruosa, o el relato de Sinué, el médico que pudo ser faraón y que vivió exiliado la mayor parte de su vida entre los nómadas de Siria las ciencias también avanzaron. Existen papiros que describen técnicas de cirugía, cálculos matemáticos sobre áreas y volúmenes, manuales de refranes y proverbios, como los del propio faraón Amenemhat I, que se refieren a cómo ejercer el poder, y que antecede a los escritos de Nicolo Maquiavelo"[49].

En este *Tarik* encontramos un África viva. Sus pobladores conocen los metales y los emplean en su beneficio. Fabrican armas con las que protegerse o atacar y utensilios que les faciliten la vida. Están en movimiento, en expansión de sus territorios étnicos. Hay preocupación por sus cultos funerarios y religiosos, que se van transformando con nuevas ideas de los jefes y con los contactos inter-étnicos. Más que la propiedad privada de la tierra, emplean esta como propiedad comunal y con la sedentarización desarrollaron importantes técnicas de cultivo agrícola.

Es de suma importancia constatar que en su desarrollo los africanos no se detuvieron ante las adversidades de la naturaleza. El Sahara con sus extensas y áridas tierras no les contuvo en el transito comercial de un lado a otro del desierto, para lo cual emplearon los cuadrúpedos.

Ante las dificultades que les crearan las cataratas de los ríos, concibieron y produjeron importantes obras de ingeniería hidráulica que les permitieran la navegación. Las adversidades de la naturaleza les condujeron al desarrollo de la matemática, la astronomía, la geometría, la astrología.

El arte pictórico y la escultura, la arquitectura y la cerámica, la joyería y el arte del vestir ocupaban preponderancia en las vidas de africanas y africanos. Las pirámides egipcias que llegaron hasta nuestros días son escasos, aunque monumentales ejemplos que quedaran como paradigmas de sus intereses artísticos y de la vinculación arte-poder-religión.

La escritura, ese nivel de desarrollo conceptual que el Occidente supremacista y jerarquizador niega que existiera en África, restándole así su participación importante en la historia universal, sin embargo, era conocida en la región con diferentes modalidades.

"A pesar de la desinformación europea, los africanos desarrollaron una amplia gama de símbolos y motivos por comunicar ideas y conceptos. La variedad de escritura, materiales usados en algunas partes del continente (...) reflejan la compleja historia de los sistemas de escritura en África, los cuales en el pasado eran escritos en materiales como pergamino, el papiro, cuero, piel, tejido, arcilla y metal, de forma más extendida en algunas partes del continente que en otras. Entre algunos de los sistemas de escritura: Geez (Etiopía), Meröítica (Nubia), Jeroglíficos (Egipto), Bamum (Camerún), Vai (Liberia), Nsibidi (Nigeria-Camerún), Ajimi (Nigeria-Níger) y el sistema pictográfico Adinkra (Akán-Ghana, Costa de Marfil)" [50].

El monoteísmo que reclama para sí el cristianismo, también estaba presente en los africanos. Así podemos concebir la obsesión por el Dios Sol, por ejemplo.

Ese sería caldo de cultivo para la temprana entrada del cristianismo en el norte africano, forjándose allí unas de las primeras comunidades cristianas. "La leyenda plantea que la cristiandad fue introducida en Alejandría por Marco, uno de los cuatro evangelistas, en el año 60 d. C. Es decir, antes de que se extendiera a la parte norte de Europa y por Bretaña" [51].

Para quienes estudiamos el mundo religioso y las posibilidades de diálogos inter-culturales e inter-religiosos es de sumo interés volver con Benemelis sobre la práctica cristiana copta en el milenario imperio etíope. Al respecto el señala: "la religión cristiana etíope no sería un dogma puro cristiano, pues consideraría aportes locales como la danza, los tambores y los coros; los sacrificios del cordero, el no celibato y demás, lo que llevaría a ser considerada como un cristianismo cismático" [52].

De lo que podemos inferir que el cristianismo etíope fue uno de los primeros en inculturarse, es decir, en ser vivido desde dentro de la cultura de la sociedad que lo asume. Lo que hoy vemos, por ejemplo, en algunos templos brasileros, tuvo origen allí durante los primeros siglos cristianos. Ese es tema evitado en los estudios y en la instrucción recibida por los feligreses en los templos cristianos.

Un dato muy revelador e interesante hallamos en el *Tarik*. Ezana, uno de sus monarcas del imperio etíope Axum, se convirtió al cristianismo alrededor del 330 d. C. El monarca hizo destruir las imágenes religiosas existentes hasta entonces y sus templos, "disociándose de las religiones autóctonas procedentes del período faraónico" [53].

"La aceptación del dogmático cristianismo copto, como culto oficial de la corte y la nobleza, inauguró una nueva era en la historia del país" [54].

A su vez, la manera en que se estableció el cristianismo en el imperio, con la conversión de su monarca, suscito una característica de especial interés para el cristianismo asumido en ese territorio. "El cristianismo etíope, a diferencia del resto del mundo cristiano, sobre todo alrededor de la cuenca mediterránea, comenzó por las clases más elevadas para luego ir ganando adeptos entre la población general, lo que implicó el fortalecimiento de esta nobleza en el Estado, y la no escenificación de persecuciones y martirologios que tuvieron lugar en otras comarcas" [55].

Contrariamente, los etíopes, con la anuencia de los bizantinos, se movilizaron por la Península Arábiga procurando "evitar el genocidio contra los cristianos" [56] que era desatado por los persas.

"El reino etíope de Axum, por la época cristianizado de manera superficial, quedaría aislado de sus fuentes espirituales: de Alejandría y de Bizancio, lo que haría que el cristianismo etíope evolucionara de manera aislada, cultivando sus propias características, sincretizando la vida monástica con los credos axumitas procedentes del período faraónico"[57].

A través del *Tarik africano* que nos regala el Dr. Benemelis, vale la pena volver sobre la historia del cristianismo. La Roma que un día ataco a los cristianos africanos hasta provocarles la muerte por decapitación, olvidados convenientemente sus actos e instituida la Iglesia-poder y de parte del poder, se ensaña contra las prácticas cristianas inculturadas o no católicas-romanas.

"La estructura social o racial del cristianismo africano, su peso demográfico, y la influencia que tuvo en la creación del catolicismo permanecen aún por divulgar. Por otro lado, la amplitud del culto a los santos y a los ancestros concede al África norte un rasgo singular, con el desarrollo de las ofrendas alimentarias y las vigilias del Pentecostés. Aunque es complejo analizar la hondura de este fenómeno religioso sin tener en cuenta una África norte abandonada por las legiones del emperador Diocleciano y mal reconquistada por los ejércitos vándalos y bizantinos. Desde los inicios del siglo IV, bajo el emperador romano Diocleciano, los ataques se volvieron más violentos. Se destruían las iglesias, se quemaban las biblias y los cristianos enfrentaron encarcelamiento, tortura y muerte" [58].

Otra peculiaridad del cristianismo tal cual se practica en Etiopia pudiera ser causante de su silenciamiento por el mundo. La fluidez de los contactos de las poblaciones hebrea y etíope introdujo en la segunda elementos de la práctica judaica. "De este modo el cristianismo en Etiopía se habría fusionado con tradiciones judías" [59].

Razón por la cual es mayor el peso que tiene el *Antiguo Testamento* en las Iglesias cristianas etíopes y la copta egipcia, que además reconocen dos días santos: sábado y domingo. Ambas tienen la carne de cerdo como tabú y consienten el sacrificio de animales.

Las africanas

¿Y cómo quedamos vistas las mujeres en el *Tarik Africano* de Juan Benemelis?

Lo primero a señalar es que el autor es tan apasionado del sexo femenino como lo es de la veracidad histórica. En las fuentes documentales y en la mitología, correlacionadas ambas, halla material hechológico y también explicativo para los sucesos y procesos sociológicos, para las expresiones culturales y para los rasgos de estas.

No puede según el avance de los estudios hasta el momento, hablarse con propiedad –pese a que hay quienes lo intentan- de una fase de matriarcado o de poder absolutamente femenino en el desenvolvimiento de la humanidad. Pero si de equilibrio de roles masculinos y femenino como legado del matriarcado visible en el Neolítico. Ejemplo de ello, señala el profesor Juan Benemelis, fueron los pobladores bereberes.

En la mitología encuentra la fundación de Cartago por una mujer, la princesa Elisa convertida en la mitológica princesa Dido. Pero es en el mito donde el autor encuentra una coherente explicación que "marcaría por siete siglos el carácter de resolución y autonomía de las cartaginesas" [60]. La fortaleza de "la célebre reina Artemisa" que "en la batalla de Salamina se distinguió combatiendo a los griegos" [61].

"La XVIII dinastía tebana se estructuró a partir de una sola familia y representó un momento de refinamiento y complejidad artística. Es el período de las poderosas faraonas como Hatshepsut, de las resueltas reinas madres como Tiy, de las enérgicas esposas del faraón como la de Senmut. El conflicto contra el clero de Amón-Rá sería conducido en lo fundamental por las reinas-madres, las esposas y hermanas de los faraones, las faraonas o las regentes; una batalla declarada por el poder político femenino existente en las estructuras estatales contra el culto de la teocracia tebana, el más acendradamente patriarcal y misógino de la época"[62].

A la faraona Hatshepsut, "la única mujer que gobernó Egipto como faraón, y la primera mujer gobernante conocida en la historia" [63], se dedica en el Tarik extenso espacio. Especial atención le merece al autor la difícil empresa comercial emprendida por la faraona.

"El gobierno de la faraona Hatshepsut significa un cambio en la orientación política de la dinastía, que hasta entonces se dirigía hacia el control político-militar de la franja Sirio-Palestina y que con ella comienza a centrarse en otras empresas de carácter económico" [64].

El Dr. Benemelis participa sin detenerse demasiado en la polémica seguida sobre el rol que verdaderamente habría desempeñado la faraona con su mandato. En las auto-representaciones que la faraona prodiga por los sitiales más importantes en las cuales aparece luciendo barba y sin senos, nuestro profesor cree verla "probablemente como representante de un grupo de poder que habría depositado en ella sus intereses políticos" (65).

Pero él había dado la clave para una mejor comprensión de esa iconografía, de la incomprensión del rol de la faraona, de los énfasis de esta durante su gobierno, y de la reacción de su hijastro tras la muerte de ella. Se trataba de relaciones de poder. Dos formas, masculina y femenina, de concebir el ejercicio del poder.

La iconografía de Hatshepsut luciendo atributos masculinos, despojada de atributos corporales femeninos, bien pudo haber sido parte del juego y rejuego de las identidades puesto al servicio de las luchas libradas dentro del escenario del poder.

Si los hombres no concebían a la mujer ejerciendo el poder político, si no podían concebirla ni soportarla en el ejercicio de funciones que ellos consideraban privativas del sexo masculino, ella decidió optar por hacerse visualizar con atributos masculinos del faraón. Pero, no dejaría por ello de ejercer el poder. Ni tampoco afectaría ese rejuego simbólico su identidad femenina, menos su naturaleza femenina.

Hatshepsut fue la reina-madre, esposa, madre y madrasta que consiguió hacerse con la regencia y acceder al poder. A ella correspondió entonces hacerlo de otra manera. Sobre ella se centrarían las miradas de los sacerdotes y de los políticos civiles, de los hombres en general, pues ella con su sola presencia ataca al poder patriarcal.

Quizás su auto-representación iconográfica con elementos masculinos se significará en otras dos direcciones: una podría ser su mensaje al mundo masculino en el sentido de la simetría en los relacionamientos con y en el poder; otra pudiera ser una perspectiva conciliadora en la que la imagen masculina no se viera alterara por la presencia femenina ocupando el rol que siempre ocupa aquel.

Por su frontalidad al poder patriarcal y por su presencia en sí misma, pues, como se indica en el texto: "Las mujeres faraones eran poco frecuentes" (66), ciertamente "resentido por la co-regencia" (67), "el joven faraón Tutmosis III" (68), hijastro de la faraona, "destruyó todos sus monumentos después de su muerte" (69) y tras la muerte de ella "ordenó eliminar su nombre de todos los monumentos en los que aparecía, sustituyéndolo por el suyo o por el de su padre o su abuelo. Incluso dejó su tumba incompleta, que es la mayor venganza que podía tomarse de acuerdo con la mentalidad egipcia" ([70]).

No sabemos si Tutmosis, como supone Benemelis, "debió de vivir oprimido por su madrastra" ([71]). Es dable inclinarse a aceptar en su postura el patriarcalismo, la intolerancia hacia las mujeres en las esferas públicas y de poder, la misoginia. Especialmente cuando al guerrerismo de sus predecesores Hatshepsut, sin desentenderse de las batallas necesarias, enfrento una política de pacifismo.

No pasa por alto Benemelis la presencia de la faraona-esposa y faraona-madre Tiy, "de una belleza admirable, era la esposa de Amenhotep III, el magnífico, y su influencia es patente en el reinado de su esposo y en el de su hijo, el hereje Akenatón (...) la verdadera ideóloga de todo el período hereje, tanto con su marido como después con su hijo Akenatón" ([72]).

África vivía reminiscencias del matriarcado, de ahí la función tan destacada de las mujeres. Ya hijas, hermanas, esposas o madres estas tenían lugar especial en la organización social y ejercían verdadero poder, pudiendo decidir o influir en decisiones importantes. Situación de la que se hacen eco sus religiones.

Muchas de sus divinidades eran femeninas, como la egipcia "Anubis que escoltaba a los muertos en su viaje" ([73]). No pocas de estas estaban casadas, como "Isis la diosa-madre quien participaba en la vida y la fortuna" ([74]) que en ese "cruce de caminos entre el África negra, el Egipto faraónico y el Mediterráneo" ([75]) que fue Nubia, en el periodo del casi desconocido reino sudanés de Meröe "estaba casada con el dios local Apedemak" ([76]).

"Las primeras representaciones antropomorfas se fechan en época neolítica, son femeninas y extremadamente simples, con tatuajes, amplias caderas y voluminosas cabelleras. Suelen ser designadas como Venus y podrían interpretarse como garantes de fertilidad" ([77]).

La herencia fue concebida por línea materna. Lo que en el imperio meröítico "produjo una serie de monarcas que eran mujeres, una innovación no vista en ninguna otra gran civilización" ([78]). Las monarcas femeninas fueron conocidas como "candaces".

Ellas establecían "una conexión con las tradiciones matriarcales de África y el alto estatus acordado a las mujeres en la cultura de Nubia. Ya en el período de la dinastía kushita en Egipto las posiciones sociales y, en particular, la posición del rey, eran definidas a través de la línea femenina. Los reyes establecían el linaje por línea materna. El sucesor de un monarca muerto era generalmente el hijo de su hermana. Esto explica por qué los monarcas de Napata y de Meröe se casaban a menudo con sus propias hermanas de modo que sus hijos pudieran sucederles. La madre del monarca, como la madre de un dios, tenía una posición de enorme respeto. La reina-madre de Meröe también transmitía el título de faraón, y en algunos gobernaba junto a su hijo si él era un menor de edad, también en común con su marido, e independientemente" ([79]).

Además de otras prácticas incorporadas por los etíopes judíos al cristianismo, circuncidan a los niños y conservan regulaciones para las mujeres que coinciden también con las de los judíos. Por ejemplos, ellas tienen prohibida la entrada al templo mientras menstrúan, en los cultos religiosos ocupan lugar separadas de los hombres. "Igual que las mujeres judías ortodoxas, deben cubrirse el cabello con un pañuelo de gran tamaño, llamado *shash*, cuando están en la iglesia" ([80]).

La teología patriarcal

En el *Tarik* se indica el origen de la teología patriarcal cristiana, que tuvo en el norafricano Tertuliano, "un abogado de los tribunales romanos, (...) de los más eminentes teólogos y escritores Occidentales de la antigüedad cristiana" ([81]) y en San Agustín de Hipona, reconocido entre los "maestros" de la Iglesia católica-romana, dos de sus máximos exponentes.

Teólogos cristianos estos que tuvieron posiciones de vida antagónicas, pero coincidentes en su visión de la posición de supeditación que debía corresponder a la mujer. Tertuliano rompió con la Iglesia cristiana para unirse a los Montanistas

230

de África, rompiendo luego con estos para crear su propio grupo: "los tertulianistas".

"Tertuliano muestra su disgusto por los cristianos gnósticos y expone la audacia y la falta de modestia de las 'mujeres herejes' en África norte, que se empeñan en participar de las disputas. Hace explícito el que la mujer no puede manifestarse en las iglesias, ni dispone de permiso para la prédica o para llevar a cabo bautizos, ni pretender ser parte en ninguna función masculina. Tertuliano llega al extremo de calificar de víbora a una mujer que encabeza una comunidad cristiana en África norte" [82].

Queda claro que los considerados grupos "heréticos" por las jerarquías cristianas eran más atractivos para las mujeres porque según Ireneo de Lyon encontraban en estos la libertad para expresarse y de ejercer como sacerdotisas [83].

Establecido el cristianismo en una etapa del desenvolvimiento histórico de la región en la cual el sistema de organización patriarcal era una realidad y pugnaba por avanzar copando cada espacio de realización humana, la nueva religión venía a ser expresión de esa pugna y a dar voz y espacio al sistema de organización en el que los hombres eran centro y cúspide.

El donatismo, manera de pensar y practicar el cristianismo de los "seguidores del obispo Donato de Baga o Donato Magno, con centro en la ciudad de Cartago", fue la "ramificación cristiana más poderosa en toda África norte" e igualmente considerada por las autoridades eclesiales bizantinas una herejía. "Los donatistas, por su parte, promovieron un movimiento cristiano separatista, manteniendo que sólo ellos eran la verdadera iglesia y que, como resultado, sólo sus sacramentos eran válidos" [84].

La resistencia al avance masculino fue una constante del periodo que tendrá también espacio en los albores de la nueva religión. El donatismo africano, por ejemplo, "posee como rasgo intrínseco una amplia militancia femenina y de los estratos sociales más paupérrimos" [85].

Por consiguiente: "Uno de los casos que más censuran estos fundamentalistas cristianos es el de la maestra gnóstica Marcelina, que se avecinda en Roma en representación de su grupo, los montañeses, el cual honra como sus fundadores a las mártires cristianas Priscilla y Maximilla" ([86]).

Coherentemente con la posición de la nueva religión nacería "una teología totalmente masculina, con una jerarquizada disciplina que se hereda de los griegos y del maniqueísmo, que y luego se desarrolla -como el verbo de Dios, por la patrística norteafricana de Eusebio de Cesárea, de Atanasio de Alejandría y de Agustín de Hipona" ([87]).

Puede que necesitada de ejercer férreo control sobre la rebelde población norteafricana, las autoridades imperiales y eclesiales concedieran importancia cardinal a la sexualidad. El establecimiento de una moral sexual férrea y pudiera decirse que anti-natura, junto a la difusión de un Dios atemorizador que por temor compela a las actuaciones social, religiosa y políticamente consideradas "correctas", comenzarían a funcionar a favor de los poderes.

A mano estaría la teología de San Agustín para dar fundamento a un proceder que luego se establecería como parte de la doctrina cristiana-católica. "Clemente de Alejandría sería el primero en lanzar la piedra, advirtiendo que el pecado original había sido el acto sexual; pero será Agustín de Hipona quien ligará definitivamente al pecado original con la sensualidad, a causa de la concupiscencia; a partir de los hijos de Adán y Eva, el pecado original se transmitirá al hombre con el acto sexual"([88]).

Un conglomerado de relaciones de poder diversas: entre imperios, de los imperios con las poblaciones a las que dominaban, entre sexos, entre religiones y entre facciones al interior del joven cristianismo, alimentarían la atmosfera que propiciaría la cristiana radicalidad patriarcal, machista y por más homofóbica.

Algo en lo cual no eran originales. "Esta nueva ética sexual no era otra cosa que la forma más espectacular y más difundida de un tema estoico, con el cual el cristianismo azotaría por 18 siglos, y por el cual en el Occidente se reprendería el placer carnal" ([89]). Habría que apuntar que el judaísmo precedía inmediatamente al cristianismo en su discriminación hacia la mujer.

"La Madre Iglesia de Roma, victoriosa sobre los rebeldes gnósticos, reunida en el Concilio de Nicea en el 325, impone como dogma no una diosa que genera sin consorte, sino al contrario, una divinidad exclusivamente masculina que genera de sí, sin una hembra, haciendo comparecer al gestor masculino, a través del Espíritu Santo, diseñando toda una ética sexofóbica. En el Concilio se trataría de resolver el dilema del fundador, el señor Jesús Cristo, como hijo consustancial del Padre-Dios y de una mujer" [90].

Mal se la tuvieron que ver las mujeres cristianas no solo con la jerarquía que se imponía/impuso en su Iglesia. Se añadirían en su contra muchos no cristianos, ya hombres ya mujeres. La presencia del islamismo con su marcado desprecio hacia las féminas, fue otro elemento en su contra.

"Hacia el inicio del primer milenio una princesa no cristiana, llamada Judith, Guedit o Esato, venció al último de los reyes del Estado de Axum, aniquilando a toda la familia real y persiguió ferozmente a los cristianos"[91].

Las mujeres cristianas no permanecieron todas inactivas y tolerantes. Como de muchos de sus colegas masculinos, Mahoma, el auto-titulado "Profeta", debió enfrentar la activa oposición "de la cristiana Sachab, quien sermonea la igualdad de la mujer y el hombre ante la religión, y se enfrenta a la expansión musulmana, en una encarnizada campaña militar, por considerarla un credo esclavizante para la mujer" [92].

En algún momento las mujeres salimos de las páginas del *Tarik* para no reaparecer. Es como si luego de la Antigüedad las mujeres no hubiésemos hecho nada significativo en África… queda la duda.

¿Dónde están, por ejemplo, las mujeres profetisas que emergieron de la violencia impositiva del europeo con su contradictorio cristianismo? Esa es una respuesta que seguramente nos regalara este prolifero autor en algún próximo libro. Dejémosle la interrogante a modo de estímulo a su siempre activa y creativa mente.

Las apropiaciones e interpretaciones que solemos hacer los humanos de caracteres culturales ajenos suelen ser procesos complejos y no siempre fácilmente comprensibles. Procesos estos en los que los caracteres culturales apropiados no necesariamente mantienen sus esencias pues pueden ser re-semantizados, asociados con fenómenos y caracteres que en concepciones de otros sean contradictorios, etcétera.

El *Tarik*, texto censurado

El cristianismo, esa religión que superado su tercer milenio alcanza ya los cinco continentes yendo en declive en su original foco medio oriental y en su medio europeo de adopción y extensión, ya ha desplazado su foco a muchos pueblos a los cuales se les ha impuesto como medio de dominación, les ha servido de estímulo movilizador para luchar por su manumisión.

Por eso el cristianismo en su práctica etíope "adquirió gran importancia fuera del Cuerno de África en los siglos XIX y XX. La naturaleza antigua de la iglesia, combinada con la derrota infringida por los etíopes a los italianos en 1896, levantó las esperanzas y la inspiración al movimiento anti-colonial en África Sur y en la Costa de Oro, así como a Afro americanos que padecen prejuicio y segregación"[93].

El desplazamiento de la práctica en las comunidades cristianas de base no ha marchado en paralelo con la representatividad de estas en la jerarquía cristiana pues, ya sabemos, se trata de relaciones de poder.

Las Iglesias cristianas africanas, estadounidenses y caribeñas son paradigmáticas en ese accionar que pudiéramos llamar de vuelta a los orígenes cristianos, pero que a la luz del poder cristiano en cada una de sus denominaciones es considerado manifestaciones de subversión o de herejía.

Es lo que venía sucediendo desde los orígenes de esta religión. Benemelis nos lo refiere:

"El siglo IV africano contempla la propagación de la discordia dentro de la iglesia cristiana, entre los católicos y el de los donatistas. Esta escisión que luego los vencedores católicos presentan como una querella especulativa más dentro del dogma cristiano por parte de una capilla de herejes, es en realidad el choque de dos concepciones cristianas que corresponden a desigualdad de clases y de vínculo con Roma. Este pronunciamiento cristiano es sometido a una horrenda persecución y luego, en el año 321 d. C., se le dispensa libertad de expresión. San Agustín,

234

obispo de Hipona, es el principal teólogo opositor al cristianismo donatista" (94).

Se trata, pues, de relaciones de poder que se han venido verificando en el cristianismo desde su ya anejo surgimiento. Estas relaciones de poder han tenido lapsos más o menos fructíferos que la jerarquía católica, luego también romana, ha pretendido por periodos negar, pero son relaciones de poder siempre vigentes.

Se trata de concepciones religiosas que son expresiones asimismo de las clases sociales que las abrazan y que buscan expresarse a través de estas no únicamente en su lado espiritual sino también en sus relacionamientos y en sus niveles de participación social.

Mucho habla la Iglesia católica-romana de sus mártires, de aquellos que fueron decapitados o devorados por las fieras a instancias del poder político. Nada dice de los mártires cristianos provocados por las persecuciones internas a los supuestos "herejes", aquellos que no compartían la practica cristiana patriarcal y elitista, aliada al poder político.

Mucho habla la Iglesia católica-romana de sus "padres" intelectuales. Ni una palabra de la labor de algunos de estos como instigadores y justificadores de las persecuciones desatadas contra los herejes. Viéndolo en perspectiva histórica y con la propia moral de la Iglesia católica-romana, es tan aborrecible el martirologio desatado por la estructura política contra los cristianos como el desatado internamente.

Bien pudiéramos ver como más aborrecible el martirologio causado por las persecuciones dentro de la Iglesia, en tanto este es instigado entre hermanos o entre sujetos que, de esa manera, según la propia doctrina cristiana, deben verse.

Aunque nos asombremos de las barbaridades desatadas por la Inquisición católica-romana y no sea para menos, su labor fue coherente con la política interna aplicada por la jerarquía de una estructura religiosa que, "a imagen y semejanza" de la lógica seguida por la jerarquía de la estructura del poder político civil, rápidamente se creyó con derecho sobre la libertad de expresión e incluso sobre la vida de quienes pensaran diferente y no se sometieran sincera o hipócritamente a sus designios.

Es en esa lógica que se aplicó en la Edad Media la Inquisición y que posteriormente esta se transformara en la Congregación para la Doctrina de la Fe. Es en esa lógica que se emprendiera por el Pontífice Juan Pablo II y el cardenal Ratzinger, ahora Papa Benedicto XVI, la desarticulación y anulación de la Teología de la Liberación. En realidad, se están ventilando concepciones religiosas cuyo fundamento es clasista y etnicista.

En realidad, son relaciones de poder lo que están sobre el tapete y por todos los intersticios sociales y políticos, culturales y hasta económicos.

El *Tarik* de Benemelis nos alumbra desde el pasado cristiano africano en la comprensión del presente de esta religión. Ahí también radica su importancia. Y es que la variedad de temáticas emprendidas por el autor en su volumen, que para los desinteresados o enajenados puede parecer extemporáneo, son en realidad auxilio y complemento ideal para la comprensión de muchas de las contrariedades de nuestro presente, que se nos complejiza con el tránsito hacia una nueva época.

Las temáticas abordadas, de las económicas a las políticas sin desdeñar las medioambientales y otras, cobran una actualidad que ayudándonos en la comprensión del presente pueden servirnos de sostén en la proyección del futuro. Eso no siempre lo comprenden los ministros de cultura, que lejos de comprender sus funciones como servidores de las naciones actúan como representantes de los intereses de la perpetuación de protagonistas del poder político.

De ahí vendría la censura a un texto que debería ser de cabecera. Un texto que espera su publicación en una Cuba pluri-racial, multiétnica y multi-religiosa en donde el supremacismo etno-racial blanco con sus consecuencias de asimetrías y de polarizaciones clasistas continúa siendo una realidad "socialista".

La censura del libro del *Tarik africano* de Benemelis se produjo y mantiene en una Cuba donde no deberíamos decir con propiedad que no existe etno-educación. Si, existe, esta ha sido la imposición del poder para la consecución de sus intereses. Es decir, la etno-educación en Cuba, lo mismo que en las otras excolonias americanas, de la época colonial al presente ha perseverado en su profundo contenido supremacista blanco.

El cristianismo africano

Siguiendo los manejos del cristianismo de los primeros siglos a través del *Tarik africano*, hallamos ese hilo que nos conduce a aclaraciones imprescindibles para el entendimiento de un mundo tan complejo como el cristiano-católico. Mucho de lo que hoy apreciamos en las relaciones de esta Iglesia con los poderes políticos iniciaría en aquellas primeras centurias.

La importancia concedida por la jerarquiza católica-romana a la economía y a las posesiones; su interrelación con la jerarquía política; su manipulación de la doctrina a favor de la justificación de sus actitudes humanas... todo eso y más está en un *Tarik* que como disgustara al entonces ministro de cultura en la Isla de conocerlo tampoco agradaría a la jerarquía católica-romana allí.

De hecho, la estructura estatal de la instancia católica-romana más pareciera ser la vía para ejercer un control de tipo político que religioso. Para quienes, también al interior de esa Iglesia, recientemente saltaran alarmados en la Isla ante la cercanía y colaboración de la jerarquía católica-romana isleña y el poder político presidido por un general y exministro histórico de la Fuerzas Armadas, bastaría con volver la mirada al siglo cuarto.

O para quienes no han comprendido el distanciamiento y en ocasiones ataques de la jerarquía católica-romana en Cuba a sus feligreses con manifiestas preocupaciones cívicas y activismo consecuente, bastaría con volver la mirada al siglo cuarto de nuestra era.

Mucho tiempo ha transcurrido. Las mujeres ya no necesitamos llevar mantillas. Hombres y mujeres entran al templo con pantalones cortos. El Concilio Vaticano II y su *aggiornamento* o "puesta al día" de la Iglesia católica-romana no han dado los frutos que esperaran sus feligreses liberales en cualquier parte del mundo, especialmente los que hacen parte de las poblaciones subalternadas. Ha habido cambios de forma, no de contenido.

El Vaticano sigue apelando a la "unicidad" y, en el menos malo o quizás más disimulado de los posicionamientos, viendo "semillas de verdad" en las restantes religiones. El Vaticano prosigue siendo implacable con sus disidentes. Las practicas persecutorias, esencialmente, continúan.

Y todo ello nos viene de antaño. Fundamentalmente desde que, en el año 313, presionado por el emperador Constantino, efectuara un Sínodo. "Bajo el atento ojo del emperador, al papa Melquíades no le queda más remedio que impugnar a Donato, acusándole de divisionista" (95).

Retroalimentación entre dos poderes, el político y el religioso, negativo para las poblaciones.

¿Sera desde aquel momento, desde aquel hecho trascendental, que al menos una parte bien influyente dentro de la jerarquía católica se acostumbró a mentir?

De ataño también nos vienen las acusaciones de "divisionistas" que muy bien conocemos y padecemos cubanas y cubanos que, como nuestro historiador africanista, pretendamos ejercer el legítimo derecho a las libertades de pensamiento, de expresión, de organización y de acción.

La jerarquía de la Iglesia católica-romana en Cuba insiste en que "la Iglesia no es un Partido" político, pero actúa muy de acuerdo con las normativas de este tipo de organización. Existe un paralelo muy notable entre sus posiciones siempre buscadoras e identificadoras de posibles "cismas" religiosos y la de los partidos políticos siempre buscadores e identificadores de "disidentes".

Estas obsesiones por unas supuestas búsquedas de "purezas" doctrinales obedecen en primera instancia al monopolio del poder. Obsesiones con las cuales ambas jerarquías se convierten en retardatarias de las naturales, universales y legitimas transformaciones sociales.

Tal repercusión psicológica alcanzo con el tiempo el calificativo acusador de "divisionista", que hasta el presente funciona como técnica de control y dominación.

Los teólogos liberacionistas latinoamericanos mayoritariamente han insistido en permanecer dentro de una estructura que les asfixia y reproduciendo una práctica

238

cristiana anquilosada y carente del dinamismo que reclaman las sociedades actuales, que no contempla en positivo la diversidad etno-racial y clasista.

Lo mismo sucede en muchos de los espacios políticos. Especialmente sensibles a ese tipo de acusación han sido los partidos comunistas, tan dados a calificar de "disidencia", "desviación ideológica" y "revisionismo" todo intento de contextualización de su prédica política.

A diferencia de lo acontecido durante largas centurias cristianas, cuando la población estaba profundamente imbuida del sentimiento religioso y no lo desligaba de su cotidianidad, las alianzas más o menos explícitas de los poderes políticos y religiosos cuentan hoy a su favor con la exacerbación del indiferentismo, manifiesto en la gran secularización y el apoliticismo. Ambas características de las sociedades actuales facilitan las actuaciones mancomunadas de las jerarquías políticas y religiosas.

Contrario a los tiempos del donatismo, las bases religiosas en las sociedades en general no se levantan en repulsa y condena contra los poderes por sus desmadres. Las manifestaciones de desacuerdo suelen ser generalmente moderadas y quienes individualmente adoptan posturas de mayor radicalidad difícilmente hallan seguidores o no en número suficiente para obligar a las jerarquías a reconsiderar sus actitudes, sus pociones y mucho menos sus políticas.

Si es que ese tipo de presiones realmente fueran efectivas. Fundamentalismo, totalitarismo e integrismo no son cimiento para el sentido democrático de al menos tolerar las diferencias y a los diferentes. Fundamentalismo, totalitarismo e integrismo padece, desde hace siglos, la jerarquía eclesial católica-romana.

Los judíos en África

Los centrismos son cegadores y castradores; frutos o paridores de la prepotencia, no permiten el equilibrio psicológico necesario para ver lo que realmente observamos y no lo que quisiéramos que fuera, incluso para solo ver y no quedarnos presa de la ceguera cultural.

Con una presencia judía tan legendaria en tierra africana, llama la atención que esta pasara inadvertida para cronistas, estudiosos y autoridades metropolitanas.

Sin embargo, "muchas tradiciones culturales africanas poseen rasgos culturales que se pueden encontrar en los cinco primeros libros de la *Biblia*. El mito Ashanti de la zarza ardiente es igual a la zarza ardiente del Sinaí y el pacto que se estableció como pueblo elegido. Entre los hebreos, siete sacerdotes llevarán delante del arca siete trompetas resonantes, y entre los Ashanti, al séptimo día daréis siete vueltas" [96]. La gran movilidad de los hebreos dificulta pensar siquiera como posibilidad en su hoy proclamada "pureza" cultural.

Por Benemelis descubrimos la religión hebrea en las culturas del África norte y sub-sahariana. Lo que atribuye que esa no discriminara por motivos raciales. "Muchos cristianos –dice- también se sorprendieron al saber que estos llamados "salvajes impíos" esperaban un Mesías, mucho antes de la llegada de los primeros europeos gentiles" [97].

Nos deja saber el autor una muy interesante anécdota que aquí transcribimos, que delata la presencia cultural hebrea en el África negra y su impronta hasta el presente. En el Capítulo 11 del *Tarik*, intitulado "cristianos y judíos", narra: "Otra historia sobre la supervivencia de raíces judías en el África occidental tuvo lugar durante la visita en 1976 del entonces primer ministro israelí Simón Perés al Senegal.

En la reunión, el entonces presidente Leopold Sedar Senghor, argumentando sobre la normalización de las relaciones diplomáticas entre ambos países, le expresó que él también tenía antepasados judíos, debido a los registros históricos de pequeños reinos judíos y grupos tribales conocido como Bení Israel que formaban parte de las comunidades wolof y mandinga" [98].

A continuación, nos deja saber Benemelis sobre la presencia hebrea en Senegal: "Tales comunidades existían en Senegal de principios de la Edad Media hasta el siglo XVIII, en ocasión que fueron obligados a convertirse al Islam. Estas comunidades proclamaban ser descendientes de la tribu judía

240

de Dan, la de artesanos del oro y el metal, que se atribuía la construcción del 'Becerro de Oro" ([99]).

Destaca el historiador la presencia de elementos de la cultura religiosa hebrea en la población afro-estadounidense desde la época de la esclavitud, en virtud de lo cual debían ser caracteres culturales que vinieran consigo y no incorporados en la tierra americana a la que se les trajera.

"Los esclavos en las plantaciones norteamericanas cantaban canciones ahora conocidas como espirituales negros; en ellas evocaban a Moisés, a Jerusalén, a Canaán, a Yah y a la tierra de Israel. Entonaban muchas canciones con temas del *Antiguo Testamento*, como "*Deja ir a Mi Pueblo*", "*Mi casa está sobre Jordania*", y "*Swing Low Sweet Chariot*", etcétera. Todo antes que se introdujeran en las plantaciones la versión de la *Biblia* de King James o que se instruyera del cristianismo a los esclavos. ¿Cómo tenían conocimiento los esclavos de estas canciones y temas bíblicos?"([100])

Quizás la mayor trascendencia de esa presencia cultural hebrea afro sea su incorporación inconsciente al cristianismo afro-estadounidense. Un nuevo sincretismo no usualmente identificado y que explicaría asimismo el hecho de que fuera más fácilmente extirpable sus religiones peyorativamente llamadas "animistas" a las comunidades africanas traídas al territorio de las Trece Colonias de Norteamérica, pues estas ya tenían bien incorporadas otras prácticas religiosas que fueron fundamento del cristianismo que se les imponía.

No obstante los acentuados y abundantes caracteres y prácticas culturales judaicas en las etnias africanas del sur del Sahara, o tal vez para no reconocerles lo que les asemejarían o por lo cual tendrían que reconocerles como "civilizados", lo cual atentaría contra los intereses metropolitanos: "Los misioneros cristianos desde hace mucho tiempo mal interpretaron estas costumbres, y no enfatizaron en las semejanzas con el *Viejo Testamento*, y le adjudicaron a estas tribus la etiqueta de 'salvajes paganos', 'atrasados animistas', o 'sin religión'"([101]).

Solo un epígrafe, poco más de dos páginas de su voluminoso texto dedica este *Tarik africano* a la religiosidad autóctona del continente. Un epígrafe que es joya de exposición e interpretación, sintética y directa, de las creencias y de las maneras de expresarlas el ente africano.

Ahí podemos encontrar más que tolerancia respeto del africano hacia las prácticas religiosas ajenas. Lo que es precisamente la causa del establecimiento en sus tierras de tantas culturas que alguna vez fueran foráneas a estas y que ya forman parte integral del continente madre.

Una conclusión pudiera inferirse de manera destacada del epígrafe redactado por Benemelis. Es que la concepción originaria de las religiones autóctonas para las poblaciones africanas son más que prácticas culturales de cotidianidad, son cosmología y filosofía alrededor de las cuales organiza toda la vida, que como bien subrayan Juan Benemelis y otros estudiosos, no es para ser vivida en solitario, como individualidad, sino colectivamente.

Por eso para el africano es tan importante la familia. Por eso cuando el colonialista le arranco de su seno debió reestructurarla en el medio adverso al que se le arrojaba. Por eso sus religiones autóctonas y las que en tierras americanas creara fueron el mejor marco para la reestructuración simbólica de la familia africana.

Porque la vida del africano, y es característica que legó al afro-descendiente, tienen una visión holística, integradora, siempre expresada en interrelaciones. Esa es la causa de que "entre los valores comunes a las religiones tradicionales del África se pueden subrayar: reconocimiento de los antepasados o espíritus ancestrales" (102).

"Los espíritus de los antepasados constituyen el vínculo más fuerte entre los seres humanos y el más allá, los mejores intermediarios con el Ser supremo, por eso las familias les ofrecen constantemente oraciones y libaciones. Siguen siendo guías y prolongación, favorecen y protegen a los parientes. Otra de sus funciones es la salvaguardia de las costumbres y tradiciones; así, premian a quienes las respetan y castigan a los trasgresores. Por esto son la fuente más inmediata de la moral social y de todo el sistema de convivencia"[103].

Ese epígrafe pone de relieve algo fundamental que obstinadamente queda ignorado en muchos análisis sobre las religiones afro: "la moral social y de todo el sistema de convivencia". Lo paradójico de esa obstinación en pasar por

242

alto algo primordial es que todas las religiones establecen una moral social y un sistema de convivencia. Pretender desconocerlo más que ignorancia denota prepotencia etnocentrista o intereses espurios como son los colonialistas y sus continuadores de coloniaje.

Hablar de "inmoralidad" en las prácticas afro-religiosas, aunque ha sido lo común en las Américas no se aviene a la realidad de estas. Tampoco corresponde a estas esa supuesta imposición de "miedo" que se les endilga.

No puede ser tal precisamente por algo con lo cual concluye el breve y enjundioso epígrafe del *Tarik* reseñado. Porque: "Vivir el presente es la preocupación más importante de las creencias y actividades de las religiones africanas" ([104]), a lo cual agregarías que esa preocupación consiste en vivir a plenitud y, eso, no se consigue siendo presas del miedo.

El miedo no ha estado en los exponentes de las religiones africanas y afro-descendientes, no por sus religiones. El miedo ha estado/esta en quienes pretenden imponer sus religiones y sus concepciones del mundo y temen ante la apertura de los afro-religiosos, en los que hay "siempre respeto de las creencias ajenas" ([105]).

Timbuctú, la misteriosa

Nuestro autor no descuida el desenvolvimiento intelectual del africano. Junto al gradual establecimiento de los imperios, sin ahorrarnos la descripción de batallas y de masacres, destaca en especial el conocimiento y conservación de la historia y de la geografía. Aunque los anales de producción histórica escatimen lugar para la plasmación del pensamiento africano, este fue variado y producido con constancia.

Nombres árabes pululan las páginas del *Tarik Africano* ofrecido por este autor. El gran filósofo e historiador bereber Ibn Jaldún, a quien también dedicara un volumen en el 2011([106]) es presentado al mismo nivel que el historiador y geógrafo y matemático "Abu Obeid El Bekri, 1026-1094, miembro de una ilustre familia musulmana"((107) y que hiciera "el primer intento de una descripción del Sudan"

(108) o del historiador iraní Ibn al-Faqih quien afirmara: "En el país de Ghana el oro crece en la arena como las zanahorias y es recogido al amanecer" [109].

No son ignorados otros igualmente relevantes. Por ejemplo: Mahmud Kati, Ahmed Baba, Cheikh Anta Diop, Cheikh Alpha Moya Lamtoné y Sidí Khiyar.

Sus fuentes africanas escritas u orales son complementadas con las investigaciones occidentales, sean religiosas o académicas, como debería siempre ser: de manera natural y razonable, desenvuelta y resuelta, sin camisas de fuerza para los hechos o para el posicionamiento epistemológico del profesional que se desempeña en el rol de cientista social.

La lectura de tan complicada y poco conocida historia se torna más fácil y a su vez atractiva no solo por los hechos narrados, la variedad de fuentes empleadas y las exegesis del autor. La lectura se enriquece agradablemente con la oportuna incorporación de narraciones poéticas y mitológicas africanas. La objetividad con la que presenta a los autores no le hace prescindir de la parte de sus obras que satisfagan los intereses del *Tarik*, pues las narrativas de cuada uno puede tener, incluso por omisión, elementos que aportar.

Otro motivo por el cual sus colegas cubanos de la Isla deberíamos tener acceso a la obra de nuestro africanista. Pues habitualmente quedamos al margen de las producciones intelectuales del continente africano, así sean las actuales y aun siendo sus autores simpatizantes del régimen isleño.

Un Cap., el 16, es dedicado a "Timbuctú, la misteriosa" ciudad, de la que tanto se habla, pero de la cual no siempre ni mucho se conoce. Con Juan Benemelis recorremos sus calles engalanadas con "jardines y árboles frutales" [110]. Apreciamos la estratificación social establecida y físicamente distribuida en sus barrios, porque "Timbuctú se dividía en agrupamientos étnicos y gremiales, al estilo de las ciudades del Medievo europeo" [111].

Andando con nuestro guía de lujo por la milenaria Timbuctú vemos a sus mujeres lujosamente ataviadas y a todos entregados a la diversión por la cual era criticada la ciudad. Cantamos y danzamos con sus gentes. Apreciamos la

244

arquitectura. "En Timbuctú el clasicismo sudanés llega a su más alta expresión" (¹¹²).

Deambulamos disfrutando con la detenida observación de las mezquitas y las casas de comida. Divisamos las inmensas caravanas (hasta 1000) de camellos y las riquezas de que son portadores (oro, sal, textiles, joyas, miel, ámbar, cobre, marfil, cobre, dátiles, caracoles, etcétera., sin excluir a los esclavos "en elevada demanda" (¹¹³).

Encontramos andaluces y bereberes, mandingas y marroquíes, songais y todo tipo de sudaneses. Porque Timbuctú fue espacio privilegiado de acogida para muchos.

La metrópolis tenía una posición privilegiada y poseía la ventaja de ser accesible por tierra y agua (el Rio Níger, tercero en importancia en tierra africana). Rápidamente se convirtió en "centro de comerciantes y viajeros islámicos, e incluso de ibéricos y otros europeos" (¹¹⁴).

La ciudad era económicamente muy prospera y gozaba de tranquilidad y fama. No obstante, "la mayor riqueza de Timbuctú era la cultural, el elevado número de doctores y sabios en variadas ciencias que le dieron fama y la hicieron legendaria" (¹¹⁵). La venta de libros era tan importante como cualquier otro renglón comercializable.

Timbuctú fue centro por excelencia de instrucción y educación basada en la ley islámica y en fuentes greco-latinas. *El Corán* se utilizó en las escuelas para ensenar a leer y escribir, y los niños debían memorizarlo. Gran importancia se concedió al desarrollo intelectual.

Junto a los comerciantes, los intelectuales tenían sitial privilegiado y eran mecenados para su desenvolvimiento. "Aquellos que ostentaban la categoría de 'doctores' islámicos sostenían audiencias periódicas con el Askia, recibían ricos presentes del monarca y eran exceptuados del pago de impuestos imperiales" (¹¹⁶).

El prestigio intelectual de Timbuctú llegó a otros confines. Jefes de otros pueblos enviaron a sus hijos a formarse en las escuelas islámicas de Timbuctú. Pero la intelectualidad, como tantas veces sucede a lo largo de la historia, era conservadora aliada del poder político.

"Esta casta de intelectuales, beréberes y sudaneses profesos islámicos pretendía salvaguardar el orden tradicional" ([117]). "La *intelligentzia* de Timbuctú identificaba sus intereses con los de la monarquía Songai y ponía su influjo espiritual al servicio del Askia reinante" ([118]) "Esta intelligentzia ejercía funciones primordiales, la enseñanza y el culto islámico; por ello les fue dado desenvolver el llamado 'humanismo musulmán'"([119]).

"El Islam había llegado allí más de 500 años antes, con los mercaderes de las caravanas de los siglos VIII o IX; su penetración, sin embargo, había sido lenta. Hasta el siglo XI, los reyes y las cortes de África occidental no percibieron la utilidad de aceptarlo entre sus creencias.

Respetaron en todo momento, sin embargo, los santuarios y credos ancestrales de los pueblos que gobernaban. A partir del siglo mencionado, y durante muchos años –bien entrado el siglo XVIII en la mayoría de las regiones de esa parte de África–, el Islam mantuvo su presencia religiosa en las ciudades, mientras los campesinos rendían culto a sus propios dioses, como lo habían venido haciendo desde tiempos inmemoriales"([120]).

Ahora los gobernantes lo necesitaban pues le abría sus horizontes a un más vasto mundo. Además, "por la influencia de sus códigos jurídicos y administrativos, el Islam actuaba en aquellos tiempos como una fe auténticamente modernizadora. Una de sus principales innovaciones consistía en su insistencia en la importancia de la alfabetización y en el valor del conocimiento teórico"([121]).

Las escuelas islámicas, la Universidad de Sankoré (en Timbuctú) y las bibliotecas se instituyeron como centros prestigiosos de producción de conocimiento. Su fama alcanzaba a todo el mundo islámico y eran visitadas por eruditos de otros lares.

Hubo una copiosa producción bibliográfica y algunos de esos libros han llegado a la actualidad. Se prestigiaba a la elite intelectual y era tenida en cuenta por los políticos para consultarles temas estrictamente religiosos o civiles, para solicitarles juicios y sugerencias.

Temas de consultas eran: "¿qué resolución debe adoptar un gobernante musulmán ante la desnudez de las muchachas y las jóvenes solteras? ¿Cuál es el mejor modo de regular los mercados? ¿A quién ha de corresponder la decisión final en materias tales como la normalización de pesos y medidas, las facilidades de crédito o el pago de deudas? ¿En qué terrenos debe imponerse la ley islámica –la sharia– sobre las costumbres locales?"[122]

Razón por la cual: "Poco a poco, y a medida que los sistemas se hacían más complejos, la contribución del Islam quedó entretejida en la vida cultural y económica de los grandes imperios del África occidental" [123].

Para adelantarnos algo de la posible revolución que pudiera producirse en el campo intelectual y en particular en las percepciones de la historia cuando sean traducidos los miles de volúmenes producidos por africanos en la antigüedad, el Dr. Juan Benemelis se detiene en las vidas y obras de algunos de los más importantes y trascendentes intelectuales africanos, quienes estudiaron en la afamada universidad de Sankoré.

Ahmed Baba

Uno de estos fue Ahmad Baba, 1556-1627 "un resultado de la fusión de las culturas árabe, negra-africana y berebere", quien "sintetizaría la cultura de Timbuctú en su pleno apogeo" y que "fue célebre como profesor y erudito en el siglo XVI de África occidental" [124]. De quien se dice "fue el más brillante de los eruditos del mundo islámico y de la cristiandad en el siglo XVI" [125] y "a quien el historiador Basil Davidson calificó como uno de los predecesores del nacionalismo en al África occidental" [126].

Considerado por Cheikh Anta Diop como "el más representativo de la intelectualidad negra en los tiempos pre-modernos"[127]. "Aparte de un tratado de astronomía, sus libros buscaban la aplicación práctica del derecho y las ciencias" [128]. Escribió además un diccionario de notables autores africanos.

Las complejidades del mundo islámico son seguidas por Benemelis y traducidas para los lectores con lenguaje claro y directo. Ahí está el surgimiento religioso de corte claramente expansivo y guerrerista de esta religión en la Península

Arábiga y su extensión hacia África, Asia y Europa antes, y ahora igualmente en América.

Esta también algo esencial para conocer las características con las cuales se desarrolla hoy en países como Marruecos o en el África subsahariana, donde las poblaciones musulmanas prosiguen con prácticas tradicionales autóctonas. Es que, por vía militar conquistadora y por medio del comercio, el Islam se extendió, pero no necesariamente homogenizando su ortodoxia. Además de la gran cantidad de pugnas intestinas que sobrecogían a los sucesores del profeta islámico Mahoma.

Con anterioridad a la invasiva llegada del credo islámico al África subsahariana, leemos lo que nos dice Benemelis: "Es posible hablar del manso curso de las instituciones tradicionales: la 'era del hierro' y sus implicaciones; la generalización del comercio entre el Sudán y el África norte, facilitado por el camello; el control de fuentes auríferas y salinas se elevaron a la categoría de causas históricas y elementos rectores de los acontecimientos.

El río Níger con sus incontrolables y eventuales avenidas no fue, como el infinito Nilo, de gran ayuda para sus áridas y resecas cercanías. La población nativa habitaba en reducidos conglomerados comunales, con un sacerdocio organizado; un dios supremo y numerosas deidades menores identificadas con objetos. Existía la creencia de la vida en otro mundo; los espíritus poseían influencia omnipotente en los hombres y hechos materiales" [129].

El Islam llegaría a hacer mudar mucho de la organización social tradicional, por ejemplo, la sucesión por vía femenina. Asimismo, se conoce que: "Ghana fue testigo de su primer lenguaje escrito con la llegada del islam" [130].

Sobre los imperios subsaharianos afirma Benemelis: "Bajo el perfil de siglos de erudición, religiosidad y masacre en el norte africano, en un angustioso vaivén de ataques y contra-ataques, debe contemplarse la emergencia de estados centralizados al sur del dilatado horizonte sahariano.

La metalurgia del hierro permitió la construcción de sociedades avanzadas y de estructuras funcionales complejas. África no fue la excepción en este proceso y cuando su multiforme desarrollo y metalurgia fue entendida,

248

desplazando el cobre, logro crear entidades ultra vitales y armazones administrativas" ([131]).

Los recursos naturales fueron fundamentales en la construcción y sostenimientos de tales imperios. El oro fue la fuente principal de riqueza y fortaleza para el Imperio de Ghana. "Hasta el descubrimiento de América, el Sudán era el principal proveedor de oro del mundo euroasiático" ([132]). Fue fundamental el hierro para el Imperio de Nigeria. "Evidencia temprana del trabajo en hierro fue encontrada en el siglo VI a. C., al norte de Nigeria" ([133]).

Es significativo el señalamiento de que la conversión inicial de los jefes sub-saharianos al Islam era nominal y la "islamización de esos conglomerados era superficial" ([134]). Siendo esta "una religión del monarca, la corte y los comerciantes, más que del común" ([135]), que proseguía con sus creencias religiosas ancestrales.

De ese modo se manifestaría hasta el siglo XVIII. Desde entonces el Islam avanzaría "como credo tanto de los hombres ordinarios como de sus armazones estatales; progresó incluso hasta el litoral costero" ([136]).

Lo que sucediera con anterioridad a esa fecha, la adopción superficial y elitista, diríase política, del Islam en el África subsahariana, explica convincentemente la fuerte presencia de rasgos culturales autóctonos africanos en la experiencia islámica de estos. Es que: "El Islam cultivado por los gobernantes era un mero dispositivo para su diplomacia y comercio, que nunca llega a desplazar las creencias tradicionales del común" ([137]).

Tras la islamización de los jefes subsaharianos como en el origen del Islam por parte de Mahoma se observan causas económicas, de desarrollo y/o sostenibilidad de las comunidades y causas de poder político.

Lo mismo que hoy podemos apreciar tras muchas de las supuestas "guerras santas" de la Postmodernidad occidental. Pugnas teológicas, cosmogónicas y cosmológicas que ocultan y expresan, durante milenios y hasta la actualidad encarnizadas luchas por el poder, por su extensión y-o monopolio. Por eso "el Islam resultaba cada vez más interesante para los gobernantes, acosados por los nuevos problemas del desarrollo.

Y era tanto más fácil aceptarlo por cuanto, a diferencia de lo que más tarde sucedería con el cristianismo, podía admitir diversas lealtades locales y costumbres religiosas siempre que sus adeptos confesaran la existencia de un solo Dios, Alláh, y admitieran por tanto que Mahoma era su profeta"[138].

"Nada nuevo bajo el Sol", dirían los ancestros si fueran espiritualmente convocados a ese fin. Es lo mismo que les correspondió vivir. El poder, su posesión monopolista y la obsesión por arrebatarlo para poseerlo con similar propósito ha sido una constante para la humanidad. Un desequilibrio que la ha conducido por las sendas que algunos llaman "civilizatorias". Son esos los que consideran la esclavitud "un paso superior en la evolución de la humanidad".

En la historia moderna de la humanidad, ha hallado expresión en la lucha constante entre el espíritu de libertad expresado en la más o menos armonía de la democracia y las obsesiones integristas, totalitarias y fundamentalistas de todo signo de ideología política.

La avanzada portuguesa

En la narrativa de la irrupción europea en África Benemelis explica con minuciosidad y claridad, con agudeza y discernimiento un proceso que hasta la actualidad se pasa por alto o se repite a modo de cansona letanía la fantasiosa y mal intencionada historia que nos hiciera el colonizador.

En el *Tarik* no se habla de "atraso" africano ni de "superioridad" europea. Se deja claro que una conjunción de factores incidió en que se adoptara la esclavitud como formación económica-social, en que la plantación cañera se convirtiera en un sistema económico-social y en que a través de ambos se transformara radical y peligrosamente el curso de la historia de la humanidad. "Ese proceso de acumulación de riquezas a través del esclavo hizo nacer en los poros del feudalismo el capitalismo europeo" [139].

Ingredientes como la cercanía geográfica entre las Américas y África, las facilidades para la navegación y el desarrollo en Europa de las técnicas de navegación, la

250

necesidad de capital en Europa para proseguir con su desarrollo, la abundancia de tierras cultivables encontradas en América que no ofrecía productos comercializables importantes a excepción del oro no tan abundante como en tierras africanas, la riqueza que en la época representaba el azúcar que "en el siglo XV, era una de las especies más buscada"(140) y el conocimiento de sus técnicas de producción, coadyuvaron a la nueva, radical y cruenta estructuración mundial.

Como expresa Benemelis: se agregaría la crisis interna por la que atravesaban las sociedades africanas, viviendo "un momento de transición" que le había desatado "una encrespada convulsión interna" (141). Un momento en el cual la penetración cristiana desde Iberia produjo el "dislocamiento del comercio aurífero sahariano, trasladado al golfo de Guinea, minó las bases económicas de las formaciones estatales tributarias sudanesas; y el golpe mortal fue dado por el tráfico de esclavos" (142).

El interés despertado por Europa en África se produjo en momentos en los cuales se producía un "estancamiento y retroceso del dinamismo del mundo arabizado, que mantenía íntimas relaciones comerciales con el África" (143), afectando el desenvolvimiento económico y social de esta.

"Este contacto entre Europa y África se dio en uno de los momentos más cruciales de la humanidad. El África quedó englobada en este proceso en condiciones extremamente negativas"144. Un comercio extremadamente desigual para los africanos se les impuso. Así, "los europeos comprarían en la costa africana, a mejor precio, los productos tradicionalmente importados del Magreb, como especias, pieles, maderas, sal, oro y esclavos. A cambio comerciaban con tejidos, herramientas, metales y cristales con los africanos"145.

La irrupción de los portugueses en escenarios de comercio de los africanos, como eran el Indico, la Península Arábiga, China e India, represento una "violenta interferencia, dislocadora del tráfico regulador entre Asia y el este africano; suscitó la ruina de las ciudades de Songai, al ser apartadas de este engranaje, sumiéndolas en el anonimato" (146). Las resultantes fueron fatales para el continente madre.

251

No basta con mencionar la sangría humana a la que se le sometió. Si bien esta fue fundamental y sus repercusiones alcanzan el presente de aquel continente y de la afro-descendencia por el mundo, hay que señalar que "la creciente disolución afrontada por sus sociedades y economías, y la crisis histórica de todo un continente entre los siglos XVI y XVII, que impidió se gestara una acumulación primitiva de capital, llevando al desmoronamiento de los estados dominados por una jerarquía nobiliaria y militar" (147).

Finalmente, "Europa hizo abortar cualquier proceso evolutivo hacia el capitalismo, al expandirse por todo el resto del mundo y subordinarle; así, supo aprovecharse de los musulmanes, judíos y las invenciones chinas. Esta dilatación le propició los elementos para su acumulación de capital, de los cuales Europa carecía. En tal sentido, África, Asia y América poseían los territorios, materias primas, metales preciosos y mano de obra barata en abundancia. Es decir, 'la pobreza de Europa y la riqueza de África llevaron pues a la riqueza de Europa y la pobreza de África' gestando al capitalismo, y pasando a ser un sustentáculo de Europa" (148).

Aun con tantas desventajas de su parte, los africanos intentaron resistirse a la colonización europea. "Una última llamarada de resistencia africana crecería con los líderes del siglo XVIII y XIX, quienes buscaron restaurar los sistemas estatales del pasado en las sabanas, enfrentándose a la ocupación colonial" (149).

Entre otros factores, destaca en la historia reseñada de Benemelis, la valerosa presencia de los guerreros zulúes que, comandados por el famoso monarca Chaka, patentizan "la resistencia a la violenta interferencia europea, la defensa ante los Böers de sus húmedos valles y pastizales, su empeño comercial renovador, la remodelación política ante la inminencia del desastre que para sus sociedades significaba el contacto colonial" (150).

"Gobernados por Chaka, los zulúes, unificados por primera vez, presentaron una sólida resistencia frente a los británicos y bóers o afrikáners" (151).

Otro hecho a considerar en el análisis de la colonización europea de África se menciona en el *Tarik*. "La intervención europea, sobre todo inglesa, en zonas del continente más a menos dominadas por europeos –dice- chocaba con la oposición de los intermediaros africanos, quienes hasta ese momento gozaban de un virtual monopolio" ([152]).

En tan abigarrado cuadro de variables endógenas y exógenas los análisis se dificultan y problematizan. Debe siempre considerarse la mayor cantidad de factores posibles. Ese es el reto del cientista social que los emprenda. Eso ocurre en este *Tarik africano*.

El encuentro África-Europa

Los africanos no estaban en condiciones de contender con los europeos. La debilidad de estos provenía de una amplia y variada retahíla de condicionantes. Seria primordial las divisiones internas que contribuyera a acentuarles la presencia europea. En igual sentido actuaria la fragilidad de sus organizaciones supra étnicas que no habían podido, con la incidencia constante de los europeos actuando en beneficio del desarrollo capitalista de las metrópolis, cuajar como estados modernos. Europa, con la fortaleza que ganara de la trata esclavista y la esclavitud como sistema económico, les impondría sus propias necesidades.

"Por encima de todo, estaban las rivalidades políticas de la nueva Europa que aceleraron la repartición del continente. A lo largo de los finales del siglo XIX, Francia, Alemania y Gran Bretaña intentaron ganar territorios sobre los otros por el control de las fuentes de materias primas en ultramar, en el Este y Sur de Asia y en las Islas del Pacífico, entre otros lugares. Una guerra en Europa para terminar con toda esta competencia parecía ser una alternativa indeseable, y en su lugar se complotaron para repartirse y explotar África y satisfacer sus necesidades estratégicas y económicas"[153].

Europa tenía sus propios conflictos internos que resolver. África podría ser el espacio donde implementar la solución. La pujante clase media exigía realización material y gloria nacional. Había un creciente desempleo. El desenvolvimiento económico había sido el caldo de cultivo de la ideología imperialista, que concurriría asimismo como un móvil muy importante en la colonización europea de África. También existía "la ilusión de llevar 'la Civilización y el Evangelio' a todas las tierras, y la superioridad tecnológica"[154].

El desarrollo capitalista requería desesperadamente de materia prima. África podría suministrarla. El continente madre quedaba como una pieza indispensable a disputar por los países de un continente en desarrollo. A cambio se impondría el subdesarrollo para África y, con el tiempo, como siempre sucede al desposeído, se terminaría responsabilizándole por ello.

Dejemos que sea Benemelis quien nos lo explique([155]): "A medida que la competencia y la búsqueda de materias primas a través de todo el mundo se hacían más intensas, más desesperada era la lucha por la adquisición de colonias. La misma transición del capitalismo mercantil al capitalismo industrial con sus grandes corporaciones, y la necesidad de una política colonialista, están íntimamente ligadas con la acentuación de la lucha entre las principales potencias euro-capitalistas por el reparto territorial del planeta.

Por ello es que las relaciones Europa-África en las postrimerías del siglo XIX han sido bautizadas con el nombre de 'rebatiña por África'; esas relaciones colonizadores-colonizados fueron determinadas en última instancia para las necesidades del capitalismo europeo en transición hacia su fase imperial colonialista". Valga únicamente explicitar lo que salta de las letras de Juan Benemelis.

Se trata de un típico caso de manipulación en un cuadro de relaciones de poder que sería solventado con la violencia ante la temporal debilidad del otro. Luego se le buscan todas las supuestas explicaciones que se quieran. Luego están siempre a manos los ideólogos voluntarios o designados. El intríngulis es la misma: la relación entre poder y riqueza, entre el sometimiento y la pobreza... y, gravitando en todo: la violencia. La fórmula es invariable, solo cambian los espacios y los tiempos.

Lo cierto es que, búsquesele la justificación que se le busque, como nunca antes en la historia de la humanidad la muerte de seres humanos se convirtió en capital. Antes la muerte por guerras de rapiña podría significar botín, ahora significaba capital constante y acrecentable.

254

Y todo ello influiría en el mundo intelectual y científico en general. Todo ello marcaria con calor de hierro ardiente no solo en los cuerpos de africanos y africanas victimizados sino los relacionamientos sociales (clasistas, de sexos, géneros, etno-raciales) por generaciones de generaciones.

Nos quedó negada la verdadera historia. Había que minimizar al africano para someterlo a él y a su descendencia, había que buscarle un "pecado original" como explicación a la melanina en su piel y a su fisonomía diferenciada para atarle indefinidamente a lo más bajo de la escala social.

El desarrollo económico e intelectual, su conocimiento y puesta en práctica de las artes y técnicas de la marinería, de la forja de los metales, su profunda, amplia apreciación y ejecución de las artes, sus magnos conocimientos del manejo de las fuentes fluviales y de las técnicas agrícolas, su refinamiento y majestuosidad arquitectónica y en el vestir, su aprecio y desarrollo de las manufacturas más variadas, sus profusos conocimientos del cosmos, de la farmacopea y de la medicina, sus conocimientos de la matemática, de la gramática y de la filosófica, así como su profundo sentimiento religioso y su tolerancia, todo eso y más debía ignorarse y negarse.

Hasta el presente muchos niegan a sus tantísimas lenguas la condición de idiomas, refiriéndose a estas como "dialectos". Trabajo esclavo y evangelización forzosa: los dos mecanismos "civilizatorios" que trajeron a las Américas los europeos. ¿Cómo si no presentarlo como una "bestia" a la que se le "favorecía" con el trabajo esclavo y la forzosa "evangelización" cristiana? Esas son las historias que se nos siguen enseñando en Cuba. No los conocimientos que presenta el *Tarik* del africanista Juan F. Benemelis.

Sin embargo, Vasco Da Gama expresa gráficamente en su diario cómo para su tranquilidad y alegría encontraron en el litoral del este africano -que les parecía tan civilizado como su propia costa portuguesa- marinos que conocían minuciosamente las rutas del mar Indico, que viajaban con mapas, compases y cuadrantes de admirable precisión. Asimismo, sus carabelas semejaban simples cáscaras de nueces comparadas a los navíos del océano Indico, habitualmente de 700 toneladas, peso que no se logró en Europa hasta la 'Armada invencible' de Felipe I (156).

La Afro-fobia

Epígrafe suculento dedica Benemelis a los orígenes de la "Afro-fobia" y de la "negro-fobia". Un amplio recorrido donde deja hablar a sus expositores. En este minucioso examen, hace desfilar a historiadores, antropólogos, literatos y políticos, de izquierda o de derecha, y hasta algún Premio Nobel de la Paz, Albert Sweitzer.

Recordemos que durante siglos profesionales y políticos han sostenido las tesis más descabelladas sobre las poblaciones negras. Tesis que se encargarían de hacer prender en las mentes de millones de seres humanos en todos los continentes. Tesis que alimentarían en los humanos blancos un sentido de falsa "superioridad" y en los humanos negros un sentido de falsa "inferioridad" lacerando a unos y otros, atrofiando sus interrelaciones en provecho del colonialismo europeo.

Tesis que han sido sostenidas en la Internacional de los comunistas y en la Organización de Naciones Unidas o en la Organización Mundial de la Salud. Tesis que quedarían registradas en enciclopedias, novelas, poemas o libros de supuesto carácter científico.

"Si los primeros europeos pensaron que África era la tierra del mítico Prester Juan, del oro inagotable de Ofir y de la Reina de Saba, espléndida, rica hasta el sueño, quienes vinieron después, poseídos del sentimiento de superioridad engendrado por su violencia rapaz, la creyeron ver desde el otro extremo. África sería reputada en lo adelante como zona de salvajes caníbales, de oscuridad moral y mental, perversa y litúrgica, de fieras en acecho y ritmos oníricos, de magia negra y fiebres tropicales. Nada se habló ya de su manufactura y comercio, su oro, sus enormes ciudades, sus centros de estudio, sus imperios, su arte, sus obras literarias, sus reputados intelectuales" (157).

256

"La presencia física del negro pasaría del canon de suma perfección -como de acuerdo con el historiador griego Herodoto lo consideraban los griegos- a la de un ser más cercano al mono que el hombre blanco" ([158]).

La idea del perpetuo infantilismo del negro, su supuesto canibalismo, su hipotético desenfreno emocional, su figurada apatía y pereza, entre otras, serían empleadas en función de robarle su espacio y robarle a el mismo como ser en la medida en la que se le objetivaba y convertía en un bien inmueble, en un aditamento de la máquina de producción o en parte de esta.

Habría entonces que procurarse justificaciones. Hasta el presente de las más repetidas es su carencia de historia. Según el historiador francés Eugene Pittard "las razas africanas propiamente dichas -si dejamos a un lado la de Egipto y la de una parte del África Menor- no han participado en absoluto en la Historia, tal como la entienden los historiadores" ([159]).

Lo interesante es que, quienes dictaminan lo que es "historia" y la función de los historiadores es Occidente. En la conceptualización que ha establecido y diseminado la academia occidental es que el continente madre carece de historia y por consiguiente de historiadores.

La en su tiempo reputada y afamada Universidad de Timbuctú, Sankoré, no cuenta en esa consideración. Los intelectuales y científicos, entre estos muchos historiadores, tampoco cuentan en esa consideración. Porque la mejor justificación para minimizar a una individualidad o a una colectividad es despojarla ante las miradas de la sociedad de cuanto tenga de valorable.

Ya que arrebatan a África su historia, ya que despojan a sus sociedades las capacidades no solo de producir la historia sino de recogerla, es comprensible, aunque horrorice que en fecha tan reciente como 1954, un funcionario de las Naciones Unidas manifestara: "El africano utiliza muy poco sus lóbulos frontales. Todas las particularidades de la psiquiatría africana pueden atribuirse a una pereza frontal. El africano normal es un europeo lobotomizado" ([160]).

Horroriza asimismo que apenas a la vuelta de la esquina cronológicamente hablando –para expresarlo también en términos de historia-, Pierre Gaxotte fuera preocupantemente categórico afirmando: "Estos pueblos no han dado nada a la humanidad; y no cabe duda de que hay algo en ellos que se lo ha impedido. No han producido nada, ni un Euclides, ni un Aristóteles, ni un Galileo Galilei, ni un Antoine Lavoisier, ni un Louis Pasteur. Sus epopeyas no han sido cantadas por ningún Homero" [161].

De manera que los pueblos africanos y sus descendientes por el mundo hemos debido pagar/pagamos aun, la desidia y la ignorancia de los pueblos blancos. Para decirlo en sus términos, pudiéramos afirmar que hemos pagado y estamos pagando la "barbarie" e "inferioridad" en cuanto a conocimientos de la historia de la humanidad de los pueblos blancos. Lo que no es atribuible a ninguna "inferioridad" psicológica sino a la manipulación política e intelectual que de la historia han hecho sus intelectuales y dirigentes.

Gaxotte, por ejemplo, o muestra su ignorancia o es un terrible mal intencionado desconociendo al griot africano y su principal aplicación de cronista de la historia continental, regional, nacional, local, de la etnia, de la tribu.

Solo en esos términos, los de la manipulación, es dable la presentación de la tesis del antropólogo Lothrop Stoddart. Para él "la ineptitud política del negro, que nunca va más allá del concepto tribal, mantiene al África negra como un mosaico de pueblos, guerreando salvajemente entre sí y ampliamente adictos al canibalismo. Entonces, también las religiones nativas son usualmente sanguinarias, demandando una prodigalidad de sacrificios humanos" [162].

Criterios contrastantes con los del "escritor francés Constantino-François Volney 1757-1820, quien consideró que los etíopes fueron los primeros en lograr un estilo de vida civilizado y culto" [163].

Con anterioridad, a inicios de la vigésima centuria, otro colega antropólogo Meredith Townsend había afirmado que ninguna de las razas negras, ya se trate de negros o australianos, ha mostrado en el tiempo histórico la capacidad de desarrollar civilización. Ellos nunca han pasado las fronteras de sus propios hábitats como conquistadores, y nunca han ejercido la menor influencia sobre los pueblos no negros. Nunca han fundado una ciudad de piedra, nunca han construido un barco, nunca han producido una literatura, nunca han sugerido un credo.

Y sigue considerando Townsend que parece no haber razón para esto excepto la raza. Se dice que el negro ha estado enterrado en el más 'impenetrable' de los cuatro continentes, y ha estado, para así decirlo, perdido para la humanidad; pero él estuvo siempre sobre el río Nilo, la ruta inmediata al Mediterráneo, y al este y al oeste de África estaba sobre el mar. África es más fértil, y casi ciertamente más rica que Asia, y está atravesada por ríos poderosos, y algunos navegables.

Y se pregunta Townsend ¿Qué más podía desear una raza singularmente saludable que resiste el sol y desafía a la malaria, que estar asentada en el Nilo, o en el Congo, o en el Níger, en cantidad más que suficiente para ejecutar todo el trabajo necesario, desde talar la selva y construir caminos a edificar ciudades?"(164)

Al citado antropólogo le convendría haber conocido que: "Los viajes egipcios que bojearon toda la costa africana, por ambos lados del continente, con enormes botes o embarcación, han sido demostrados recientemente por la 'Canoa Dafuna' encontrada durante una excavación cerca del río Yobe, la cual data de 8,000 años atrás, mientras que el barco más viejo encontrado en Egipto tiene 5,000 años"(165).

Convendría que conociera, por ejemplo, de las migraciones arrasadoras impuestas por el ejército del soberano zulú, Chaka, que rigiera a su pueblo entre 1816 y 1828. Chaka, quien "prefigura el glorioso nacimiento de un Estado que se enfrentó durante todo el siglo XIX a la geofagia de los bóers y la ocupación inglesa"(166).

Es notable que las afirmaciones provengan de un antropólogo. Este profesional debe poseer los recursos para el análisis desprejuiciado de los pueblos y de sus culturas, así como para poder compararlas entre sí, sin que condicionantes de la individualidad del profesional le limiten desviándole de la senda de la caracterización, el análisis y la explicación, y conduciéndole por la senda de juzgar, condenar y desahuciar.

Hay que destacar que el antropólogo, que se supone procure y se arme con las herramientas analíticas que le liberen de la tentación de cualificar por si, por sus patrones conductuales según la cultura en la cual se desenvuelve, porque su objeto de estudio es siempre un sujeto y al que verle, como el mismo sugiere, en su "hábitat", hace en su exposición todo lo contrario.

En su análisis, siempre se muestra manipulador o "infantil" como Occidente ha creído evaluar las poblaciones negras. Y, tal cual los infantes, no concede valor a lo que no le tenga para su cultura y viceversa. Si para Europa importa la mentalidad colonizadora y no cree encontrarla en el africano, da por seguro que este no "ha mostrado en el tiempo histórico la capacidad de desarrollar civilización".

Un ingrediente en su análisis es todavía más trascedente. "Parece no haber razón para esto excepto la raza", dice. La gravedad y repercusión de su énfasis llega hasta la contemporaneidad. Desde la malsana imposición de la asociación de la condición de "inferioridad" etno-racial con la de los pueblos negros la reedición de la misma ha sido una constante en las relaciones de poder.

Se desestimó en los pueblos negros su disposición para la política. Se descartó su capacidad para el ejercicio del autogobierno. Se despreciaron sus capacidades para lo positivo. Esa era la posibilidad de someterlos. Esa era la oportunidad para, al paso, hallar para tan monstruoso acto una razón supuestamente positiva. Razón que se hallaría en la atribución "civilizadora" que se auto- adjudicaron las metrópolis europeas y que harían extensiva en una apócrifa "superioridad" etno-racial a los pueblos blancos.

Así, con la violencia de las armas y la del intelecto, impondrían su hegemonía etno-racial y se harían con las ventajas económicas. Varios siglos después, en la Segunda Internacional Comunista, lo esclarecería el marxista inglés Richard Calwer.

Allí, en tan supuestamente selecto circulo de izquierda, declaró: "En cuanto socialista saludaré siempre, por una cuestión de principios, como un progreso en dirección al socialismo toda colonización capitalista de un país, aunque esta se realice por medio de las formas más reprobables"[167].

La II Internacional fue escenario de exposición de las ideas que tenían sus participantes respecto a la colonización y la esclavitud. El marxista holandés y miembro del Partido

Social Demócrata Obrero, Henri van Kol, presidente de la Comisión colonial, interrogaba: "¿tenemos que dejar librada la mitad de la tierra a la arbitrariedad de los pueblos todavía situados en el estadio infantil, que no explotan las colosales riquezas del suelo de sus países, y dejan sin cultivar las partes más fértiles de nuestro planeta?"[168]

Henri van Kol llegaba lejos el marxista holandés. Consideraba que: "Las nuevas necesidades que se plantearán tras la victoria de la clase obrera y tras su liberación económica exigirán posesiones coloniales incluso bajo el régimen socialista del futuro"[169].

Por su parte el teórico del marxismo Karl Kautsky había precisado algo que venía directamente a ver con la colonización de las Américas. Había afirmado: "por lo que respecta a las colonias de poblamiento, si bien en muchas ocasiones nos vemos obligados a enjuiciar el trato brindado a los nativos, no podemos condenar la colonización en sí misma. Más bien, debemos considerarla como una poderosa palanca para el desarrollo de la humanidad debido a lo cual ésta tiene una deuda pendiente con tal política" [170].

En su momento Marx y Engels también se habían mostrado favorables a la colonización y al sometimiento de pueblos a los que consideraban "inferiores". Tópico en el cual han profundizado el autor del *Tarik* y nuestro colega Carlos Moore pero que no se menciona en la Isla. Porque, vale insistir, la Afro-fobia y la Negro-fobia afecta por igual sin diferencias de las ideologías políticas profesadas.

Quizás con tales ideas en mente se llevaría a cabo la colonización de tantas naciones en el Cáucaso y Asia Central por parte de los soviéticos rusos tras su triunfante revolución bolchevique en octubre de 1917. Quizás con tales ideas en mente se acometieran los intentos de convertir las ex colonias africanas en países gobernados por regímenes marxistoides que, aun con gobernantes negro-africanos muy bien adoctrinados, funcionaban como colonialistas, pretendiendo la imposición de estructuras que no respondían a las necesidades de las culturas de sus sociedades.

No es extraña la reacción de animadversión que generara en sus poblaciones la presencia rusa, china o cubana. Las intenciones de los gobiernos marxistas tal vez no fueran negativas, tal vez, pero los métodos en la práctica eran innegablemente colonialistas.

Los jefes africanos no eran por naturaleza ni por cultura cazadores de humanos. A los jefes africanos la deformación de las relaciones comerciales con Europa les convirtió en tal.

De la Trata esclavista

El hombre y la mujer africanos no nacieron predispuestos a la esclavitud. Les redujeron como seres con autonomía y les convirtieron en esclavos, con la rapacidad mancomunada de los jefes africanos que resultaron corrompibles y de los gobernantes, comerciantes y dueños de plantaciones en las Américas y en Europa que fueron los corruptores.

Por eso la reacción unánime y de conjunto de los mencionados jefes africanos y de los comerciantes y dueños de esclavos cuando Europa decreto la sustitución de la trata esclavista por la comercialización de otros productos. En ese momento "muchos autócratas africanos se resistieron a abandonar el comercio de esclavos, se resistieron a arruinarse (...) e instigados por grupos europeos anti-abolicionistas prosiguieron las cacerías" [171].

El saldo del balance del encuentro de los continentes africano y europeo fue negativo para África desde el inicio. Ese es el precio que prosigue pagando hoy, tras siglos de relaciones asimétricas en las que no han dejado de primar las imposiciones ni la corrupción de los jefes de Estado africanos.

El Dr. Benemelis lo sintetiza de diciendo: "La realidad del subdesarrollo es que la incorporación de estas tierras y estos pueblos a un sistema mundial de expansión mercantilista y luego capitalista inicio su subdesarrollo. El subdesarrollo de hoy es el precio que se paga por el papel decisivo que tuvieron los países subdesarrollados al financiar la capitalización de los ahora desarrollados" [172].

Cuando ya las independencias en América no les dejaron oportunidades para el saqueo a gran escala, los gobiernos de las metrópolis europeas colonizaron directamente a África. Sus ansias de riquezas no habían cesado, ni siquiera menguaban. Las materias primas que no le ofrecería la tierra americana la sacarían de la tierra africana. A su favor tenían disponer de una jefatura que respondía a sus intereses y una economía a la que habían ya atrofiado.

La economía era la base de la penetración y colonización en tierra africana como lo fuera antes de su penetración y colonización en América. No obstante, con el cinismo propio de los sometedores, reunidos en la famosa conferencia de "Berlín, 1885, las potencias capitalistas de la época hablaron de la libertad de comercio y misión civilizadora, asegurando que tomaban bajo su protección grupos primitivos, desangrados en guerras inter-tribales" (173).

Se trataba era de proseguir, intensificar y prorrogar *at infinitum* "la explotación del continente africano. De hecho, los europeos, con sus capitales, han alterado demográfica, económica y socialmente un continente en su propio beneficio, que ha disimulado bajo las grandes teorías colonialistas de asistencia y civilización"174.

La "división de África por parte de aventureros coloniales europeos creó el problema de minorías étnicas que sigue siendo un punto conflictual en los países africanos" (175). Esos problemas artificialmente impuestos a los africanos por las avaricias económicas y de poder político de los gobiernos de las potencias occidentales de la época, afectarían su imaginario con la dislocación de símbolos entre otras cosas.

Tan importante como la deformación de la economía y la atrofia del sistema organizacional y político africano, fue la atrofia cultural que genero la colonización europea en África. La imposición religiosa, la imposición de una ética que no congeniaba con sus culturas, la estructuración clasista, el desprecio por los conocimientos autóctonos, todo ello dejaría una impronta perturbadora en las relaciones sociales que se manifiesta hasta el presente.

Presumiblemente es difícil no coincidir con Juan Benemelis cuando advierte: "El problema mayor es que sobre la organización tradicional, étnica, ha venido a superponerse la estructura occidental: Estado multi-étnico, gobierno, parlamento, ministerios, legislación occidental y no está nada claro que estas nuevas estructuras e instituciones hayan sido asimiladas por la población ni tampoco por los dirigentes"176.

El sentimiento de inferioridad que hizo calar en el afro-descendiente también llegaría a parte de los africanos. Por eso la Negritud fue tan importante para ambos. Significaba la visualización de la dignidad del ser negro, la autovaloración de sí y de lo propio.

Lo más importante contextualmente: ese orgullo de si no quedaba en silencio. Se lanzaba al mundo en forma de grito de desesperación ante oídos sordos y miradas ciegas a la humanidad del ser negro. Ese grito de dignidad y de dolor se proyectaba en el centro metropolitano europeo preciado de mayor excelsitud cultural.

La identidad Yoruba

Espacio aparte e interés particular debería merecer para la afro-descendencia cubana y del resto del mundo el Cap. 22 del *Tarik africano* de Benemelis.

Dedicado al pueblo yoruba, en este se desgranan los orígenes egipcios de este, la historia, su religión autóctona, su mitología, su identidad cultural y social. Se particulariza en los Estados yorubas de Ifé y Oyó, en el arte, la lengua, las características de su sistema administrativo y de su ejercicio, los modos de elección del Alafín, etcétera.

Si la identidad la identificamos a partir del referente otro, la conformamos colectivamente y la reforzamos en la historia y en los propósitos de la comunidad, hay que ir al *Tarik africano* como una de las aportaciones para entender la identidad de la afro-descendencia, para conocer esa gran e importante parte de nuestra historia que nos ha sido ocultada y-o tergiversada, para reforzarnos de manera identitaria en nuestra negritud y hacerlo con consciencia.

En tiempos de re-culturación afro-estadounidense, por ejemplo, en tiempos en los que tantos y de tantas partes del mundo vivimos como afro-descendientes nuestros procesos más o menos conscientes de re-culturación, de autodescubrimiento de nuestras esencias etno-raciales y procuramos nuestra articulación como sujetos cívicos afro, el *Tarik* nos funciona a manera de autodescubrimiento y/o reforzamiento de nuestra alma afro y a manera de arma en nuestra lucha por conseguirlo.

Con tan extendida práctica religiosa afroamericana que tiene origen en la religión yoruba, ponernos a tono intelectualmente con la caracterización de nuestra religión madre no solo es o puede ser una necesidad espiritual, sino que es asimismo una necesidad intelectual.

Es una necesidad existencial para muchos afro-descendientes, necesitados de su autovaloración de la historia. Pero de hacerlo amparados en la historia verdadera, no en la que les han dado o les han negado.

"El pueblo yoruba –afirma Benemelis- asombrosamente es rico en cuanto a la variedad de tradiciones y valores culturales, pese a las guerras y rivalidades a través de los miles de años. De ahí que sus creencias religiosas básicas han mantenido unida a esta diáspora yoruba que se esparció por África occidental (Nigeria, Benín, Togo) y por América (Cuba, Haití, Brasil, Trinidad, Puerto Rico y Estados Unidos). Después del catolicismo, la religión predominante en América Latina es la yoruba sincrética" [177].

Situación en la que estarían entre cubanas y cubanos actuales quienes en la Isla se reivindican "yorubas cubanos" por ejemplo. También la población afro-descendiente con ansias re-culturadoras que en cualquier parte del mundo se apega a las religiones tradicionales afro o a sus recreaciones americanas. Algo esencial queda claro en el Cap. 22 de este *Tarik africano*.

Con sobrada razón afirma su autor Juan Benemelis: "El pueblo yoruba es asombrosamente rico en cuanto a la variedad de tradiciones y valores culturales, pese a las guerras y rivalidades a través de los miles de años. Estos se dividen en "varios grupos étnicos, como los Egbá, los Ifé y los Oyó, los cuales tienen tradiciones comunes de origen, de matrimonio, de prácticas funerarias, y de una altamente organizada estructura de realeza y de liderazgo" [178].

A continuación, esclarece algo que debería ser capital cultural de la afro-descendencia, especialmente de la que, afro-religiosa o no, es practicante de la Regla Ocha-Ifá o de cualquier otra religión que en las "Américas negras 2tuvo origen en el nigeriano culto a los Orichas, reivindica su ancestralidad yoruba.

El pueblo yoruba –dice- es "una nacionalidad, estimada en aproximadamente 40 millones de personas, la mayoría de los cuales viven en la parte Sur occidental del Estado de Nigeria en el África Occidental los yorubas hablan una lengua común, la yoruba, la cual pertenece al grupo de Kwa, de la familia lingüística del Níger-Congo, y tiene aproximadamente 12 dialectos; son un grupo bien urbanizado con genio en artes como simbolizó en los famosos Bronces de Ifé" [179].

Cobra relevancia la afirmación de la unidad de la afro-descendencia utilizando como elemento cohesionador un común origen por medio de su práctica religiosa. Lo que concede mayor significación a esto es que eso es algo de lo cual se carece, por lo general, de conciencia.

La afro-descendencia ha carecido del nivel de concientización del pueblo judío respecto a su origen y a su destino. Ello no ha significado que, por encima de cruentos mecanismos de dominación que han influido notablemente en su autoestima, que por encima de la insistencia del supremacismo blanco en arrebatarle la dignidad y su humanidad, este variado pueblo pese a sus sincretismos transculturados haya mantenido espiritual más que conscientemente su idea de unidad, de origen y de destino.

Trascendencia religiosa afroamericana

Precisamente la identidad cultural diferenciada, la insistencia del colonizador en destacar las diferencias aun si con ánimo minimizador y la trascendencia que iría adquiriendo su cultura en ese otro que le despreciaba funcionarían, contra la lógica occidental del supremacista, en dirección a dar consistencia y solidez a la identidad del afro-descendiente, y algo de suma importancia y trascendencia, a la reedición de esa identidad.

Contra todo método deculturador, la ancestralidad ha tenido una fortaleza en la etnicidad del afro-descendiente que le ha permitido resistir y estar en condiciones de pasar a la ofensiva. Por eso a la negritud en las Américas se puede ajustar lo que expresara Benemelis respecto a la negritud para África, que esta defendió la personalidad del afro-descendiente respetando sus valores ([180]).

Ello ha sido posible porque, como su ascendiente africano, en gran medida el afro-descendiente americano "reaccionaría con soluciones espirituales a las crisis que la racionalidad o la tecnología irían entronizando" ([181]).

Así, lo vital y más trascendente en las religiones afroamericanas no es solo su diversidad, factor importantísimo en cuanto a la demostración del dinamismo de las comunidades aquí instaladas y de sus descendencias. Lo vital y más trascendente en las religiones afroamericanas es su función social cronológicamente contextual en cada momento histórico, vista de manera general.

Se ha repetido hasta la saciedad, y no deja de ser importante, la función de esas religiones como sostén espiritual de estas sociedades que forzosamente se irían conformando en las plantaciones, en los barracones rurales y en los solares urbanos. Se ha repetido la función de estas religiones como reestructuradoras de la idea de familia.

Situados contextualmente ambas funciones fueron de destacadísima importancia. Estas posibilitarían la conservación psicológica y familiar del africano y de su descendencia americana. Ambas les permitirían soportar sin perder su humanidad el bestial tratamiento que recibían. Ambas les permitieron tener más temprano sentimiento de nacionalidad en este lado del mundo que sus opresores.

Pero contextualmente situados tenemos que apreciar el conservado potencial de civilización y civilizador en sí mismo. Lo que se aprecia en su funcionamiento en ya más de 500 años, en tierras americanas. La incidencia de estas religiones no solo ha sostenido culturalmente vivas y arraigadas en sus caracteres afro, religiosos o no, a los descendientes de esclavos africanos. La incidencia de estas religiones ha rebasado sus fronteras humanas para alcanzar al colonizador y la descendencia de esta.

Si hoy en Cuba podemos afirmar con propiedad que tenemos una cultura nacional afro-hispana, es precisamente por ello, por el carácter activo, elaborador y reelaborador de las culturas africanas presentes en la Isla y por su imbricación en ese hibrido cultural occidental de contenido fundamentalmente ibérico que nos han tratado de imponer como "cultura cubana".

Si conceptualmente "civilizar" es hacer florecer, crecer, mejorar, avanzar, instruir, contrario a lo que se proponía el colonizador primero y se ha propuesto su descendiente después, en la Isla la cultura nacional ha florecido, crecido, mejorado y avanzado con los caracteres culturales afro como con los hispanos.

De hecho, es el propio canon literario supremacista impuesto en la academia isleña el que no reconoce literatura propiamente cubana hasta el extenso poema *Espejo de Paciencia,* donde por primera vez aparece retratado y con protagonismo un cubano negro.

No podemos hablar de música propiamente cubana hasta que en las agrupaciones musicales lo mismo populares que de la mal llamadas "cultas" no se dio la mixtura de componentes europeos y africanos.

Toda la pintura que reconocemos como esencialmente cubana comporta ambos ingredientes. Lo mismo la cocina cubana. Y ni hablar del lenguaje extra-verbal y el verbal.

Lo mejor de nuestro pensamiento intelectual tiene una notable y no reconocida presencia de la afro-descendencia.

Hoy las religiones afro, especialmente la Regla Ocha-Ifá, puede con todo rigor considerarse nuestra religión nacional si bien ese sitial lo sigue usurpando y el poder se le sigue asignando oficialmente al cristianismo.

De manera que también han servido las religiones afro y las culturas afro en general tal cual se vivencian en la Isla para instruir a la ibero-descendencia y a otros grupos étnicos asentados ahí, como sucediera con la influencia en la cultura china-cubana, con su San Fan Kon venerado por chinos cubanos y afro-descendientes cubanos por igual.

La sabiduría conservada en lo que de la filosofía yoruba llego a Cuba ha penetrado el imaginario colectivo transformándose en parte consustancial del patrimonial acervo cultural de la nación en construcción que todavía somos los cubanos y las cubanas de hoy, actuando para

268

nosotros, lo identifiquemos y reconozcamos o no, como un ente civilizador medular y siendo su legado el que además de vincularnos a África nos vincula en el escenario caribeño.

Es interesante y a su vez sugestivo conocer las fuentes tan contradictorias del nacionalismo africano. Las explicaciones del autor no dan oportunidad a la confusión. Es meridiano, directo y fluido en la exposición y en las argumentaciones. Expone las causas y sus interrelaciones, haciendo otro tanto con las tendencias nacionalistas que como se manifestaran sobre terreno se van manifestando en sus páginas.

Civilización y evangelización

Como afirmara en su momento Fernando Ortiz, "sin el negro Cuba no sería Cuba". El desconocimiento y la negación de ello es apenas una muestra fehaciente del criollismo en el que todavía se solaza una parte de su población.

Como invariablemente acontece en las estructuras de dominación, todo estaba dispuesto para que el africano no despertara a su realidad de sujeto-objetivado. Todo se previó para que continuaran en la situación de vasallaje los que se habían acogido ("convencidos" por inducción o con el poder persuasivo de las armas) a esta, o para que se acogieran a esta los que seguían rechazándola y eran objetos de las empresas pacificadoras colonialistas.

De unos y de otros, de los sometidos al vasallaje como de los que se le oponían, terminaría brotando el nacionalismo africano sin contradicción alguna en sus orígenes. Antes o después unos y otros africanos tendrían motivos para pensar en sí mismos, en África y en su propia gente. Ambos tendrían porqués para proponerse hacer por cambiar su suerte, por ganar para sí sus destinos.

"Muchos factores intervendrían en el surgimiento, desarrollo y características del nacionalismo africano, pero el tipo de sistema colonial implantado fue, en cada caso, uno de los factores más importantes. En el periodo comprendido entre las dos guerras mundiales, el surgimiento de una nueva generación de africanos que va adquiriendo ciertos niveles de educación occidental dentro del marco colonial, es el suceso de mayor importancia política"(182).

Los africanos fueron contemplados por el mundo durante su participación en la Primera Guerra Mundial. Por largo tiempo África había sido exclusivamente la referencia del sitio, que se antojaría remoto, de donde se extraían riquezas, incluidos sus pobladores a quienes no se les veía como a humanos o, al menos, no como totalmente humanos.

Sin embargo: "El efecto de la intervención de soldados africanos en la Primera Guerra Mundial fue complejo; un millón de soldados africanos tomó parte en la contienda" (183) y ello repercutiría en esos participantes y en su patria continental. La amplia participación que tuvieron a favor de las metrópolis no varió el estatus de las colonias.

A su regreso seguirían siendo ya "súbditos", ya "protegidos", ya "colonizados" pero equivalentemente a esas categorías era que hubieran sido y siguieran siendo sometidos. Proseguían obligados a hacer en su propio territorio de sirvientes de los europeos, forzados a aceptar y participar en la expropiación de sus recursos en beneficio de aquellos. Ni siquiera las aspiraciones de reformistas eran escuchadas por los colonialistas.

Como admite Juan Benemelis en su ensayo: "Algunos de esos africanos aprendieron la lección, y en colaboración con intelectuales negros del continente americano, convirtieron sus grupos y asociaciones profesionales en centros de agitación política, dentro de ciertos límites, estableciendo contactos de corte panafricanista" (184).

No obstante, a que entre los africanos que participaron del mundial conflicto bélico muchos eran asimilados pro-europeos, "al ponerse en contacto con otras realidades, estos soldados regresarían a sus países en posesión de una serie de vivencias políticas y socialmente explosivas. Su papel seria particularmente importante en el nacionalismo africano posterior a 1945" (185).

A favor de ese nacionalismo operaría el "ascenso lento pero continuo de una clase media africana en lo económico, político y social, dentro de las ciudades creadas por el colonialismo. Su actividad política en este periodo debe ser considerada como proto-nacionalista en la medida que se rebeló contra los jefes

270

tribales que servían a la administración colonial, y porque demandó el mejoramiento de las condiciones de vida de los africanos en el marco del sistema"[186].

Es un nacionalismo que tuvo nacimiento en todo el continente, del norte al sur, de este a oeste. El pan-islamismo y el pan-arabismo del norte y el panafricanismo del resto del escenario continental, con su componente nada descartable de Negritud, tienen un común sustrato de rebeldías ante la colonización y de exigencia por cualquier vía de su liberación. Movimiento ideológico y de acción que tendrá luego especial importancia en el proceso de descolonización.

La "civilización" y la "evangelización" que refirieran como motivaciones las potencias europeas para entre estas dividirse a África, no pasaba más que por la usurpación de los recursos económicos de ese continente. "Civilización" y "evangelización" convenían en comprenderlas como usurpación y dominación.

Es que: "La dominación colonial llevó a Europa y a los europeos al continente africano, pero África y los africanos permanecerían en gran medida aislados de la escena mundial"[187]. La dislocación que provocaron los gobiernos metropolitanos en los sistemas organizacionales autóctonos africanos no la sustituyeron con estructuras estatales al estilo europeo, lo que ya sería una aberración dadas las desiguales características de las sociedades africanas y las europeas.

El nacionalismo africano

Las administraciones coloniales impuestas utilizaron en su provecho las jefaturas tradicionales de las sociedades colonizadas, deformándolas en sus propiedades, trocando a su vez los valores de las sociedades africanas.

Los jefes africanos quedaron como "voceros del gobierno colonial, no instrumentos de gobierno local" ([188]). Esos jefes africanos "fueron liberados de todo control popular, y en poder de instrumentos políticos que nunca antes habían poseído, se transformaron en verdaderos autócratas" ([189]) a favor de los gobiernos metropolitanos europeos. Es decir, eran "parte integral de la maquinaria colonial" ([190]).

A favor del nacionalismo africano actuarían también los pobladores. Señala Juan Benemelis: "Los nuevos conglomerados, resultantes del comercio y la industria de transformación, actuaron como un catalizador en las entrañas de las sociedades ancestrales" ([191]). En la medida en que se colocaba o dejaban colocar en contra de su gente estaban obrando a favor del nacionalismo, del civismo africano, y en contra de las metrópolis.

A mediano plazo la contradicción creada entre las jefaturas tradicionales africanas y "las capas profesionales de los centros urbanos, privada casi completamente de derechos políticos, iba a ser (...) la primera manifestación importante en la escena política africana" ([192]).

Esas "élites urbanas sin posibilidades en la administración tribal, buscaban una mayor representación en las administraciones locales; fue en particular esta clase media profesional la que configuró los primeros núcleos de agitación nacionalista, pues el grueso de los jefes tribales estaba más interesado en su armonía tradicional mientras la población local luchaba por evadir la carga de las pesadas contribuciones" ([193]). En el África austral el nacionalismo estaría marcado y dificultado por la presencia del colonato euro-blanco.

Este fue un producto de la colonización europea que quedaría estructuralmente por encima de la población africana y tendría a su vez contradicciones con las metrópolis. "Este colonato constituyó el factor social más peligroso para el nacionalismo africano, puesto que la solución política independiente no podía esperarse de ese eje colonato-metrópoli" ya que "ambos excluían al africano.

El hecho indiscutible era que la descolonización se veía como una negociación entre la potencia colonialista y los colonos" ([194]), sin considerar a los principales afectados, los africanos, que además estaban en su territorio vital.

Con todo, consideran Benemelis y otros autores por el citados, que no fue hasta el periodo posterior a la Segunda Guerra Mundial que cristalizaría "la verdadera toma de conciencia del hecho colonial" entre los africanos[195]. "Al principio, la oposición africana se movilizaba en defensa de las autoridades tradicionales nativas, pero al ser estas subvertidas por las administraciones metropolitanas, la escena se desfiguró con la aparición de focos nacionalistas que propugnaban violentas campañas en pro de reformas internas"[196].

En la propagación de ese nacionalismo, que se vincula al antirracismo, jugarían importante rol las "pequeñas empresas periodísticas que se hacían eco de las reivindicaciones locales, combatiendo el racismo de la sociedad colonial y preconizando una corriente nativista que ya tenía ese tinte nacionalista" ([197]).

Es ese el periodo en el cual aparecen o ganan vitalidad organizaciones africanas de nuevo tipo, centradas en las demandas reivindicadoras de las poblaciones nativas. Entre estas estarían las sindicales, el Partido Comunista Sudafricano, la Liga Africana (de corte panafricanista, fundada por estudiantes africanos en Lisboa en 1920).

Precisa el Dr. Benemelis que el elemento racial fue retardatario en el desenvolvimiento de esas organizaciones, en la medida en que "afectó la colaboración entre blancos y negros en los períodos de huelga". Puntualiza que "las rivalidades entre líderes y organizaciones africanas frenaron el desarrollo del nacionalismo" ([198]).

Emancipación y religión

La segregación espacial que se había gestado entre las poblaciones blancas y negras en las nuevas ciudades tenía contenido racial, cultural y político. Diferían las condiciones de los profesionales y trabajadores africanos de la de los colonos, comerciantes y prestamistas europeos inmigrantes lo cual se expresaba en intereses, también políticos, diferentes. Esa segregación racial, cultural y política signo al nacionalismo africano pues, apunta el Dr. Benemelis, "la división en razas era a la vez la división entre pobres y ricos, entre culturas. Así, la barrera del color se mezclaría con la clasista y cultural" ([199]).

El proceso de diferenciación clasista en África al calor de las nuevas actividades económicas ocasionó la formación de "una nueva clase media de comerciantes, contratistas, de transportes, trabajadores profesionales y administrativos, y campesinos medios, (que) tenderá a dominar los movimientos políticos". Las diferencias de intereses entre estos sectores no ocuparían primer plano en la lucha, "todos los estamentos consideran al régimen colonial como el principal obstáculo para el progreso económico"[200].

Cuando a los pueblos africanos les habían arrebatado hasta sus estructuras tradicionales, la religión vino en auxilio de un ser esencialmente espiritual. Esto no es algo que ordinariamente comprendan en sus intríngulis personas de otras culturas. "La religión resultó el campo dentro del cual era posible luchar por un cierto tipo de emancipación africana, una forma de resistencia dentro del sistema colonial autoritario. De ahí la proliferación de las iglesias separatistas y los movimientos de protestas entre las dos guerras mundiales. Podía suceder que las iglesias no entraran en conflicto directo con la administración colonial, pero en muchos casos se consideraban peligrosas por el mensaje de ciertas 'revelaciones' de Dios al protegido" ([201]).

Los pronunciamientos místicos de las iglesias separatistas, pudiéramos calificarlas de nacionalistas, "conocidas como 'etíopes' a partir de Nigeria, se esparcieron por los zulúes del Natal" ([202]). Esas instituciones coincidirán con la presencia de todo tipo de místicos o inspirados líderes afro-cristianos africanos de ambos sexos, que desde tiempo atrás y frutos del choque cultural euroafricano proliferaban en ese continente.

Para aquel tiempo: "Las sociedades misioneras emprendedoras tomaron cuenta del peligro que conllevaba la identidad entre su devoción y la 'cultura europea'" ([203]). Gradualmente iría creándose una tendencia a la identificación entre los misioneros europeos de ambos sexos y las poblaciones africanas, surgiendo entre los religiosos europeos una tendencia al conocimiento y reconocimiento cultural del africano. Tendencia esta que no es mayoritaria y tiene una acogida muy contradictoria dentro de sus Iglesias madres.

Por su parte: "La iglesia 'etiópica' separatista, con su culto a los antepasados, encontró apoyo y simpatías al admitir ciertas costumbres de los pueblos africanos. El movimiento fue a parar en un rosario de revueltas, entre otras las del Congo Belga en 1908, en la Costa de Oro durante 1914 y las de Nyasalandia en 1915, hasta su posterior inercia" [204].

En las Iglesias separatistas africanas podemos situar el origen de la inculturación del mensaje evangélico, luego reclamado como propio por el Pontífice Juan Pablo II: "En África anterior a la II Guerra Mundial, existieron partidos del tipo arcaico, consistentes en grupos de seguidores de algún personaje influyente. Precisamente de este subproducto colonial, (de) la élite urbana educada en las misiones surgiría el movimiento nacionalista panafricano" [205].

Como antecedente inmediato del Panafricanismo el profesor Juan Benemelis apunta la creación de "la Sociedad Protectora de los Derechos de los Aborígenes, en la Costa de Oro (hoy Ghana), fundada en 1897, en plena etapa colonizadora, por los abogados John Mensah, Kobina Sekyi, Edward Wilmot Blyden y Casely Hayford"[206].

El movimiento Panafricano desde sus umbrales contemplo la conjunción de África con la afro-descendencia. "Panafricanismo" fue un concepto enarbolado por vez primera en 1900, durante una conferencia africana efectuada en Londres por convocatoria de un trinitario, Sylvester Williams. El propósito de la conferencia fue "debatir los convulsos problemas que surcaban el continente, pronunciándose contra la administración europea del África"[207].

Un sector de la intelectualidad afro-descendiente tradicionalmente ha experimentado un sentido de responsabilidad con la tierra de la ancestralidad y lo ha patentizado en acciones a favor de la búsqueda de soluciones a los problemas que allí han sido creados.

"El sionismo negro de Marcus Garvey, el Panafricanismo de William DuBois y la 'negritud' de Aimé Césaire y de Leopold Sedar Senghor, propiciaron recursos autóctonos para la solución exclusivamente africana de sus problemas políticos, sociales y económicos. Todos ellos nacerían, paradójicamente, fuera del África.

El movimiento 'retorno al África' en Jamaica y en las plantaciones algodoneras sureñas de Estados Unidos de sumó al Panafricanismo, al movimiento negro en el humo fabril de Chicago y en el Harlem neoyorkino, y la 'negritud' en las márgenes del río Sena. Con estos vagos instrumentales, los grupos nacionalistas comenzaron a enfrentarse al coloniaje centenario que agobiaba su continente, maniobrando, persuadiendo y denunciando" ([208]).

Otra vez volvemos al rol de la religión en el movimiento de resistencia afro. Destaca que, en el conclave efectuado en Londres en 1900, la mencionada conferencia africana convocada por un trinitario, un religioso, el "obispo africano metodista, Alexander Walters se esforzó en tender un puente entre el panafricanismo y el movimiento religioso independiente de su iglesia" ([209]).

El Galvanismo también prendería entre los religiosos. De la "convención de los negros" que en 1920 organizara el jamaicano Marcus Garvey en Estados Unidos, los "ecos alcanzarían al subyugado continente a través de la iglesia ortodoxa africana" ([210]).

En Estados Unidos, donde la existencia y lucha de la población afro-descendiente ha tenido sus particularidades y enormes dificultades, el periodista afro-estadounidense Williams DuBois fundo el Congreso Panafricano. "Este Congreso contribuyó a congestionar la atmósfera política y precipitar la formación del famoso Congreso Nacional del África Occidental Británica, encabezado por Casely Hayford, intelectual de la Costa de Oro"([211]).

"Ya en los congresos panafricanos organizados entre 1919 y 1927 por DuBois pese a que la participación africana fue pequeña, ponían el acento en la realización de reformas tendientes a eliminar las injusticias más irritantes del orden colonial, como el derecho a la tierra, derecho a la seguridad individual, etcétera, pero también hablaban del derecho de los africanos a tener voz en el gobierno de sus países y participar en los asuntos públicos" ([212]).

El Congreso Nacional de África Occidental, fundado en 1920, fue "la primera agrupación política inter-territorial que dio expresión a las reivindicaciones de los intelectuales y la clase social de las colonias británicas de Gambia, Sierra Leona, Costa de Oro y Nigeria" ([213]) y tuvo carácter reformista. Su reivindicación consistía en la búsqueda de "escaños dentro de la escala administrativa local, sin procurar la autonomía política o la independencia" (²¹⁴).

Solicitaba de la administración colonial la creación de una universidad. Además "abogó por el control fiscal y judicial en los territorios coloniales ingleses" (²¹⁵).

Con anterioridad, en 1927, "una delegación africana con la participación de Lamine Guaye, Leopoldo Sedar Senghor y el activista sudanés Tiemoko Gran Kouyaté asistió a la Conferencia Antiimperialista de Bruselas", Conferencia que se pronunció "en apoyo al derecho a la independencia de los pueblos coloniales" (²¹⁶).

Legítima Defensa

Pero en los primeros textos elaborados por los adalides de la Negritud (el manifiesto Legitima Defensa y la revista parisina *El Estudiante Negro*, ambos de 1932) se explicitaba la necesidad de la independencia africana.

En el nacionalismo africano tuvo un papel importante la juventud universitaria. Esta en parte se fogueo con el influjo que sobre la misma supuso la realidad estadounidense de entre guerras. El elevado número de estudiantes africanos que entre las dos guerras mundiales visito Estados Unidos, se encontrarían con los linchamientos del Ku Klux Klan, con una descarnada segregación etno-racial, con la negación de los derechos civiles.

En aquel país los jóvenes africanos únicamente serian acogidos por sus iguales, es decir, los discriminados y segregados, las personas negras. De ahí que, tal cual asevera Benemelis, su radicalidad ocurriera con mayor celeridad que la de los africanos residentes o visitantes de Francia, Inglaterra o Portugal, donde eran otras las condiciones.

"La sociedad norteamericana de la época, deshumanizada ante el problema racial, el garveismo, el panafricanismo, las luchas de los afro-descendientes, todo estos elementos se amalgamaron con las instituciones británicas, la 'excelsa' herencia cultural francesa, con el pensamiento marxista, la social-democracia europea, la campaña de no violencia del hindú Mahatma Gandhi[9], el etiopianismo cristiano del emperador Haile Selassie I, y la destribalización que propicio el reclutamiento de africanos para los ejércitos europeos de la I y II Guerra Mundial, engendrando una élite política africana muy diversa y compleja, que llegaría a configurar al final de la lucha anticolonial las más extravagantes corrientes del pensamiento nacionalista y sus vías de desarrollo, de sus 'ismos' y variantes de edificación económica"[217].

"En términos generales el programa político de esta generación africana era más ambicioso que el de los predecesores, y se dirigía a un público más amplio, aunque se mantenía en el medio urbano, con ramales en pueblos importantes, aún sin poder lograr el apoyo de las tribus del interior[3]. Asimismo, se logró el apoyo de las sociedades fabianas inglesas, los socialistas franceses y otras organizaciones radicales. Desde el punto de vista económico y social de acuerdo con el antillano George Padmore el panafricanismo acepta los objetivos del 'socialismo democrático': un control estatal sobre los medios esenciales de producción y distribución" [218].

En esos años habría una proliferación de organizaciones africanas juveniles y de congresos.

El periodo de entre guerras fue propicio para la vinculación de los nacionalistas y proto-nacionalistas africanos con cierta parte de las izquierdas metropolitanas. Por ejemplo, en los años 1930 fue organizada la rama senegalesa del Partido Socialista Francés. La nueva generación, europeizada y destribalizada, influida por la realidad europea e inmersa en sus problemáticas africanas inicia la transformación de los variados y complejos congresos en partidos políticos nacionalistas.

Pormenoriza el autor las circunstancias en las que surgirían los partidos políticos. "Después de la Segunda Guerra Mundial –señala–, los partidos políticos aparecen en el marco de la situación colonial cambiante: con la declinación de la jefatura tribal y el crecimiento de la clase media, el desarrollo de las comunicaciones, de una prensa nacionalista, y de un intento de libertades civiles dentro de ciertas instituciones representativas; todo bajo la influencia de ideas y organización extranjeras de Europa, América y Asia. Los objetivos políticos concretos de cada Partido dependerán de sus respectivas ideologías, desde el radicalismo reformista o revolucionario hasta el independentismo conservador" ([219]).

La destribalización

Considera dentro del marco de circunstancias de aparición de esos Partidos, la destribalizacion y la incidencia subjetiva de esta. Además, la urbanización de la sociedad, que, aunque considera no está en ese momento en plenitud, si ha habido un rompimiento con la ruralización en un sector considerable de las sociedades africanas.

Lo cual era consecuencia del rompimiento, por métodos colonialistas, con la estructuración tradicional. Añade el creciente trabajo asalariado y el crecimiento de una clase media de profesionales y de campesinos con recursos económicos. El destribalizado –opina– queda "huérfano de valores y defensa; es presa fácil de cualquier cuerpo de ideas políticas bonitamente expresadas" ([220]).

"Estos grupos políticos y este nuevo tipo de hombre, asumieron una forma de acción social que respondía a la ausencia de valores estables heredados, a la inestabilidad emocional, cultural, y económica de este nuevo tipo de hombre que en virtud de la lenta pero continua destrucción de las bases tradicionales de su sociedad autóctona, procura hallar infructuosamente en los núcleos urbanos nuevos marcos de solidaridad y de valores" ([221]).

Para comprender las contradicciones suscitadas en las nuevas organizaciones políticas africanas, ha de tenerse en cuenta que estos partidos no pueden ser considerados como pureza de organizaciones modernas. Conjugan exactamente el momento de transición de una sociedad tradicional a otra de estilo urbana, como depositarios del pasado y anunciadores del futuro; por eso sus líderes y políticos expresan en múltiples ocasiones desconcertantes ambivalencias[222].

Claro que esta es una apreciación en la que el autor se está sirviendo para el análisis de una categoría implementada por Occidente, la de "Modernidad". En este caso su análisis lo enmarca en esa lógica epistemológica concreta, que como el mismo reconociera no se ajusta exactamente al de cursar de las sociedades africanas.

De cualquier modo, es loable ese posicionamiento pues por muy de subalterno que sea su posicionamiento, su movimiento intelectual es en la intelectualidad occidental. Es por demás efectivo el uso categorial colonialista en aras de la deconstrucción del tipo de pensamiento y de sociedades que ese se produce y a su vez realiza su producción intelectual.

Las sociedades africanas, luego de la colonización, quedarían indefectiblemente selladas por la contradicción entre su ser natural y el ser occidental que se les impusiera. No es descabellado analizarlas con las categorías occidentales. Lo nefasto es atarnos a esas. Eso no es lo que hace nuestro colega y Maestro. El dialoga con las categorías y les haya nuevos ángulos explicativos en la praxis social.

Estos partidos políticos africanos, caracterizados por su flexibilidad en tanto "reconocen la existencia de otros grupos contrarios y de la administración colonial, con los cuales compiten por el poder" (223), advierte el autor que "deben ser entendidos como instituciones fundamentalmente africanas, así como entendamos los conceptos de clanes, de sociedades secretas, etcétera, en el contorno del sistema social peculiar en que surgió. A pesar de las influencias ideológicas exteriores, todas ellas han tratado de adaptar su entorno tradicional a lo moderno, y lo extranjero al medio tradicional" (224).

Para quienes hemos estado tan distantes intelectual y políticamente de África de manera sumaria nos aclara: "Las luchas intestinas y las numerosas secesiones y tendencias que marcaron el desarrollo de los partidos africanos, fueron la consecuencia de una combinación de influencias, de conflictos de tipo político, de estrategias, de intereses económicos y sociales, de actitudes regionalistas o tribalistas, de presiones de la administración colonial, rivalidades personales, etc." (225).

El África resultante de la colonización era un paisaje sociológico y cultural en extremo abigarrado, en donde "al lado de las elites de africanos europeizados, actuaban los representantes del sector tradicional tribal. Esa coexistencia contradictoria en tipos de mentalidades se explica por el carácter inter-territorial, federal, panafricano de los partidos u organizaciones que se precipitaron contra el edificio colonial.

Con excepción de un grupo de líderes devotos del liberalismo capitalista, gran parte de los dirigentes de los partidos africanos procuraron encontrar un nexo histórico entre los postulados 'socialistas' o igualitarios con sus sociedades medievales, como una tentativa de lograr mecanismos del desarrollo económico diferentes a las del liberalismo europeo"(226).

En ese abigarrado paisaje los partidos políticos tenían ante si retos enormes y su funcionamiento y constitución revestían particularidades. El carismatismo y la apelación a recursos simbólicos tradicionales, ya religiosos ya políticos clasifican entre sus particularidades, entre esas que les revelaban como instituciones africanas.

Característica distintiva de la singularidad partidista africana es la creación de Partidos políticos religiosos o nucleados alrededor de figuras tribales. Estos últimos "resultaban maquinarias políticas rudimentarias" que existieron en "donde la jefatura tribal era aun políticamente fuerte, como por ejemplo la Nigeria del norte" (227).

Singularidad que estaría signada también por la existencia de los siguientes partidos: "los interterritoriales que trascendían las fronteras coloniales, como por ejemplo el *Ressamblement Democrátique Africain* (RDA). Los territoriales, basados en el área de una determinada administración colonial, ya sea la pequeñísima Gambia o el enorme Congo Belga. Los partidos regionales, étnicos o tribales, caracterizados por su particularismo, como por ejemplo el Grupo de Acción en la zona yoruba de Nigeria, el partido tribal Ábako en el antiguo Congo de Leopoldville, liderado por Joseph Kasavubu"(228).

Asimismo, estaban los partidos de masas europeizados o, según categorías occidentales, "modernos". Estos predominaron entre 1958 y 1960, periodo decisivo de la descolonización, y serán los que "formarán gobierno en muchos países hoy independientes al sur del Sahara" (229), con lo cual pasarían del periodo de semi-legalidad, cuando ya las gubernaturas coloniales más o menos resignadamente les soportaban, a la legalidad.

Estos partidos, a los que Benemelis describe como estados paralelos a los gobiernos coloniales, tendrían ante sí el "gran reto de imponer un nuevo tipo de estructura a la sociedad africana descolonizada, con mayor disciplina interna y mayor flexibilidad ante los cambios políticos" ([230]).

Puede intuirse que muchos de los problemas que hoy afrontan las sociedades africanas y sus Estados arbitrariamente concebidos provienen de las maneras en las cuales se comportaron los líderes de esos Partidos y la burocracia creada en estos. No sería raro concebir la asociación de problemas inter-tribales al monopolio de liderazgos por alguna de las etnias, entre otras posibilidades de generación de conflictos.

Para comprender las complejidades políticas africanas hay que tener tantos elementos como nos ofrece el africanista Benemelis en este *Tarik*.

Esos son referentes que en la Isla no nos llegan a las mayorías, inclusive dentro del mundo intelectual. La unilateralidad política y el esquematismo analítico han entronizado en todos los espacios. Con esos presupuestos es imposible la real comprensión de cualquier temática o sociedad, mucho más tratándose de sociedades tan polifacéticas y transidas por innúmeras complejidades.

Vale aquí detenernos en un señalamiento de primer orden que aparece en este que podemos considerar ya nuestro *Tarik africano*. Señala Juan Benemelis que la "concepción socialista africana de la sociedad, no es la marxista" ([231]). Coexistiendo en el autor el conocimiento en profundidad del mundo africano que vivió y del marxismo que manejó, cobra mayor relevancia el planteamiento.

El socialismo africano

De manera explicativa a su aseveración anterior Benemelis puntualiza: "En África la eliminación de la 'explotación' se interpreta como la necesidad de liquidar la explotación de los trabajadores africanos por el capital europeo, cuya administración colonial debe ser igualmente liquidada. Por eso, el lenguaje socialista no era necesariamente el resultado de la militancia marxista, aunque casi todos sus dirigentes, desde Kwame Nkrumah hasta Félix Houphuet Boigny, conocían bien el pensamiento marxista leninista" ([232]).

Se añade la incidencia que tuvieran en el socialismo africano el Panafricanismo y la Negritud. De manera que "estas y otras influencias llevan al eclecticismo del nacionalismo africano que se nutre tanto de Jean Jacques Rousseau como de Marx, Lenin, Gandhi, o del Islam" ([233]). El socialismo africano no desdeñaría los valores tradicionales ni las ideas religiosas autóctonas.

Por eso ese nacionalismo prendió en amplias capas poblacionales del continente. Por eso tantos de sus líderes al momento de la descolonización se convirtieron en un obstáculo para los planes neocolonialistas de un Occidente que necesitaba para llevarlos a efecto de líderes a los que pudiera corromper porque como sus antecesores éticamente, como aquellos líderes tradicionales que antes se dejaran corromper y vendieran a sus hermanos, estuviesen dispuestos a ello.

Tomo por sorpresa tanto a los colonialistas como a los líderes nacionalistas de las colonias africanas la manera en que los hechos se desataron hacia la confrontación, no dejando otra alternativa que la independencia.

La sorpresa se forjaba sobre la realidad de que "entre 1945 y 1950 todavía el movimiento nacionalista africano buscaba sólo las reformas y creía en la posibilidad de una evolución lenta del hecho colonial. Por su parte, las administraciones coloniales descansaban en la posibilidad de que las instituciones jurídico-políticas del Estado colonial no se modificarían sustancialmente" ([234]).

No obstante, en el desenvolvimiento social, cultural y político del continente africano ya las reformas no eran una opción. Se imponía la independencia. Las nuevas clases surgidas al calor de la colonización ya tenían subjetividad e imaginario propios. Revisitaban su historia. Sentían la necesidad del fortalecimiento identitario de sus sociedades y de sus organizaciones. Se aferraban a sus valores, reconocían sus singularidades, identificaban sus necesidades y los modos de satisfacerlas.

La comparecencia de los gobiernos metropolitanos no cabía en ese marco. En consecuencia: "Para responder el mito de la barbarie africana sostenido por el colonizador europeo, los africanos se ven en la necesidad de responder con el de la civilización africana y de sus logros. Así, los jefes africanos que resistieron a la ocupación colonial se convierten en los antecesores del nacionalismo de posguerra, al insistirse en los valores del África pre-colonial, como la concepción de una sociedad comunitaria integrada por el muerto, el vivo y el por nacer[22]; la actitud racional en las relaciones sexuales, el lugar de la mujer en la sociedad, etcétera."[235]

Al calor de la colonización, de la europeización forzosa y de la búsqueda de soluciones para los problemas propios, el eclecticismo africano se acentúa.

Por eso: "En esta revisión del pasado para encontrar la identidad africana, los dirigentes nacionalistas evolucionan en varias direcciones: igualitaristas como Namdi Azikiwe en Nigeria, o aristocratizantes como Félix Dabo Sissokó en Mali; tradicionalistas como Appiah Danquah en Ghana; o revolucionarios, como la primera etapa de Gabriel Darboussier, uno de los fundadores del RDA; tribalistas como el Yoruba Obafemi Awolowo en Nigeria; o panafricanos como el ghanés Kwame Nkrumah; africanistas como el Jomo Kenyatta de la fase etnológica; pro-europeos como Leopold Sedar Senghor en Senegal"([236]).

Los resultados de la segunda conflagración bélica mundial, la super explotación a la que sometieron al continente africano una vez terminada la guerra debido a la imperiosa necesidad que tenían las colonias de materias primas, alimentos y divisas, la agresiva campaña anticolonial en la que coincidían Estados Unidos, la URSS y los más radicales nacionalistas africanos, así como la política de Guerra Fría, influirían decisivamente en la descolonización del continente africano.

En lo que también intervendría la debilidad de los imperios, la difusión de principios políticos liberales y la presencia de poderosas y cada vez más dinámicas agrupaciones anti-coloniales. Se amplía el sumario con el incremento de los contactos entre los nacionalistas africanos y los liberales de las metrópolis.

La radicalidad de los líderes nacionalistas provenía mayoritariamente del África colonial británica. Los líderes nacionalistas del África colonial francesa, con notables excepciones, fueron más dados al acomodamiento del reformismo. Reforzaría el camino hacia la descolonización la derrota del fascismo, "interpretada justamente por el nacionalismo africano como el triunfo de la lucha contra una ideología racista y por el derecho de las naciones a la autodeterminación" [237].

Integración panafricana

No podría dejar de mencionarse que las presiones nacionalistas por la descolonización en África coincidían con la agitación anticolonialista en Asia y Medio Oriente y con el inicio de la época humana más creativa en cuanto a tecnología y todo tipo de adelantos científicos.

Las tantas contradicciones impuestas por el largo periodo de explotación del continente africano por parte de las metrópolis europeas, ha impedido que superado el medio siglo del inicio de la descolonización africana, tengan claro de manera general los intelectuales, gobernantes y el resto de la población africana si la prioridad debe ser la soberanía política de cada uno de sus países o la integración panafricana.

Las diferencias en los tipos de colonialismos puestos en práctica por las metrópolis implicarían tanto más las diferencias de percepciones sobre cuál de estas priorizar.

La disposición del africano para la amalgama intelectual e ideológica la quebrarían factores internos continentales y externos. Así también quedo marcado su nacionalismo.

Interna y externamente se tornaría candente la discusión acerca de la categoría "socialismo" y de lo que es "socialismo africano". Lo que conduciría a una polarización política que daría al traste con el Panafricanismo, con la posibilidad de unión de los países artificialmente construido por necesidades, caprichos y disputas de las potencias europeas.

"El dilema era el reflejo de la guerra fría en estos movimientos. Con frecuencia se presentaban organizaciones en favor del socialismo y de la Unión Soviética, junto a otras que buscaban el hecho democrático" ([238]).

La mayoría de los países descolonizados no acogió el sistema sociopolítico socialista y su tendencia ideológica marxista. De quienes lo acogieron, no todos lo concibieron de la misma manera.

Kwame Nkrumah conceptuó ampliamente el llamado "socialismo africano".

Si erro o no en su opción socialista merecería otro análisis. Lo cierto es que erro en pretender imponer su opción a los restantes países. En concluir que únicamente el socialismo podría ser la solución para la multiplicidad de problemas que existían en el continente. En pretender imponerlo incluso con la violencia armada. En abstraerse de las características que singularizan al continente.

Es dable opinar que, con su política de apremio, su unilateralidad propositiva y sus amplias contradicciones teóricas y prácticas, contribuyo en la profundización de la polarización política que azotaba al continente y dio armas a las metrópolis que, subrepticiamente unas veces y con la abierta violencia de las armas otras, se aprestaban a mantener las ataduras económicas que habían impuesto a sus excolonias, para lo cual necesitaban mantener entre estas y de ser posible agudizar la atomización.

Líderes como Sekoú Touré "definiría un socialismo ecléctico que chocaba con los postulados del manualismo soviético". El, que provenía del sindicalismo, opinaba que "el proletariado africano no debía copiar esquemáticamente la evolución y tendencias del sindicalismo europeo" ([239]).

Las posiciones de los líderes políticos africanos con relación al socialismo, su convencimiento de que deberían tener su propio modelo socialista, les ganaría la repulsa de los soviéticos, creídos los "dueños" del marxismo. En esa posición, tildarían al socialismo africano de "revisionista", acusación que tradicionalmente ha servido a los ortodoxos marxistas o a los que sin serlo se presentan como tal para cometer con ese amparo tantas arbitrariedades y exclusiones.

La Negritud, esa articulación cultural que tuvo impacto en los africanos y que podría favorecer aún más, tras la descolonización, en la articulación, reestructuración y solidez de sus sociedades, recibió virulentas críticas internacionales. "Los comunistas europeos la consideraron un racismo chovinista y una especie de pan-negrismo; como una forma negativa de plantearse los problemas, al situar la lucha anti-colonial al nivel del africano y no de los explotadores 'burgueses' y de los explotados proletarios"(240).

Las criticas provendrían también de un sector de los africanos. La Federación de Estudiantes del África Negra, en Francia (FEANF). Consideraba que los panafricanistas basaban sus reivindicaciones en "una simple solidaridad de color, tildada de peligrosa" (241).

El África del periodo descolonizador era un hervidero de ideas. La diversidad cultural, de etnias y de grupos étnicos, la coexistencia de formas de organización tradicionales y las de corte euro, la diversidad demográfica y de experiencias políticas, todo ello aportaba, haciendo mantener encendida y a veces muy avivada la llama del hervidero de ideas.

El eclecticismo africano

Entre los ideólogos del periodo los había convenidamente marxistas y otros que, habiéndolo sido, se habían desengañado, como el político antillano George Padmore, convencidos de que "el marxismo no resolvía el problema racial, y de minorías y se inclinó por la fórmula de unos Estados Unidos de África". Inclinación que, valora el Dr. Benemelis, pudo asociar "quizás pensando en la exitosa construcción de la nación norteamericana" (242).

No puede desligarse la unidad del Panafricanismo. No existe el segundo sin la primera. La primera puede trascender a la segunda, no viceversa. Considera Benemelis que "el gran aporte de la negritud es que a partir de la misma se estructuraba un panafricanismo cultural como principio de la unidad africana sobre una plataforma amplia. A la unidad sentimental se le sumaba, entonces, una unidad dictada por consideraciones de orden político y económico"243.

Pero el Panafricanismo no pudo prosperar. La fragmentación se impuso a la necesidad de la unidad para juntos hallar los caminos que condujeran a las imperiosas soluciones de problemas que afectaban a todos los países africanos con independencia de sus particularidades.

Problemas comunes entre los que se situaban: el monocultivo, la pobre industrialización, la dependencia de las importaciones, el tribalismo, la arbitrariedad de las fronteras, la incondicionalidad de la europeización de un sector social, la urgencia de la creación de estructuras políticas partiendo de las realidades sociológicas e históricas, de la tradición africana y de las nuevas circunstancias, entre tantísimos más.

Muchos de esos problemas continúan vigentes y no siempre parece haber voluntad en las dirigencias internas para buscarles posibles soluciones.

"No debemos ignorar –alerta el Dr. Juan Benemelis-algunas flaquezas del contexto local africano como la existencia de una alta proporción de analfabetos, de jerarquías políticas varias veces seculares y de feudalidades criadas o reformadas por la colonización y a veces sólidamente enraizadas. Ellas, como barreras entre las organizaciones e instituciones políticas y la población africana, dieron al traste muchas veces con la propia existencia de gobiernos. Así fue el caso entre otras, de la crisis congolesa, de los tribeños Ganda de Uganda, del Dahomey, de Biafra, de Eritrea, de los bereberes saharianos" (244).

Y precisa que: "El llamado 'socialismo africano' nunca liquido el tribalismo, se hallaba en manos de una clase media proveniente del periodo colonial, nunca readapto la maquinaria estatal colonial, ni logro salir del circuito económico de la ex metrópoli correspondiente, no resolvió el problema de la mono-producción agraria"(245).

Por ahí pudiera encaminarse la respuesta a una realidad de actualidad. Países como la excolonia portuguesa Angola, con una enormidad de recursos naturales, no consiguió avances económicos de significación mientras estuvo atado al sistema social, económico y político socialista.

Una vez que renuncio a este, comenzó su despegue proyectándose hoy entre los países africanos de notable desenvolvimiento económico y social. Habiendo, además, y no es poca cosa sino todo lo contrario, eliminado toda una serie de contradicciones internas de contenido político, cuyo sustento era la caprichosa adopción de la vía socialista.

En la lucha de contrarios que se desatara en el vasto territorio africano posterior a la descolonización casi total del mismo, "la economía de mercado finalmente logró sobreponerse al tribalismo, al proto-feudalismo y al llamado socialismo africano, y en ello contribuyeron mucho algunos de los iniciales defensores del tal 'socialismo' como el tanzano Julius Nyerere. En suma, el socialismo africano, nunca fue 'africano' ni 'socialismo', sino una variante comunalista con base histórica en el sistema heredado de la colonia"[246].

Con pesar tenemos que reconocer los cubanos que el gobierno de la Isla influyo en la adopción de la vía socialista por parte de algunos de los gobiernos africanos.

Posición voluntarista y de manipulación política a favor de sus intereses. Posición que no guardaba relación con la realidad africana sino con la búsqueda de correlaciones de fuerzas internacionales favorables a la presencia del llamado y ya extinto "campo socialista".

Posición que guardaba relación directa con las ansias de protagonista que en la arena internacional ha mostrado el gobierno de Cuba. Posición que pasaba por la corrupción y/o la debilidad en el liderazgo de determinados dirigentes africanos. "El papel de los institutos armados –una de las pocas organizaciones efectivas existentes- al final se alzaría con la escena continental, con un rosario de golpes militares de toda gama política" ([247]). Guerrerismo e ínfulas dictatoriales que hallaban motivaciones endógenas pero que estaban estimulados desde el exterior. Otra vez el gobierno de Cuba tendría presencia como estimulador de ambos.

Lo que nunca ha querido ver el Occidente es que la disposición para el eclecticismo de las sociedades africanas, que también se patentizaría en su nacionalismo y, por supuesto, en el proceso de descolonización y hasta el presente, tiene tanto que ver con la variedad de culturas en el continente ancestral y en las interrelaciones históricas entre estas como en el aporte que por imposición cultural terminara haciéndole la Europa colonial.

Ese eclecticismo del pensamiento y comportamientos africano es la fuente por la cual, de manera natural: "Las vanguardias nacionalistas usaron, contra los gobernantes coloniales, los principios básicos de las naciones imperialistas. De los franceses tomaron los ideales de 'libertad, fraternidad e igualdad'; de los británicos, la concepción igualitaria del derecho y la participación en gobiernos representativos. Con excepciones, pocos líderes africanos han apreciado la necesidad de enfrentar una revolución agraria que solucione la vital necesidad alimentaria y que, al mismo tiempo, transforme las estructuras tradicionales. Lo que tiende a dominar la imaginación es el desarrollo deformado de las construcciones públicas, de las instalaciones industriales de productos suntuarios, vistosas y no rentables líneas aéreas, redes de televisión, etcétera."[248]

Quedan muchas tareas pendientes a los Estados africanos y a sus naciones, que no siempre son coincidentes. La unidad continental sigue siendo interés y motivo de desvelo de algunos. La unidad continental sigue considerándose la alternativa para la búsqueda de soluciones a los problemas continentales, para la consecución verdadera de la independencia política con soberanía.

Cuando en las décadas de 1950 y 1960 se produjo en lo fundamental la descolonización política del continente, "la unidad podía trabajarse si se echaban a un lado las preferencias ideológicas y se luchaba por la africanidad" [249].

Esa es lucha en la que el gobierno de Senegal tiene actualmente lugar cimero. Es lucha que a su favor cuenta ahora con el final grotesco del "campo socialista" y el descredito de las ideas marxistas.

Por todo eso y por tanto más que explicita en este *Tarik africano* que ya va dejando de ser del Maestro Juan F. Benemelis para ser nuestro, porque lo necesitamos: "No es extraño que a pesar de las enormes riquezas naturales: el 46% de los diamantes del mundo, el 32% del oro, el 20% del uranio, el 75% de cobalto, el 11% del petróleo, el 55% del cacao, África sea un continente pobre. Es por ello que aún los problemas básicos del crucial dilema africano, que no arrancan precisamente de la Segunda Guerra Mundial, no están resueltos, si bien el continente luego de cuatro siglos de penumbra ha reiniciado su andar" [250].

290

Las Raíces étnicas de la Nación Cubana

Juan F. Benemelis y María Ileana Faguaga Iglesias
(Sin publicar. Miami-Brasil, 2015)

Apuntes introductorios

Entre las búsquedas más interesantes y posiblemente también entre las más importantes a emprender por una sociedad están sus orígenes. Eso que en metafórica recurrente se ha dado en llamar sus raíces. Seguimos reiterándonos en el pronunciamiento de que debemos conocer estas para saber de dónde venimos y proyectar hacia dónde vamos.

Aunque lo que llegaríamos a saber, quizás, a conocer, sería la procedencia de nuestros y nuestras ancestrales lo cual nos permitiría intentar entonces conocer sobre sus culturas e intentar conocernos o re-conocernos.

Y ello nos posibilitaría la reafirmación identitaria, que no significa anquilosamiento sino el asumir con madurez el disco duro de nuestra identidad étnica o cultural con sus consecuentes y naturales modificaciones. Lo cual nos dispondría al avance o la transformación, e incluso a la renovación de nuestros proyectos de futuro.

Es importante y fundamental conocer nuestros orígenes[1] cuando se trata de *"pueblos nuevos"*; conocimiento de mayor relevancia para las naciones no cristalizadas. De ahí la esencialidad de dichas búsquedas en naciones surgidas de procesos coloniales. Por eso la naturalidad con la que los estudios postcoloniales hacen parte de la multiplicidad.

Esto en modo alguno significa que todo estudio emprendido respecto a nuestros orígenes clasifique como postcoloniales, si bien proponiéndoselo o no algunos rompan paradigmas del pensamiento colonial estructurado. Lo cual aconteció en el pasado reciente de nuestras naciones americanas, por ejemplo, y continúa sucediendo.

Los estudios emprendidos por Fernando Ortiz llegaron a tener cierto hálito de pos-colonialidad sin llegar a tal, en su momento histórico de inicios de la vigésima centuria. Pos-colonialidad que sí se identifica en los estudios llevados a cabo por su contemporáneo Rómulo Lachatañeré. Pos-colonialidad que es esencia en los estudios realizados por Iván César Martínez, Juan F. Benemelis, la familia Castellanos (padre e hija), Inés María Martiatu, Oilda A. Martínez, Roberto Zurbano y Pedro Cuba, y otras de diferentes generaciones que hoy producen con el ímpetu postcolonial de desestructurar el pensamiento criollo-masculino-patriarcal-etnicista-racista que nos han impuesto desde política hasta lo intelectual.

A fin de cuentas "lo importante es quién monopoliza los discursos, el lenguaje y el juego de la auto-descripción[2], porque en el discurso de la post-colonialidad el sujeto constructor y transmisor del discurso es fundamental, como su colocación en la realidad y sobre la realidad en la cual y/o de la cual construye o deconstruye conocimiento.

En consecuencia, estos y estas intelectuales de la Isla, residan o no en nuestro país, asumen una independencia de pensamiento y de producción intelectual que, dado también su colocación como sujetos postcoloniales, nada o poco tienen en común con colegas nacionales que reproducen el pensamiento colonial o el colonizado, que no es más que un eco de aquel.

"Cada arroyo tiene su fuente", reza un proverbio zulú[3]. Y *"cada hombre deja sus huellas"*, subraya la sabiduría kikuyu[4].

Lo que sí nos permitiría dar un paso más es asumir la búsqueda de nuestros orígenes como nación cubana y reconocer sus atrofias e inmadureces; abrazar la necesidad de avanzar en un proceso de nación que no está todavía concretada; posibilitándonos avanzar con solidez en la búsqueda de un proyecto político que nos sea beneficioso a las mayorías y en el cual puedan ser respetadas las minorías.

Por eso, una vez más, nos empeñamos en el esfuerzo de retrotraernos en las andadas de las raíces étnicas de la nación cubana. No es el esfuerzo que implica ni vamos a la caza del dato novedoso, es la propuesta de contribuir con otras miradas u otros análisis a la articulación de la pluralidad que debería caracterizar nuestro postcolonial pensamiento cubano, con la sistematización de discursos o elementos que han tenido poca y limitada trascendencia.

Aclaramos que la categoría *"etnicidad"* la utilizamos en este texto como sinónimo de cultura. Lo consideramos apropiado porque responde a la variedad de etnias africanas, ibéricas y asiáticas, así como americanas (aunque usualmente no se use de ese modo en este último caso) que llegaron más o menos voluntariamente a Cuba o que hasta ese territorio fueron conducidas forzosamente.

Por *"americanas"* estamos rápidamente comprendiendo a las poblaciones culturalmente homogéneas que, desde otras partes del continente, llegaron en diversos momentos y por motivos múltiples a Cuba. Puede ahí incluirse a la población franco-haitiana y a la haitiana, a la jamaicana y otras.

En relación a la insistentemente mal llevada y traída categoría *"raza"* no nos detenemos. Es proverbial la aclaración cultural primero y genética después de la inexistencia de las *"razas"* humanas sino de su variabilidad morfológica y cultural. Puntualizamos que, caso de usar el término sería distinguiendo por pigmentación de la piel, tipo de cabello y morfología física.

El constructo del negro inferior

Hace más de un siglo Fernando Ortiz inició la articulación de su pensamiento. Gran parte se desenvolvió en el *"descubrimiento"* e intento de comprensión y traducción de las culturas afrocubanas. En la distancia hoy podemos coincidir con el historiador y antropólogo respecto de que la composición étnica cubana propiciaría el desarrollo de la superstición, del misticismo y del magismo. Propiciaría la proliferación de la quiromancia, del espiritismo y de la cartomancia.

Y todo ello en convivencia más o menos pacífica y muchas veces también en contubernio entre estas manifestaciones de lo sagrado con la variedad de cultos religiosos en los cuales cada vez más, en la medida en que se conformaba la nacionalidad, lo africano quedaba como su origen en favor de su naturalización cubana. Como diría Ortiz[5], junto a ello no podría dejar de mencionarse la existencia de *"toda suerte de agorero"*.

Las españolas cartas irían compartiendo espacio con los oráculos africanos. La imagen de la gitana hispánica y la monja católica harían presencia en el cuadro espiritual afro-cubano. Cuadro espiritual al que luego llegaría el personaje del "chino", por arte de su presencia histórica en la Isla, que, en algún punto del desenvolvimiento de la conformación de la nación, saltaría del escenario religioso al escenario del teatro o viceversa. Pero eso sucedería, con posterioridad, posiblemente entre finales del Siglo XIX e inicios del XX.

En lo que pocos autores serios han dudado es respecto al núcleo poblacional que se iba fundando como *cubano* el cual presentaba una intensa inclinación hacia todo lo *"sagrado"*, hacia la reflexión de su existencia y la lucha contra sus limitaciones. Teatro de posibilidades en el cual la iglesia católica en la Isla, engranaje esencial de la estructura colonialista de dominación toleraba los sincretismos a cambio de una aceptación simbólica del catolicismo.

En paralelo y por largo tiempo los detractores de todo culto diferente del cristiano católico alegaron que los mismos resultaban prácticas de *"brujería"* y de *"magia negra"*. Acusaciones hoy no del todo superadas.

Hasta el presente la aproximación más generalizada a las religiones de origen africano en Cuba, ha sido a partir de consideraciones etiológicas, sociológicas, antropológicas o socio-psicológicas. Eso, si descontamos la recurrente aproximación policial y la artística especialmente en las últimas décadas. Como demuestra tanta literatura, desde la época colonial se trataría de atribuir un carácter delincuencial a toda manifestación cultural de carácter afro, como a la Regla de Ocha o Santería y al Abakuá en el ámbito religioso o como a la rumba en el profano.

Coincidirían en eso las fuerzas represivas y la intelectualidad oficial que iba sirviendo de sostén ideológico a la estructura de dominación. Como en otras partes del continente, aunque evidentemente con mucha menos *"suerte"* debido a nuestra realidad étnica, parte de la reacción intelectual de cierto sector social que se mostraba desde su forzada subalternidad o que se pretendía culturalmente diferenciado, fue mostrarse *"ciboneyista"*.

El esfuerzo fallido de inventarnos una población autóctona, inexistente a la altura del Siglo XIX, con tal de no re-conocer a la población negra como parte y fundadora de la nación; de no concederle el respeto merecido por ganado, no sólo por su condición de humanos; con tal de no reconocer sus espacios naturales de disfrute y de reconocimiento, su derecho a la participación activa en todos los niveles y en cualquier esfera de poder. Todo, con tal de no reconocerles sus contribuciones y menos la esencialidad de estas en la conformación de la nación y de sus expresiones culturales.

Como en algún momento expresara el padre católico Juan M. Sosa[6]: "desafortunadamente, a principios de siglo se consideró a la Santería como un fenómeno que motivaba el auge del crimen en Cuba. Se acusó a los negros de practicar sacrificios humanos (el famoso caso de la niña Zoila relatado por Fernando Ortiz en *Los Negros Brujos*, (1906), y se abrieron las puertas para el estudio de la 'etnografía criminal' basada en el origen y el comportamiento de la raza negra a la que se consideró inferior".

Ahí queda, junto al Museo Montané con sede en la Universidad de La Habana, todo un archivo de antropología física, al nivel de las producciones más importantes de su época (segunda mitad del Siglo XIX e inicios del XX), para intentar corroborar nuestra dicotomía construida políticamente y reproducida socialmente desde la ciencia. Ahí estarían los estudios que nos intentan dar por inapelable la *"inferioridad"* atribuida al negro. Ahí los que intentan mostrar científicamente la *"excepcionalidad"* del afro-descendiente Antonio Maceo.

Ha tardado mucho y ha sido muy parcial y segmentado el trabajo etnográfico, cultural, histórico, sociológico, que emprenda la clasificación y análisis de los componentes culturales de procedencia indígena, ibérica y africana que han permeado a la nación cubana. Los estudios que al respecto existen no engloban la metodología trans-disciplinaria. La mayoría de esos esfuerzos se han concentrado en ser prácticamente meras relatorías.

No obstante, la prioridad que África ha recibido de los gobernantes Castro Ruz, como posible y entusiasta colaboradora en el apoyo a la *"justiciera"* proyección internacional de este, contrasta con los escasos estudios llevados a cabo en más de cinco décadas sobre la conformación étnica de la nación cubana, con la posibilidad selectiva para algunos estudiosos de la Isla el realizar investigaciones en España, por ejemplo.

Eso es algo que se ha estimulado desde la Isla, cuando lo habitual ha sido desdeñar los estudios africanos, ya por cubanos, ya por africanos; cuando lo ideal sería propiciar la colaboración de investigadores isleños y africanos.

Recuérdese los intentos de Fernando Ortiz y la tesis del cubano Jesús Guanche; esfuerzos más ligados a la presunción que a la investigación científica; los cuales se han convertido referencias válidas a citar. Como en otras partes de las Américas negras, vale insistir en las dificultades que enfrenta su población afro-descendiente para identificar sus orígenes. Carencia existencia que hemos venido compensando con el cultivo de lo afro en las artes y en las religiones.

Estructura de dominación racializada

Es interesante que pese a la estructura de dominación racializada y etnicista impuesta, la permanencia de los cultos religiosos afro-cubanos nunca haya constituido un mecanismo de discriminación étnico-racial. El sostén primero y la re-creación y creación después de lo afro, africano primero y afro-cubano con posterioridad, nunca representó un ánimo excluyente ni auto-excluyente del negro al menos públicamente. Salvo excepciones, el negro en Cuba no se ha comportado como sujeto discriminador sino como sujeto objetivado por la discriminación y por la manipulación.

Puede afirmarse de las expresiones culturales afrocubanas en general, también de las afro-religiones, lo que a tenor de la religión afro en las Antillas inglesas y francesas expresara Bachiller y Morales[7]: "ni en una ni en otra parte (en las Antillas

298

inglesas y en las francesas) la inspiró (la brujería) el odio de la dominación ni las razas".

Téngase presente que de los elementos culturales son la lengua y la religión los considerados más estables. Y estos, que expresan el imaginario colectivo de una nación, actúan como sostén cuando las personas están fuera de sus núcleos de origen. En condiciones adversas pueden actuar como mecanismos de reequilibrio psicológico y emocional.

Por eso el nacimiento de las afro-religiones americanas. Por eso la presencia actual del Changó jamaicano, del Vudú haitiano, dominicano y cubano, de la Regla Ocha-Ifá y del Palo Monte cubanos y del Candomblé brasileño, entre otras de las religiones de fundamental ascendencia africanas nacidas en el continente americano.

En sus investigaciones de la cultura y demo-sociología cubana Fernando Ortiz se percató que igualmente a todo cubano de su época estaba confundido y errado al chocar con el fenómeno de la masonería negra y lo que llamó como "una compleja maraña de supervivencias religiosas procedentes de diferentes culturas lejanas[8]. Culturas que reprodujeron en ese nuevo escenario físico sus memorias, sus linajes y expresiones musicales, así como sus instrumentos y bailes; cantos fundidos con la mitología, las leyendas y sus "filosofías folclóricas".

"Y todas ellas se presentaban aquí intrincadísimas por haber sido trasladadas de uno a otro lado del Atlántico, no en resiembra sistemática sino en una caótica trasplantación, como si durante cuatro siglos la piratería negrera hubiese ido fogando y talando a hachazos los montes de la humanidad negra y hubiese arrojado, revueltas y confusas, a las tierras de Cuba barcadas incontables de ramas, raíces, flores y semillas arrancadas de todas las selvas africanas[9].

Fernando Ortiz fue el primer cubano que se dio al estudio de la disímil cultura afrocubana y las herencias africanas en la cultura nacional. Por ello reconoció desde el inicio el reto que ello le supondría, de identificar lo difícil y complicado de una realidad que intentó aprehender y traducir para los neófitos, aunque no siempre lo consiguiera. Nada extraño ni que se señale a manera de tentativa de desvalorización de sus esfuerzos ni de descrédito de su voluminosa obra, como interpretan sus seguidores.

Nada hay de insano en reconocer que sus esfuerzos de alcanzar la profundidad necesaria se resentían de la ausencia del trabajo de campo en tierras africanas. Por eso hizo cuanto podría alcanzar desde la Isla, sin poner pie en la vastedad africana, sin implicarse en aquella complejidad, en su multiplicidad sociológica, política, económica y cultural.

Las dificultades que la complejidad de estas culturas impone en los estudios, sumada a la distancia física de ese Continente no debieran representar argumento para la ausencia de estudios etiológicos, culturales e históricos sistemáticos sobre esta vertiente del pueblo cubano, durante el siglo pasado y el actual. Efecto de esa ausencia, intencionalmente provocada en la mayoría de los casos, ha sido que estos elementos pasen inadvertidos para el grueso de la población.

Es claro que muchos elementos de las culturas afro-descendientes han pasado a hacer parte sustancial de la *cubanidad* toda, por eso en la actualidad, cuando como parte del políticamente obstaculizado proceso de conformación de la nación, resulta relativamente fácil intentar su blanqueamiento. Y proliferan todavía quienes insisten en rechazar y en negar la afro-cubanidad, o los elementos de esta que ya son sustanciales en la llamada "cultura nacional".

A fin de cuentas: ¿cuántos son los amplios y divulgados estudios que nos hablen de estos?, ¿cuántos de esos estudios lo hacen en profundidad?, ¿en qué parte de los currículos escolares aparece esa literatura? He aquí las respuestas: esos estudios son escasísimos, y más la publicación en la Isla de los serios y valiosos que han sido básicamente realizados en el exilio. Y, hasta hoy, no aparecen en la bibliografía curricular en los centros de enseñanza cubanos.

El negro esclavo había perdido su vínculo con su familia y con su grupo étnico, que podría o no coincidir con su etnia-nación. Él o ella no decidieron emigrar, fueron forzados a hacerlo; no eligieron el lugar de la estructura social que ocuparían; ahí les obligaron a estar y constantemente se les impedía el salir de esa situación, utilizando la más extrema crueldad física, psicológica y emocional.

Como parte de esos métodos de imposición, en las Américas descubrió que era negro o negra, lo que eso significaba en una

300

estructura pensada, diseñada e implementada por personas blancas racistas y para el beneficio de estas.

Si en sus tierras africanas las religiones habían sido partes fundamentales de sus cosmovisiones, aquí se exacerbaría esa necesidad. Precisaba sostenerse a la par que se re-articulaba como sujeto, haciéndolo en la misma medida y al mismo tiempo que los detentadores de los poderes mantenían el propósito de hacerle creer su *"inferioridad"* y hasta su animalidad. Precisaba soportar o huir de la brutal realidad; precisaba explicaciones, esperanza, preservar su memoria y gestionar sus olvidos. Precisaba un contacto físico y emocional que no le hostilizara.

Todo eso encontraría en sus religiones que aprendería a resguardar, al punto de transformar elementos anteriormente culturales en estrictamente religiosos.

Esto es lo que actualmente nos crea tantas confusiones como en su momento tuviera Ortiz. Pues interpretamos por *"religioso"* elementos que en su acepción más amplia son culturales, pasan a ser parte de las iglesias cristianas inculturadas en África o en Afro América. E igual sucede con elementos culturales africanos que hoy son parte del Islam inculturado. Es lo que sucede con el uso de los amuletos y oráculos, con el uso de los tambores y de la expresión corporal.

Regresando a nuestros orígenes étnicos tenemos que los inmigrantes españoles, en su mayoría aldeanos y trasladados a la Isla por voluntad propia, traían consigo toda suerte de supersticiones y de prejuicios.

Una clerecía católica por lo general intelectualmente pobre, y con muy poca instrucción no conseguiría ayudar a liberarse de tal cosa, ni se lo propondría. Un clero que llegaba de una sociedad en la cual la superstición era una realidad amplia y cotidiana, donde elementos ocultos del paganismo eran parte fundamental de sus orígenes. Para demostrarlo ahí están las vírgenes y santas y los exorcismos, si bien con rol minimizado respecto al mundo pagano.

Con la lógica de pueblo colonialista y el complejo de su extensa historia de pueblo colonizado, con la agravante de haber sido sometidos por un pueblo no blanco islamizado, es comprensible que los ibéricos consideraran las religiones africanas y sus dioses y divinidades llevados a Cuba como expresiones de *inferior* religiosidad.

Si la religión era elemento cardinal de la cosmovisión de una sociedad, si todavía lo es en muchas sociedades o núcleos de estas, declarar la *"inferioridad"* religiosa de un individuo o de una colectividad equivaldría a declarar su inferioridad en todas las esferas. Los mismos peninsulares, en su afán de subvaloración, de descrédito y de anulación cubrirían a las religiones afro de misterio, de magismo y por supuesto que las considerarían dañinas. Ese fue apenas un paso más, pero si bien va metamorfoseándose repetido pareciera que *at infinitum*, de la estructura universal de poder colonialista.

Un poder de expresiones contradictorias en donde se desdeñaba y hasta se castigaba la práctica afro-religiosa, pero se iba experimentando con su farmacopea.

La siega humana que provocó la trata, los maltratos y el rudo trabajo de la esclavitud, añadido el desgarramiento espiritual que produjo la separación de padres, hijos y hermanos y el cortar de raíz al individuo de su escenario físico natural y de su marco social y político, sólo dejó como sostén al esclavo aquellos valores religiosos y los ampliamente culturales que a escondidas pudo ir conservando o adaptando y reconstruyendo o creando.

En las nuevas y siempre adversas condiciones, incluso si ritualmente consiguieron preservar algunas de sus lenguas, socialmente las perdieron, cediendo terreno por la fuerza de las circunstancias a la lengua del colonizador. Y ello ocurrió en beneficio de la comunicación incluso intra-africana.

Pero las ideas religiosas fueron las que con más firmeza se mantuvieron, puesto que representaban la única protección del esclavo o del negro legalmente libre pero política y socialmente subalternizado ante las fuerzas del mundo material. Para el sujeto negro esas eran fuerzas *cuasi* omnipotentes y desconocidas, que en un ambiente extraño le sojuzgaban y atemorizaban. Sus religiones representaban su único sostén ante un despiadado ejercicio del poder económico, político y social que sujetaba su ser físico y anulaba su ser espiritual, psicológico y emocional.

Al no disponer de atención médica, el esclavo o liberto utilizaría profusamente el carácter curativo y adivinatorio de sus

302

religiones, concediendo mayor peso a los babalawos, santeros (babalochas e iyalochas) y paleros (tata nganga), quienes irían destacando en el paisaje religioso y obteniendo por esa vía legitimidad social, si bien en su círculo etno-racial. "Frente a las injusticias y al desprecio de los mayorales en Cuba, los negros africanos se refugiaron en sus orichas (santos) y en los símbolos de la Regla de Ocha en busca de protección y consuelo"[10].

Se ha repetido que los cultos de origen africano en Cuba muestran como rasgo primordial *el secreto* que de sus adoraciones guardan sus sacerdotes y sacerdotisas. Ha sido interesante que, intentando su desvalorización, con esa afirmación se ha contribuido a su valorización, en tanto ello les ha concedido importancia, misterio y en cierta medida ha contribuido a su crédito.

Como en muchas instituciones no únicamente religiosas, estas son religiones en las cuales el acceso al conocimiento es gradual y mucho queda vedado a los no iniciados. Así pudo ser, casi estrictamente, en la medida que sus practicantes formaban ese círculo de socialmente excluidos, los cuales se instruían religiosamente a través de la oralidad.

En la medida que tal comportamiento ha cambiado, y muchas de sus prácticas han sido registradas en la literatura, dejando de ser *religiones de negros* y de mestizos de componente negro, el misterio ha cedido espacio al estudio y, también, a la curiosidad a veces malsana.

La integración de lo africano

De vuelta a la colonia, recordemos que cada uno de los grupos de esclavos procedentes de pueblos africanos específicos, trajo consigo su panteón y ritos. Estos lograron mantenerse con cierta pureza hasta los finales del siglo XIX, cuando fueron cortados los vínculos con el África. A partir de ese instante, en complicados concilios intra-africanos y con la participación de los afro-cubanos, cada culto trató de sobrevivir adaptándose o mezclándose con otros, complicando los intentos de desentrañar el origen específico del cuadro actual. Ese es el punto de inflexión hacia la conformación de la Regla de Ocha-Ifá como la primera religión y posiblemente la única religión cubana.

A pesar de la diversidad de las etnias africanas que entraron en nuestra Isla, los elementos de sus culturas se integraron como un todo en la cultura y en la sociedad cubana. Lo que no significa que se pueda afirmar la fundación de una etnia afrocubana, aunque sí de una multiplicidad nación-cultural de la *afro-cubanidad* tributando a la *cubanidad*.

Quizás a consecuencia del tipo de colonialismo que se le impuso, que la atomizó de sus núcleos de origen, curiosamente la población de afro-descendiente en Cuba no trató de aferrarse dogmáticamente a los valores ancestrales. Desecharon aquellos que no tenían cabida en las condiciones políticas y geo-económicas del país, remodelando y fundieron las restantes con la vertiente ibérica, en la medida de lo posible.

Tal fue el proceso de apropiaciones y de reapropiaciones, de recreaciones y de creaciones, de continuidades y de discontinuidades, en los cuales debe insistirse en mencionar que no sólo se echó mano de elementos religiosos africanos y europeos. Proceso en el cual se irían incorporando elementos de la población originaria y de afro-descendientes llegadas a Cuba con posterioridad. Incluso algunos de la cultura china pasarían a conformar el poético panteón de la Regla Ocha-Ifá.

Al visitar la Iglesia de la Caridad, en la habanera e insalubre calle Salud, veremos el cuadro de una Virgen María que nos dice: *"es china"*. Por ejemplo, entre los objetos religiosos más preciados de muchos omó-oricha (hijos de santo), en armonía con el resto se encuentra la imagen del Buda. En tanto el tabaco no falta en las sesiones espirituales en las que en medio de su humo *"llega"* algún Ta' Francisco, ex –esclavo o hace presencia alguna gitana.

Muchas veces se ha mencionado que el gobierno colonial estableció la obligatoriedad de los bautizos masivos de esclavos a su arribo a las plantaciones, y la asignación de un nombre católico con el apellido del dueño de la plantación.

Por tal razón, son numerosos los Zulueta, los Baró, los Iznaga, los Sánchez, los Heredia, los Amorós, etcétera. Con el intento de des-identificar y despersonalizar se iniciaba así el camino hacia el blanqueamiento entendido como des-africanización e, indirectamente, se abrían las puertas hacia los

304

caminos que conducirían a los más variados sincretismos, aparentes o reales.

Se les autorizaba a tener un altar católico, donde los esclavos escogían del santoral aquellas imágenes cuyas historias eran más afines a sus divinidades africanas[11]. Proceso este de interés renovado en cuanto más conocemos de otras religiones afro-caribeñas y afroamericanas.

A diferencia de la multiplicidad religiosa que representa el Candomblé brasileño, por ejemplo, o de la nueva denominación del Vudú surgida en tierra haitiana, la Petró, en Cuba las religiones afro simplificaron el amplio panteón de divinidades africanas. Proceso este que prosigue. Y no crearon una nueva denominación afro-religiosa sino una nueva religión, ya afro-cubana, la antes mencionada Regla Ocha-Ifá.

A los africanos les pareció muy semejantes a sus religiones la teología católica de altares con ofrendas, y un Dios conceptual al que se invocaba indirectamente; las varias órdenes de divinidades inferiores, o espíritus malévolos que se debían combatir; el carácter fetichista de las imágenes, las vírgenes milagrosas, las congregaciones religiosas que se distinguían por el color de los vestidos, el uso de collares para la oración, el culto a las reliquias y a los escapularios, los cordones, las palmas benditas y demás amuletos, etc.,

En cualquiera de estos casos, es evidente que los esclavos no consideraron la necesidad de desecharlos, sino que podrían utilizarlos no sin grandes contratiempos y concesiones, sin problemas existenciales.

Los africanos esclavizados en Cuba veían que, al igual que ellos, sus amos europeos concedían poderes sobrenaturales a piedras, plantas, árboles, animales. Presenciaban cómo sus amos atribuían a las enfermedades orígenes en espíritus malignos o demoníacos, por lo cual realizaban ofrendas, oraciones, conjuros, exorcismos, utilizaban amuletos, relicarios; empleaban el *"agua mágica"* de Lourdes para *"resucitar"* moribundos. Asistían a la creencia de los peninsulares en la existencia de espíritus benévolos y de los castigos celestiales a través de las epidemias.

El catolicismo disponía de santos y vírgenes a los que se encargaba la curación de ciertas enfermedades. Los colonos españoles, aldeanos humildes de Galicia y Andalucía, curaban las enfermedades haciendo un uso extenso de la farmacopea; también utilizaban los metales, a los cuales concedían propiedades curativas, como el cobre para el reumatismo, el oro para la sangre, el plomo para sanar heridas.

La literatura remite a la creencia en los poderes mágicos de las piedras preciosas situándola en la antigüedad y trascendiendo a los grandes sistemas religiosos de la humanidad, que incluyen al cristianismo europeo.

Como en las culturas asiáticas, los europeos atribuían propiedades curativas a la cornalina, al jade, a la calcedonia, al ámbar, a las perlas, etc. Los peninsulares trajeron entre sus *"piedras mágicas curativas"* el jade de los chinos, que fue adoptado por los indios y la famosa *"piedra del Águila"*, usada para el parto. De los árabes recibió la Península Hispánica el uso de una variedad de *"piedras milagrosas"* como el *"bezar"*, originado en los cálculos renales de animales o humanos.

Al igual que lo consideraban los antiguos griegos, en la historia de Perseo y Paracelso, los santeros cubanos consideran que el coral es la piedra del Obba, de los monarcas. En Cuba el coral se considerado una piedra mágica que resguarda contra malas influencias y atrae la buena suerte, junto al azabache, muy abundante en España y patrón de Santiago. Similares funciones cumplen el *"ojo de buey"* y la *"piedra de rayo"*.

En ese carácter antropomórfico concedido a las piedras, es sabido que las divinidades de la Regla Ocha-Ifá, originada en el yoruba Culto a los Orichas, se representan en las piedras preciosas (Otán Yebiyé), donde su poder se ve acrecentado.

No podría resultar para los africanos una extrañeza que los blancos europeos concediesen a las piedras preciosas poderes sobrenaturales, ni que las mismas se consagraran en las iglesias, envueltas en *"lienzo inmaculado"*, bendiciéndolas con misas.

Refiere la etnóloga Lydia Cabrera que[12]: "Según la Hermandad Hermética de los Rosa Cruz, de los lunes, día de la Luna, segundo poder de la Naturaleza con las perlas; del martes, los rubíes; del miércoles, las turquesas y demás piedras con reflejos celestes; jueves, amatistas oscuras y piedras sanguíneas; viernes, esmeraldas y otras gemas verdes, del sábado, día de Saturno, el diamante".

Qué familiar les debieron parecer a los esclavos africanos las ceremonias de iniciación en la religión católica. O sea, el bautismo del agua, en un acto que busca la purificación del alma, la curación de enfermedades y el perdón de los pecados, siempre a través del agua. Ahí debió encontrar similitud con el culto a la deidad yoruba de Ochún o de Yemayá. Asimismo, el simbolismo mágico-religioso de la primera comunión, donde el iniciado, vestido de blanco, al igual que en la santería, recibe la unción en medio de velas, incienso y cánticos, simbólicamente prueba la carne de Cristo y es rociado con agua bendita.

Nada de extraño tendría con su bautismo en el río ni con los anhelos de comienzo y de reiterada purificación en las religiones africanas. Lo cual, al llegar a tierra que luego sería cubana, con la imposición inicial del bautismo católico le haría más fácil y además comprensible su asimilación e incorporación al ritual afro-religioso.

Los "adivinos", "espiritistas" y "santeros" en Cuba son "hidrománticos", al igual que los chinos y los japoneses, que los mandingas, que los europeos del tiempo de Paracelso y que los ingleses, como Sir Arthur Conan Doyle. Es decir, tienen presente la utilización del vaso transparente con agua o de un pedazo de cristal pulido para "ver" a través del mismo.

Téngase presente que en los escritos del marabú islámico con versículos del Corán se remedaban con las oraciones cristianas. Y a tierras americanas, también a tierras cubanas, fueron llevados africanos ya islamizados.

El paradigmático caso de los Malé, recogidos en la literatura por sus estruendosas revueltas en la literariamente llamada "Bahía de todos los santos", contrasta con el silencio de los mandingas cubanos, ambos islamizados, pero con reacciones distintas o, al menos, es eso lo que nos ha llegado o quizás lo que nos ha ocultado, la literatura.

En todo caso queda la interrogante: ¿por qué?, ¿por qué tanto estruendo de esclavos islamizados en un lado del continente y tanto silencio en el otro?, ¿por qué la literatura los menciona en un lado y no en el otro?

Una posible respuesta pudiera estar en la proverbial y ya tantas veces mencionada ignorancia que tenían muchos de los captores con relación a "sus piezas de ébano". Otra posible respuesta pudiera estar en el sexo de los africanos islamizados y luego esclavizados en las Américas, pues en el Islam son los hombres los trasmisores fundamentales de cultura.

El alimento del espíritu, tan importante como el del cuerpo y en su mixtura de interpretaciones, ha estado presente en muchas religiones. Lo estaban en las religiones africanas y ello se trasladó a las Américas. Y recordemos que los fieles católicos celebraban cenas para los antepasados en la noche del Día de Difuntos. Con lo cual tendrían los africanos otro elemento de similitud con la religión que les imponían.

E igualmente, el uso de los animales para poderes mágicos estaba extendido en Europa. Con esos fines allá utilizaban el sapo y la culebra. Por otra parte, las manifestaciones zoolátricas de las religiones africanas hallaban semejanza en el cordero pascual, en la paloma del Espíritu Santo, en el león de San Marcos, en el caballo del Arcángel Gabriel, en los perros de San Lázaro y en el símbolo del pez, entre tantos más.

El poder bienhechor o maléfico de la mirada, el llamado *"mal de ojo"*, era una creencia común en toda Europa. Los campesinos cubanos, muchos de estos descendientes de ibéricos, resguardaban a sus niños con manitas de azabache o de coral para evitar maleficios cuando alguien los celebraba. Los hispánicos, creían en la fatídica influencia del número 13, en el mal agüero de la lechuza y del gato negro, en la salación por la pata de cabra, en la misa de salación de San Secario, en la lagartija, en el origen divino de los sueños, etcétera.

Como expresara Fernando Ortiz[13]: "Con igual intensidad que en Galicia y en la Montaña, la brujería se extiende por todas las regiones de España, principalmente por Asturias, León, ambas Castillas, Extremadura, Murcia, algunas regiones andaluzas y Canarias, de cuyas regiones ha venido siempre a Cuba el mayor número de inmigrantes".

Tanto interesó a Fernando Ortiz el tema que terminaría escribiendo todo un archivo para organizar un libro. Fichero que dejó al fallecer y cuyo libro intitulado La santería y la brujería de los blancos[14], fuera publicado en la Isla en la primera década del 2000. Mucho se ha argumentado sobre la inexistencia de la conceptualización de *"diablo"* o de los *"demonios"* en las religiones africanas y, por extensión, de las africanas y de las afroamericanas. Y, ciertamente, esas concepciones exógenas al mundo afro.

Hay quienes afirman que les fueron impuestas por los europeos. Aseveración quizás relacionada con la acusación cristiana hacia los afro-religiosos, de "demoníacos" y a sus religiones de prácticas en las que está presente "el diablo". Acusaciones hasta el presente sostenidas. Al respecto se ha pronunciado así de concluyente el Cardenal de la Iglesia católica en Cuba, Jaime Ortega Alamino[15].

Sin embargo, mucho menos se menciona la existencia en la Isla de textos sobre las prácticas de magia, uso de hierbas, piedras y metales en Europa, "Los Secretos admirables de Alberto el Magno". Esa literatura sería manejada por los africanos en Cuba. De ahí algunos pudieron haber extraído la noción del "*diablo*" o los "*demonios*", y las habrían incorporado por necesidades socioculturales que les imponía un medio hostil, con sus religiones.

El concepto que esos formularios europeos daban de los "*espíritus*" coincidía totalmente con el que traían los africanos, así como la definición de los cuatro elementos de la naturaleza.

Ciertamente, disponiendo de religiones menos intransigentes que la cristiana, con culturas que desde sus tierras originarias habían mostrado la maleabilidad y disposición suficientes para los continuos sincretismos intra-africanos, los africanos primero y los afro-cubanos luego fueron incorporando símbolos y creencias del rito cristiano-católico y aspectos teológicos cuyos planos psicológicos se hallaban muy próximos.

Y acorde con Lydia Cabrera[16]: "Este viejo terror a la disolución total nos explica que hubiese en Cuba tantos materialistas que eran espiritistas, 'espiritistas científicos', por supuesto; como la aspiración a prolongar y hacer la vida lo más feliz posible en la tierra, a la evasión de peligros imponderables que la amenazan de continuo, a la obtención de bienes materiales, nos explica que el hombre del siglo XX paradójicamente continúe recurriendo a la magia, sustituya con ella la religión y se provea de amuletos y talismanes como el hombre primitivo, que en lo oscuro y entraño de su alma, no ha dejado de ser".

Todo queda hasta el presente en los términos especulativos. Mas con el tiempo aprendimos a no tomar por fidedigno todo lo que nos ofrece la literatura, los archivos, que van descubriéndose tantas veces como informaciones distorsionadas, por ignorancia o por múltiples propósitos.

Origen de los africanos en Cuba

Entre 1492-1900 alrededor de 100 etnias y grupos étnicos africanos diferenciados, de regiones y con culturas diversas en el África Norte, Occidental y Oriental, fueron introducidos en Cuba[17]. Sin embargo, parece que todos los esclavos que arribaron a las costas cubanas procedían del África Occidental y de las zonas aledañas a la desembocadura del río Congo. Lo que no significa que no fueran introducidos en la Isla africanos de otras partes del continente.

Con todo, pudo darse el caso de ser llevados a la Isla, probablemente a las Américas, individuos de otras partes de África. Aun no siendo documentados esos arribos, lo cierto es que algunos de los fenotipos de personas negras cubanas denotan ser muy parecidos con africanos de otras zonas, como los khoisan, colonialistamente denominados por los ingleses como "bosquimanos" u "hombres del bosque", por ejemplo. Este pueblo se asentaba en la zona noroeste y sudeste del desierto de Kalahari.

Estos son hoy, a la luz de análisis que examinan la mitocondria, tenidos por uno de los pueblos más antiguos de la historia de la humanidad. Su variabilidad de ADN hizo concluir a los genetistas que ellos están muy cerca de los primeros humanos.

Tenemos en nuestro ADN de afro-descendientes tanto del amplio grupo étnico Bantú como apenas reconocemos. Mucha de la literatura que refiere los orígenes étnicos de la nación cubana, en especial de la población negra, históricamente ha privilegiado al grupo étnico yoruba, posiblemente por ser el que mayoritariamente fuera llevado a la Isla durante los últimos años de trata, incluso ilegal, y de esclavitud.

Así, dos referencias históricas nos vinculan ineludiblemente al variado pueblo Bantú. Una es el reconocimiento de la amplia presencia de africanos procedentes de la desembocadura del río Congo; otro es el hecho poco tratado de los mestizajes intra-africanos que se facilitaban, con la colonización de unos pueblos sobre otros y la extendida práctica comercial.

El siguiente dato que retrotrae a ese vínculo es el

310

mestizaje existente entre los grupos étnicos africanos, muy activo con anterioridad a la presencia de los europeos. Elementos de ADN de los bantús se ha hallado en pueblos descendientes de los khoisan, por ejemplo. Algo explicable entre otros elementos por la movilidad de los khoisan, pueblo nómada de cazadores-recolectores y de pastores.

Y a su vez los bantú, que eran agricultores sedentarios y conocedores del hierro, colonizaron vastos territorios lo cual les indujo igualmente a una multiplicidad de mestizajes. Mestizajes que no se limitaban a lo biológico, sino que alcanzaban el campo cultural. De ahí probablemente la mayor disposición para re-adaptarse en las nuevas y terribles condiciones de la trata y la esclavitud que bajo el colonialismo hispano les impuso la atomización de sus grupos étnicos originales.

De ahí la disposición cultural para conciliar elementos disímiles y crear, por ejemplo, una nueva religión. Los puertos principales de la Isla poseían un registro de entrada de los esclavos. En esos se especificaba la consignataria o el capitán del barco, el puerto de procedencia, el número de *"piezas, y mulecones y muleques"* importados según su sexo. Debido a las proporciones de la trata de esclavos durante el siglo XIX, Cuba resultó el país del continente que pudo conservar la mayor diversidad y fuerza de los elementos demográficos y culturales de raíz africana[18].

Los barcos negreros procedentes de África descargaban las *"piezas de ébano"* en diferentes puertos: La Habana, Matanzas, Santiago de Cuba, Baracoa. Por Guantánamo, Santiago de Cuba y Bayamo tenía lugar un tráfico esclavista *sui géneris* el cual consistía en el contrabando de esclavos a otras islas antillanas. Se pueden citar cinco complejos diferentes de orígenes africanos: el que procede de la civilización yoruba de Nigeria Occidental, cuyo complejo religioso se conoce en la creación de la Santería o Culto Ocha-Ifá, que presenta rituales musicales y de literatura oral muy fuertes y ricos.

Los del grupo Bantú de la cuenca del río Congo, cuyo complejo religioso concretó en la Regla Palo-Monte. Los provenientes del Dahomey (hoy Benín), que dieron vida religiosamente a la Regla Arará. Se encuentran también los de influencia Cangar, de las poblaciones localizadas en la Guinea-Conakry.

Entre las etnias y grupos étnicos africanos de las cuales provinieron los esclavos a Cuba, se enumeran los Hausa, Fulani, Ibo, Ibibio, los congos (Bantú), Carabalí, los yorubas. De todas estas, la religión de los yorubas, es decir, el Culto a los Orichas, se fue imponiendo en el occidente del país.

Como motivo de esa prevalencia se considera la existencia de un poderoso ritual, un mayor desarrollado cultural y teológico, la fuerza de su organización social original y el elevado número de individuos yorubas que fueron llevados al país. Sin embargo, no fue preponderante en la Isla la rama étnica Akán. Lo que se debió a que desde inicios del siglo XVIII su entrada fue prohibida, debido a las revueltas que protagonizaron en Jamaica.

En un mapa cultural cubano se pueden precisar todavía con cierta nitidez, aquellas áreas donde cada uno de estos grupos ejerció una influencia preponderante. Influencia que en la actualidad es visible y se mantiene como un lazo histórico.

Así, en la franja Santiago de Cuba-Guantánamo, preponderó la confluencia de los bantús y de los Cangar de Guinea-Conakry. Lo que se visibilizó especialmente en la Tumba Francesa y en las comparsas, en las cuales el elemento islámico se presenta en las vestimentas de algunas de estas. En la de San Agustín, en Santiago de Cuba, resultaron evidentes las trazas del islamismo de Guinea.

La presencia Bantú en la región santiaguera es también verificable en algunos datos de archivo. En 1826 en la jurisdicción de Santiago de Cuba, existía un grupo de fincas que utilizaba esclavos procedentes de la actual Angola, y que se llamó "partido de Juan Angola". El barrio de "barracones", en la propia ciudad, fue un sitio de concentración de negros libres en el siglo XIX.

Es dable intuir que esos deberían ser fundamentalmente de origen bantú, con lo cual el nuevo sector social que iría adquiriendo importancia socio-económica con el devenir del tiempo, tendría en sus orígenes componente bantú. A lo cual en nuevas oleadas migratorias se añadirían mestizajes con los franco-haitianos de componente africano arará y bantú, con los franceses, los peninsulares y los chinos, entre otros.

La población afrocubana es más notoria en las ciudades de mayor importancia; es decir, en La Habana, Matanzas, Santiago de Cuba, Guantánamo, etc. Ahí originalmente estuvieron agrupados en barrios que respondían a etnias diferentes. Así, el barrio de Los Hoyos en Santiago de Cuba tenía un vecindario compuesto por individuos de etnias bantúes, y el barrio de San Agustín, de etnias Cangar de Guinea.

En La Habana, en el pueblo costero de Regla se concentraron los carabalíes mientras que en las barriadas de Jesús María y Guanabacoa hubo una concentración de los yorubas. Por ello, en el primero los Abakuá resultaban predominantes y en los segundos la "santería". En el barrio de Jesús María, en La Habana de extra muros, además de los yorubas se concentraron los africanos de origen mandinga. Se conoce que hacia el año 1883, en la calle Compostela, en la parte vieja de la Ciudad de La Habana, se congregaban los Arará.

Pero esas esas separaciones no eran esquemáticas e inamovibles. El africano era ya un migrante en su vasto territorio africano; más allá del sedentarismo alcanzado por la mayoría de sus grupos étnicos, lo que les permitiera la fundación de reinos importantes y ricos, como el yoruba en los últimos de sus tiempos. Su condición de sujeto migrante le dispuso para el aprendizaje de varias lenguas, característica sostenida hasta el presente que sigue llamando la atención de Occidente.

En nuestra Isla no sería diferente esa movilidad. A excepción de las condiciones de sujeción física que le imponía la esclavitud, una vez libre, el africano hacía uso de su libertad transitando por espacios afro-cubanos culturalmente diversos, como habían sido sus orígenes. Eso ayuda a explicar la presencia de sujetos de una etnia o grupo étnico o de descendientes de estos en un barrio densamente poblado por los de otro origen. Y ese elemento demográfico contribuyó a la mezcla de las prácticas religiosas. Lo cual nos facilita hoy la comprensión de la multiplicidad religiosa a la cual es proclive el afro-descendiente cubano.

Un personaje parte de la demografía peninsular, típico de Andalucía fue trasplantado a La Habana: el negro curro, objeto de un amplio estudio de Fernando Ortiz, y descrito también por José Victoriano Betancourt y por Cirilo Villaverde debido a lo pintoresco de su imagen, factor olvidado en las subsiguientes investigaciones sobre la cultura cubana.

Ortiz lo presentó en la siguiente estampa[20]: "Los curros del Manglar fueron unos negros y mulatos originarios de Sevilla y peculiares de la ciudad de La Habana que se distinguieron por su lenguaje, sus vestidos y sus adornos (camisa, pantalón, calzado, sombrero, pañuelo, aretes, anillos), por sus andares y por su mala vida, de crimen y valentonería, siempre armados de cuchillo en mano".

Al curro le destacaban su modo de hablar, su vestimenta, la gestualidad. Su concentración fundamental fue en las barriadas habaneras de El Manglar, en el Horcón y Jesús María; pero con el tiempo el curro desapareció, quizás sumido o asimilado en otros tipos sociológicos.

"Curro" es una deformación del término *"horro"* como calificaban los españoles a los negros y mulatos libres. Contrario a lo afirmado por Fernando Ortiz, el término no proviene del árabe, sino de los beréberes del Sahara Occidental. Específicamente procede de la tribu Lemtuna, que conformó el movimiento Almorávide que en el siglo XI invadió España. En su lengua, el tuareg, se llama *"horros"* a los negros que habitaban el desierto Sahara.

A la extinción del panorama isleño de los curros contribuyó el hecho de que el envío de negros libres españoles fue detenido, ante el temor de los gobernadores coloniales a que promoviesen rebeliones conjuntamente con los nativos y esclavos. El monarca Carlos V entonces prohibió el envío de *"negros wolof"* a sus colonias antillanas.

Se puede entender la decisión de no enviar más negros libres a la colonia ante la constante rebeldía expresada por los africanos en levantamientos, cimarronaje y apalencamiento, pese a la cerrada estructura colonial de poder diseñada para anularles y hacerles meros productores deshumanizados, privados de sentimientos y de espiritualidad, de creatividad y de cualquier tipo de formulación de pensamiento.

También arribaron a la Isla las negras curras, a las cuales se les situó en condiciones sociales infames, que las obligó a sobrevivir abriendo cantinas de comida o prostituyéndose. Como sus congéneres masculinos, puede verse en las imágenes de la época que también ellas destacaron por el abigarrado

314

vestuario y el exceso de collares y pulseras, acompañados de grandes pendientes.

Es interesante que, en ambos casos, el curro y la curra sean presentados como personas que pueden clasificar según cánones estéticos socialmente impuestos como "bonitos"; así, se les dibujaba delgados, fuertes, erguidos, estilosos. ¿Admiración hacia la diferencia? ¿Atracción por la mujer y el hombre a quienes públicamente repele y con quienes en privado comparte una sexualidad que va dejando descendencia? ¿Cómo, si no, existirían la mulata y el mulato curros?

El negro curro, repetía su teatral arquetipo construido y desarrollado en España, el cual incluía la "bandurria", instrumento oriundo de Andalucía. Y, de él vendría el mote de *"cheche"*, que procedía de la voz yoruba *"che"*, que derivó luego en el *"chévere"* criollo. El chévere, que hasta el presente nos llega, y que hace parte también del español popular hablado en tantas partes de Hispanoamérica. *El chévere, la buena onda* pudieran decir los más jóvenes, el que la pasa bien y baila y canta y se divierte, *porque no está en na'. El chévere,* sujeto peligroso para los controles policiales porque *va a lo suyo* y, entonces, *no es chiva,* no delata; pero si lo molestan responde con violencia, porque *es macho,* es *hombre a to'.*

Por eso, además de por algunas de sus características en lenguaje corporal, incluido el atuendo, es dable interrogarnos socialmente si *el curro* y *la curra* no se diluyeron en otros tipos cubanos. Si no están ahí, haciendo parte de nuestras esencias, haciéndonos un guiño malicioso, porque *no están en na',* desde la época colonial cuando los creyeron aniquilados.

En su estudio a toda luz denigratorio, Antonio Bachiller y Morales relaciona tales asociaciones, las de ñáñigos, los curros del Manglar y demás, con sus jerarquías, ritos y ceremonias[21].

Los curros, que nunca fueron esclavos y evitaban mezclarse con los negros traídos del África, no practicaban una religión específica africana, ni eran católicos. Solían participar de cualquiera de las religiones de origen africano o prácticas de magia, cartomancia o palmistas peninsulares.

Con los abakuá compartían culturalmente la desconexión del fenómeno transcultural de la santería, propio de los yorubas, expresada a su vez en la Regla de Palo Monte o el "Mayombe" de los congos, en el espiritismo con su versión cruza'o y en el vudú haitiano. Otras coincidencias del curro con el abakuá fueron sus espacios de asentamiento, fundamentalmente en el centro en la ciudad de La Habana, en Regla, Cárdenas y Matanzas; estos dos últimos centros portuarios azucareros importantes de la época.

En el caso de Cuba, la bárbara explotación física, el corte del africano de su entorno físico, social, económico y cultural, la sojuzgación física que le impusieran y los intentos de transformarla en espiritual y cultural, como las duras reglamentaciones y la infrahumana existencia en el barracón, produjo frutos diferenciados. Aquí el llamado *"choque cultural"* se verificó como en cualquier lugar al que sean lanzadas personas forzosamente[22], claro sin que pasaran por la mencionada primera etapa de *"la luna de miel"*, cuando se dice que el recién llegado percibe todo lo nuevo como positivo[23].

Además del trauma de la caza de africanos, la trata y la esclavitud, ya en las granjerías americanas se generalizaba la ansiedad y la desesperación. Por eso el alto índice de suicidios, las constantes rebeliones, los magnicidios, los envenenamientos. Y todo ello producto no sólo de la crueldad endémica de la esclavitud, sino también la defensa en condiciones de impotencia, que irónicamente sería utilizado para presentar al africano como *"criminal"*, estigma heredado por el poder blanco, tanto republicano como castrista.

Como en el resto de Afro América, aceptada por el africano la inevitabilidad de la situación, sobrevendría el período de negociaciones culturales, de apropiaciones y de reapropiaciones, intra-africanas e interculturales.

Lo africano y lo ibérico

Este es un proceso que se ha verificado en aquellas colonias donde la esclavitud se dio en condiciones de convivencia con dueños no absentistas. Y ello contribuyó a una cierta asimilación religiosa que iba a la par con la conservación de lo que religiosamente les era funcional en las nuevas condiciones. Lo que redundaría en la recreación y en la creación, y explica los procesos de discontinuidades y de continuidades en ese terreno de expresión cultural.

Pese a su amplitud de disposición para la incorporación y la creación, en ese proceso de negociaciones los africanos esclavizados en Cuba lograron salvar, con mayor pureza que en otros lugares, incluso que en Brasil, usos, costumbres, comportamientos y valores éticos-morales, comidas, religiones, sistemas de adivinación, mitos, ritmos e instrumentos musicales, cantos y refranes, instituciones de asociación fraternal, estructura familiar. Algo que contribuyó el sistema filosófico de Ifá, estructurador de toda la vida.

Dentro de las religiones africanas traídas a Cuba es posible desentrañar la influencia islámica que ha sido muy poderosa en el África Occidental. Eso, pese a que tantos estudiosos coinciden en negar esa influencia de las fuertes migraciones de poblaciones ya islamizadas como los antes referidos mandingas, además de los wolofes, fulbés y los macuás, que dejaron su huella en el país. Así, rastreando influencias culturales nos topamos con que Obatalá, el oricha supremo de la santería yoruba, el responsabilizado con el pensamiento, es una derivación islámica de Obbat Alláh, o sea, el Señor Alá.

Las *"limpiezas"* o el tipo de *egbó* de los santeros cubanos utilizado con aguas perfumadas y flores, tienen mucho de común con las *"abluciones"* rituales de los mahometanos. De la influencia islámica en África Occidental, donde los versículos del *Corán* en árabe se han utilizado como amuletos o *gris, gris* traída por los mandingas, se ha incorporado como protección el uso de estampillas con oraciones en castellano.

Y lo interesante es su uso común en España, a donde llegó por la extensa presencia *"mora"* durante ocho centurias. Influencia que los peninsulares no reconocen al lado de la arquitectura *mozárabe* o *morisca*, también introducida en Cuba.

Elemento de curioso intercambio cultural, tri-cultural en este caso, de la península también nos llegaría la Virgen de Regla a la que no hubo que oscurecer, pues ya llegó negra, ya que fue encontrada por San Agustín, conocido como El Africano, Obispo de Hipona(360-436). Aseguran algunos que la mencionada virgen negra fue fruto de una revelación de San Agustín, y según otras fuentes encontró la imagen en aguas africanas.

De uno u otro modo, en medio de toda una constelación de similares blancas, el color negro de la imagen debió facilitar su aceptación e incorporación por parte de los africanos, tanto en lo individual como en lo cultural-religioso. La presencia de la Virgen de Regla precisamente en un poblado marítimo, es comprensible que adquiriera tal devoción por ser esta Patrona de los marinos.

Coincide con haber sido Regla un antiguo depósito de esclavos, luego densamente poblado por africanos y afro-descendientes, y ello posibilita comprender la identificación de la población negra cubana con esta virgen y su sincretismo con la oricha yoruba Yemayá, la divinidad de las aguas salobres, la madre de la humanidad en tanto fue la paridora de todo cuanto hay en la tierra.

Con la población franco-haitiana y haitiana, pasó a Cuba el culto a las serpientes (culebras), en especial en la provincia de Oriente, donde es famoso el *"baile de la culebra"*; luego llegó al occidente del país y se hizo famosa entre los símbolos de varias comparsas habaneras. Este es un rito con raíces en el Dahomey, donde la boa es un animal sagrado.

La influencia del vudú haitiano es posible hallarla en las ciudades de Santiago de Cuba y Guantánamo, aunque no se ha investigado el Vudú llegado a Cuba directamente desde África, anterior a la presencia franco-haitiana en la Isla. Sobre todo, en la religión del reino Arará, cuya característica distintiva es una deidad suprema constituida por la pareja, Mawu-Lisa, hombre-mujer; estos esclavos ararás y sus descendientes aún no tenían un sentido de nación diferenciado. Al permanecer esta práctica religiosa en la Isla a nivel familiar, especialmente en la provincia de Matanzas, contribuyó a su escasa atención e incluso a la negación de su existencia.

Ello contrasta con el Vudú llegado con las oleadas posteriores de migrantes como fuerza de trabajo durante las primeras décadas del siglo XX ya con sentimiento de nación, de haitianidad. Mejor suerte ha tenido en su estudio y cierta divulgación de esta Vudú que nos llegara muy posterior.

Habría que distinguir que el Vudú se ha caracterizado por dos tipos de prácticas fundamentalmente, con la incorporación reciente de ciertos sincretismos, especialmente con la Regla Ocha-Ifá.

318

El Vudú llegado directamente de Haití en la Isla incorpora la categoría de divinidades o de *lwa* Petró. Los lwa son registrados en la literatura también como *luases*, lo que deriva del empleo de la grafía del español, imitando su sonoridad en lengua creole haitiana. Categoría Petró surgida en Haití al amparo de la necesidad de protección que, ante la mayor adversidad que representaba el régimen esclavista, tuvo el esclavo.

Ante los choques culturales la población africana en Cuba respondió no sólo de forma violenta; no sólo se inmoló; no sólo ansió el retorno. Sino que rápidamente debió incorporar aquello que comúnmente tarda siglos para asimilarse. Sobre todo, la idea del imposible retorno lo cual le condicionaría para buscar soluciones alternativas. Estas no sólo pararían por el ansia de libertad expresada en las constantes huidas y rebeliones, sino por la re-institucionalización forzada. Algo en lo cual es siempre posible encontrar estabilidad psicológica y emocional, las cuales son de indispensable recuperación en todo ser migrante (por voluntad o por obligación) para proseguir existiendo.

De ahí que fuera tan importante el asirse a las religiones que le ayudó a recomponer una familia, incluso sin derechos. En aras de esa recuperación psicológica y emocional se daría también la creación de espacios de reuniones, de instituciones similares a las que antes tuviera en sus tierras. Por eso, cuando tiempos después y por imposición colonialista *"surgen"* los *cabildos*, su desempeño en los mismos derivaron en éxito.

Como destaca el Padre Juan M. Sosa, con anterioridad al establecimiento de esos cabildos, los esclavos se reunían en secreto en grupos de oración, en fraternidades religiosas, sociedades secretas, etc. Agrupaciones en la cuales preservaban las características e identidades de las regiones y etnias africanas de procedencia. Fue eso lo que les permitió la conservación de lo que luego se transfirieron a sus descendientes y que incorporaron o transformaron en representaciones simbólicas de la nacionalidad que cuajaba en la Isla[24].

Pero allí, en sus secretas reuniones, al ritmo de los tambores batá (los yorubas), yuca (los bantú) u otros, los africanos cantaban a sus orichas y lwas, por ejemplo, e invocaban a sus ancestros. Si eran sorprendidos en esta experiencia religiosa eran castigados severamente[25] ante el temor de una revolución al estilo de la haitiana.

Frente al temor a la independencia y, claro, a la muerte, todo ello realidad entre los colonialistas, ya blancos peninsulares ya sus descendientes criollos no proclives al independentismo, impuestos por la necesidad de ejercer control sobre una población negra cada vez menos controlable.

Los cabildos impuestos por la metrópoli tenían la característica de agrupar a personas del mismo origen étnico. Motivo por el cual son conocidos como *"cabildos de nación"*. Estos constituían sociedades mutualistas con una estructura jerárquica similar a la existente en la metrópoli, en donde el *rey* y la *reina* africanos eran la máxima autoridad.

Los cabildos, no obstante, repercutieron para beneficio de los esclavizados. Estos resultarían un intento de las diversas nacionalidades africanas en la Isla por preservar sus manifestaciones culturales e impulsar el bienestar económico de sus integrantes. A la vez que servían como institución financiera, judicial, religiosa. Un curioso embrión de organización estatal-social dentro del cuadro de la colonización.

Los cabildos tuvieron en un inicio un carácter de orden político y jurídico, aunque no puede negarse lo parcialmente religioso ni su derivado influjo cultural-artístico. Sus integrantes salían el Día de Reyes como el resto de las naciones africanas en Cuba. Las autoridades del cabildo, que coincidían con ser los sacerdotes de la religión, investigaban ciertos tipos de delitos, aplicaban castigos e imponían multas.

En carta del Obispo de Cuba a S. M., el 6 de diciembre de 1753, localizada en el Archivo de Indias se expone sobre la existencia del cabildo[26]: "Fui informado que los días festivos se congregaban en veinte y una casas, las dos de texa y las diez y nueve de paja, que tenían en los barrios altos, intra-muros, con Titulo de Cabildos, a tocar varios instrumentos llamados Tumbas: que al son de ellos y de una gritería destemplada se entretenían los varones mezclados con las hembras en Bayles extremadamente torpes y provocativos, a la usanza de su Tierra; y que para colorear estas funciones se entregaban a la bebida de frucanga y aguardiente hasta perder el juicio y desbocarse en los demás excesos que de tales antecedentes podrían seguirse. Estos eran, en suma, los ejercicios con que los etíopes de ambos sexos santificaban las fiestas en esta ciudad".

Por su parte, la Asociación Abakuá, conformada por hombre del Calabar, procuró también llenar el vacío cultural-espiritual y de apoyo económico, sobre todo ante las adversidades sociopolíticas entre sus integrantes. Para ello utilizaron un estricto código ético y de conducta religiosa.

A diferencia de otras instituciones de africanos surgidas en la Isla esta, que inició en las primeras décadas del siglo XIX se inició como una reproducción de su similar existente en África, con lo cual Cuba figura como el único país fuera de Nigeria donde se organizó; y no en toda la Isla, sino en las zonas portuarias de La Habana, de Matanzas y de Cárdenas, extendiéndose hacia zonas de fuerte presencia de negros, como los barrios habaneros de Marianao, de Guanabacoa, de San Miguel del Padrón, de Párraga y de El Cerro.

La meticulosidad en el silencio de las acciones de sus integrantes y la no revelación de sus nombres, así como la disposición para enfrentar la violencia, rápidamente despertó el temor de la institución colonial, que lo priorizó entre los objetivos de la policía de la época. El Abakuá fue catalogado a través de su historia, incluso hasta el presente isleño, como una organización criminal, y peligrosa por estructurarse como una gran red donde sólo se aceptan hombres juramentados en su código ético.

En sus inicios rechazaba incluir criollos negros o mulatos, y por supuesto a blancos, aunque luego fue abriéndose a esas posibilidades, ante la realidad de la compartimentación de espacios con hombre blancos pobres, es decir, de similar estatus social, y ante el influjo de los vínculos emocionales creados por los llamados *"hermanos de leche"*. Recordemos que eran estos blancos y negros amamantados por una misma esclava, los que al crecer dispondrían de un estatus socio-económico, social y político absolutamente diferenciados, pero podrían compartir vínculos emocionales.

Dato por el cual se explica que fueran abakuá quienes el fatídico día del asesinato por fusilamiento de los ocho inocentes estudiantes de medicina (27 de noviembre de 1871), acusados de violar la tumba de un militar español. En un acto suicida, una de sus entidades intentó el rescate de los jóvenes estudiantes mientras eran conducidos al lugar del fusilamiento, aunque no tenían oportunidad de llevar a cabo su objetivo o de salir con vida, Narra la historia oral abakuá que entre los jóvenes negros que protagonizaron aquel acto al menos uno tenía como *hermano de leche* a uno de los que serían fusilados.

Quizás por ser más reciente su presencia en el mapa cultural de la Isla, los abakuá se mostraron más rápidamente proclives a su apertura, a la incorporación de algunos símbolos religiosos del cristianismo (el crucifijo) y a la presencia, si bien primero en *"potencias"* (es ese el nombre que reciben sus cédulas) diferentes, de mulatos y de blancos.

Mas a la par que su estructura y código han atemorizado y puesto en vela al sector policial desde la época colonial hasta la etapa castrista, ese ha sido un atractivo para las organizaciones políticas surgidas en la subalternidad. De ahí que rece en la historia oral abakuá que, entre los guardaespaldas de Antonio Maceo y de José Martí, ellos estuviesen presentes.

Pregunta en un ensayo, el etnólogo afro-cubano Tato Quiñones[27]: "¿Quién cuidaría de estos hombres a prueba de cualquier cosa? ¿Quiénes habrían dejado claro que estarían dispuestos a pagar con sus propias vidas para no permitir que se arrebatara la de esos hombres?".

Con el tiempo, y pese al prejuicio social políticamente impuesto que la mención del abakuá despertara, posiblemente sin que las mayorías hasta el presente sea consciente de eso, parte de la música tradicional que hemos disfrutado de nuestros abuelos a nosotros y a las siguientes generaciones tiene el sabor del ritmo abakuá. Ahí está el son tradicional, el interpretado por sextetos como El Habanero, con su *clave abakuá* para corroborarlo[28]. Por su parte, el íreme saltó del Día de Reyes al carnaval habanero donde pervive sin que, al menos ya, nos cause sensación y menos espanto.

Es legítimo interrogarnos, a la altura de nuestra época histórica, ¿por qué todo ello pudo suceder?, ¿cómo sería posible? La legitimidad a las interrogantes múltiples, estas y otras, se fundamenta especialmente en las condiciones de cuasi extremo control y de crueldad en las que se gestaron y concretaron esas disímiles transacciones culturales.

Pudiera referirse una variedad de oportunidades para la incubación y gradual concreción de lo que hoy nos parecen o imposibles o procesos demasiado fáciles de acontecer.

Algunas razones dan de lleno con la fundación de nuestra nación y la participación activa de la población negra en esta. ¿Por qué? Porque no tenían otra opción. Aquí la elección era hacerlo o no. El "no" implicaría una elección de casi improbable realización. Es decir, la rebelión constante con la consecuente masacre, o el escape masivo también de realización improbable.

En consecuencia, los africanos traídos como esclavos, a diferencia de los españoles, con rapidez asumieron a Cuba como su patria, y trataron de establecerse en ella enseguida lograban la libertad. Estos elementos culturales africanos, que permanecieron siempre en un carácter no oficial, fueron readaptados por los descendientes africanos al escenario geográfico, político y social de la Isla colonizada. Esta cultura, llamada *cimarrona*, por su carácter no-oficial, devino entre otras en la religión popular de las capas de los blancos humildes[29].

Los elementos culturales blancos-europeos se fusionaban con los aportes culturales africanos gestando una nueva cultura. Esa que sería primero criolla, fundamentalmente mulata por su composición etno-racial, y luego cubana. Durante el siglo XIX fue muy fuerte la influencia cultural de las etnias africanas a la formación del carácter de la nacionalidad cubana, en lo concerniente a la vida material, espiritual y social de la Isla.

Eso, especialmente en las áreas de las comidas, de la ética masculina, de la producción artística (danza, música), de las manifestaciones religiosas, de la psicología mágica y de la estructura familiar. Es ampliamente reconocido que nuestra gestualidad y entonación del español tiene mucho de lo afro.

Curiosamente, tenemos puntos de contactos entre los imaginarios que a la conformación de lo cubano aportaban los componentes ibéricos y los africanos. Esa conjunción favorecería la gestión de los intercambios culturales y la sedimentación en la diferencia que ya pudiera ser considerada *"nacional"*. Tanto para el ibérico como para el africano la influencia femenina de la madre es vital. A esta se le tiene como el centro de la familia. Y ello sería asimilado en la cultura cubana, donde se rinde veneración a la figura materna al punto de que su ofensa puede llegar a duelos de sangre.

Refranes como *"padre es cualquiera, pero madre hay una sola"* o *"madre, aunque sea de vinagre"* expresan esa parte del nacional imaginario colectivo. El éxito de esas gestiones no significa ausencia de reticencias ni de explícitas negativas. Los intentos de evitarlo por parte de las autoridades coloniales eran una realidad. Por eso la rigidez de las leyes para evitar las mezclas de razas y la convivencia entre estas. Con todo, la hipocresía hispana funcionaba a favor de la violentación de esas leyes.

En función de la voluntad de evitar la mixtura cultural y racial el poder colonial y los subsiguientes han usado al propio mulato. Esa tipología nunca la acepta la supremacía blanca, sino en un plano de inferioridad, y se manipula en función de las ventajas del poder fundamentado, estructurado y reproducido sobre la base de la división étnica y racial, generando así unos conflictos que no tendrían que existir.

Sin dudas, a lo largo del siglo XIX existieron rozamientos y tensiones entre los mulatos y los negros cubanos. Los primeros habían ascendido en la escala social y ostentaban un nivel de vida y de actividad económica superior al negro y en detrimento de este, lo que expresaban en los relacionamientos sociales. Los mulatos, prácticamente, acaparaban profesiones como sastres, carpinteros, albañiles, barberos, etc. Fue frecuente el establecimiento de sociedades de recreación por separado de mulatos y de negros.

Por otro lado, la corona española atizaba esta divergencia lo más posible, al punto de crear los famosos batallones auxiliares de mulatos y de negros o de *pardos* y de *morenos*. La influencia de la religión africana entre la masa de esclavos negros era conocida por la capitanía general y por los plantadores blancos. Hacía parte de la hipocresía colonial que, en momentos críticos, los colonialistas acudieran a los *"brujos"* con vistas a aplacar las sublevaciones[30]. Algo que, como la convivencia de negros y blancos pobres, a la larga predispondría también a la población blanca para la incorporación de las religiones afrocubanas.

En el conflicto de carácter nacional bajo la colonia entre los españoles y los criollos, lejos de provocarse el debilitamiento de las raíces religiosas y culturales afrocubanas, estas se expandieron. Conjuntamente sería la expansión de la sociedad

324

secreta Abakuá. Y todo ello como una respuesta de auto-subsistencia ética, de conducta social y de valores; respuesta dada por colectivos diferenciados, afro-cubanos, ante los establecidos por el régimen.

Los yorubas

Actualmente los yorubas, con 60 millones de habitantes, constituyen más de la mitad de la población de Nigeria y uno de los más extensos grupos étnicos al sur del Sahara. Tienen una historia datada en un par de milenios. Y su cultura es la de mayor influencia en este continente, principalmente en Cuba, Brasil, Trinidad Tobago.

Fuera del territorio nigeriano, se encuentran también en Ghana, Togo y en la República de Benín. Su tradición oral asevera que el fundador del Estado yoruba de Oyó fue Odudúa, identificado como el jefe de la ola migratoria original. Los yorubas tenían su capital espiritual en Ifé y administrativa en Oyó, que ya para el siglo XIV se erigió en un nudo comercial importante de las caravanas saharianas y del comercio costero.

La organización estatal de los yorubas de Oyó resultaba muy elaborada. Si bien el Alafín[31] regía el ejecutivo y clamaba por una ascendencia divina, no podía calificarse como una monarquía absoluta. El monarca era *"elegido"* y estaba sometido a un sistema de *"chequeo y control"* por el Consejo de los patriarcas, es decir, los Oyomesí. Existía una separación de los poderes lo cual le daba un sustento de democracia al estilo occidental. En esa separación de poderes la administración estatal y judicial estaba en manos de la sociedad matriarcal de los Ogboni, adoradores de la *"Madre Tierra"*.

Dentro de la estructura política yoruba cada pueblo disponía de un líder, una especie de monarca conocido como Oba, al cual le estaban subordinados los jefes locales de ciudades, conocidos como el Saluko. Ese liderazgo por grupos les hacía constituir administrativamente, siguiendo la traducción a la lógica occidental, como una confederación.

Pero, el Oní es el jefe espiritual y cultural, el guardián político de todas las naciones yorubas, dondequiera que se

325

hallasen o se hallen, y de todos aquellos que aceptaran y acepten hoy la religión yoruba o de raíz fundamentalmente yoruba. Su sede está en el Ilé-Ifé, que es el centro mitológico de la nación y base espiritual que une a la religión.

El Oní de los yorubas y la historia de Ilé-Ifé reconocen su soberanía sobre cualquier persona de otra nacionalidad que acepte la religión. El Oní en tanto jefe espiritual y cultural no recibe su poder puramente por herencia, sino que la condición de líder tiene en cierta medida control político según la tradición. El Oní es omnisciente, debe conocerlo todo, es el líder y jefe de la *"casa mítica"* de la casa de Oduduwa, quien fuera el primer rey.

Con anterioridad al establecimiento del fuerte imperio yoruba ocurrió el colapso de otro imperio de la región, el imperio Songai[32], constituido este por el diverso pueblo en las márgenes del río Níger, reconocido con el mismo nombre del imperio, aun cuando lo que les une es la lengua songai, pues son una diversidad étnica.

El declive del imperio Songai posibilitó la ascensión a primer plano de los yorubas y el que Oyó se erigiese en un centro político importante en el área, guerreando con el estado de Nupe, ubicado también al norte. Ya para el siglo XVII, el estado Yoruba de Oyó se expandió, diputándole a su vecino de Dahomey todo el comercio de esclavos y demás mercaderías realizado con los europeos.

A fines del siglo XVIII y principios del XIX las disputas intestinas por la secesión al trono y las rivalidades con otros estados fronterizos provocaron un período de confusión que fue aprovechado por sus enemigos para desbancarla. El Estado de Dahomey y los del Calabar se lanzaron sobre el Estado Yoruba de Oyó, esclavizando a su derrotado ejército, su población y vendiendo a gran parte de esta.

El hecho de que el grupo étnico yoruba había sido protagonista en África de una civilización fuerte, con una estructura estatal, económica y militar que trascendió varios siglos, completada esta por un complejo ritual monárquico y una religión compleja, explica el hecho de que al ser trasplantados los esclavizados yoruba a Cuba llevaran consigo una religión y cultura que pudo reorganizarse en un medio lejano.

326

Hasta el presente, se percibe en el nigeriano un fuerte sentido de su identidad y una consolidada autoestima. Algo vital en un pueblo cuando se le esclaviza. La conciencia de su valía le dispone para, incluso en medio de tan traumáticas situaciones, erigirse, re-estructurarse y resistir mientras procura los medios para avanzar. Esa auto-estima, sumada al refinamiento artístico y a las dotes organizativas, administrativas y comerciales de los yorubas, les serían armas a su favor en las condiciones de esclavizados a la que se sumaría la condición de *"negros"*, todo un descubrimiento por realizar obligatoriamente y un medio absolutamente diferente y en todo sentido hostil.

Durante gran parte del siglo XIX el desplazamiento de las fuentes de abastecimiento de esclavos para los esclavistas de Cuba hacia la zona nigeriana, coincidió con un hecho histórico que tenía lugar en ese territorio.

A fines del siglo XVIII y las primeras décadas del siglo XIX, los musulmanes de lo que luego sería la Nigeria del norte, los Hausá, se habían lanzado a una *guerra santa* (*Yija*) dirigidos por Usmán Dan Fodio, hacia las zonas *"paganas"*, que serían las centrales y sureñas de la actual Nigeria. La *yija* consiguió desbancar militarmente a la organización estatal monárquica de los yorubas. Fue ese el momento en el que los Hausá aprovecharon la demanda de esclavos de los tratantes costeros, para comerciar a los vencidos yorubas.

De tal forma, una de las civilizaciones costeras africanas más organizadas y complejas fue prácticamente trasladada allende el Atlántico, fundamentalmente hacia Brasil y Cuba, por medio de la trata africana, trayendo consigo sus ritos, sus canciones, su música, sus costumbres y, especialmente, su religión, su filosofía y su psicología.

Fueron precisamente los yorubas el grupo étnico más numeroso que entró en la Isla en la segunda mitad del siglo XIX. Llegada terrible, tras una derrota militar. Arribo forzoso y con la terrible condición de esclavizados. Procedían de la región que comprendía la actual Nigeria occidental y el Dahomey, actual Benín; los de la zona del Calabar, en la zona costera nigeriana, y los Ibo de la hoy Nigeria sur-oriental.

La razón de la rápida elaboración de conocimiento de los yorubas en tierra cubana estriba en que tras la descomposición del Estado Yoruba de Oyó, el grueso de la clase dominante de este reino (nobleza, sacerdotes, adivinos, herbalistas-curanderos, cortesanos, militares, notables, artesanos, etc.), es decir, las mejores *"piezas de ébano"* de los yorubas, fueron adquiridas por los exigentes criollos cubanos esclavistas, en los fondeaderos y depósitos de esclavos costeros del Níger, a principios del siglo XIX. Los que constituían el común del pueblo y las castas nobles, los considerados como *"esclavos de menor rango"*, fueron desviados a los mercados del Brasil, de Puerto Rico y al sur de los Estados Unidos.

La entrada a Cuba del grueso de la casta dominante e ilustrada de los yorubas significó una preservación menos corrupta de su vasta cultura que en otros parajes del Nuevo Mundo. Estudiosos y religiosos yorubas y cubanos coinciden en la verificación de que los cantos, bailes y ritmos, los mitos, el panteón religioso, los sistemas de adivinación y demás elementos de la cultura yoruba en la Isla son los que más se asemejan al existente en el reino de Oyó antes de su descomposición.

Esto ayuda a comprender la fuerza de la religión yoruba en Cuba, su capacidad de reestructurar parte de su cultura y la flexibilidad de los africanos yorubas libertos para desarrollarse con rapidez en la artesanía y en las artes, por ejemplo.

Los yorubas trasplantarían a Cuba el mencionado Culto a los orichas que devendría luego, con la incorporación de elementos del espiritismo y de la práctica hispánica del cristianismo catolicismo, en la Santería y finalmente en la Regla Ocha-Ifá. Los africanos del Calabar legarían a Cuba la Sociedad Abakuá, los Bantú aportarían la Regla de Palo Monte, y los Ibo se disolverían en la marmita cubana.

Los cultos más conocidos hoy en la Isla de Cuba son la Regla Ocha-Ifá (o Santería), la Regla de Palo Monte (o Mayombe) del grupo étnico Bantú (o Congo). Y comienza a ser más conocido, aunque todavía no reconocido el Vudú (del grupo étnico Arará, aunque en la Isla se le reconoce usualmente como *"la religión de los haitianos"*) y la Regla Arará (también del grupo étnico Arará). La religión de los Gangá se ha integrado a las anteriores religiones africanas.

Las tribus yorubas que se asentaron en Nigeria hace dos milenios, procedían del valle del Nilo y en su movimiento migratorio llevaron sus conocimientos religiosos, sociales y políticos, los que habían adquirido en el Egipto faraónico. De tal forma que, la santería o Regla de Ocha y el Oráculo de Ifá muestran una fuerte influencia del alto Egipto. Algo estudiado sólo muy recientemente y todavía no aceptado públicamente. De hecho, existe la tendencia a interpretar esa idea como una necesidad del santero cubano de búsqueda de reconocimiento, emparentándose con lejanas civilizaciones.

En pleno archipiélago antillano se conservaron y conservan, hoy con mayor vitalidad, aunque no sin riesgos, los rastros más vitales de la otrora expresión religiosa del Egipto faraónico. El Oráculo de Ifá se emparienta con los oráculos de los templos egipcios. La adoración y sacrificio del cordero, el Ram egipcio, que se trasladó a Nigeria e igualmente sería traspasado a Cuba.

De ahí lo inconsecuente y absurdo de cultual o al menos valorar como positivas y hasta "superiores" a la cultura del viejo Egipto faraónico, a la par que se intenta la desvalorización de las afro-religiones, especialmente de la Regla Ocha-Ifá, por el sacrificio de animales.

El culto a los muertos, el activo papel de la mujer en el sacerdocio (en gran parte disminuido y hasta perdido en la Isla), el sigilo con el cual se preserva la religión, el carácter masculino y femenino de muchas de las divinidades y el uso de colores específicos para cada una de estas, son rastros en los cuales se pudiera constatar esa influencia egipcia.

Es interesante señalar que, entre la población musulmana del oasis de SIDA, cerca de Egipto, se conserva la tradición de los antiguos oráculos faraónicos, los que muestran una remembranza con el Oráculo de Ifá, utilizando incluso para la adivinación las 16 semillas o *ikines* como en el sistema oracular yoruba de Ifá.

Entre los yorubas del África Occidental existen tres categorías sacerdotales: los *babalawos* o *sacerdotes de Ifá*; los *sacerdotes de Asanhín y Araní*, que practican la medicina; y los *sacerdotes de Obatalá y Oduduwa*, el dios supremo. En Cuba, sin embargo, las condiciones de la esclavitud y las dificultades en el desarrollo del culto obligarían a fundir esta *especialización* y *división del trabajo religioso*, y pese a que los sacerdotes (*babalawos* y *santeros*) gozan de alto prestigio en la comunidad religiosa, perdieron su categoría de clase que poseían dentro de la originaria estructura estatal yoruba.

Téngase en cuenta que el yoruba lanzado a Cuba llegaba con la posición más ruin de una estructura de relaciones de poder creada para devastarle, no por ser yoruba o bantú o de cualquier otra nación, sino por ser esclavo. Lo que supondría el forzado intento de inferiorizar y de resquebrajar con la finalidad de que el sujeto objetivado se transformara en un *no-ser*.

Esas relaciones de poder no estaban diseñadas para absolver los valores del esclavizado ni de los subalternados, menos aún para asimilar sus estructuras. Y parte de la exclusión llevada al extremo es la desmoralización llegada a través de la violencia del descrédito. De ahí la humillación también discursiva a través de la palabra. De ahí las equiparaciones con lo *"diabólico"*, con lo *"salvaje"* y, todo ello, resumido en la expresión *"cosas de negros"*.

Con respecto a la lengua yoruba habría que retomar que no se extendió en el país y sólo se conserva en las liturgias y ceremonias. En lo cual contribuyó la diversidad idiomática de las etnias y grupos étnicos mezclados por los esclavistas cubanos, debido al desarraigo de su cultura y los cambios a través de los años. Nos obstante, elementos del yoruba pasaron al habla común, al punto que, comparado con otros países hispanos Cuba, presenta el español coloquial con mayores trazas de presencia africana.

Influencia africana

El habla popular del cubano está fuertemente influenciada por lenguas africanas (Yoruba, de Nigeria, y Efik y Fon del Dahomey, hoy Benín). Algo en lo que se detuviera en su momento Fernando Ortiz y que en los últimos tiempos ha venido trabajando el etno-lingüista Sergio Valdés Bernal[33].

Si por largo tiempo esencialmente sería el yoruba, el que más huellas dejara en la base idiomática castellana de Cuba. Esto, debido a su uso y extensión en la preservación de la Regla Ocha-Ifá. En los últimos tiempos, con la continuidad e intensificación de ese proceso, se observa también una influencia cada vez más significativa de vocablos provenientes de la lengua Efik; en la misma medida que la Sociedad Abakuá adquiere mayor visibilidad social y, a los pocos, va quebrando arraigados prejuicios hacia sus participantes.

La influencia africana permeó el temperamento de la población, su música y la danza, las comidas. En las comidas, las frituras, el fufú, el arroz con quimbombó, el plátano maduro frito. Refiriéndose a la influencia africana en la música europea a partir del renacimiento, dice Ortiz[34]. "Aquella oleada musical de África en Europa durante los siglos XV, XVI y XVII es análoga a la que se produce mucho más tarde, ya en el siglo XX, después de la Primera Guerra Mundial, por las influencias de Estados Unidos y del resto de América, las cuales llevan por toda Europa los bailes afro-americanos, el jazz, la machicha, la samba, el tango, la rumba, el son, la conga, etcétera."

"En Cuba no se quiso aceptar por los blancos la música de los negros hasta una generación después de haber terminado la esclavitud, cuando ya su abolición y las guerras de independencia y el logro de libertades políticas fueron amenguando las distancias sociales y raciales y mixturando más intensamente la poli-étnica masa cubana[35]."

Entre los aportes de la cultura africana a la expresión musical nacional se hallan los bailes congos, las danzas rituales yorubas, los ritmos abakuá, todos ellos transformados en las guarachas, rumbas, cha cha chá. La rumba, expresión genuina de la creación popular; el yambú, suave y cadencioso; los coros de clave; la Tumba francesa y la Carabalí-Isuama; la columbia, ágil movimiento de los hombres y las piernas, donde seguramente se lucía Papa Montero, canalla rumbero[36].

También, el guaguancó, considerado el estilo de rumba más generalizado en el país, y que simboliza el cortejo y pavoneo sexual del macho a la hembra; la Conga; los Pregones populares de vendedores ambulantes; la Comparsa, considerada la danza nacional de Cuba, y que tiene su antecedente en las fiestas del Día de Reyes que en tiempos de la colonia se permitía una vez al año a los esclavos. Sin dudas, en el mambo el marco viene de las danzas africanas.

No puede negarse, además, la influencia que el danzón, el danzonete, el zapateo, las habaneras y sones han tenido en los bailes africanos.

Los esclavos ejecutaban sus danzas nativas en los barracones los cabildos y los templos de sus ritos. Los bailes que en Cuba serían los primeros "amulatados" serian la rumba, la conga, la habanera, la machicha, etcétera[37]: "Nuestra música popular más típica nació por amorío del conquistador español y la negra esclava... en los barracones, en las flotas, los varaderos, los arsenales y los bohíos mondongueros de La Habana, entre tambores y aguardiente de Cuba y guitarras y vinos de Andalucía".

El europeo danza como espectáculo, en una función primariamente estética, más bien contemplativa, de "introversión", donde los instrumentos de viento y cuerda propician una estética melancólica que invita a la filosofía. Sus músicos se mantienen quietos, serenos, interpretando sus instrumentos en un mero pasatiempo sub-erótico; un medio por el cual hombres y mujeres se reúnen en público. Solo con la incorporación de elementos de origen africano en la música moderna, los grupos de intérpretes comenzarían a participar en los bailes.

La música cubana, por su origen africano seria de "acción", una música "extraversa", donde los instrumentos de percusión, maracas, güiros y guitarras en un realismo embrujante propician el baile frenético de tipo colectivo. Más allá del arte es de función social y actos de religión donde se recrean los sufrimientos, el amor, el gobierno, las guerras, la economía, las siembras, las rogativas y los funerales; un medio de cohesión humana donde los danzantes son su propio espectáculo y los espectadores participan del baile.

Aquí, los músicos que "ejecutan" participan de la danza con los demás, moviéndose al compás de los ritmos que interpretan. El músico es también un bailador[38]

A diferencia del europeo, los bailes cubanos nunca tienen lugar alrededor de una figura central, puesto que no se baila para "lucimiento personal" o un "tramite de erotismo" sino una explosión de euforia, donde los danzantes se mezclan en función ritual, recreación social y familiar. Al no tener el carácter tan marcadamente sexual que la danza tiene en Europa, en el mismo participan por igual niños, jóvenes y ancianos. Las danzas y bailes cubanos resultaran consustancial con la música y el canto, en una trascendencia de tipo personal, puesto que casi toda la música es bailable.

332

En las cofradías religiosas y las sociedades secretas, los devotos se funden mediante la danza con el mundo de sus dioses y antepasados, llegando al paroxismo al producirse la "aparición sobrenatural" en el propio devoto. La función de la música y del baile tiene una interpretación.

Así, la música en Cuba adquirió esta característica, donde la población se entrega a ella por diversos motivos. Al hallarse practicante de las religiones de origen africano, siempre acompañado de sus espíritus (nunca el individuo solo como el europeo) en sus expansiones musicales se halla acompañado por los "entes" invisibles.

Ello es característico en las danzas rituales de los babalawos en los cultos yorubas, los tata nganga en los ritos congos y los abakuá de origen Carabalí, que resultan de formas exóticas, como propias de un mundo ultra humano, donde la música, el baile, los instrumentos, la vestimenta, los cantos, los colores, y hasta el día escogido se funden con el coro de cantadores en un dialogo litúrgico con el dios, y el danzante mimetiza su espíritu o su fetiche[39].

El caudillismo y la clientela política,, la debilidad institucional y la balcanización política malograron la gran oportunidad brindada por las guerras independentistas. Aunque, si bien es cierto que el país marcharía con mayor celeridad por los caminos de la integración etno-cultural que el resto de los países americanos con poblaciones de procedencia racial y étnica diferente (a excepción de Brasil).

Los valores de las culturas europeas que se establecieron en la Isla durante la colonización española, fueron aceptados totalmente y tenidos como los únicos de la cultura cubana hasta bien entrado este siglo; así, la cultura cubana resultaba una simple referencia a la europea, en especial la española. La del África vinieron como complejos culturales dominados, como marco de los esclavos, por lo que fueron relegados y sus aportes al hibrido de la nación fueron negados, no mencionados o simplemente se les considero "atrasados" e incluso se les envolvió en una atmósfera de rituales y sacrificios sangrientos.

Las tradiciones de origen africano se desempeñaron en medio de una atmósfera de enclaustramiento ante el rechazo cultural. El desconocimiento que fuera de los "iniciados" se tiene de la santería, es debido a la forma oculta y secreta que la misma se mantuvo durante la esclavitud y gran parte de la Republica, debido primero a la persecución de que fue objeto y luego a la discriminación. Por ello, la tradición sería un secreto celosamente guardado y trasmitido por medio de la familia.

Si bien el fondo cultural negro se abría espacio en la sociedad colonial, la cultura "blanca" penetró los estratos de negros y especialmente de mulatos, los cuales buscaban desesperadamente la asimilación. El mulato sería un ente político mucho más pasivo que el negro, pues buscaba "adelantar" dentro del cuadro colonial y mantener a toda costa su libertad, mientras que el negro aspiraba a que se transformasen las relaciones sociales que lo mantenían en la esclavitud o en la inferioridad social.

A fines del siglo XIX la santería se hallaba confinada fundamentalmente a los negros y mulatos, libres o esclavos, ya desde principio de siglos se fue extendiendo entre las capas pobres y clase media de la población blanca. Pero en la actualidad, especialmente fuera de Cuba, la misma se ha extendido a las capas profesionales de la población cubana, en un redescubrimiento en el cual ha estado presente la inseguridad que presenta vivir en un entorno cultural extraño.

Otro rasgo de las religiones de origen africano es que no practican la discriminación racial o religiosa. A ella pueden iniciarse como fieles o como sacerdotes los miembros de cualquier raza o culto religioso. El ser católico, protestante, espiritista o profesante de cualquier otra religión no es óbice para que se le rechace como "santero", "palero" o "babalawo" si así lo estima conveniente. La única cofradía que establece ciertas reglas de exclusión es la sociedad secreta Abakuá, a la cual solo pueden pertenecer los del sexo masculino y no admite homosexuales.

Esta psicología religiosa no discriminatoria en términos de raza resultaría un elemento básico para la potencialidad integracionista del negro cubano, que, si bien utilizaría la tradición proveniente del África, trataría de establecerse dentro de los patrones de la sociedad cubana y no se aferraría a los "ghetos" geo-culturales, a diferencia de los grupos negros en otras zonas del continente americano.

Los chinos fueron traídos como esclavos de Macao. Los chinos establecieron en Cuba una amplia farmacopea de ungüentos, perfumes, polvos, jabones; asimismo, se dedicaban a la venta ambulante de friterías, establecían fondas de comida barata y en la agricultura desarrollaron las hortalizas.

Por lo general, se amancebaban con negras o mulatas, y también poseían una misteriosa "brujería" con muñecas; caían en trances, y adoraban un santo guerrero y un espíritu femenino; sus sistemas de adivinación incluían los espejos, hierbas, pájaros, y tenían resguardos.

Asimismo, les concedían propiedades mágicas y curativas a las piedras preciosas, entre ellas el jade. Es cierto que los elementos autóctonos se conceptuaban como muestras de barbarie y el folclore era empujado al camino de la desaparición a través del olvido oficial o la tergiversación comercial y turística que lo desvirtuaba[40].

Los haitianos y jamaicanos se agrupaban en los bateyes de los centrales azucareros, donde perpetuarían sus costumbres, sus culturas, fiestas y bailes dando a la luz el patuá lingüístico de las regiones orientales.

Entre los bailes y ritos traídos por los haitianos a las provincias orientales, que aún se conservan con gran fuerza, se hallan la tumba francesa, y por los más recientes inmigrantes la danza Okay, con el tambor gada, el leguede y el gondo, además del trian y el baile y la música del congo y las fiestas de carnavales o gagá.

Entre las bebidas aportadas se hallan el tifel hecha con esencia iglesia, canela en rama, cáscara de cebolla, jengibre, nuez moscada, colonia y aguardiente o alcohol de 90 grados, y el lique, preparado con azúcar blanca, canela y cáscara de guásima para darle la coloración roja[41].

El sincretismo

Pese a la religiosidad del pueblo cubano, el mismo no conoce a profundidad la religión cristiana, que solo le brinda una visión "absoluta", viéndose precisado a buscar respuestas cotidianas y seguridad en lo "sobre-natural" que fue importado por España y África.

Al conceder la santería una respuesta desde lo "oculto", ello brindaría la "reconciliación espiritual" del individuo ante el vacío de la era maquinista.

Refiriéndose a los yorubas y a su participación en la conformación de la *cultura cubana* como *nacional* se ha hecho insistente mención al concepto "ortiziano" de la llamada *transculturación*. Ese proceso en el cual dos o más grupos étnicos se mixturan y dan lugar a un nuevo producto cultural, diferente de los implicados. Proceso que comprende tanto la *de-culturación* como la *aculturación* y la *enculturación*.

Transculturación que en los últimos años ha sido rebautizada por el antropólogo argentino Néstor García Canclini como *"hibridación cultural"*, si bien él no enfatiza en la síntesis como se ha hecho por gran parte de la historiografía cubana sino en la mezcla sin mixtura… *"juntos, pero no revueltos"*.

Debería puntualizarse que la de-culturación, la aculturación y la enculturación se dieron fundamentalmente en las primeras oleadas de africanos esclavos y afro-descendientes españolizados libres que llegaron a la Isla, durante los primeros dos siglos de dominio colonial español. Esto, fundamentalmente debido al escaso número de esa población.

Fue, no obstante, una aculturación y una de-culturación parciales. Procesos de los que se mantuvieron en todas las oleadas, sí, la incorporación forzosa de la lengua del colonizador y la consecuente pérdida de las lenguas africanas. Sin embargo, no se consiguió verificar esos fenómenos en toda la esfera religiosa africana. Algo que ocurriría en otras partes del continente, como Estados Unidos.

Cuando aquí se señala la parcialidad de la aculturación y de la de-culturación de los africanos llevados a Cuba, no nos referimos a la imposibilidad de estas personas mantener sus africanas instituciones familiares y asociativas, ni a la imposibilidad de mantener y reproducir sus estructuras sociopolíticas y económicas.

Nos referimos a sus esencias identitarias, ideológicamente conformadas por sus cosmovisiones y religiosamente por sus cosmogonías. Y, todo ello, estructurado y sostenido por sus filosofías. Es eso lo que no les podrían arrebatar.

La *transculturación* no fue un fenómeno tan generalizado como reflejó Fernando Ortiz en sus estudios sobre la herencia

336

africana en Cuba. Eso es algo que en los últimos tiempos se ha venido resisando con la participación en los estudios sobre religiones de estudiosos-religiosos y de religiosos-estudiosos. Destacan en ese sentido las aportaciones del babalawo-estudioso Víctor Betancourt, lamentablemente con mayor divulgación en el exterior que en la Isla.

En realidad, la *transculturación* comprendió con mayor fuerza a algunas de las poblaciones africanas que arribaron en el siglo XVIII, como las wolof, mandingas, sarakolé, ibo y en cierta medida la de los bantú o congo (en el Oriente del país).

Aunque habitualmente interpretado al influjo de la teoría "ortiziana" de la *transculturación*, lo sucedido con los yorubas en Cuba fue algo más que ese fenómeno. En ellos se presencia hoy, una transferencia y preservación bastante considerable de sus raíces elementales, que aún se están descubriendo. Observación posible dados los elementos culturales por ellos conservados y la calidad con la cual consiguieron ser acunados en nuestra Isla.

Por eso se afirma que en la Santería más que *transculturación* hubo *ocultación*. Si bien es cierto que en esta nueva religión existe todo un simultáneo proceso consciente y puede que también inconsciente de *adaptación* y de *creación*. Es este último, el proceso creativo, lo que transformó el yoruba Culto a los orichas en una nueva religión, cubana, en la Regla Ocha-Ifá. Proceso que pasa por la *adaptación* al medio ecológico comprendiendo en este al medio humano.

Por eso cambia, y en eso es similar al Candomblé brasileño, la indumentaria. Lo que se hace al contacto con los estilos hispanos y con para los africanos nuevas exigencias formales que eso significaba. Exigencias que transmitían códigos sociales que serán adaptados por el afro-religioso con el sustrato de sus creencias ancestrales.

De ahí la importancia del blanco, pero incorporándole la parafernalia estilística europea. Por eso la importancia que adquirió y que hasta el presente mantiene cierto tipo de vestimenta especialmente femenina, que no correspondería con los modos tradicionales de la mujer africana.

Es esa la causa también de la incorporación, en el orden escenográfico, de la ornamentación usada en las viviendas de las acomodadas y quizás aristocráticas familias europeas de los propietarios, de los esclavistas. Esa era una escenografía relacionada por los africanos y sus descendientes al poder. Participaba del ideal estético que se inculcaba y que hasta el presente ha prevalecido en Cuba. Y el religioso afro quiere para sus orichas lo mejor, incluido en el decorado.

Un decorado que incorporaría elementos de otras culturas, como el mencionado Buda asiático. Con el tiempo, ese decorado se iría tornando más abigarrado. Sin perder por ello la religión su sentido. Sin afectar necesariamente a su cosmovisión ni a su cosmogonía. Y es eso lo afro. Por lo cual todo análisis sobre la transculturación debería enfrentarse con mesura, sin la repetición de lo ya dicho por sus descubridores un siglo atrás.

Es fundamental que ese complejo proceso de adaptaciones, paralelo a otros de readaptaciones, de aculturaciones y de limitadas transculturaciones, fuera llevado a cabo por los yorubas cubanos no sólo con la cultura dominadora (más que dominante, pues esto equivaldría a ser la preponderante en extensión y no lo era) sino con otras culturas africanas. E incluso se realizó al interior del multiforme grupo étnico yoruba.

Esos procesos de intercambios generados entre las culturas africanas, que tuvieron lugar al interior del grupo étnico yoruba o de otros, como entre estos, en su nuevo paisaje físico bien pudieran ser reconocidos en el concepto de *"interculturalidad"*. En palabras de Néstor García Canclini[42]: "este es un proceso que comprende las transformaciones que cada etnia o grupo experimenta al intercambiar con otros, al migrar y al ir modificando su cultura".

Los concilios que al cristianismo les han costado siglos y luchas campales, además de cismas fundamentales, los yorubas cubanos lo consiguieron sobre la marcha y en muy poco tiempo, por medio de intercambios y selecciones finalmente dando origen a las fundadoras ramas de la Regla Ocha-Ifá. Proceso en el cual la mujer, la *iyalocha*[43] fue determinante.

Es ese uno de los motivos por los cuales la Regla Ocha-Ifá se define tardíamente. Apenas en la distancia histórica de un siglo atrás, incluso menos, se estaban verificando estas readaptaciones intra-étnicas que se nos tornarían cubanas. Es que constantes, aunque rápidos mecanismos de reajustes se iban produciendo al interior de los africanos y de los ya afro-cubanos practicantes del ancestral culto a los orichas.

338

Readaptaciones y *conciliaciones* que tuvieron como escenarios físicos a las occidentales provincias de La Habana y Matanzas fundamentalmente, quedando más alejada de estos la práctica del centro-sur del país.

Es una simplificación a veces cargada de ignorancia y otras muchas de malas intenciones, afirmar como se ha hecho que "en el africano todo es religión". Ello altera y distorsiona tanto la comprensión de las culturas tradicionales africanas como su devenir. Sin embargo, el africano, tanto en el continente de origen como en las Américas resultaba un individuo *"intensamente religioso"*.

Y, a diferencia de las denominaciones cristianas, sus creencias religiosas le concedían la posibilidad de reconciliar en vida su mundo físico real con el espiritual, sin tener que pensar la futura muerte y esperar por ella para alcanzar su realización y su reconciliación existencial.

"El hombre africano creía en la existencia de un gran Dios, mucho antes del advenimiento del Islam y el cristianismo. Entre los Ibo, Yoruba, Efik, Ibibio y Annang de Nigeria, y los Akán de Ghana, por ejemplo, Dios era conocido como Chukwu, Olorún, Abasí y Onyama respectivamente[44]."

A diferencia de la Europa proto-renacentista, en las religiones tradicionales africanas el hombre resultaba el centro del universo, se le reconocían capacidades y condiciones para alterar el orden social, y lo común sería que se le creía capaz de reencarnar. Por otro lado, como una categoría menor, después de los dioses (orichas) y de las divinidades, y del ser humano, se situaban los objetos inanimados de la naturaleza, en posesión de fuerzas espirituales, lo que les concedía vida. De modo que el medio ecológico percibido por la sabiduría ancestral africana ha sido tan integrador en Cuba como no lo ha sido el racionalismo occidental.

Occidente recién ahora le concede al entorno natural del humano una importancia mayor; pero en las religiones africanas, la relación hombre-naturaleza cobra dinamismo en los hechos diarios de cualquier índole. Por ello, existe una casta de sacerdotes, vistos con mentalidad occidental como *adivinos* y *magos* que tratan de influir en las fuerzas del bien y del mal, sean humanas o de la naturaleza.

Los sacerdotes africanos de la Regla Ocha-Ifá, pese a su condición de esclavizados, lograron restablecer y transmitir exitosamente la liturgia, panteón, oráculo y ritos de su religión, al lado de otros elementos más ampliamente culturales de su civilización de origen. En esta cultura africana trasplantada a Cuba, al igual que en la mitología griega, los vivos y los muertos, los dioses y los hombres, forman una unidad a la que se subordinan todas las fuerzas de las cosas, el destino humano, el tiempo y el espacio[45].

Debido a las presiones políticas, religiosas, económicas, culturales y, en general, sociales, la religión de los sujetos esclavizados tuvo que *adaptarse*. Debió para sobrevivir abandonar ciertas costumbres y adaptar algunos de sus símbolos visuales a los católicos. Así conseguiría *"esconder"* sus divinidades tras la fachada de los santos, santas y vírgenes del panteón católico.

Así conseguiría readecuarse públicamente para conservar subterráneamente sus creencias. Una táctica de reacomodo que no fue posible en otras partes del continente, mas que fue común allí donde los esclavizados consiguieron reaccionar conservando y creando culturalmente. Son los casos de Cuba, Haití y Brasil, entre otros.

Un aspecto importante de la cosmología africana y su visión del mundo fue la apertura a ideas y usos de otras tradiciones culturales, tolerancia por las diferencias religiosas, compromiso con el cambio, creatividad y elaboración de nuevas tradiciones sin destruir necesariamente las anteriores. Así, entre los pueblos africanos tradicionales, nuevos dioses, especialmente los asociados a la fuerza y el poder, fueron fácilmente aceptados e integrados a los panteones existentes. El dios de las conquistas fue particularmente atractivo para los vencedores. Es en ese contexto que debe ser entendida la aceptación del Islam y más tarde del cristianismo, por los africanos[46].

Una vez en Cuba o allí a donde se les condujera, los esclavizados africanos pasaban a ser propiedad de un señor o señora esclavista que les prohibía cualquier tipo de rito relacionado con las religiones por ellos practicadas. Eran, por el contrario, forzados a tomar parte en las misas y los rezos prescritos por la religión católica.

340

Esta situación obligó a los africanos a desarrollar una treta tan simple como efectiva: otorgar el nombre de un santo católico a cada una de las divinidades de su religión. De modo que cuando el *señor* o el *capataz* de la plantación donde trabajaban se acercaban para cerciorarse del catolicismo de sus esclavos, se encontraban con una congregación que rezaba a Santa Bárbara, a San Juan o a San Antonio, sin llegar a darse cuenta de que, en realidad, los rezos se dirigían, respectivamente, a Changó, Ochún o Elegguá, las divinidades africanas asociadas a estos santos.

Lo que sí llamó la atención a los esclavistas fue la cantidad de santos venerados por los esclavos, así como el fervor que profesaban hacia algunos de estos. Lo que estaba normalmente muy por encima de la atención que recibía el propio Jesucristo católico. De ahí, nos dicen estudiosos del fenómeno, nació la palabra *"santería"*, con la que se hacía referencia despectivamente al culto excesivo hacia un número muy elevado de santos y vírgenes[47].

Pero el proceso de readaptaciones en el plano religioso no fue unilateral ni unívoco. En antítesis de la idea de poder absoluto que se intenta ofrecer para presentar como *cuasi* suprahumana la estructura de poder colonial. Lo cual contrasta con el desafiante testimonio que en dirección contraria representa la existencia de religiones afroamericanas.

Con todo, el cristianismo en sus distintas manifestaciones debió ceder espacio. Lo que haría incluso por apatía e inercia a la par que, por ignorancia, o, simplemente, porque ningún poder, aunque lo pretenda es absoluto, todos tienen que contar con cierta tolerancia de parte de los dominados y, estos, incluso si no son conscientes de ello, terminan siendo los que a partir de algún punto colocan los límites a aquel.

Razones por las cuales, tanto el islamismo en África como el cristianismo en las Antillas tuvieron que hacer concesiones (*aculturaciones, sincretismos*) con las religiones de origen africano. En aquellos lugares donde las religiones occidentales, en cuanta ideología y práctica, se han negado a hacer concesiones han fracasado. De ahí la inculturación del evangelio cristiano y su tardío reconocimiento formal.

Ahí está el origen de un proceso sincrético, donde los creyentes africanos y sus descendientes adaptaron sus símbolos, instrumentos, elementos de la naturaleza, etc. a los que encontraron más afines en el medio geográfico, social, religioso y cultural de la Isla. Y, cuando no encontraron similares, los crearon; allanaría el camino para la incorporación al sincretismo afro-ibérico y allanaría el camino a la extensión de los cultos afro, el hecho de que la población blanca estaba imbuida del paganismo y de las supersticiones medievales, que trajeron a estas tierras los conquistadores y colonos españoles.

Si bien históricamente, la población blanca, primero criolla y cubana después, era de tendencia cristiana- católica, ello no había desembocado en una excelsa beatitud. Tampoco fundamentalistas cristianos se habían mostrado los colonizadores, para quienes la religión había funcionado como un mero instrumento de justificación de la colonización y de la dominación. Es decir, del robo de territorios y de humanos. Condición que funcionaría también como un agente facilitar de los intercambios culturales en el contexto religioso.

Los intercambios sincréticos

Con ese sustrato sociológico y cultural-religioso, en estas tierras el católico hispano, el criollo y el cubano no resultaría un devoto ferviente. Más bien se contentaba con asimilar los símbolos formales de la religión y asumía su pública categoría de "católico" como un signo de distinción y de dignidad, como un artificio que le situaba en una condición de superioridad permitiéndole otras usurpaciones.

Esa situación facilitaba que el mismo sujeto públicamente "católico", ante sus problemas agobiantes procurara el consejo de los santeros para lo cual debía "consultar" a los orichas por medio de los sistemas oraculares. Así, el mundo subterráneo de orichas, mpungos, lwas, eggunes, etc., iba siempre furtiva opero toleradamente ganando espacio social y disponiéndose para, llegado el momento oportuno, hacerse visible.

A los pocos, el intercambio se producía en varias aristas. Y a los nombres de orichas ocultados tras los de santos y vírgenes se incorporaban el agua bendita, las flores, las imágenes religiosas. Se incorporaban las fechas de festividades del santoral católico, el bautizo, la misa de difuntos y de extrema unción. Lo que antes se usó como fachada y simulación, a partir de algún momento y de algunos comportamientos especialmente de mestizos, comenzaría a hacer parte de la Regla de Ocha. Con todo, el violín para Ochún no sustituyó, sino que sigue conviviendo con el cajón para el muerto.

A pesar de los intercambios más o menos sincréticos entre los santos y vírgenes católicos y los orichas africanos, se mantienen características distintivas que los diferencian. En el caso de Changó y Santa Bárbara, ambos son de diferentes sexos en las dos religiones.

San Lázaro y Babalú Ayé, igualmente presentan rasgos discordantes; mientras el santo católico simboliza la resurrección en la mitología cristiana, su contra-parte africana es un viejo curandero que trata las enfermedades infecto-contagiosas. Motivo este último por el cual ganó popularidad entre los cubanos la imagen apócrifa del San Lázaro de los perros y no la del San Lázaro Obispo. Algo en lo cual hoy la Iglesia católica en Cuba se ve ante la necesidad de transigir.

Los jueves, Día del Santísimo según el santoral católico, iniciados y consagrados en la Regla de Ocha tienden a acudir a la Iglesia católica. Usualmente lo hacen vestidos de blancos, y de preferencia al templo católico dedicado a El Santísimo, ubicado en la calle Reina, en Centro Habana. Allí, al amparo del catolicismo, ante el símbolo católico, oran y a hurtadillas están los que realizan algún tipo ceremonia o de ofrenda a sus orichas. Puertas y portales de Iglesias católicas son espacios apropiados para ceremoniar a los orichas, en cuyos altares se suele colocar el católico *guano bendito*.

Los altares a los orichas que usualmente vemos, esos que están en los espacios visibles de sus viviendas de *iyalochas* y *babalochas*, suelen ser espacios de poética barroca. Expresiones caribeñas de lo *real maravilloso*. Son expresión visual de afro-católicas apropiaciones culturales aún no del todo comprendidas. Son manifestaciones de la convivencia entre tradición y modernidad.

Objetos de porcelana o de sus imitaciones conviven con el plástico; tejidos diversos; explosión del color; imágenes católicas conviven con resguardadas piedras sagradas que representan a los orichas. Oraciones católicas con libretas en las que se llevan notas, consejos, canciones, en lengua yoruba y castellana.

Perfumes franceses con agua bendita y con colonia Siete Potencias, ideal por su fuerte olor para alejar las malas influencias. Cascarilla y miel con tabacos e inciensos. Abanicos en sus versiones afro y europeas. Todo es más... porque son escenarios, al fin y al cabo, para la creación, donde se muestra todo el eclecticismo y el pragmatismo que ya son partes de la *cultura cubana*.

Todo en viejas y lujosas vitrinas, en más simples cristaleras o en modernos multi-muebles. Quizás, los más dados a la modernidad, colocando sus orichas en puntos estratégicos de la casa, sin descuidar la sala, cual *benditos* y ellos saben que *bendecidos* adornos.

Un proceso natural y de antaño legitimado por sus practicantes se ha visibilizado cada vez más entre cubanos. Sin que necesariamente se le comprenda. Por lo cual se le ha equiparado a un, en tal caso inexistente, proceso de sincretismo.

Se trata de la simultaneidad de prácticas religiosas por el mismo sujeto afro. Entiéndase en este punto *"sujeto afro"* en el sentido de afro-descendiente o de individuo étnica y racialmente con otro origen, pero de práctica afro-religiosa.

El proceso de los sincretismos intra-africanos previo a la esclavización de los africanos en las granjerías de Américas, y los sincretismos intra-africanos verificados en la Isla, no necesariamente se relacionan con la simultaneidad de religiones por parte de ese sujeto.

Lo cierto es que la referida amplitud y tolerancia del africano para la incorporación y reelaboración cultural, está más relacionada a ello. Téngase además presente que, en la cosmovisión del afro-cubano, se estableció la idea de la diferencia en la idoneidad de cada una de las afro-religiones como solucionadoras de dificultades.

La Santería, de la que se dice "es más bonita", también se afirma que "es más lenta" para ello. Por lo cual se acude al Palo Monte, que soluciona los problemas con mayor rapidez, "en 24 horas". El Abakuá concede estabilidad espiritual, emocional y psicológica, "pero no resuelve problemas; para eso hay que ir a la Santería, al Palo, según sea la gravedad del asunto y la rapidez que se necesite[48]".

Siendo ese el criterio de los afro-cubanos, herederos de esas religiones, sus cultores tradicionales y quienes las transmiten hoy con profusión a cuantos de cualquier tradición étnica y pertenencia racial las buscan, esos otros incorporan esos como parte doctrinal.

Haciendo aquí un breve paréntesis, podría puntualizarse que esa apertura o vocación de tolerancia para la incorporación cultural, que venía de África y las constantes migraciones intra-africanas, que posibilitó en el Caribe cultural (donde clasifican amplias zonas culturales del Brasil continental), aunque siguiendo otro proceso permitiría a la población africana y su descendencia, en tierras de Estados Unidos, dar nacimiento a las Iglesias cristianas negras, con una teología propia, afro-cristiana. Y sería con posterioridad un proceso similar ocurrido en África. Como similar se ha producido en la Isla con la incorporación de afro-religiosos al mundo más abierto del cristianismo episcopal.

Retomando la idea de la tolerancia cultural-religiosa afro, retomamos el hecho de que, con la obligatoria participación del africano en el mundo religioso del catolicismo y con la políticamente correcta auto-declaración de "católico", sería casi natural que el afro-religioso incorporase cada una de estas auto-definiciones religiosas.

Y no sólo las autodefiniciones, en las cuales pudiera sobrepones unas para ocultar otras, consideradas malsanamente de *inferiores*. Terminó siendo natural, dada la funcionalidad de esas religiones y la diversidad étnica africana que poseemos los afro-descendientes, que nos incorporásemos como participantes activos de varias o de todas y, a su vez, como frecuentadores más o menos de la Iglesia católica.

Y todo ello sin que nos traiga problemas de identidad. Sin que nos desequilibre sino, en todo caso, actuando en favor de nuestro equilibrio o del buscado re-equilibrio existencial. Todo, y es tan fundamental como lo anterior, sin que habitualmente nos ocasione problemas de intolerancias en nuestras familias biológicas ni en las religiosas.

En ese particular sincretismo religioso que ha tenido lugar en Cuba entre los cultos de origen africano y el catolicismo, debe considerarse un elemento primordial. Es que los y las *orichas* no adquieren la frialdad de las divinidades católicas. Por el contrario, las y los orichas conservan sus características humanas y, como tal, manifiestan sentimientos que expresan en una variedad de estados anímicos, tal cual los mortales.

Las divinidades afro traspasan a su antojo las fronteras entre su mundo espiritual y el de la sociedad humana, participando e influyendo en los eventos cotidianos. A diferencia del panteón cristiano, estos y estas pueden odiar, amar, organizar, destruir, celar, proteger, despreciar, etc. y por sus acciones trascienden, simultáneamente, como divinidades de bien y de mal.

Incluso si menos estudiados, otros tipos de interacciones culturales tendrían en la Isla repercusión en la esfera religiosa, tornando más variado el panorama religioso cubano. La temprana convivencia de población autóctona con la africana tendría sus frutos religiosos.

En el interior de la Isla, especialmente en las regiones que ocupan las antiguas provincias de Oriente y Camagüey, el catolicismo se mezclaba además con diversas formas del "espiritismo", existiendo su manera más organizada y fuerte, con "templos" individuales. Y en esos espacios se fueron mezclando elementos de la religiosidad autóctona dando lugar a peculiares formas religiosas que sobreviven hasta el presente. Todo un derroche de vivencias ancestrales mezclados en la imaginería, las oraciones y el propio modo de hacer.

Entre los elementos que han facilitado un puente entre el "espiritismo" y los cultos afro-cubanos (el palo y la Santería) es fundamental la *"posesión"* de un ente espiritual, de un espíritu. La Santería utiliza del espiritismo el vaso de agua con un crucifijo; y de la Santería los *"médium"* espiritistas han incorporado las *"limpiezas"* o *"despojos"* utilizando un mazo de yerbas que pasan por el cuerpo del consultado.

En las provincias orientales, por ejemplo, se ha estado produciendo un sincretismo entre el Palo Monte (Congo o Bantú) y el espiritismo de procedencia anglo-galo. Así, los *"paleros"* son a su vez *"medium"* espiritistas, y estos últimos por lo regular *"montan"* espíritus *"congos"* utilizando caracoles y cocos en sus sesiones. Algo que actualmente podemos encontrar en algunos centros de "espíritas científicos" en La Habana. Quizás influencia de la rápida recomposición demográfica de la capital cubana, con amplia presencia de nacionales provenientes del oriente del país.

346

Proceso este que se afianza y enriquece las prácticas de la religiosidad afro, a partir de las migraciones internas desatadas desde la recrudización de la crisis económica en los años 1990, cuando el traslado hacia La Habana y Matanzas alcanzó la relevancia del éxodo. Proceso que, a su vez, complejiza los estudios del mundo cultural religioso cubano[49].

La Santería

Se tendió a dar por absoluta la vieja creencia de que la Santería es una religión politeísta. Para otros, es un complejo religioso que se halla a mitad de camino entre el politeísmo y el monoteísmo. Adempero, es esta una religión monoteísta, en la cual la devoción y el culto cotidiano a una constelación de divinidades u orichas ha dejado oculto para ojos de observadores inexpertos e inhábiles la presencia de un Dios supremo, Olofi.

Mientras no sean firmes las bases de la nacionalidad cubana, mientras la nación no llegue al punto de esa consolidación que le permite el avance siempre más o menos renovado sin cuestionamientos de orígenes, no será ocioso insistir en los orígenes yorubas de la Regla Ocha-Ifá.

Aquel origen que de algún modo la sitúa en el centro rector del tiempo, del espacio y del orden material, como a su antecesor Culto a los Orichas con el cual hoy convive y en alguna medida se interrelaciona en un mundo en donde se entrecruzan Dios, los orichas, los *eggunes* (espíritus de los antepasados) y los vivos; en el cual la fauna y la flora ocupan lugares también protagónicos porque es la naturaleza la que establece las reglas y el orden en estos cultos.

Naturaleza viva, no como personificada en un ente abstracto; expresión ella misma del monoteísmo y, a su vez, de la amplitud del pensamiento yoruba, materialización de su abstracción. Religión antropomórfica, sí, en la cual las divinidades han sido humanos, y en la cual sus cultores no temen conocer y re-conocer que sus orichas, en cuanto humanos, también cometieron errores y arbitrariedades.

347

En la Regla Ocha-Ifá el ser humano no es sumiso. Para este no es la espera pasiva y temerosa; aquí el humano es activo, pide y reclama de las divinidades, que protegen, cuidan o castigan, en una relación de reciprocidad en la que la devoción no se expresa con miedo sino con respeto y amor.

Por eso el orgullo por se *omó-oricha* o hijo-a de santo. En contradicción con el criterio de la lejanía de Olofi en cuanto Dios supremo, a él se debe la elección de una divinidad personal e intransferible de parte de cada humano. Su *eledda*, que como su huella dactilar y aún más que esta, porque ni el fuego lo disipa ni lo distancia, es el guía del individuo durante su vida. Es la marca de un destino que puede ser entorpecido o beneficiado, pero no negado o cambiado.

La existencia de la multiplicidad de orichas y del irrepetible *eledda*, pueden conducir a la interpretación de que esta es una religión *"panteísta"*. Séalo o no, lo que debería a estas alturas ser irrebatible es que en la Santería se sostiene la creencia en una divinidad suprema, intangible, que no se envuelve directamente en los asuntos humanos, aunque no del tipo judeo-cristiano. Porque el Dios de la santería, no se halla personificado, sino que es un concepto.

En este sistema teológico, se trata de conciliar al ser humano con la naturaleza a través de la adoración de relación de adoración con Dios, sin que habitualmente se produzca un éxtasis en la mención de este. Los más populares por lo mencionados y directamente tratados son los y las orichas. Esos son los intermediarios entre los humanos y Olofi.

Son los enviados de este para auxiliar a los humanos. Pero la divinidad suprema o Dios, los orichas o divinidades, la flora y la fauna, todos componen la naturaleza en una integración sistémica que ahora Occidente denomina "ecológica".

Por eso, para aquellos que conocen el procedimiento y contenido de esa religión, les resulta fácil vislumbrar la personalidad, el temperamento y aún las características más ocultas de una persona en su vínculo tanto con las divinidades como con los y las orichas e incluso con la naturaleza. En este interesante mundo religioso[50]: "Los astros son la residencia de los Orichas, los Egungún y de Olorún". Aquí las plantas como los animales son "fuente de curación, alimento y sacrificio".

En proceso de interdependencias recíprocas[51]: "Plantas, animales y humanos dependen todos de la tierra, divinizada como Onilé". Y ocurre el emparentamiento de los animales con los astros celestes. Así el gallo (akukó) lo está con el Sol, mientras la Luna se representa por un grupo de animales entre los cuales figuran la serpiente, las ranas y algunas aves nocturnas. la Regla Ocha-Ifá.

También existen algunos elementos *"astroláticos"* en la Santería. Especialmente la relación de la Luna y el Sol, sus fases y las curas de ciertas enfermedades. Destacan igualmente la hipnomancia y la interpretación de los sueños.

Los afro-religiosos de la diáspora, americana o en otras partes del mundo, no suelen estar sujetos a una estructura o autoridad superior, supra-estructural, que regule las funciones de los cultos o vele por la ortodoxia de los cánones rituales. Es la tradición doctrinal recibida después de la iniciación o de la consagración, el instrumento que les concede la autoridad.

De esa tradición, que la mayoría de las veces con ignorancia y muchas otras con ánimo peyorativo (que pueden juntarse) se dice es oral, gran parte del legado se recibe escrito, aunque no con una estructura única.

No puede decirse que sea una literatura anárquica. Hay consenso sobre sus puntos fundamentales (tabúes a considerar, pasos posteriores en la iniciación o consagración, patakíes o historias de los orichas que estén en correspondencia con la vida del iniciado o consagrado, refranes, etc.), pero su mayor o menor explicites, por ejemplo, depende de la autoridad religiosa y del *oba* o *italero* en funciones.

Como *oba*, *oriaté* (*"cabeza sabia"*) o *italero* es denominada la persona que actúa como jefe de ceremonias en las iniciaciones y consagraciones. A esta corresponde la ejecución e interpretación del oráculo del *dilogún* (caracol) en uno de los momentos más esperados de quienes pasan por iniciaciones y consagraciones. Cuando los orichas se comunican por medio del *dilogún*, para hacer el recuento de la vida pasada del sujeto que pasa por el ritual, y para ofrecerle los preceptos y los consejos en base a los cuales debe enrumbar su vida a partir de ese momento.

Aunque se habla de iniciación y consagración indistintamente, ambas tienen contenidos diferenciados y son partes de momentos también diferenciados. La carga de comprometimiento y responsabilidad que estas contienen es de diferente peso.

Las iniciaciones, que pueden ser graduales y anteriores al momento de la consagración, o ser posteriores a esta, son comprometimientos igualmente serios, pero más direccionados, a uno o más orichas que no van a la cabeza de la persona iniciada en el culto a estos.

La consagración, en cambio, es al oricha tutelar, al que corresponde la personalidad del individuo que lo recibe, que por medio de un complejo ceremonial abre su ser para ser poseído por las energías de aquel, por su fuerza vital, por el *aché*. La estructura de la Santería, a diferencia de las religiones semitas (cristiana, judía), dispone de mayor flexibilidad en su estructura, lo que se divisa fácilmente en su mencionada horizontalidad. Ello no debería confundirse con la irreal inexistencia de jerarquía dentro de esta religión.

Lo distintivo en esta sería que sus variados niveles de ejercicio sacerdotal son horizontales. Eso, debido a que es posible acceder a estos a través de lo marcado en la vida del consagrado a través de los orichas, que son los que le comunican los *odduns* (o *letras*) que rigen su vida[52].

Desde los no tan remotos tiempos en los cuales ocurrieron los nunca anunciados, pero en la práctica exitosos concilios santeros, fundamentalmente hasta la década de los años '50 (siglo XX), cuando quedaron establecidas y reconocidas las reglas santeras de La Habana, Matanzas y Palmira, fundamentalmente, en la Santería, cada iyalocha, babalocha y babalawo, o sea, cada sacerdotisa o sacerdote, es el inicio y el fin de la religión.

Esa es característica que le ha permitido resistir en Cuba las persecuciones oficiales a que ha sido sometida desde la esclavitud. No existiendo un blanco estructural, ¿hacia dónde dirigir todo el rigor de la acción represiva?, ¿cómo hacer para paralizar o controlar los ritos en su integralidad?

Las ciudades donde históricamente se desarrolló la santería con más fuerza fueron: La Habana (Marianao, Colón, Cayo Hueso, Pogolotti, Regla, Guanabacoa), Matanzas, Pedro Betancourt, Colón, Palmira, Santa Clara y Sancti Spíritus. Existen zonas donde predominan los grupos negros, mulatos y mestizos, como es en toda la franja centro, sur y este de la antigua provincia de Oriente (actualmente Granma, Santiago de Cuba y Guantánamo), así como en el centro de la provincia de Matanzas.

No confundir la no existencia de una focalizada represión hacia una inexistente jerarquía única de esta religión, con la no existencia de represión con sus devotos y practicantes. Precisamente por la extendida opresión y represión que sufrieran sus cultores, sin importar su participación y comprometimiento o no con el proyecto político castrista, la Regla Ocha-Ifá debió continuar décadas de clandestinidad.

Como antes otros han señalado, las representaciones de orichas y todo lo materialmente relativo a estas debieron permanecer por años en los tempos de los *"padrinos"* (*babalochas*) y *"madrinas"* (*iyalochas*) o de los viejos de la familia o con amistades. Aunque como tanto ahora intenta olvidarse, hubo incluso que imbuidos del falso igualitarismo *"revolucionariamente"* asumieron la prédica castrista de que las prácticas ancestrales afro-religiosas eran *"lastres del pasado"*, *"desviaciones ideológicas"*, *"muestras de atraso"*, y cosas similares.

En todo lo cual hay un claro esfuerzo de coloniaje al estilo de la conceptualización del cientista social argentino Walter Mignolo. En todo lo cual existía un claro racismo anti-negro y elitismo eurocéntrico. En perspectiva que, utilizaciones y manipulaciones aparte (de exponentes de las afro-religiosos con todos los sectores sociales), se distinguió de las afectaciones y manipulaciones que se dirigieran contra los religiosos no afro en el hecho de que aquí tuvo/tiene el componente étnico-racial, tiene la falsa dicotomía del etnicismo y del racismo.

"Es la acción, la liturgia, el rito, lo que constituye en   la santería una expresión más continua de la fe[53]". En la santería, la mitología es la expresión de la fe en una forma transhumana, dentro de un ritual trágico-dramático que ha permeado una ética y un código de conducta individual y familiar, personal y social, moral y religiosa.

Aun cuando sea difícil la valoración de la religiosidad, por lo personal, y del compromiso de fe, por lo privado, las prácticas de vida remiten a una posible mayor consistencia en la comunión espiritual de fe entre los fieles de la Regla Ocha-

Ifá, que, entre la amplia variedad de denominaciones cristianas, exceptuando los fanáticos cristianos.

La invocación espiritual de las religiones africanas se complementa con las manifestaciones artísticas que escenifican durante el ceremonial. Alrededor de cada oricha o intermediario con Olofi, se conformar núcleos de devotos. Pues la protección de un oricha en específico convierte a sus protegidos, *"hijos"* u *"omo"* en *"hermanos"*, en cuanto tienen la misma *madre-oricha* o el mismo *padre-oricha*.

Es por ello que los ritos de iniciación, consagración y la liturgia que simboliza a cada oricha tienen tanta importancia entre sus devotos, quienes hallan en ella su auto-confirmación. Sin embargo, como en las religiones del Valle del Nilo, especialmente la egipcia faraónica, no existe una respuesta a la cuestión de la muerte (la Ikú) y ella se halla más allá del poder de los orichas, que sólo pueden decir si esta ha sido natural o no.

Si bien la santería no es la única religión de origen africano en Cuba, es la más poderosa y la que más se ha extendido, por encima de etnicismo, racismo y de las barreras de clase. Incluso transgrediendo barreras políticas. Pese a su popularidad existe una atmósfera de secreto alrededor de la misma, una herencia de la forma que tuvo que subsistir bajo el coloniaje español y la República. Un misterio que convive con la irrupción de la tendencia *"sabelotodo"*.

Porque la presencia de amplios sectores sociales, en la Isla y en el exterior, de cubanos y de extranjeros, con mayor o menor grado de instrucción, ha contribuido en esta religión al nacimiento, extensión y fortalecimiento del complejo del *"sabelotodo"*. Ese sujeto que, recién llegado y sin antecedentes que le confirieran un posible capital cultural en conocimientos sobre esta religión, sobre su historia y/o su práctica, afirma saberlo todo, no tener nada que aprender, y que intenta y puede que consiga comenzar a "transmitir" toda su ignorancia.

El ritual de las religiones de origen africano tiene como componentes fundamentales la danza y el canto, acompañados de instrumentos de percusión: los tambores. Las ramas africanas que presentan un folklor musical más fuerte en Cuba son las de procedencia Yoruba, Bantú y Efik.

Una religión inclusiva

La Santería no es una religión que desarrolla el proselitismo o busca la conversión como su objetivo. No son practicantes de esta religión la generalidad de cubanos que consultan sus oráculos. Por años fueron muy pocos los iniciados y muchos menos los consagrados en esta.

Tradicional fue la consulta a los sistemas oraculares de las afro-religiones sin revelarlos y sin admitirlos públicamente. La flexibilidad de la Santería es tal que sus sacerdotes no se preocuparon por eso. En los patakíes, o libretas de santería, hallarían las respuestas. En estos encontrarían los por qué de la esclavización del variado pueblo africano y afro-descendiente. Ahí encontrarían las previsiones de difusión de sus religiones en la contemporaneidad.

Esperar es un arte. Según algunas religiones, incluida la cristiana, es una virtud. Consecuentemente debe tener una recompensa. Pero la paciencia no es estoicismo. No es desinterés ni apatía ni dejadez. La espera debe ser activa. Y la actividad puede ser de pequeños pasos o de observación. Los afro-religiosos cubanos, entre estos los santeros, esperaron haciendo, observando, dando o pequeños o más grandes pasos en la invisibilidad de los espacios de marginación.

Por eso, al tener las condiciones para salir a la palestra pública, a los otros sectores sociales y puede que a los políticos les parezca difícil de aceptar las realizaciones de los cultores tradicionales de esta religión.

Muchas historias negras se han construido y rápidamente divulgado sobre las afro-religiones. Entre estas, algunas alrededor de la Regla Ocha-Ifá. Son historias relativas a supuestos sacrificios humanos, estupros de jóvenes rubias, robos de niños, violación de tumbas, etc. Históricamente esas historias se asemejan a las construidas, en todos los tiempos, con ánimos desvalorizadores de otras culturas.

Un viejo y similar mito anti-semita fue dirigido contra los judíos y cristianos, que realizaban "sacrificios simbólicos", y que luego, durante la contra-reforma ibérica y con la iglesia anglicana, cobró nuevamente impulso. Este se trasladó al

Nuevo Mundo, aplicándose a lo que también en las Américas identificaron como *"paganismo"*.

Ya en Brasil o Cuba, según la prensa los asesinatos eran fundamentalmente cometidos por *"negros brujos"*, *"feitiçeiros"*. Siempre según los medios de prensa, la prostitución era básicamente protagonizada por *"negras"*. Y, referían esos medios, la población afro-descendiente era *"vaga"*, *"ociosa"*, dada exclusivamente a la fiesta, al carnaval, a la rumba, al guaguancó y a la brujería.

De la prensa colonial al primer libro de Fernando Ortíz, Los negros brujos, en 1906. Del libro de Ortiz al partidariamente castrista (se afirmaba que *"socialista"*, que *"comunista"*) Militante Comunista, revista del Partido Comunista de Cuba para sus integrantes. Del Militante Comunista a la revista Moncada, de los miembros del Ministerios del Interior en Cuba (Minint). De todo ello a la práctica cotidiana, al comentario *"vigilante"* de los Comité de Defensa de la Revolución (CDR), la misma práctica de voluntarismo casi inevitablemente malsano. En todos ellos la misma infamia del ser humano.

Leyendas que no terminan, que se refuerzan con prácticas criminosas que no son de contenido religioso, aunque puedan ser practicados y se practiquen por afro-religiosos. No se viola tumbas, no se comercializa drogas, no se asesina ni se viola, por ser religioso. No lo pide el oricha ni nadie se lo promete en ofrenda. Se cometen crímenes por dos razones: o porque se es criminal o porque se cometió un error circunstancial y de consecuencias profundas o porque fue inevitable.

Afirmar lo contrario es comulgar con las teorías de la criminalidad por supuesto componente genético que condicionarían para la *"inferioridad"* ética y cultural. Y ese tipo de afirmación se hace, se interioriza y se mantiene ubicándose políticamente el sujeto en cualquiera de las tendencias posibles. Por lo que la coincidencia con el *eugenismo*, con el *fascismo*, puede darse de la derecha a la izquierda política.

Como bien expresara la investigadora y etnólogo Lidya Cabrera, *"el monte"*, es decir la manigua cubana, es el centro espiritual de la santería, donde residen sus dioses, los símbolos naturales de los orichas, de donde la religión obtiene sus elementos para el ritual.

El monte era, además, visto por el esclavo como su única opción de libertad, donde era posible *"apalencarse"*. Como le explicaría a Lidya Cabrera uno de sus colaboradores[54]: "El blanco va a la iglesia a pedir lo que no tiene, o a pedir que Jesús o la Virgen María o cualquier otro miembro de la familia celestial, le conserve lo que tiene y se lo fortalezca. Va a la casa de Dios para atender a sus necesidades... nosotros los negros vamos al Monte como si fuésemos a una iglesia, porque está lleno de santos y de difuntos, a pedirles lo que nos hace falta para nuestra salud y para nuestros negocios.

En África está extendido el culto a una enorme variedad de árboles a los cuales se le considera sagrados. Ese es el caso del baobab que, inexistente en la Isla, se equiparó a la cubana ceiba. Como este árbol sustituto, al trasplantarse a Cuba las religiones africanas, algunos otros árboles adquirieron categoría de sagrados.

A partir de entonces se les ha utilizado para realizar las ofrendas a los orichas, para invocarlos y para pedirles *aché*. Ejemplos son la palma real, es donde habitan Changó y Oyá, y la ceiba, donde reside *Irokó* (*Aragba* o *Iroké*) deidad yoruba de los deseos, cuyo nombre por extensión se le da a la ceiba, en clara alusión a ser su casa.

Es creencia firmemente generalizada, que la vegetación o *ewe* ejerce una influencia espiritual y material determinante en las religiones africanas, pues se le tiene en el concepto de verdadera fuente de la vida. En estas, en los montes, en general en los elementos de la naturaleza (también en las aguas, el aire y en el fuego), están los orichas: Elegguá, Obatalá, Oggún, Ochosi, Okó, Ayó, Changó, Alláguna, Yemayá, Ochún, Obba, Yewá, etc. Ahí están los *eggún*, (los espíritus o los muertos): *ikús, ibbayés*, pues para esta religión los muertos van a la manigua. Por lo que árboles y plantas en general desempeñan un papel de importancia cardinal.

Ahí están la sabiduría de la magia o de la medicina popular. Motivando que sean considerados como los agentes preciosos e indispensables para la salud y para los auspicios de la buena suerte de todo creyente. A los poderes de la vegetación, a sus propiedades farmacopeas, puede utilizárseles con propósitos positivos o negativos.

Consecuentemente, en la religión pueden utilizarse para por lo que sus virtudes curativas pueden bien o para mal. Hacerlo en una dirección o en otra corresponde decidirlo, ejerciendo el libre arbitrio, al religioso. El *oricha* no le sugerirá que lo haga en negativo, esa será decisión o no del humano.

En el santero cubano se mezclan las funciones sacerdotales, las del médico y las del adivino en tanto consultor oracular. Su incidencia social y su legitimidad tienen mucho que ver con ello. Con su práctica sana, física y espiritualmente. Y cuando no sana, cuando los designios de los orichas para el sujeto consultante no se lo permiten, entonces alivia, ayuda a soportar las desdichas, los dolores físicos y las brumas emocionales. Y en todo ello la farmacopea vegetal, el sacrificio de animales, puede que las iniciaciones y la consagración sean tan importante en el reequilibrio del *aché* como la palabra.

Su palabra, que es la transmisora de los designios divinos, puede ser alivio para el espíritu. Porque es palabra de *aché* y ella misma es portadora de *aché*. Es por su boca que se comunican los orichas. Es de su boca que salen las *moyugbas*, los *sureyes*, invocaciones o rezos para los *eggunes* y para las divinidades. Es su palabra invocadora de los *eggunes*.

Algo que se hace en lengua africana. Pues si bien las estas socialmente cayeron pronto en desuso, dentro del ritual religioso, en las curaciones y en los oráculos, en la Sociedad Secreta Abakuá, así como en los cantos a los orichas, se han mantenido. Ligeramente adulteradas o en sus formas arcaicas, pero lo suficiente para ser comprendidas por sus homólogos africanos yorubas.

Consciente de la fuerza de la palabra, es recurrente escuchar entre practicantes de la Regla Ocha-Ifá preceptos a esta referida. "La palabra salva. La palabra mata", "la lengua es el azote del cuerpo", "hacha parte palo, lengua mata persona", "una lengua callada hace sabia una cabeza". Son estos algunos de los tantos refranes que en el cuerpo de la Regla Ocha-Ifá se relacionan con la palabra. Una religión preocupada con la realización presente del ser humano. Con la estabilidad social.

Para lo cual se utiliza la palabra. Que es sentencia, invocación, rezo, historias y canto. Es todo el cuerpo de la sabiduría yoruba y yoruba-cubana estructurado filosófica y doctrinalmente. Todo eso expresado filosófica y artísticamente, en actos que son manifestaciones de conservaciones, creaciones y re-creaciones de la herencia.

La palabra es dicha en prosa, en sentencias, en rezos o es cantada. El canto, que también puede ser rezo e invocación, conduce a la presencia de los *orichas* o de los *eggunes*. A su vez, trae la presencia de estos entre los humanos. De ahí la importancia del buen *akwón*, cantante principal que se acompaña con los sagrados tambores *batá*, como el último de ellos, el fallecido Lázaro Ross, quien fuera figura estelar del Conjunto Folclórico Nacional.

Su arsenal de cantos yorubas, iyessá, arará, etcétera, aprendidos de los viejos *apwos*, va cediendo espacio entre las jóvenes generaciones, más dadas a las mixturas del canto yoruba con el rock de inspiración afro, al estilo del creado e interpretado en la Isla por el grupo Síntesis.

Aunque las características sean diferentes, los tiempos se imponen. Nuevas maneras de hacer conviven con las tradicionales sin que por ello mermen necesariamente los compromisos. Convivencia que puede estar expresando la novedad expresándose en la diversidad en los modos de asumir esos compromisos culturales-religiosos, compromisos individuales y colectivos, con la historia pasada y con la presente, con la ancestralidad y con la descendencia.

De Lázaro Ross se escribió algo que representaba y representa un consenso entre los conocedores del tema. Es que[55]: "Su voz se considera de un timbre único dentro del canto yoruba; puede alcanzar registros muy agudos como solista". Por su parte Carlos Alfonso[56], director de "Síntesis", ha afirmado hacer su música yoruba-cubana, en tiempo afro-jazz-rock, por tener "un compromiso generacional, cultural, étnico". Argumentando: "sin formalismos tratamos de hacerlo en nuestra frecuencia, en el lenguaje de nuestro tiempo".

En otros registros y con otros tonos, sin que puedan ser considerados *akwón*, son comúnmente de alta calidad las voces interpretadoras de las versiones de cantos *orikis* (alabanzas) para los *orichas* dentro del grupo Síntesis.

En la Santería, los cantos pueden ser rezos, alabanzas a los *orichas* o *patakíes*, que son historias relacionadas con estos. Y en este sentido hay poco margen para la improvisación[57]. Como norma la ejecución de la alabanza a los *orichas* es de carácter sagrado. Esta es integrada por un coro de cantantes con su solista, los tamboreros (ejecutantes de los sagrados tambores *batá*) y los danzantes.

El resultado es una polifonía de gran calidad estética. Las canciones yorubas usadas en el ritual religioso, muestran una belleza y calidad poética desconcertante para los neófitos que lleguen prejuiciados. Es de recordar que la poesía africana, conjuntamente con la musulmana resultan las de mayor altura en belleza y calidad.

Volviendo al solista o *akwón*, debe señalarse la lentitud y profundidad de su aprendizaje. Tiene que pasar un largo periodo de asimilación de los cantos tradicionales dedicados a cada uno de los *orichas*. Tiene que conocer su orden de precedencia, el ritual danzario y el de la litúrgica, etc. Por lo general, estas ceremonias o fiestas para los *orichas*, conocidas como *güemilere*, duran hasta 10 y 12 horas.

En ese tiempo los tamboreros, cantantes y danzantes dan muestra de una extraordinaria resistencia, logrando la ejecución sin menoscabo de la calidad de su arte. El *akwón* desempeña un rol importante en la liturgia y en el *güemilere*, etc. A través de sus canciones se va narrando la mitología histórica de los *orichas*, de personajes del pueblo, se van contando sus problemas, sus alegrías y tribulaciones.

El *akwón* en tanto protagonista de ese momento, se manifiesta como el "depositario de los cantos, de los rezos, de las leyendas, de la música propiciatoria a la comunicación con los dioses y los antepasados. Ellos garantizan la cohesión, la continuidad. No sólo en el plano religioso, sino en el cultural[58].

El estatus que adquiere el *akwón*, está condicionado por su prestigio como cantante y por la amplitud y fidelidad de su repertorio. Para conseguir el reconocimiento y la legitimidad tiene que memorizar las letras y músicas de los cantos religiosos y profanos. Tiene que dominar las técnicas del canto y los matices peculiares de los tonos y ritmos de los diversos "toques", además de aprender la "lengua" africana yoruba.

La literatura profana y sagrada que contenga los cantos de la religión yoruba en Cuba aún no ha sido publicada. Sin embargo, el caudal de cantos existentes en la Isla y más o menos trasmitidos oralmente, siempre o casi siempre en espacios de informalidad (si exceptuamos los escenarios del

Conjunto Folklórico Nacional y otros similares que han surgido en las dos últimas décadas) es extenso. El estudioso y autor Rogelio Martínez Furé ha logrado una enorme recopilación de los mismos, en la que solamente los de origen yoruba sobrepasan el millar[59].

Existe una curiosa característica entre los *akwón*. Mientras en la provincia de La Habana son fundamentalmente hombres, en la provincia de Matanzas provenían del sexo femenino, especialmente de una rama yoruba llamada Egwado. Estas mujeres, según la investigadora Inés María Martiatu Terry, provenían[60]: "De tierras de Obatalá, cerca de Ifé, la ciudad santa de los yorubas". Entre los *akwones* más famosos que se recuerden figuran Ferminita Gómez, Otilia Mantecón, Lamberto Sama (de Pedro Betancourt); Joseito el Mago; Maximiliano Ordaz, un listado que une nombres de mujeres y de hombres en la certeza de la calidad.

Otro aspecto característico de la santería, son el tipo de instrumentos de percusión utilizados. Se utilizan tres (3) tambores batá bi-membrafonos, de diversos tamaños: pequeño, mediano y mayor. Estos poseen cascabeles, campanas y cencerros. Los sonidos de estos se integran a los toques que se efectúan a ambos extremos de los tambores, produciendo una musicalidad y sonoridad muy característica, que va absorbiendo poco a poco al espectador.

El mayor de los tambores es conocido como *Iyá*. Es decir, es el tambor madre, que va guiando la ceremonia y efectuando los cambios de un canto a otro. El mediano es conocido como *Itótele*, y funciona como acompañante o "segundo". Y el más pequeño, *Okónkolo*, posee la sonoridad más aguda.

Como los tambores y el *apwón*, los caracoles o cauris son parlantes

Los tambores son sagrados, son entes con su propio espíritu, a los cuales se les rinde pleitesía porque son los que entablan el diálogo con las divinidades. Es a través de ellos que las voces de los orichas son trasmitidas a los fieles.

La construcción de los tambores batá es compleja. Deben ser exactas las medidas en aras de la sonoridad apropiada. Por lo general, el periodo de aprendizaje del tamborero demora entre 6 y 7 años. Tiempo en correspondencia con la complejidad de los ritmos, de los cantos y de las danzas. Asimismo, tiempo que corresponde al extenso repertorio que debe ser ejecutado con extrema fidelidad.

Los tambores pertenecen al *oricha* Changó, quien con la ayuda de la oricha Yemayá sustrajeron estos instrumentos de su dueño original, el poderoso Obatalá. De acuerdo con la tradición, en el antiguo imperio Yoruba, los tamboreros que cometían un error pagaban con su vida. Los tambores *batá* obligan prácticamente al oricha a presentarse en la ceremonia[61]: "Transcurren horas en las que a menudo un "santo" pide   baile tras baile y los tamboreros han de complacerlo sin parar, bajo amenaza de castigo por parte del dios en cuestión y de sus sacerdotes o santeros".

Han existido tamboreros famosos, como el legendario Isaac, y el fallecido Jesús Pérez (*Oba Ilú*, Rey de los Tambores). Fuera de Cuba son famosos Orlando "Puntilla" Ríos, como cantante y percusionista, e igualmente Roberto Borrel, como destacado temborero y danzante.

Los caracoles son la boca por los cuales *"hablan"* los orichas. Se usan para conocer el pasado, el presente y el futuro, por lo que de ellos depende la credibilidad del *ogbá*. El *ogbá* u *oriaté* lee los caracoles a partir de la posición que adquieren cuando se tiran. Es la lectura de esas posiciones lo que responde a los problemas y preocupaciones del consultante, que fundamentalmente acude por conflictos de la salud, el amor, laborales y de las finanzas.

Antes de que los caracoles sean leídos, (se usan 21 caracoles) debe solicitarse permiso a Elegguá y los 21 "caminos" de Elegguá, divididos, para separar los cinco días de mala suerte (muerte, enfermedad, envidia, tragedia y problemas). Entonces, después de separado estos 5 caracoles de mala suerte, se pasa a contestar con los 16 restantes.

La jerarquía sacerdotal dentro de la Regla Ocha-Ifá o Santería cubana es la siguiente: el *babalawo* que es el personaje central de Ifá, pues a través de Orúnmila, realiza las adivinaciones, ausculta el pasado y predice el futuro auxiliándose del tablero de Ifá. El *babalawo* siempre es de sexo masculino resulta la figura y categoría de mayor prestigio.

Luego se hallan el *babalocha* y la *iyalocha*, que son el santero y la santera. En Cuba, las mujeres sólo pueden ser sacerdotisas de la religión, no así en África, donde ellas pueden consultar también a Ifá. Ello representa sin dudas un rasgo que la conecta con sus raíces egipcias y mesorientales. Sin embargo, hay más santeros hombres ejerciendo las funciones de *oriatés*, por ejemplo, que mujeres.

El *babalocha* puede ser también un *babalawo*. Estos, la *iyalocha*, la *Orula Ifoka*, son los y las sacerdotes de la Regla Ocha-Ifá. En el caso de la *Irula Ifoka*, e la mujer sacerdotisa de Ifá. Para adquirir la categoría de santero, el individuo debe ser primeramente un "*iniciado*" o un consagrado.

Debe pasar por un largo proceso de aprendizaje de la religión, de sus secretos, debe conocer el uso de las yerbas medicinales, las características de los orichas e historias de los orichas y poseer el don de la empatía y de la comunicación para poder consultar.

Ese es un proceso de aprendizaje que se efectúa bajo la dirección de otro santero, el cual es su "*padrino*" del aprendiz.

Babalochas, iyalochas y *babalawos* usualmente tienen en sus iniciados y consagrados, es decir, en sus *ahijados* a sus más fieles devotos. Como jefe de su templo, el sacerdote o la sacerdotisa se instituyen en *padrinos* y *madrinas*, en *padres* y *madres* religiosos de sus ahijados, correspondiéndole asumir la responsabilidad de cualquier jefe de familia.

Son hijos e hijas a quienes ha iniciado en la divinidad del cual es vehículo, *hijo* u *omó*. Con el tiempo, le darán nietos y para entonces ya tendrá también sobrinos que le habrán dado sus hermanos de religión. Así, la familia se multiplica al estilo de la prole y de las ramificaciones de cualquier familia africana, culturalmente dadas a la ampliación.

Con todo, y pese a que las realidades de los nuevos tiempos contribuyen a la tergiversación de elementos fundamentales, el prestigio y legitimación del sacerdocio no deriva de lo cuantitativo sino de lo cualitativo. No es la cantidad de hijos religiosamente paridos sino la calidad de la atención a estos, lo que determina la importancia y la legitimidad de una *iyalocha* o de un *babalocha*. No es la calidad de vida lo que cuenta para legitimar el sacerdocio, sino el comprometimiento con los orichas, el cumplimiento con estos, así como el comprometimiento y servicios positivamente ofrecidos a la familia religiosa fundada.

Por eso llama la atención la insistencia de algunos sacerdotes y sacerdotisas de esta religión en destacar la tenencia de más de 100 ahijados. Como despierta curiosidad, cuando menos, la insistencia de algunos en subrayar la presencia de extranjeros o de profesionales, especialmente de intelectuales de las ciencias sociales, entre sus hijos religiosos.

La economía y el humano *ego*, ahí, haciendo entrada en un escenario tradicionalmente caracterizado por una mayor simplicidad. No por ello libre de bajas pasiones. Ninguno (escenario humano) lo está.

Ha despertado tradicionalmente la curiosidad de los neófitos los atuendos de los afro-religiosos. Ha sido común que los estudiosos se detengan en esto. Existe una literatura concentrada en ello. Ciertamente, *babalochas, iyalochas* y *babalawos*, y así también sus *ahijados* se distinguen por los atuendos. Las insignias especiales, el color de la ropa, los collares de abalorios, cordones, medallas, tejidos, vestidos--promesas, etc., muestran un ritualismo en los colores que pertenecen a un *oricha* determinado.

Para identificarse con sus divinidades el santero usa collares de piedras de colores. Cada uno de estos, según el color utilizado y el orden dado a las cuentas, simbolizan una deidad específica. Esas piedras de colores resultan los "símbolos" que identifican al creyente con su *oricha*.

Esos collares son a la vez una protección contra fuerzas malignas, actuando a manera de amuletos, así como los elementos fundamentales de la "conversión" del iniciado y del consagrado. Además de los collares, existen otros amuletos de protección (conocidos sólo por el santero) que se aseguran mediante los ritos de iniciación o de consagración.

El uso de los colores se mantiene en su pureza original. Así, Obatalá usa abalorios blancos, Ochún amarillos, Yemayá azules, Changó rojos con blanco, etc. Poco a poco se ha ido reemplazando el uso de adornos y vestidos hechos de fibras vegetales sin tejer, cuernos, cauris.

Los practicantes más ortodoxos del culto tratan de mantener la *"tradición"* resistiéndose a las innovaciones también en las indumentarias y en las ofrendas. Las ofrendas de la religión a los dioses consisten en cocos, aceite de coco, algodón, harina de maíz, plátanos, el unto del puerco, frutas y otros comestibles.

Nuevamente sin concilios planificados ni anunciados, mas con similar sentido de responsabilidad histórica, en las discusiones que periódicamente y en diversos espacios tienen los afro-religiosos, la polémica en torno al relacionamiento entre tradición y modernidad aflora de diferentes maneras. Uno es la indumentaria femenina y en ocasiones también la masculina. La tradición y la modernidad son entonces marcadas por la polémica sobre el vestuario. Y esta significa la polémica en torno a la ética y sus funciones sociales.

Del catolicismo la Santería ha asimilado la *necrolatría* (culto a los muertos) de la superstición en el Ánima Sola. Para la confección e idolatría de los *orichas* se usan los meteoritos, el hierro, los guijarros, los cabellos, huesos, restos y pieles de animales, raíces y semillas, caracoles, pólvora, los cuernos, monedas, granos de maíz, manteca de corojo, etc.

El paño rojo ha quedado como un símbolo de un paño manchado en sangre. Pero la antropofagia fetichista, que se dic tan común en el vudú haitiano y muchas islas de las Antillas francesas, no se halla presente en la brujería afro-cubana. No existen precedentes (salvo los rumores denigratorios) de que se hallan efectuado sacrificios humanos o se utilice sangre humana en sus ritos. Se ofrendan gallinas, palomas, chivos, jicoteas, y otros animales, que luego se comen en la fiesta.

Entre los rituales a los que mayor importancia conceden quienes procuran esta religión se encuentran los *ebbó* de *"limpieza"*, lo que actúan contra las fuerzas malignas. Es que esta ha trascendido en las Américas como una religión eminentemente utilitaria. A ella se acude a buscar soluciones. Incluso, en los últimos tiempos y cada vez más, al menos en la Isla, incluso a buscar diversión. Y, tras la llegada de la peor parte de una crisis económica por más de cinco décadas sostenida, se va también para comer.

El *ebbó* consiste una la realización de una ofrenda, de un sacrificio o en la propia limpieza. Esa que elimina las energías negativas y los *osogbos* en beneficio del re-equilibrio espiritual del sujeto. En beneficio de la restauración de su *aché* o energía vital. Lo que en otro tipo de sabiduría equivaldría a la reconstitución de los *chakras*. Y en otra es la comunión entre el *ying* y el *yang*.

Osogbo es todo aquello que no es iré y que sirve para mantener el equilibrio como individuos y como pueblo hasta que nos llegue el día de nuestra muerte. En cambio, el *iré*, por definición es todo lo bueno que le puede venir a la persona, pero no necesariamente el osogbo es todo lo malo[62]".

La santería proclama que los elementos de las fuerzas naturales, plantas y animales se hallan bajo la tutela de los orichas. El santero entona una oración, promete a los orichas, realiza un sacrificio, quema hierbas aromáticas, corta flores frescas y realiza combinaciones de vegetales, minerales y animales que son ubicados en puntos escogidos para destruir las fuerzas malignas o enviar las fuerzas malignas a otro.

El *oricha* se hace visible a través del santero que lo *"recibe"* cómo árbitro, médico naturista y como transmisor de las voces de los orichas a través de la consulta del sistema oracular, lo que ha sido mal entendido por tantos como *"adivino"*, el santero es el *"médium"* que comunica a los orichas con la humanidad. Comunicación de mayor especialización cuando se realiza a través de Ifá, el *oricha* del *babalawo*.

La acción denominada *"bajarle el santo"*, *"subirle el santo"*, *"caer con el santo"* o *"estar montado"*, a la que bajo los efectos de la influencia de los estudiosos en las religiones cada vez más se le denomina *"estar o caer en trance"*, es la circunstancia en la cual el espíritu de una divinidad, de un oricha toma posesión del cuerpo de un asentado y actúa y, durante el tiempo de su permanencia en ese cuerpo-receptáculo, se comporta como si fuere su dueño verdadero.

De ahí que a la persona que es objeto de esa intromisión habitual de un *oricha-santo* se le llama *"caballo o cabeza de santo"*. Aunque también, tratándose de otras afro-religiones, es denominado *yimbi, kambófalo nganga gombe, gando, cabeza de nganga*. Es decir que el oricha entra dentro del sujeto y se posesiona de este, y el hombre o la mujer dejan en ese momento de serlo para manifestarse a través de su cuerpo el oricha. Motivo por el cual la mujer puede manifestarse como hombre o en lo contrario

El *egé* o *ego* de un individuo o quien *"le da santo"*, es sacado por éste fuera de su cuerpo o de su cabeza (*ori*) que es la que manda al cuerpo, En consecuencia, el sujeto queda anulado. Es sustituido entonces por el *oricha*, el *npungú* o el *fumbi*. Prueba de ello es que pierde por entero la conciencia de su personalidad habitual. Es decir *"le roban la cabeza"*.

Existen también los casos donde el espíritu de un *oricha* penetra en un asentado y toma el lugar de su *"yo"* o se entremete en su conducta sin desplazarlo totalmente. A un *"omó-oricha"* le ha bajado su santo y al retirarse declarará que se quedará de o en guardia durante unos días.

En estos casos la persona se hallará perfectamente y en su estado normal, pero de pronto dirá cosas extraordinarias, muy grandiosas y profundas sin saber lo que dice ni por qué las dice. Es el *oricha* o *santo* que se ha quedado en guardia dentro del sujeto, es el *oricha* el que irrumpe a través del sujeto y es el *oricha* el que se expresa, no el sujeto al que vemos.

En las fiestas de estas religiones, en las cuales los tambores ejercen una gran influencia psicológica entre los fieles, en esos escenarios de realización de acciones de gracia como honra a los orichas, ahí es donde más fácil se producen situaciones como las antes descritas. En el rito congo o bantú se canta al *fumbi* para que se marche.

Aquellas personas a quienes Changó monta, casi siempre se suben las faldas a la cabeza. Esa acción la acompañan de gestos un tanto subversivos que tienden a sugerir la virilidad de dicha divinidad, poniendo un gran empeño en dejar aclarado que él, el *oricha*, tiene algo que le falta a su *caballo* (Ekkúa, etié mi okko).

No obstante, la insistencia en la *"oralidad"* de la Regla Ocha-Ifá, se conoce de la existencia en Cuba de manuscritos sagrados. Son las famosas *"libretas de Santería"*. Escritas en libretas escolares, en forma rudimentaria, desde tiempos de la colonia, guardados celosamente por los *"sacerdotes"* de la santería, ahí se recogen las reelaboraciones y adaptaciones hechas en Cuba de la mitología, las leyendas, las comidas, la sabiduría popular, la medicina, los consejos, los dichos populares, los cantos, los rezos, los trabajos religiosos, etc. Es ahí que se ha conservado el devenir de esta religión, desde su procedencia africana hasta la contemporaneidad. Verdaderas fuentes etnológicas, históricas y culturales del tronco africano de la nación cubana.

Los libros sagrados de la religión, las libretas de Santería o *Patakín*, estaría bajo la custodia de los sacerdotes de la Regla de Ocha y serían traspasados y enriquecidos por generaciones. El *Patakín* cubano es la aventura de los dioses yoruba a su entrada y establecimiento en Cuba. Es una colección de las tradiciones yorubas escritas o creadas en Cuba.

Esta mitología y leyendas elaboradas en Cuba por los santeros contienen una gran riqueza imaginativa y belleza literaria. Además de la importancia insoslayable del componente religioso, hay en estas la posibilidad de observarlas, disfrutarlas y estudiarlas como verdaderas piezas de literatura.

Conjuntamente con la tradición oral, en estas se preservarían y codificarían los valores de la religión yoruba, los secretos del oráculo de Ifá, la mitología de las divinidades, las recetas medicinales, la preparación de las comidas, las sentencias y los dichos populares, las costumbres, las modas, los rastros de las lenguas africanas, etc.

Asimismo, la tradición oral, que es una forma de expresión cultural ágrafa del continente africano, se enraizó en la psicología popular del cubano, donde es importante, además de las fuentes documentales, los criterios, los rumores, etc. Existen en el país viejos que son verdaderas bibliotecas vivientes sobre la cultura tradicional popular cubana, de procedencia africana.

Las *"libretas de Santería"* y la tradición oral, han sido trasmitidas por generaciones, de *"padrinos"* santeros a *"ahijados"* santeros. En palabras de Martínez Furé[63], ahí está "todo el conocimiento de los yorubas y su cultura que se resiste a morir". Si los sacerdotes que establecieron y remodelaron la el Culto a los Orichas en Cuba eran descendientes de la nobleza de la nación yoruba de Nigeria, ¿cómo no se resistirían, en su orgullo de nobles, a perder lo propio?, ¿cómo no lo resguardarían?, ¿cómo pensar que no estaban en condiciones de hacer pactos y negociaciones con tal de no perder su cultura?

Las dificultades que en todas sus épocas históricas afrontaría Cuba como un *pueblo nuevo*, llevarían a su población a abrazar los símbolos mágicos que le ayudasen a enfrentar la inseguridad y las contrariedades, la desesperanza y el desespero. Tantos los nacidos de las políticas aplicadas por los gobiernos coloniales como por los diferentes gobiernos republicanos, hasta terminar (¿"*terminar*"? con la ya no tan nueva pero sí cada vez más desgastante y desesperanzadora presión totalitaria castrista. Ha sido así en la Isla y en el exilio. Más recientemente también en su variadísima emigración.

La hipocresía de un cristianismo-católico elitista y parte, formal o no, de la estructura de dominación, que se ha mostrado en la Isla generalmente incapaz de conectar con las necesidades existenciales de las mayorías, generó en todas las épocas históricas sobrevividas en la Isla el desinterés o la pérdida de interés de amplios sectores sociales. Espacios que en gran medida han sido terreno ganando por las afro-religiones, con el atractivo de manifestarse como escenarios de acogida y en pudiera considerarse que siempre transgresores, como entes vivos y que permiten el desenvolvimiento del *ser*.

Las religiones han sido un agente catalizador de frustraciones, de dramas y de traumas. En el caso de las afro-religiones, se han venido comportando también como espacios de realizaciones. Teniendo estas un componente de celebración más explícito, han sido un medio liberador de tensiones. Esto, en la medida en que son religiones auspiciadoras de una sociabilidad más abierta. En estas el espacio de manifestación de lo religioso se ha mostrado con mayor acogida.

Como es ampliamente sabido ahí la interacción con el mundo de lo sagrado, se puede manifestar a través de la danza, el canto y la música, elementos fundamentales para la comunicación en las comunidades africanas y, en general, afro. Es esa una inter-acción comunicativa, entre el mundo de los humanos y el mundo de lo sagrado que funciona como liberadora de tensiones e incluso de frustraciones en cada una de sus posibles manifestaciones, de las más estrictamente psicopatológicas, por ejemplo, a las sexuales, familiares, laborales, etc.

Si se pretende seguir e intentar comprender la gradual composición de la sociedad cubana. Si se pretende observar, penetrar y entender la variedad de sus componentes, los momentos de su incorporación a la nación y los modos de interaccionar entre estos. Así como si lo que se intenta es puntualizar y comprender los acercamientos, las mixturas y los rechazos entre esos componentes, una posibilidad es hacerlo a través de las afro-religiones. Especialmente la Regla Ocha-Ifá es un espacio privilegiado para la realización de esas observaciones y de búsquedas de la posible compresión de un fenómeno en el cual es imposible desconsiderar el componente político.

La gradual apertura y acercamiento de los restantes sectores de la sociedad cubana en formación hacia el mundo de las afro-religiones, y la gradual apertura de las afro-religiones hacia esos otros sectores sociales con los cuales convivía y convive, van conformando el relato etnológico, sociológico y antropológico de la conformación de la sociedad cubana. En un devenir continuo y de actualidad.

En el espacio religioso de las afro-religiones han venido manifestándose las contrariedades que impondría la política al nacimiento de la nacionalidad cubana. Una política hecha en dicotómicos y asimetrías que han sido y son expresiones de relaciones de poder. De la fundación del país, pasando por el extenso período de incubación y gestación de la nación, a su progresivo y sobresaltado proceso de conformación, contenedor de adelantos y retrocesos, las afro-religiones son el crisol de expresiones de resistencia y reacomodo, de conservación y de mutación. Concretándose en estos procesos de continuidades y de discontinuidades socio-culturales que expresan las asimetrías que políticamente se nos impusieran.

El yoruba Culto a los Orichas conoció de la clandestinidad del barracón rural, del solar urbano y de las humildes viviendas de las zonas semiurbanas más insalubres, esas que hoy con todo eufemismo se llaman en Cuba *"diferentemente favorecidas"* y en Brasil *"periféricas"*. En esas condiciones se dio su sobrevivencia. Ahí estuvieron las condicionantes de su devenir en la cubana Regla de Ocha primero, y Regla Ocha-Ifá. Esta última concreta concretada durante la primera parte de la vigésima centuria.

Debería considerarse que pese a constituirse Ifá de un cuerpo filosófico y doctrinal de Ifá extenso y sólido, entre cubanas y cubanos ha trascendido más su sistema oracular. Los motivos pudieran estar en la necesidad de búsquedas prácticas a apremiantes conflictos cotidianos. E, igualmente, en la posible no entrada a la Isla de babalawos poseedores de todo el conocimiento necesario.

368

La necesidad y la urgencia de conciliar elementos afro-religiosos en la conformación de un único sistema pudieron incidir en la prevalencia del medio oracular sobre la filosofía.

Esta última necesita mayor tiempo de dedicación, en una combinación de pacientes estudios con la observación, la reflexión y la creación. Y necesita de una casta dedicada, equivalente a una aristocracia intelectual. Lo cual habría implicado un lujo en una religión de personas marginadas cultural, social, económica y políticamente, y hasta excluidas.

Marginación que no contraría las prácticas de esa religión por parte de personalidades de la nación; y que desenvolvieron sin anuncio oficial, a tenor de la clandestinidad y la utilización que pudieran hacer de esa religión.

Espacios que, en el pasado como en el presente, han sido dejados vacíos por las políticas oficiales, aunados a la imperante pérdida de valores de la desgastante situación actual, pueden también explicar el auge de una religión mucha más práctica como la Regla Ocha-Ifá, en la cual no se juzga y se recibe a todos y todas dándoles procurándoles garantizarles una esperanza y una solución a sus tribulaciones.

Desde el exterior, al intento de comprensión del auge de esta religión entre los cubanos, una de las respuestas ha sido considerar que la población, ante el presente vacío y la necesidad de explicación a la falta de opciones, al vacío, busca y encuentra en esta religión *"un refugio"*.

Se ha entendido entonces la "necesidad de reconciliar el vacío existencia con "con el poder de lo Absoluto" es el origen de ese crecimiento en dirección a la Regla Ocha-Ifá. Eso, ante la imposibilidad de encontrar respuestas o algún otro tipo de asideros en otra religión[64].

La expansión de la santería

Esta es una de las posibles explicaciones. Sin embargo, una multiplicidad de elementos favorece el crecimiento de la feligresía de esta religión. Por lo que cualquier análisis debería ser multi-direccionado en la medida que ese es un fenómeno polisémico por lo multi-factorial; en los cuales lo sociológico, cultural, económico y político se entrelazan formando un todo en el cual tienen espacio además estímulos externos.

En la actualidad, la santería se ha extendido ampliamente en la población blanca cubana, al punto que, en el exilio, el número de santeros blancos es predominante. Y en la Isla hoy es imposible, con afán discriminador, acudir a la esquemática subvaloración del pasado, cuando se aseveraba que esta una "religión de negros, brutos y lujuriosos". Como en el escenario isleño, la Santería en el exilio se ha estado "acomodando" a una nueva situación y está sufriendo un proceso de más o menos lenta reforma interna. Lo que antes sucediera en Cuba respecto a África. Procesos estos en los que esa religión exhibe una ductilidad que demuestra su capacidad de adaptación.

Procesos esos que añaden a su importancia los intercambios entre la Isla y el exilio, en un *toma y daca* que todavía es temprano para ofrecer pronósticos de hacia dónde conducirán. Expresiones de resistencia que no se produjeron en la Isla se han dado en el exilio, fundamentalmente en su espacio físico de mayor concentración, es decir en Miami.

Allí surgió el primer templo al cual pudiera equiparse en importancia dentro del imaginario colectivo, con una iglesia cristiana. Equiparación que corresponde a un símil desafortunado, pero atendiendo al poder de unas prevalecientes categorías socio-religiosas impuestas por el colonialismo del conocimiento, sirve para comunicar.

Es del exilio la creación de las *"botánicas"*, uno de los elementos nuevos en el panorama de la Santería. En ese escenario, donde se pueden adquirir los objetos de la religión, yerbas, símbolos, libros, etc.

Ahí, donde además de comprar enseres se pueden realizar "consultas" religiosas, ha venido irrumpiendo la presencia de elementos étnicos que es temprano para considerar como nuevos ingredientes de la nacionalidad, mas cuya presencia no debería ser desdeñada en las observaciones y análisis de la cultura nacional. Digamos que el paisaje de las botánicas es ideal para la contemplación de otra realidad cubana.

Ahí observamos que la cultura se nos ha ido manifestando permeable a la presencia de determinados elementos con anterioridades no afines a nuestra vida cultural-religiosa, como el Tarot ruso y la wicca o bruja inglesa. Ahí se perciben claros indicios de tras-nacionalización religiosa, con un panorama que puede que se refuerce con la presencia cada vez mayor de americanos y caribeños de otras naciones.

Puede que, de ahí, con la tendencia sostenida al intercambio personal cada vez mayor entre la sociedad cubana de la Isla y los emigrantes, nos llegará a la Isla la nueva presencia de las botánicas y el ansia de acceder a la tecnología en función de su uso en la religión. Pues internet, con la consulta al oráculo vía *Skype*, entre otras cosas, es realidad entre los cubanos de la emigración asentados en escenarios de libertades.

Influencia que ha marcado asimismo la escenografía de la Regla Ocha-Ifá. Es así con la exuberancia del decorado como con la presencia de toda una casta que, no siempre haciendo parte de los seguidores del credo mas sí con los recursos materiales, al cobro de divisas por su trabajo acuden al llamado de quienes quieran y, en ese sentido (no necesariamente desde la fe religiosa) puedan dar lo mejor a sus orichas.

Esa variedad en los escenarios de contextualización de la Regla Ocha-Ifá, y los intercambios entre las partes asentadas en uno u otro lugar, se significan igualmente en la esfera teológica y, por supuesto, del culto propiamente dicho. Por ejemplo, otra característica de la Santería del exilio es que los orichas más venerados no son precisamente los más venerados en la Isla.

Pero el exilio además de un nuevo y diferenciado espacio de realización sociológica, económica, política y cultural, además de la posibilidad de ir incorporando elementos de otras culturas y de la posibilidad de la selección de aquellos a los cuales asirse de la cultura propia, en su clima de aperturas legales ofrece la viabilidad de abrirse de vuelta a las raíces, pudiendo viajar literalmente a África.

Eso, si bien es cierto que el viaje a las raíces es simbólico; no se llega al África ancestral. Se va, en psicológica necesidad de retorno, al Continente actual, con sus mixturas de modernidad y de tradiciones que, a su vez, han ido variando quizás hasta lograrse mutantes transformaciones. Y ello también ha influenciado en las afirmaciones y reafirmaciones, en las discontinuidades y en los procesos de renovación cultural-religiosa de la comunidad afro-religiosa del exilio. Y asimismo eso ha venido marcando los procesos de relacionamientos de la

371

comunidad afro-religiosa de la Isla con sus miembros del exilio y de la amplia cubana.

La existencia de estos procesos de transnacionalización afro-religiosa, aquí presentados brevemente y sólo a través de la Regla Ocha-Ifá, incidiendo en la renovación y modernización de esta, no deberían inclinar a pensar en la inexistencia de una presencia afro fuerte y resistente dentro de la cultura cubana actual. Las ansias *blanqueadoras* e *hispanizadoras* del sector blanco colonialista, metropolitano o castrista, nunca han cuajado en la sociedad cubana. Razón por la cual las culturas de orígenes africanos en Cuba aún mantienen sus identidades.

Así es, por supuesto, con la cultura yoruba, a pesar de los cambios que han tenido lugar con el paso del tiempo. Cambios suscitados en tierras yorubas y cubanas.

La esencia y liturgia del culto yoruba, es decir, de la Regla Ocha-Ifá, se mantiene igual que en Nigeria. De acuerdo con declaraciones del Oní de Ifé en su visita a Cuba[65]: "Hemos podido encontrar identidad de principio a fin. No hay dudas de que el pueblo cubano es un resultado de la cultura yoruba y la forma en que se vive y se practica a. C., es igual a la de allá".

Es también el sentir de muchos babalawos yorubas que han ido a la Isla o han estado en contacto con la Regla Ocha-Ifá en alguna otra parte del mundo. No obstante, no es un criterio absoluto. En Miami puede percibirse la presencia de babalawos africanos que tienen criterio diametralmente opuesto, considerando que la diáspora yoruba en la Isla distorsionó su religión. Criterio que, con argumentos anclados en las relaciones de poder, es similar al sostenido por algunos babalawos cubanos.

La identidad es, ante todo, un sentimiento, que se fundamenta en elementos concretos. En el complejo que constituye la identidad cultural, coincide en el destaque de la lengua, la religión y la conciencia de destino común como los fundamentales, señalándose a los dos primeros como los más estables. La inexistencia en la Isla de categorías de la estructura de Ifá, como la Iyaonifá, no indica debilitamiento o inexistencia de identidad yoruba. Son muestras, sí, de la necesaria readaptación de esa religión en el nuevo escenario de inserción.

En Cuba esta no era una religión del poder, sino de los esclavizados. No era la religión dominante, sino de uno entre los muchos grupos étnicos esclavizados. Y llega como la religión de un grupo que, forzosamente, era sometido a la convivencia con otros grupos étnicos y etnias que estaban social, cultural, política y económicamente en la misma situación que ellos. En consecuencia, los portadores del Culto a los Orichas descubren en tierra cubana su urgente necesidad de aliados. Y ello pasaba por el reacomodo religioso.

De ahí el surgimiento de la nueva religión, fruto del sincretismo afro-religioso intra-africano y de la apariencia de sincretismo primero e incorporación después, con elementos del cristianismo-católico-hispano y del espiritismo y de algunos elementos de la cultura china y autóctona. Mas lo fundamental es que, en ese reacomodo, la esencia se mantuvo yoruba. Los cantos y danzas, tanto como la intimidad del *igbodu* (cuarto de oricha o de santo), son muestras por excelencia de la vitalidad de las esencias yorubas de la Regla Ocha-Ifá.

Y de eso se trata, de la esencia y no tanto de la forma. Porque es el *igbodu* el escenario donde tienen lugar las consagraciones e iniciaciones en esta religión. Por eso tiene sentido la exaltación de lo *"yoruba cubano"*. Es de eso que se trata cuando algún afro-religioso de la Isla se define como "un yoruba cubano". Algo en lo cual insisten los babalawos de la Comisión Organizadora de la Letra del Año de 10 de octubre. En lo que coincide actualmente los babalawos que se declaran independientes como los oficiales y los oficialistas.

En lo que difieren estudiosos según sus tendencias y, muchas veces, según sus posicionamientos políticos. Con una explícita inclinación de los oficialistas a imponer el criterio de la *"profunda sincretización"*, lo cual revela persistencia en el blanqueamiento de lo afro-cubano, de lo cubano en última o en primera instancia. Un posicionamiento ideológico contradictorio. A la par que reconoce la profunda influencia de lo afro en la sociedad cubana en general, se muestra *"revolucionariamente"* heredero de la más cruda antropología física.

El panteón Yoruba

Los Orichas

Las divinidades africanas, en especial las yorubas, son generalmente las resultantes de las vidas de personajes históricos. Es decir, tuvieron vida carnal, temporal, humana. En esas vidas fueron monarcas, notables y guerreros. Todos mostraron capacidades excepcionales y fueron fundidos con los antepasados y los centros de civilización.

Con el tiempo, y tras la realización en vida de obras significativas y trascendentales para sus pueblos, adquirieron por medio de la legitimación que tras sus muertes estos les concedieron, carácter de divinidades o se fundieron con otras divinidades ya existentes.

Esas divinidades, como antropomórficas que son, poseen cualidades positivas a la vez que disponen de poderes que pueden resultar perjudiciales. Los orichas personifican las fuerzas de la naturaleza.

Por eso ellos y ellas no son adorados a través de imágenes sino en la naturaleza misma, haciéndose presentes en el aire y en las aguas, en el trueno o en el rayo, en la tierra y en la montaña, en la vegetación y en los metales por igual.

Sus atributos como las piedras consagradas en que se les representan, en armonía con el origen de esas divinidades, son guardados en cacerolas de hierro, de barro, de madera o de porcelana, las que son objetos de atención por el creyente. Porcelana que, tal cual se mencionara antes, fue de incorporación tardía, y corresponde a la presencia de los afro-religiosos en las Américas y a su vínculo con las culturas europeas y las de estas procedentes.

En las casas-templos de sus omós, los orichas *"viven"* en vasijas ornamentadas y tapadas (soperas), cada una con el color o colores correspondientes al oricha el que se trate. El o la oricha se halla representado en los objetos secretos guardados dentro de la sopera, o recipiene, los cuales no pueden ser tocados o vistos por personas *"profanas"* ni por una mujer menstruando.

Así como sus colores, cada oricha tiene collares, pulseras, otros accesorios que para los desconocedores resultan *"accesorios"* bonitos o no, atractivos o repelentes. Asimismo, cada oricha tienen sus frutas, plantas, animales favoritos y, en general, sus alimentos favoritos.

Como humanos que fueron y sobrehumanos en que devinieron, es posible asociar a los orichas atributos como la inteligencia a Obatalá, el conocimiento y la sabiduría a Orula, las habilidades para el amor, el gusto por lo bello y el sacrificio por aquellos a quienes ama a Ochún y el amor sacrificado hasta la automutilación a Obbá. Lo mismo que la torpeza y la rudeza aun amando a Oggún y la alegría fiestera hasta la irresponsabilidad pese a su fuerza, valentía, intuición y espíritu justiciero a Changó.

La osadía para reiniciar el camino y triunfar ayudando a aquellos entre los más necesitados, es decir, a los enfermos y desvalidos, corresponde a Babalú Ayé. Y a Elegguá, la capacidad de hacer justicia siempre alegre, abriendo o cerrando los caminos, con lo cual ayuda o entorpece en las humanas realizaciones.

Las vidas de los orichas van entrelazadas con los estadíos de desenvolvimiento por los cuales iban pasando las sociedades africanas. Por eso van asociadas con el nacimiento del dinero, como Ochún. O quedan ligadas al descubrimiento y uso de los metales como Oggún con el hierro. Sus vidas explican el origen del mundo y del orden en este.

De tal forma el Oricha Yemayá es reconocida como *"madre universal"*, porque en ella se encuentra el origen de todo lo que existe en la Tierra y se dice que de su vientre nacieron todos los orichas. Motivo por el cual se le identifica con el útero, pues a cada oricha corresponde también una parte del cuerpo humano.

La correspondencia en extensión simbólica de los orichas con los elementos de la naturaleza, permite el establecimiento de vínculos entre estas divinidades, sus intenciones y sus deseos, con manifestaciones de la naturaleza. Con lo cual una vía de acceso a los y las orichas es la propia naturaleza. Es ese su espacio de culto por excelencia, es su templo.

En la palma es posible reverencial a Changó. Esa es su casa, según algunos. Según otros él es la ceiba; acorde con algunos santeros *iroko* es la morada de Obatalá. Estas asociaciones tienen origen en que la ceiba, *iroko* (*"árbol casa de Dios"*) es morada de los *eggunes* (espíritus) y todos los orichas. Por eso a sus pies se encuentran tantas ofrendas[1].

Siguiendo el camino de la asociación entre la naturaleza y los orichas, no hay nada de raro en que el momento de la consagración en el cual el nuevo *iyawó* es llevado al río, este sienta en su ser la presencia de una fuerza especial, antes no conocida, sobrenatural y sobrecogedora.

Similar ocurre cuando, a la orilla de un mar tranquilo y sin olas, en comunicación mental con la oricha Yemayá o llevándole una ofrenda, aparece una ola que literalmente baña al religioso. En ese caso, ahí está la divinidad haciéndose presente, aprobando y recibiendo la ofrenda. Quizás comunicándose con algún otro mensaje.

La práctica de la santería

La semana de los yorubas estaba compuesta por cinco días, correspondiente al tiempo que tomó a Olorún hacer la tierra, 4 días de trabajo y uno de descanso. El lunes correspondía a Orúnmila y a Elegguá, el martes a Oggún, el miércoles a Changó, el jueves a Obatalá y el viernes se dedicaba a todos los orichas. En Cuba, esto se tuvo que adaptar. Ahí los yorubas esclavizados agregaron dos santos más a los dos días de más que tenía ahora la semana. Entonces, el sábado fue dedicado a Yemayá y Ochún, y el domingo se le concedió a Olodumare.

En la actualidad, según algunos de los religiosos consultados para este ensayo, el lunes es el día de Elegguá, Ochosi y Okó. El martes de Oggún, por lo que se considera a este el "día de guerrear". El miércoles de Changó, por lo tanto, es día para la guerra y para la justicia. El jueves es de Olofi y

Obatalá, por lo que se considera un día para reunirse los reyes, y muchos asocian este día con el cristiano Santísimo. El viernes es el día para pagar los castigos, pues el día de las orichas "muerteras", Obbá, Yewá y Oyá. El sábado es el día de Ochún, se dice que ideal para el amor. Y el domingo es el día para la realización de acuerdos y solicitudes, pues corresponde a los dominios de Olorun y de Yemayá.

Sin embargo, otros santeros están en desacuerdo y tienen otras asociaciones entre días y orichas.

Confusiones que derivan de la necesidad de una reorganización del calendario para readaptarse a la situación nueva, del nuevo espacio, y ahí realizarse como ser religioso. Esa es una de las discontinuidades que quizás menos se ha tenido en cuenta en el estudio de la Regla Ocha-Ifá.

Algo que puede deberse a no ser esta característica de las que despiertan la atención de los desconocedores de una religión, de la cual socialmente importa más su parte artística y su practicidad. Expresada esa practicidad en su contribución a la estabilidad psíquica y emocional por cuanto ayuda en la resolución de problemas vitales.

Sin embargo, esa es una discontinuidad directamente relacionada con los ciclos productivos en ambas sociedades. Y con la colocación de los cultores de esta religión en sus sociedades de origen y en la de imposición, con ciclos productivos diferenciados.

Al igual que el panteón griego, las divinidades yorubas están interrelacionadas con una profusión de leyendas, donde la mitología y la realidad forman un todo inseparable. Leyendas en las cuales las divinidades ejercen influencia directa en la vida de los seres humanos y sus hechos. Y, como han señalado tantos estudiosos, esos flujos y reflujos entre orichas y humanos conducen al punto de fundirse y confundirse sus personalidades.

Parece bien claro a estas alturas que la Regla de Ocha es una religión monoteísta. Se cree en un Dios superior, abstracto, y no en una multiplicidad de dioses como desde la ignorancia respecto a las culturas africanas y afro-americanas se había pensado. Lo que todavía no está claro es si ese Dios es o no una Trinidad, como el Dios cristiano.

Están los que consideran que es un error apuntar al Dios santero como un trino. Son enfáticos en considerar que es uno sólo con diferentes nombres, pero para otros se trata de una Trinidad de espíritus poderosos; tres personalidades en un solo *ser* omnisciente, a quienes se llama Olodumare Enzame, Olofi Mbere y Baba Nkawa.

Olodumare y Obatalá

La deidad suprema y creadora es Olodumare, también conocido como Olofi, quien sintetiza una forma de monoteísmo. Tras crear Dios al mundo en una jícara, en su naturaleza de Olofi se retiró de la acción universal y resultó desde ese momento en una conceptualización: "En virtud de su jerarquía, Olofi no participa directamente en las cuestiones de la vida cotidiana de sus acólitos: para ello están los santos quienes tienen una relación muy estrecha con sus hijos[2].

Después de crearse el mundo, Dios ordenó a su naturaleza en Olodumare para que se hiciera cargo de la tierra. Este a su vez mandó a dos Obatalá para que hicieran raza en el planeta. Estos primeros Obatalá fueron Odudúa e Iyennú. Ambos crearon a dieciséis Obatalá más, que son sus hijos, y a estos repartieron poderes y lugares donde reinar en la Tierra, en acción de influir sobre la vida y la muerte.

Olodumare, entre los yorubas equivaldría al Júpiter romano, el "señor de los cielos" o "padre de la luz", y al Zeus griego. A los tres, en sus culturas, correspondió la paternidad de las divinidades y de la humanidad. A este no se le dedican símbolos o cultos y los fieles no pueden comunicarse con él directamente, sino mediante los orichas. Eso fue algo que quedó claro desde las investigaciones de Fernando Ortiz.

Entonces, llamando "brujos" a los practicantes de la Regla Ocha-Ifá, describió: "los brujos reconocen un dios superior (Olorun), sin culto; tres categorías de divinidades inferiores. La primera es una trinidad compuesta por Obatalá, Changó e Ifá; en la segunda entran los demás dioses antropomorfos, y en la tercera los numerosos fetiches innominados, en cuya categoría pueden incluirse los dobles de los muertos[3].

Existe una gran confusión en la diáspora de afro-América sobre Eshu, el cual entre los yorubas es un Dios al mismo nivel de Olodumare, la contraparte de todo lo creado por Olodumare; la diferencia entre ambos estriba en que Olodumare fue el creador de todo, incluido a los Orichas, y Eshu sólo oficia el daño pluralizado para doblegar a las personas y que lo reconozcan como un Dios. Eshu no es controlado por ningún oricha y sólo Orúnmila, a través de sus babalawos, tiene la capacidad de apaciguarlo. Por tal, es un error de hacer fundamento de Eshu en humano.

La mitología africana que una vez terminada la gran tarea de hacer el Universo, el Padre Eterno, antes de retirarse al cielo, repartió el mundo entre sus hijos y cada uno recibió de sus manos lo que hoy le pertenece: Olokún el mar, Agayú las sabanas, Oké las montañas, las lomas o cualquier elevación de tierra; Orishaokó la tierra, los campos y sembrados; Oggún y Ochosi los metales y el monte, los animales de la selva, etc. Osain recibió el *"Secreto de Ewé"*, es decir, el conocimiento de las plantas.

Oggún, Ochosi, los Ikús y Osain son muy unidos. Todos ellos son la mano derecha del *Awó*, y Osain su secreto más grande y profundo.

Si una pirámide describiera la jerarquía de los orichas, a Obatalá le correspondería estar casi en la cúspide, pues se coloca inmediatamente detrás de Dios. Obatalá es el oricha supremo pues fue *el creador* de la tierra, de los restantes orichas y de los seres humanos. De Olodumare recibió ciertas de sus cualidades espirituales y poderes, lo que le permitió fungir como creador, pues las por él recibidas eran atributos que pertenecían al propio Olodumare.

Esta es una divinidad andrógina, con un principio femenino donde amamanta a un niño. Por su carácter, andrógino, contenedor de los dos sexos, Obatalá simboliza las fuerzas creadoras de la naturaleza. Y también eso justifica que sea "el creador".

Como Jehová, Obatalá creó del barro a los humanos. En ocasiones se identifica a este oricha con Cristo y con María, la madre de Jesús. También se le identifica como el Santísimo Sacramento, por eso la presencia de tantos practicantes de la

Regla Ocha-Ifá, los jueves, día cristiano-católico dedicado al Santísimo, en las Iglesias católicas.

Al oricha Obatalá se le identifica también con la paz y la armonía. Él, que recibió el poder de aplacar los malos pensamientos, toma control del orí de cualquier humano cuando sus orichas tutelares no lo consiguen. Y es muy importante que represente la capacidad para renovarse. Su número es el 8 y sus múltiplos, por eso el día católico dedicado a la Virgen de las Mercedes, el 24, también se le atribuye al oricha, que sincretiza con esta divinidad cristiana. Como emblema de la pureza que esta divinidad, su color es el blanco, que es también el que deben utilizar en sus ropas y todos sus utensilios, durante un año, quienes acaben de pasar por la consagración en esta religión, o sea, el o la *iyawó*.

Changó

Changó es oricha guerrero y amante, notorio por su violencia y por su exuberante virilidad. A él pertenecen los tambores batá, el fuego y los truenos, la música y el baile. Simboliza el coraje, la bravura y la hombría. Muchos dicen que también es símbolo de la belleza masculina. En Brasil, esta deidad tiene las mismas funciones que en Cuba, pero está identificado en el panteón cristiano con San Jerónimo, mientras que en Cuba su sincretismo es con Santa Bárbara.

Ante la igualdad de funciones de Changó y de Santa Bárbara se hizo caso omiso de la diferencia de sexo. Changó vive en cazuela de madera, con collares de cuentas blancas y rojas, en secuencia de seis, pues es ese el número que le corresponde, lo mismo que el color rojo.

En la historia yoruba Changó era un monarca con rasgos despóticos, que se destacó por su alegría y por sus gestas guerreras. En Cuba, es el oricha protector de los artilleros y de los mineros, con el cual se identifican los militares. Posiblemente asociada a su majestuosidad y gallardía esté la representación que en ocasiones representación de él montando en un caballo[4].

Aunque Changó reina su fama de mujeriego, están quienes le caracterizan como fiel a sus mujeres; guarda relación con el temible Zeus griego y su representación católica es Santa Bárbara, la patrona de los cañones y la pólvora en los barcos de guerra de la armada española. El oricha es llamado también Jakuta (arrojador de piedras) puesto que desde el cielo lanza meteoritos, la famosa "piedra del rayo" conservada y venerada por los santeros.

Cuenta la leyenda que Changó vive en un palacio con puertas de bronce y con miles de caballos. El caballo es un animal sagrado entre los yorubas y Changó es un oricha muy popular entre los yorubas de Nigeria y del Dahomey.

Se estima que Changó fue el primer adivino. Y se dice que era suyo el "Tablero de Adivinar" o "Tablero de Ifá", el *Okpó Ifá* o *Fate* que originalmente fue de Obatalá "el Creador", y que actualmente pertenece a Orúnmila, el Ifá adivino por antonomasia. La propia mitología cita que Changó le cedió a Orula el privilegio de adivinar con *Ékuele*, a cambio del aché o gracia que Orula, no obstante ser anciano, tenía, y por lo cual despertaba una mayor admiración en el baile, eso, en contraste con Changó que era joven, simpático y gallardo.

Un intercambio interesante y que va de la mano de la lógica humana. A la juventud se asocia la alegría y la energía para la danza y la música, la irresponsabilidad y la dejadez de lo fundamental. A la ancianidad se asocian el conocimiento y la sabiduría. En esa lógica actúa el pedido de Changó a Obatalá y el intercambio de poderes entre ambos.

La mujer y la santería

Sin dudas, las tradiciones religiosas de origen africano transculturadas a Cuba son de amplio corte patriarcal, aunque incluyendo todavía rasgos y elementos de una antigua tradición idolátrica femenina. El carácter natural de las economías africanas y el hecho de que aún la mayoría de sus sociedades mantenía la descendencia por vía uterina, llevó a que en sus cuerpos religiosos tuvieran fuerza cardinal las divinidades femeninas. Por eso las orichas comparten espacios de poder con los orichas.

Ellas no son subordinadas, sino que se complementan. Si Obatalá creó a la tierra y a los humanos, del vientre de Yemayá nacieron los peces, los otros orichas y cuanto habita en mares y tierra. Si es de Orula el dominio del conocimiento y de la sabiduría, corresponde a Ochún su repartición.

Curiosamente, tanto para el ibérico como para el africano la influencia femenina de la madre es vital. A ella se le tiene como el centro de la familia. Eso sería asimilado en la cultura cubana, donde se rinde veneración a la figura materna al punto que su ofensa puede desencadenar la violencia, incluso llegar a hechos de sangre. Asimismo, llama la atención la fuerza de las divinidades femeninas en su panteón.

Pero nada de lo expuesto indica que estemos ante un cuerpo religioso no patriarcal. Sólo que el patriarcado lo expresa con sus particularidades. A diferencia del cristianismo, en las religiones de origen africano las mujeres pueden ser sacerdotisas. Ello representa sin dudas un rasgo que la conecta con sus raíces egipcias y mesorientales.

En Cuba, pese a la abundancia de mujeres en ese pueblo religioso, y a la fortaleza del sacerdocio femenino, quienes ostentan los grados superiores en esa jerarquía, los de *babalawo*, *obbá* y *oriaté*, son hombres.

Es que el patriarcado africano en la Isla adquirió otras connotaciones. En contacto con la cultura ibérica, y en condiciones de depreciación de su vida hasta la categoría de objeto, el ser africano reaccionó de diversos modos, mas siempre afectándose la totalidad de su *ser*.

Despojado de prácticamente todo, y limitadas casi al extremo sus posibilidades de hacer o de rehacer familia en las nuevas, ominosas e infernales condiciones, el hombre africano y después afrocubano sufrió un debilitamiento emocional cuya traducción puede habernos perdurado en forma de irresponsabilidad.

Él no era dueño de sí ni responsable por su familia, pues no se le reconocía el derecho a tener una, a ser protagonista de ese elemental espacio de institucionalidad social.

A las familias creadas pese a su realidad, no estaban esos hombres en capacidad de otorgarles dignidad en el vivir ni protección. No podría exigir para él ni para ellos respeto. Su compañera podría ser violentada en todos los sentidos, incluido sexualmente, por sus dueños. El núcleo ser disuelto, se ha repetido que cada miembro de la familia podría ser vendido a dueños diferentes.

Ante ello la mujer, si no se suicidó, de diferentes modos generalmente creció. El hombre generalmente no; él se transformó en un escapista. Ambos quedaron lacerados, lo cual se percibe hasta hoy.

Y eso, como la paridad entre hombres y mujeres en muchos aspectos en su lejana tierra de origen, se reflejó en la transformación del africano Culto a los Orichas en Regla Ocha-Ifá. Aquí las mujeres fueron determinantes en la conformación de las ramas religiosas.

Aquí las mujeres ostentaron, excepto la de babalawo, las más altas categorías dentro de la jerarquía. Y así fue, curiosamente, hasta los años 1960, ya con una transformación "socialista" de la sociedad cubana.

Pudiéramos preguntarnos a qué obedeció ese proceso. ¿Fue natural o indirectamente impuesto?

¿Cómo es posible que en la sociedad regida por un discurso político de "igualdad entre hombres y mujeres" estas perdieran protagonismo en una religión en la cual habían sido fundadoras y de la cual habían sido sostenedoras casi con tanto protagonismo como los hombres?

Téngase en cuenta que el protagonismo femenino tenía más posibilidades de realización y de visibilidad en tanto es reciente la proliferación de babalawos. Así, mujeres como iyalochas y hombres como babalochas eran las referencias fundamentales en la visibilidad de una religión que nuevamente fue forzada a la clandestinidad.

Como iyalochas y babalochas mujeres y hombres fundaban familias, en este caso religioso, y ambos, así, se semejaban en la capacidad de procrear por el parto.

Ambos *parían*, metafóricamente, hijas e hijos "de oricha" o "de santo". Ambos adquirían la responsabilidad de nutrirles espiritualmente, de velar por ellos, de educarles, instruirles y fortalecerles, es decir, de acompañarles en sus nuevas vidas dictadas por los designios divinos.

384

Es ese un proceso en el cual tiene expresión, humanamente, la paridad de los sexos de los y las orichas.

En el caso específico de la trilogía femenina de la santería cubana Yemayá, Ochún y Oyá, destacan sus características de mujeres fuertes y poderosas, capaces de acompañar al hombre, pero emblemáticas especialmente por ser ellas mismas protagonistas.

Los potenciales de ellas, muy afines con las necesidades que tenían sus cultores en la nueva sociedad, pudieron contribuir a su permanencia y relevancia dentro del panteón de la santería cubana.

Yemayá

Yemayá simboliza la fertilidad, la maternidad universal y es la dueña de las aguas salobres. Es una deidad fuerte, poderosa y de gran seriedad. Se muestra en imágenes con una piel intensamente negra. Según la mitología ella es, ya se señaló, la madre de otros 16 orichas y fue quien trajo a Ochún desde la distante África, haciéndolo a través de los mares. Siguiendo con la mitología, después de que Olofi creó a Obatalá y Odudúa, Yemayá parió de su vientre marino al resto de las divinidades.

En Cuba, Yemayá está identificada con La Virgen de Regla, la patrona de la bahía de La Habana, mientras que en Brasil se le identifica con nuestra señora de Las Mercedes y el Rosario. Sus adoradores quedan arrobados cuando bajo la luna menguante se les aparece una bella mujer desnuda a la orilla del mar.

A ella le solicitan todas las bendiciones y evitan despertar su ira, pues tiene un poder y una identidad tan soberbia y grandiosa que, si no se le reconoce y no se le reverencia con una visita al mar, puede maldecir y suceden entonces los mayores tormentos.

Su color, como el del mar, es el azul. Y su número es el siete. Pero es la madre ordenadora que viaja en el céfiro y se adentra en la tierra. Es la reina-madre que espera a sus adoradores a la orilla del mar. Extremadamente fuerte, ella se atreve a enfurecerse ante el mismísimo Dios, y es que entre otras cosas ella, por ser "madre agua", recibió el poder de permitir o de negar la vida. Yemayá es la Reina de todas las fiestas que anima el tambor. Es la emperatriz de la alegría y dueña de todos los secretos de la magia que obtuvo del Dios que juzga a los orichas.

Ella, que ama a sus hijas e hijos divinos, tiene sus predilecciones por Ochún, Changó y los Ibeyis. Con ella es mansa, comprensiva por excelencia, a ellos les protege y anima como a ningún otro.

Ochún

Ochún, también oricha femenina, es una mulata de impresionante belleza y sensualidad. Danzarina incansable y de una cadencia rítmica inimitable, cuyos ritos, cantos y bailes resultan los más llamativos. Es la divinidad de los metales amarillos y del ámbar. Es la sacerdotisa del amor, de la belleza y de las aguas dulces. Es así en Cuba como en Brasil. Y hay algo primordial en su currículo: ella es la mensajera de Olofi, el Dios supremo[6].

A ella, de quien se dice es la sublimación de la gracia y la elegancia femenina, se le relaciona con las joyas y en general con todos los adornos corporales. Además, se le relaciona con el dinero. Igualmente, se le asocia con los dulces y con las bebidas consideradas exquisitas, como el champán.

Ochún responde, protege, cura o castiga a través del agua dulce. Aunque es Yemayá la madre universal, a Ochún corresponde el cuidado de las gestantes, las parturientas y de los niños. Su alegría y delicadeza contrasta con su severidad interior; se dice que mientras ríe y baila, ella sufre por dentro, pero es suficientemente fuerte como para no exteriorizarlo.

Los religiosos se preocupan cuando ella ríe eufórica, pues se dice que así será de implacable en su castigo. Su adoración, independientemente de la expresión cultural, se ha manifestado en todos los pueblos desde la más remota antigüedad hasta hoy, ya que el agua es el primer elemento relacionado a los milagros y hechos sobrenaturales. Su culto, junto al de Yemayá, Changó y Babalú Ayé, es una de las expresiones más auténticas, extendidas e importantes de la Isla de Cuba.

Es fundamental en su vida la relación con Orula, el poseedor de la sabiduría, de quien dicen unos que fue *apetebí* ("esposa" de Orula) y otros que realmente llegó a ser *Iyá Oní Ifá*. Porque, aunque comúnmente se subrayen en Ochún su alegría exterior y su interior, su sensualidad y gracia, su capacidad protectora y su relación con la riqueza material, Ochún se relaciona con el conocimiento y con la sabiduría.

Algo en lo cual encontramos su relación con Obatalá, relación también inexacta. Pues unos afirman que fue su padre y otros que fue su esposo. Mas lo cierto es que él fue el creador de las cabezas. Con todo, sí queda registrada la relación de Ochún con ambos orichas.

Como expresión de la sensibilidad y sabiduría, pudiera ser calificada de abogada. Esos atributos le valieron para su cercanía a Olofi y para realizar intervenciones directas ante él con el propósito de salvar al mundo del diluvio enviado por Olokun. Fue también Ochún quien intervino ante Dios para conseguir la participación de las orichas femeninas en el consejo de los orichas. He ahí que pudiera asociarse a un cierto feminismo en su expresión afro.

Identificada como la "reina" o "dueña del oro", es fuerte y sensible por igual. Es expresión por excelencia de generosidad llevada hasta el altruismo. Motivo este por el cual conoció la riqueza, la pobreza y fue premiada nuevamente por las divinidades con la riqueza. De ahí el consejo que estos le dieran de controlar el impulso de repartir cuanto tuviera.

La oricha del amor y de la elegancia, bailando, tal vez para alegrar a la humanidad mientras ella misma olvida sus penas, sabe esperar. Mas no por ello transige en su propósito. Ella es mujer firme y de estrategias. Por eso se le reconocen actitudes para la diplomacia. Es que ella sabe escuchar, no duda para a los mayores y a los más sabios, pero encuentra y tiene argumentos para sólo cede en lo que debe. Asociada a una profunda espiritualidad, muchas de las que han sido o son las más reconocidas iyalochas tienen a Ochún como su Iyá.

Según Pierre Fatumbí Verger[7], Ochún en una de sus manifestaciones, como Ochún Osogbo, "tiene orejas grandes para oír mejor los pedidos" de los fieles, y tiene "grandes, para verlo todo". Asegura el etnólogo franco-brasileño que la oricha "carga una espada para defender a su pueblo".

A ella se le sincretiza con la Virgen de la Caridad del Cobre, Patrona nacional de Cuba. Su color es el amarillo y su número el cinco y sus múltiplos. En Cuba, donde tantas mujeres y hombres presumen de ser protegidos de esta oricha, es común encontrar a mujeres, hombres y niños vestidos con ropas de ese color.

En Brasil es sincretizada con varias Santas y Vírgenes. Por ejemplo, con Nuestra Señora de las Candelarias y Nuestra Señora de los Placeres. En el Sur del país tiende a identificársele con Nuestra Señora de la Concepción. En las regiones Centro-Oeste e Sudeste con Nuestra Señora (pudiera ser alusión directa a la Virgen María) y con Nuestra Señora de Aparecida, Patrona nacional de Brasil.

Oyá

La otra deidad femenina de las religiones afrocubanas es Oyá, también conocida como *Yansá*, y de quien se dice es la "dueña de la oscuridad". Se dice que es una reencarnación de los antepasados. Ella sincretiza en el catolicismo con la Virgen de la Candelaria, con Santa Teresita del Niño Jesús, así como con Nuestra Señora de Monserrate. Pero en Brasil, especialmente en El Salvador, ella es sincretizada con Santa Bárbara, y allí es la madrina del Cuerpo de Bomberos e Patrona de los mercados.

Vinculada al aire y a los espíritus, es fácil identificar en ella un temperamento fuerte hasta la agresividad. Su danza es una de las más bellas de la cultura Yoruba, con movimientos que no dejan espacio para dudar respecto a su fuerza. Es la oricha de los vientos y remolinos, emperatriz, junto con Changó, del secreto del fuego, los rayos y la guerra y dueña de la llave que da acceso a la muerte. Razón por la cual ella domina en el cementerio.

Oyá es guerrera. Para el combate lleva dos espadas, de las cuales despide rayos y fuego, tormentas y vientos. Es su ira tan temible como la de Changó o la de Oggún. Al primero de estos, de quien fue esposa, la oricha le salvó de morir a manos de sus enemigos.

Oyá jamás pierde una guerra, con lo cual garantiza una victoria total, para quien tiene enemigos y debe combatir. En tal caso, si domina los secretos de Oyá, será esta divinidad el "cabo del hacha" donde se inscribe el nombre del vencido.

Oyá es reina entre los orichas reyes y recibe el respeto de todos ellos, que se inclinan ante su andar soberbio y su excelsa dignidad, que algunos confunden con señoril. Su manifestación en los vientos y relámpagos la asocia a Changó, el rey de los truenos. Ella, que era esposa de Oggún, sucumbió a la magia de Changó, quien debió entablar una violenta batalla con Oggún para llevársela.

Afrodita, silueta de ilusiones y orgullosa cual mujer que conoce su fuerza y sus encantos, eso es Oyá para sus adoradores. Hermosa divinidad de negrísima cabellera hasta el suelo, de formas esculturales hasta lo sublime, y ojos que adquieren el color cambiante de sus estados emotivos.

Oyá es influyente entre todos los orichas, pues domina los cuatro puntos cardinales; y lo ejerce junto a Obatalá, Elegguá y Orula. Con ello, ejerce poder sobre el destino y lo ejecuta con decisión sobre la vida y la muerte, sólo enfrentando el veto de Yemayá, a quien obedece y respeta. Oyá es también dueña de los mercados y del intercambio, por lo que debe ser reconocida y adorada por los comerciantes.

De todos los orichas, es Oyá la que más caminos posee[8], pues junto a sus nueve caminos propios, tiene además los de Changó y Oggún. Estos, a pesar de ser enemigos eternos son sus amantes y forman parte de su existir.

Oyá es "amazona" reinando en las sabanas y siendo centro de su propia fuerza, sólo se nutre de su ideal y su fe, que es el carácter que más la identifica. Es en la soledad donde ella se fortalece y adquiere sus mayores dimensiones. Entre los orichas, ella está entre los más respetados. Sus metales son de cobre y su color es el rojo oscuro, aunque se le identifica en Cuba con 9 colores, quizás por ser este su número. En Brasil se le asocia también con el color rosado.

Elegguá

Elegguá, el oricha de quien se dice que su nombre significa "el mensajero príncipe", en el catolicismo está identificado con el Santo Niño de Atocha, el Ánima Sola del Purgatorio, San Roque y San Antonio de Padua. Es una de las deidades del panteón yoruba más populares, conocidas y extendidas en Cuba. A la vez, es el más temido, existiendo una relación de amor-temor en sus seguidores, pero con una especial cercanía.

La cercanía, propia de esta religión manifestada con casi todos los orichas es más patente con Elegguá. El culto a este oricha simboliza que la primera iglesia es el hogar donde el hombre es su propio sacerdote y que nadie es honrado en religiosidad sin adoración por la obra de Dios: la naturaleza.

Dueño de los caminos y las encrucijadas por donde el hombre anda y progresa o se desvirtúa, fracasa y puede sucumbir. Es mensajero de las divinidades. Y se le encuentra allí, donde los caminos del mundo se inician y donde terminan, aunque puede aparecer a cada momento.

Elegguá es un oricha aventurero que hace jugarretas a los humanos, por lo que se le identifica con los niños, motivo por el cual se le ofrecen golosinas. Aunque también le gustan el tabaco y el alcohol.

Es el que abre y cierra los "toques" para los orichas, también llamados "toques de santo". Y, debido a su glotonería, especialmente con los dulces, es el primero en comer. Es ventaja que le corresponde porque se debe contar con él para todo, para cualquier tipo se ceremonia, para cualquier culto o para cualquier petición o agradecimiento.

Su representación es una piedra tallada con ojos de caracoles, que siempre debe estar embadurnada de manteca de corojo. Ocupa los rincones tras las puertas o a la entrada de la casa, sitiándosele también en los cruces de caminos, en las sabanas y en los montes.

Por tener el control de los caminos, todos los orichas le deben respeto y él se constituye en la primera protección que debe tener una persona iniciada en esta religión. Junto a Oggún, Ochosi y Ozún, compone la tríada de los orichas guerreros, entre los cuales es el primero.

Tiene predilección por Changó y Orula, a quienes se dice que salvo de la muerte que le podría provocar Obatalá enojado con el incestuoso Oggún, y por su amiga Ochún, a la que siempre ayuda y proteje.

Elegguá representa quizás al hombre mismo. Su número es el 3 y sus colores el rojo y el negro. Es el bien y el mal. Es el progreso y la miseria. Es el espíritu más cercano al humano y tiene todas sus características.

Por eso, como lo bueno y lo malo, vive en el hogar y en la calle y establece una forma de comunicación con quien lo recibe que reclama para ser más efectiva.

Es un estado de espiritualidad respetuosa en que la persona debe rechazar de sí todo temor, complejos sentimientos de culpa o intencionalidad malvada.

Orula y los secretos

Orúnmila es el poseedor del oráculo, el que tiene el poder de la adivinación. Él representa al Sol naciente, y a él están consagrados los sacerdotes conocidos como *babalawos*. Se le conoce también como Orula. Es sincretizado con San Francisco de Asís en la religión católica. Está considerado como testigo de la creación divina, por eso se le relaciona como el segundo de Olodumare.

De él se dice que recibió de Obatalá el título de babalawo, porque el oricha de las cabezas apreciaba las virtudes de Orula, manifestación de la inteligencia, de la seriedad y de la paciencia, quien prefiere el respeto, la rectitud y la espera a la discordia y las riquezas. Lo que no significa que se contente con la pobreza y que no haga para enmendar las injusticias que derivan en la existencia de esta. Por a este oricha se le relaciona con la búsqueda y realización de la justicia.

Esas son razones por las cuales Obatalá decidió entregar a Orula el gobierno de los secretos del mundo. Recibiendo con ello la responsabilidad de cuidarlos y de guiar a mujeres y hombres en la identificación de sus caminos y, con ello, indirectamente en la realización de sus destinos.

Orula conoce a los otros orichas y conoce también a la humanidad. Por eso puede decir a hombres y mujeres cuál es la voluntad de los orichas.

De eso modo ayuda a que los seres humanos que le consultan, haciendo ofrendas a los orichas y siguiendo los consejos, transite por los caminos positivos.

Aunque se diga ordinariamente que Orula es "oricha de la adivinación", y para otros es más apropiado calificarlo de "oricha del conocimiento" o de "la sabiduría del mundo", no solamente Orula no adivina, sino que no es un oricha.

Él devela para la humanidad la sabiduría existente en el oráculo de Ifá, sus 256 oddun y combinaciones de estos y, con gran psicología, el babalawo tiene que identificar ahí las características y las situaciones que correspondan al consultante y además de transmitirle ese conocimiento actuar como su consejero. Por eso, en rigor, todo babalawo además de un eterno estudioso debe ser un psicólogo natural y una persona equilibrada y de respeto.

Orula se relaciona en armonía con todos los orichas, especialmente con Elegguá, que le ayuda en sus realizaciones, y con Changó y Ochún, esta última que también tienen el arte de prever el futuro.

Estrechamente ligado a Ochún, quien le cuidó y alimentó cuando él estuvo enfermo, le concedió el poder de hablar junto a él y de ser su *apetebí*. Por eso le libra de la furia de los hombres, en especial de Changó. Y, como ella, toma vinos y come dulces. Su día es el 4 de octubre y sus colores el verde y el amarillo. Eso, en Cuba, donde esos colores simbolizan la vida y la muerte. En África sus colores son el verde y el carmelita, en representación este último de la tierra.

Oggún, Ochosi y Babalú Ayé

Oggún es el oricha de la guerra y del hierro. En Brasil tiene las mismas funciones que en Cuba. Puede identificarse como el Marte romano. Es patrón de los cazadores y representa la fiereza en la batalla. Por ello es también patrón de los guerreros, pues es guerrero él mismo, así como patrón del ejército y de los policías. Por su dominio del hierro se le considera patrón de los herreros. También se le concede el ser patrón de la tecnología y de los cirujanos.

Es hermano-rival de Changó, con quien compite por el amor de Ochún. Se dice que sólo esta, con su dulzura, puede calmar la furia de Oggún. Es San Pedro en la religión católica, por sus llaves de hierro. Simboliza la fortaleza y la tradición y abre el camino a las "limpiezas". Los "hijos" u *omó* de Oggún son luchadores, muy obstinados e independientes, llevando la ira hasta los extremos de la violencia. Apasionado se obnubila por el deseo sexual y según la historia cometió incesto forzando a su madre, Yemayá.

En su violencia y ceguera, no se le da la racionalidad, por lo cual es vengativo y hace justicia con sus manos. Sus colores son el verde y el negro. Junto Ochosi, es dueño del monte, y junto a Elegguá, es dueño de los caminos.

En la Regla Ocha-Ifá sincretiza con San Pedro, San Pablo, San Juan Bautista, San Miguel Arcángel y San Jorge. En el candomblé brasileño sincretiza con San Jorge en Río de Janeiro y con San Antonio de Padua en otras regiones.

A Ochosi en Cuba, se le ha identificado con San Norberto, con Santiago Mayor en Santiago de Cuba y en Brasil con San Jorge. También es un buen cazador y es oricha guerrero y protector de los caminantes. Se dice que es sabio, valiente y sutil. Representado con arco y flecha, se le atribuye la búsqueda de la justicia. Ochosi es considerado el oricha de la cárcel, proteje a los humanos para evitar esta, pues se dice que su arco y fleche están hechos para cazar en el monte que es la vida.

Se dice que fue esposo de Ochún y que es hermano de Changó, Oggún y Osaín. Su número es el 3 y sus múltiplos. Sus colores son el azul y el dorado.

Babalú Ayé (o "padre del mundo") es el Lázaro de Betanía, hermano de Marta y María. Es el que desata las epidemias y las enfermedades, pero también el que protege contra estas y el que cura de las enfermedades, especialmente de la piel, de las contagiosas y entre estas fundamentalmente de las venéreas. Es un oricha médico que vive en una sopera púrpura y usa un ropón de saco, de yute. Entre los yorubas africanos Omolú es una divinidad de la peste y de las enfermedades, lo cual también se mantuvo en Brasil.

Por esa característica de estar estrechamente relacionado con las enfermedades, lo que le concede poder sobre la vida y la muerte, es extremadamente respetado, reverenciado y mirado, temido y admirado a la par. Su color es el morado Obispo, y su número el 17.

Los sincretismos

Ogbá es la Candelaria, en La Habana, o la Santa Catalina en el interior del país, así como en Brasil. Es la esposa sacrificada de Changó que llegó a la automutilación por amor, vive en el cementerio, donde custodia las tumbas.

Ella rige los hogares y la maternidad, y es un oricha que cuida por la felicidad conyugal. Divinidad fuerte, no hay que engañarse con su radical gesto de amor y de sacrifico que la condenó a la soledad.

De las tres orichas muerteras que habitan en el cementerio, ella comparte espacio con Oyá y Yewá. Con ellas también comparte el ser guerrera. Se dice que de sus amores con Oggún aprendió a guerrear.

Cuenta la tradición mitológica que su nombre tiene origen en la lengua yoruba, donde Ogbá[9] querría decir "La de la sopa del rey". Eso, en alusión a que al cortarse la oreja ella hizo la sopa a Changó con esa parte de su cuerpo, esperando la recompense de más amor.

Entre Ogbá, Ochún y Oyá existen fuertes rivalidades de celos por Changó. Su número es el siete y sus múltiplos. Su color el Rosado.

Olokún es el oricha del mar y se relaciona con San Juan Bautista. Es considerada oricha de la procreación "Madre del Mundo" e igualmente de todas las aguas, saladas y dulces. Algunos le consideran un camino o avatar de Yemayá, distinguiéndole entonces como el camino en el cual la oricha Yemayá tiene como dominio las profundidades del mar.

394

En realidad, Olokún es un oricha independiente. Fuerte. Violento, como puede serlo el mar. Es andrógino. Relacionado con los secretos de la vida y de la muerte, se le implora por salud y desenvolvimiento.

Se dice que sólo Obatalá consigue aplacar su furia. Se considera que, detrás de Oddwa, Olokún es la orichas de mayor importancia, pues el mundo está mayormente habitado por agua. Su número es el 7 y sus múltiplos. Sus colores son el azul, blanco o negro.

Oricha Okó es el dios de la fertilidad de la tierra, el padre de la agricultura y se le caracteriza en una barra de hierro. De origen pobre, con sus conocimientos sobre la agricultura quedó rico, por lo que significa también la riqueza. Es también considerado árbitro en los conflictos.

Como dueño de la tierra, vive en el campo. Asimismo, se le da un significado fálico, por lo que su título es aquel que es erigido o aquel que es erecto[10]. Relacionado con el trabajo, también se le asocia a la discreción, la responsabilidad, la justicia y el esfuerzo. Sus colores son el blanco y el rojo. Su número es el 7 y sus múltiplos.

Los Ibeyis son los jimaguas, ídolos de gran poder para los santeros. Hijo de Ochún y Changó, se dice que fueron criados por Yemayá. Como niños, son juguetones, traviesos y golosos, amantes de las fiestas y de los juguetes. También dan alegrías y, a quienes les cuidan, les conceden el desenvolvimiento material, salvándoles de las maldades, incluso de la muerte. Viven en la palma, como su padre Changó, y en los caminos de los montes y protegen a los caminantes.

Entre sus símbolos más importantes están los tamborcitos, con los cuales ellos escaparon de la muerte. Protegen a los niños y son ellos protegidos de todos los orichas, en especial de Ochún, Yemayá y Changó.

Sincretizados con San Cosme y San Damián. Se cree que el nacimiento de jimaguas trae buena suerte para la familia. Su número es el 2 y sus múltiplos. Sus colores son el rojo y blanco y el azul y blanco.

Oluma ewe, según la mitología, es el adivino dueño de las yerbas y la vegetación, es Osain, estimándose que no tuvo padre ni madre. Es decir que apareció, que salió de la tierra. Igual que sucede con la vegetación. Así que, al no ser hijo de nadie, aunque todos los santos son yerberos, es Osain el dueño absoluto de las yerbas, y consecuentemente, el médico y botánico por excelencia.

Osain es el oricha del monte, el creador de las plantas y de los árboles, es el oricha de la naturaleza. Es el que controla las yerbas curativas, *ewes*. Osain vino de la tierra (Yesa). Es el protector y el benefactor de todo el mundo. Osain es de todos los orichas de tierra Oyó, que pasó a los ararás cuando estos recibieron a Ifá. Es Yobú, es Eggwádo.

El secreto de este sagrado oricha le concierne al babalawo, es decir lo prepara para el Awó. En el caso del Palo Monte lo hace el Padre Nganga que resulta ser su equivalente. Como Osain habla gangalán-fulá, habla como nosotros, y por esto se le llama el chismoso de la casa del "santero" y del "yerbero".

No hay cosa que ignore o silencie; de todo se entera. Ve y oye y se lo cuenta inmediatamente a su dueño.

Osain es personificado como la brujería del lucumí del *aggugú* u *olóyito* en el sentido de la nganga o prenda (objeto asociado a alguna fuerza) de los paleros o hechiceros de origen congolés y en consecuencia cualquier amuleto; por todo lo cual puede estimarse que Osain es una palabra que significa amuleto y hasta maleficio específicamente.

Según las reglas africanas, es deber ineludible pagar el tributo al "Dueño del Monte", siempre que se acuda a él en busca de yerbas o palos necesarios para hacer cualquier trabajo religioso que los requiera.

El fundamento de un Osain no se diferencia sustancialmente, con excepción de los huesos humanos, en Regla de Ocha y de Arara, de un *Gurúnfida o Andudu Yaobaca Butanseke*, que es el Osain en la Regla de Palo-Monte.

La importancia del Osain es determinante en todos los ritos yorubas. "Sin hacer Osain, no se puede hacer santo; sin Osain no hay trabajo (magia), ni remedio (medicina)".

El oráculo de Ifá

En la antigüedad, el oráculo era una manifestación del poder monárquico-religioso sobre la sociedad. Tener en las manos el oráculo representaba contar con ascendencia política. Las civilizaciones que alcanzaron mayor relieve en esa época, el Egipto faraónico, Babilonia, Asiria, Grecia, Creta e incluso Roma, disponían de oráculos cuya fama y poder trascendieron en la historia. Los oráculos de Delfos, de Menfis, de Amón y el de Dodona, entre otros, adquirieron reputación y tenían extraordinarias influencias.

A estos se consultaba desde los asuntos de familia hasta de política, incluyendo la oportunidad de lanzarse a una guerra y su posible desenlace.

Debido a la procedencia egipcia del grupo étnico yoruba, se estima que el oráculo de Ifá bien pudiera ser uno de los que coexistían en la civilización del Nilo. Según algunas narrativas religiosas este oráculo y todo lo que encierra, filosofía, historia, medicina, astronomía, matemática, etc., habría sido creación de un príncipe y comerciante del África del Norte que, en relaciones comerciales con el África subsahariana, habría conocido las interioridades culturales y religiosas de las etnias y grupo étnicos allí asentados.

En el mundo moderno la presencia del oráculo de Ifá, resulta una rareza, pues es el único con su profundidad y amplitud de conocimientos y con su complejidad de rituales. Varios de los otros oráculos hoy existentes, y ampliamente consultados, son también africanos.

Entre estos posiblemente los más conocidos en la afrodiáspora sean el oráculo del coco[11] y le el del cauri o caracol[12]. Originalmente es el caracol cauri, pero en Cuba se ha introducido al coco. Pero ambos son precisos en sus respuestas, aunque de subrayada menor complejidad que el oráculo de Ifá.

De todos los métodos de adivinación empleados por los yorubas, Ifá es reconocido como el más importante y confiable; y aunque "la honestidad y conocimiento del babalawo en lo personal puede ser cuestionada, del sistema oracular que utiliza "raramente se duda[13].

El complejo religioso-filosófico de Ifá, con su oráculo, tardó en despertar la atención del mundo. Una larga historia de menosprecios y de discriminaciones influyó en ello. Aún no puede decirse que tenga la atención requerida, no obstante haberse ya iniciando el camino de su descubrimiento.

397

No obstante, a contar con cada vez más adeptos dentro y fuera de la diversa comunidad afro-descendiente, es reciente su conocimiento y reconocimiento por parte de estudiosos del mundo occidental. Todavía no está ni suficientemente estudiado ni suficientemente valorizado por estos. Posiblemente tampoco lo comprenden suficientemente. Es que, para encaminarse hacia esa comprensión, habría que partir del conocimiento y re-conocimiento de la cultura que le da origen.

Este estrato socio-religioso conformado por los *babalawos* es dentro de su religión lo más parecido a una verdadera clase sacerdotal, al estilo de los antiguos cultos y oráculos. El estudioso francés Erwan Dianteill[14], opina que el "profesionalismo religioso" de esta existente en esta, la más alta jerarquía sacerdotal en la Regla Ocha-Ifá, se expresa como una "tendencia a la constitución de un 'clero' afrocubano" permitiendo los babalawos "asumir el monopolio del poder hierocrático y en palabras de Bourdieu producir y reproducir un cuerpo deliberadamente organizado de saberes secretos".

Con el término "clero" que deriva del vocablo griego *klêros*, se identifica al grupo de sacerdotes que es responsable del culto religioso. En ese sentido, la extrapolación del término no sería tan apropiada al tratarse de los babalawos.

Es que la Regla Ocha-Ifá comprende una jerarquía religiosa en la cual los *oriatés* son los maestros de ceremonia. Esa responsabilidad en los rituales y cultos la asumen en virtud del conocimiento de su religión, si bien inferior al del babalawo, y de las ceremonias por las que atraviesa.

Sin embargo, pudiera coincidirse con Erwan Dianteill en su equiparación del estrato sacerdotal de los babalawos al clero católico, si a lo que él se refiere es a que los "padres del saber" constituyen la categoría sacerdotal más elevada dentro de esa jerarquía religiosa.

En este caso, dada la acumulación y aplicación de sus saberes y a la legitimidad y respeto que ello conlleva, los babalawos se erigirían en esta religión como sus teólogos. Como los responsables por la construcción y conservación del discurso lógico de la Regla Ocha-Ifá. Porque ellos son los encargados del estudio, la transmisión y la conservación de lo sagrado por medio de la razón.

Pero las narrativas religiosas[15] son cuidadas, conservadas y transmitidas por cada uno de los sacerdotes y sacerdotisas. Desde el babalocha o la iyalocha que más saberes religiosos acumule hasta el más neófito, es responsable de ello y tiene facultades para hacerlo.

Lo cual se realiza atendiendo cada uno a su acceso al conocimiento y a las capacidades para procesarlo e incorporarlo y ponerlo en práctica. Y es responsabilidad de los más viejos religiosos[16], instruir a los más jóvenes, a los recién iniciados o consagrados. Atañendo a estos últimos la responsabilidad por la búsqueda e incorporación y salvaguarda del conocimiento.

Orula no es oricha que se posesione del *orí*. Él se comunica con la humanidad, cuando esta le necesita, a través del Oráculo de Ifá que consta de instrumentos fundamentales que son maniobrados por el sacerdote. Esos instrumentos son: el ékuele y el Tablero de Ifá con los 16 *ikines* (semillas de kola en África, de palma en Cuba).

En palabras del Oní de Ifé en una visita a Cuba: "Aquí los que practican la adivinación tienen los mismos instrumentos que en África. Esta es la tabla sobre la cual ellos tienen que tratar de indagar el futuro. Y este es el Opele que se pone sobre la tabla para poder adivinar. Este es el tocador que los babalawos llaman aquí tarro, es un *Iroke* que se utiliza para la invocación. Y ese es Olokku, diosa del mar. Todos son objetos de culto. El lenguaje o idioma también está presente aquí.

El babalawo

Los Odus Sagrados de Ifá son multi-sistemas nutridos de las diversas dinámicas divino-humanas, y están sujetos a alteraciones y desarrollo en el tiempo. Se retro-alimentan desde las propias formas emanadas de la tradición, al igual que los Odus, concebidos desde la existencia humana de Ifá en el mundo, las cuales son entidades divinas, físicas y filosóficas en evolución.

Ifá trasciende al tiempo y tiene la capacidad de reciclarse a partir de las bendiciones de los Orichas que lo nutren desde el principio del tiempo, desde las energías provenientes del mar, de los ríos, del medio ambiente natural, de la flora y la fauna; es una transferencia de energías que estimula los diversos Odus de Ifá.

Ifá tiende a complementarlo todo a partir del equilibrio energético colectivo al condensarlos en las formas de Odus Sagrados que brindan las opciones de profecías.

Las variantes en los Odus no son estáticas, pues las energías se hallan en constantes evoluciones, y ello debe tenerse en cuenta por los babalawos, sobre todo al existir una interrelación entre Ifá y sus hijos. De ahí que no existan Odus completos pues nunca todo está dicho.

Es al sacerdote de Ifá, quien sirve de intermediario entre el consultante y el oráculo de Ifá, al que se le llama babalawo. Estos sacerdotes atraviesan por tres ascensos en su carrera. Si la Santería estuviese organizada por una estructura jerárquica al estilo de la eclesial cristiana, por sus funciones intelectuales el babalawo resultaría una especie de Obispo cristiano.

Según Eugenio Gregorio[18]: "El ékuele es una cadeneta de 14 a 16 pulgadas de largo, formada por ocho conchas cóncavas de 4 cm., cada una engarzadas por eslabones metálicos. Las conchas pueden ser de cáscara de coco seco, pedazos de carapacho de jicotea, semillas de mango secas, etc. Con este instrumento se llegan a obtener 4096 letras u oddu diferentes".

Es interesante que el Tablero de Ifá sea una alegoría al mundo[19]: "Se trata de un círculo de madera de 14 o más pulgadas de diámetro con un borde labrado donde sobresalen cuatro puntos marcados en los extremos de dos diámetros perpendiculares. Estos cuatro puntos que representan las cuatro esquinas del mundo o puntos cardinales son: el Norte (Obatalá), el Sur (Oddúa), el Este (Changó) y el Oeste (Eshu)".

A diferencia de los europeos llegados a este lado del mundo, la concepción que de la Tierra alcanzaron los yorubas obedecía a la realidad física del mismo. Los yorubas no concibieron el mundo como una planicie, sino un círculo en el cual los puntos cardinales son regidos por orichas, según los dominios de estos.

Al Norte del globo terráqueo, es decir, a la cabeza, situaron a Obatalá. Al Sur, en el terreno identificado con los espíritus, Oddúa. En sus extremos horizontales, Este y Oeste, dos orichas guerreros, Eshu y Changó respectivamente.

Es decir, que los yorubas idearon una correspondencia entre los puntos cardinales y los cuidados que precisamos los humanos. Cuidados en los que se expresa asimismo su concepción de una vida que no cesa, sino que pasa de uno a otro estadío. Por lo cual los espíritus de los ancestros nos observan y protegen desde el Sur. Algo que hacen los orichas guerreros custodiando nuestros lados (Este y Oeste).

En una alegoría en la cual al abridor de los caminos (Eshu-Eleggua) se sitúa al Este, por donde sale el Sol, y Changó lo hace al Oeste, por donde se pone el astro rey. En la cúspide, al Norte, cuidando de nuestros pensamientos y de nuestras actitudes, Obatalá.

Orichas guerreros necesarios pues, observa el estudioso y babalawo nigeriano Wade Abimbola[20]: "El cosmos yoruba, está dividido en dos mitades. La derecha está habitada por las fuerzas benévolas y la parte izquierda por las fuerzas malignas conocidas como Ajogún". Fuerzas malignas entre las que están las enfermedades, que desde el origen de la humanidad tanto nos preocupan y ocupan, ya sea religiosa o científicamente.

Los sacerdotes de Ifá, los babalawos realizan las predicciones mediante el tablero y el ékuele. Difieren en ello de iyalochas y babalochas, quienes no tienen autorización religiosa ni están investidos de los poderes religiosos para maniobrar con el oráculo de Ifá. Por eso, a partir de determinado *oddun* o *letra* en la consulta al oráculo del dilogún, el babalocha o la iyalocha no pueden seguir comunicando la voluntad de los orichas. Caso en el cual tienen que enviar al consultante al pie de Orula, es decir, a ver al babalawo.

Ifá, según algunos estudiosos, también africanos, es indefinible. Rastreando su significado podemos darnos con este[21]: "Ifá, expresión de la concentración de los conocimientos, la filosofía para la vida tanto en términos espirituales como materiales del pueblo yoruba".

Para otros Ifá es perfectamente definible y su indefinición se debió al desconocimiento de investigadores europeos que intentaron penetrar y estudiar las culturas africanas. Con todo, queda la duda, que tal vez se salva con las otras partes de la mitología y, sobre todo, con la realización práctica.

Asevera el estudioso y babalawo Falokun Fatunmbi[22] que "no hay una traducción literal para la palabra Ifá, hace referencia a una tradición *no hay* religiosa, un entendimiento de la ética, un proceso de transformación espiritual y un conjunto de escrituras".

Ifá es el oricha revelador de lo oculto y de la divinidad, de las relaciones sexuales y del parto. Es conocido también como *banga*, divinidad de las palmeras, debido a que es ese el fruto se utiliza para la adivinación. En el ritual de consulta emplea un collar o cadena de cuatro hilos con 16 u 8 semillas partidas a la mitad que quedan cóncavas.

Ese instrumento se arroja sobre el tablero desde lo alto en alto por tres veces. De acuerdo con la posición en que queden las conchas, resultan las combinaciones numéricas por las cuales el sacerdote identifica los *odduns* correspondientes y las divinidades que hablan en cada uno y las historias conexas, los vaticinios concomitantes y las recomendaciones. Deriva de todo ello, con la psicología del babalawo, lo que se ajuste a la situación particular del consultante.

A partir de ahí se establece un proceso de comunicación en el cual el babalawo transmite al consultante lo dicho por Orula y los restantes orichas. Pero antes se ha realizado un ritual en extremo complejo, pues tiene a su disposición para interpretar, más de 250 posibles combinaciones numéricas de 16 órdenes en cada etapa.

"Orúnmila identifica el propósito o el problema; Ifá propone una solución; el sacerdote mediante ellas analiza para el consultado las oportunidades de lograrlo si genera algo bueno, y las oportunidades de evitarlo si genera algo malo y, finalmente, el consultado decide si acata o no las recomendaciones". Así resume el babalawo cubano Víctor Betancourt el proceso de interrelación entre el consultante, el consultado, Orula e Ifá[23].

402

Como prácticamente todo en esta religión, la consulta a los orichas es muy dinámica. Y es en esa dinámica pudiera percibirse la figura del babalawo como la del protagonista visible. El protagonismo real es sin dudas Orula. Y es una escena en la que el consultante ocupa un rol destacado porque, sin su presencia, no existiría.

Esa consulta que el babalawo realiza directamente a Orula, es en virtud de un poder dado por el oricha a sus hijos, una vez que disgustado por el caos en la tierra decidió regresar al cielo. Por eso se afirma[24] que "las 16 nueces eran el símbolo de la autoridad que le había dada Ifá a sus hijos para que adivinaran en su ausencia".

Es el oráculo de Ifá el centro de toda la religión yoruba en Cuba. Es este el que concede significado y estructura a sus creyentes[25], según algunos autores. Pero esa puede ser vista como una apreciación reductora de Ifá a la practicidad que contemplan los presagios.

Ifá es mucho más, algo en lo cual coinciden muchos babalawos, especialmente cuando en las dos últimas décadas se ha acentuado entre estos la vocación del estudio con la rigurosidad del conocimiento de la historia, la antropología y otras ciencias.

El oráculo de Ifá es un instrumento de "interpretación" mucho más que de adivinación, que se halla bajo la mano de Olofin. Los babalawos, a los que "inspira", deben por ello que ser disciplinados, esforzados y comprometidos con el aprendizaje, además de mostrar respeto y espíritu de sacrificio. Ellos son los sacerdotes que mayor acumulación de conocimiento religioso deben tener, eso, en relación no sólo a Orula sino a todo el panteón de esta religión.

La universalidad de Ifá

Y es Ifá el que autoriza a quién se debe pasar esa parte de la tradición y de los conocimientos acumulados, como entre estos quienes son los aptos para utilizarlos en su interrelación con el pueblo religioso.

Detalle interesante es la vocación universalizante expresada por los yorubas en el Oráculo de Ifá. Como explicación de la existencia y devenir de todas las posibles dinámicas terrenales, comprende todo lo existente en este: lo humano y lo divino, lo terrenal, lo marino y lo aéreo, lo social y lo político.

Por eso se puede consultar cualquier asunto doméstico a los políticos. Vocación universalizante que también se manifiesta en la posibilidad de aplicar este oráculo al mundo, aun cuando no sea esta una religión proselitista. Todo ello se encuentra en la llamada "Letra del Año".

Estas predicciones realizadas en la diáspora africana en donde existen babalawos, con énfasis de que son, por ejemplo, "para Cuba y el mundo", contemplan todos los eventos más importantes que deben ocurrir en los próximos doce meses.

Ahí aparecen los posibles episodios climatológicos y las enfermedades más recurrentes, los asuntos de pareja y de familia en general y también los políticos y económicos. Lo que les concede un atractivo especial entre la población cubana, practicante de otras religiones o que se proclamen ateos. Y todo ello viene contenido en versos, refranes e historias que el babalawo debe interpretar y explicar adecuadamente.

De ahí que algunos aseguren que[27]: "El núcleo real de la adivinación de Ifá descansa en los miles de versos memorizados, que es el significado que se interpreta en las 256 combinaciones, pero su significado no ha sido completamente apreciado. Para el trabajo del sistema de adivinación, estos versos son de mucha más importancia que el signo en sí o la forma por la que sea echa".

No olvidemos que las religiones y las artes van entrelazadas. En las religiones hay mucho de las artes, sean literarias o plásticas, musicales o danzarias. Se tiende a afirmar que el *ser* africano es profundamente religioso. Se llega al exceso de afirmar que en este todo es religión.

Sin embargo, poco se repara en el carácter filosófico de sus religiones y en la incorporación de las artes en las mismas. Lo segundo, porque tiende a minimizárseles como *"folklore"*. En el menos malo de los casos, se le identifica como "arte popular", categoría peyorativa y reduccionista de cuanto no es pensado y creado por las élites.

Esas simplificaciones usadas para intentar explicar las religiones tradicionales africanas, son igualmente utilizadas para intentar explicar al sujeto afro-diaspórico. Así en su intenso y variado mundo religioso como en sus expresiones artísticas. Así, cuando es un artista de élite quien con los motivos afro crea su obra, eso es considerado *arte*. Si es el artista afro quien con su historia y haciendo parte de esta sus religiones, desarrolla su obra creativa, se le denomina *folklor* o arte popular.

Lo cierto es que la sabiduría yoruba, contenida en el Oráculo de Ifá, se expresa en historias, cuentos, rezos, cantos, encantamientos, proverbios, e incluso adivinanzas y filosofía. Y todo se expresa en versos o en una prosa poética que es igualmente arte. No importa que "para el yoruba el mérito literario o estético es secundario" porque destaque lo que más le interesa, que es "su significado religioso"[29].

A los efectos del análisis de estudioso, debería sí quedar claro que ese verso, que esa prosa literaria, son sin dudas arte. Que resisten tanto el análisis teológico como el religioso y el propiamente artístico. Ahí está toda su sensibilidad. Ahí quedan registradas sus ideas y sus percepciones, sus emociones y sus sentimientos. Y eso no lo expresa en serie, sino de una forma única, exclusiva y propia, lo cual distingue a la obra de arte.

A través del sistema de religioso-filosófico de Ifá nos queda recogida y secuenciada una literatura de posible aplicación religiosa, filosófica, política, etc. y es ese un legado, además de religioso y filosófico, artístico africano de manifestación literaria, usualmente no reconocido como tal.

Es ese un legado artístico literario que ha heredado la población afro-diasporita en Cuba y que apenas se reconoce en este como no sea desde el punto de vista de la religión y de las potencialidades que el orden práctico le reporta.

No quiero esto decir que el babalawo sea un actor. Si bien todo sacerdote, cuando es auténtico en sus funciones, actúa y desde uno de los identificados como mejores métodos, el de la introspección. En todo caso el babalawo, así visto, es parte fundamental de un *performance* de carácter religioso y de contenido filosófico. Performance en el cual nada debe quedar al azar, pues ahí no debe haber improvisación.

Todo tiene que, como en el teatro, quedar perfectamente sintonizado. La instalación escenográfica, con sus instrumentos fundamentales son vitales o no habrá posibilidad de concretar el montaje. Y ahí entra como parte esencial la sabiduría acumulada, los conocimientos de las narrativas y de los versos.

Por eso cuando el babalawo repite una y otra vez, "dice Orula" y a continuación menciona algún orden[30], narra las historias, subraya las sentencias, introduce sus interpretaciones y las explica, está concretizando un arte milenario. Aquel que nos llega por medio de las "escrituras no escritas" o... a estas alturas del devenir histórico, sí, existen esas escrituras.

El producto de ese arte es subjetivo. Es la elaboración de más conocimiento a partir de la sedimentación y utilización del que ya se tiene. Ese es un arte que contribuye a continuar esculpiendo para su mejoramiento, la obra que en primera instancia es de Olofi, es decir, la humanidad. Siendo así un resultado de incidencia colectiva. Aunque a la par, otra contribución de ese arte es individualizada, contribuyendo a reequilibrar el *ori* del consultante y, de esa manera, a transitar por el camino del mejoramiento de su vida.

Y es por medio de esos versos y narrativas en general que se justifican las ofrendas o no que el consultante, para contrarrestar eventos negativos o para garantizar y tal vez agilizar los positivos, deberá o no realizar a los orichas. Son esos versos y narrativas los que fundamentan los rituales tanto como las iniciaciones y consagraciones religiosas. Y deben ser esos versos y narrativa el elemento que permita aclarar[31] "un punto en disputa ya sea teológico o ritual".

Motivo por el cual el babalawo, además ser un elegido de Orula, además de ser persona de responsabilidad y respeto, debe tener la capacidad de la memoria y la disposición para aplicarse al estudio. Pues tiene que conocer la mayor cantidad posible de versos, historias, tipos de ofrendas y rituales. Debe estar en proporción directa con sus conocimientos y efectiva aplicación de estos, con el respeto y responsabilidad exhibidos, que gane o no autoridad y que se le conceda o no legitimidad.

Así percibido es un error, calificar al babalawo de "adivino". No lo es. Nadie que tenga que estudiar, divina. El babalawo identifica los *odduns*, que quizás tengan equivalencia en la carta astral, y los interpreta de acuerdo al sujeto consultante. Lo hace en base al conocimiento asimilado, acumulado y a la destreza adquirida en el manejo de los instrumentos de consulta del oráculo.

El babalawo, por tanto, no adivina. Conocedor de los códigos e investido de los poderes necesarios para ello, los pone en práctica. La consagración a un Oricha no debe recibirse si previamente no posee su Isefá (Mano de Orúnmila), pues al desconocer su propio Destino es imposible pedir al Oricha. Un oluwo de Ifá que posea Odu (un babalawo) y esté capacitado para ejecutar ceremoniales de Orichas, posee la prerrogativa de montarle a una persona el Fundamento de su Oricha.

Entre los yorubas, el Akosé es una práctica milenaria de las medicinas espirituales de Ifá; y puede ser confeccionado por un Oluwo para la solución de problemas físicos, espirituales, económicos, de salud, etc.,

El Akosé es aplicado por el Oluwo en liturgias muy íntimas (Ipesé). Solamente se puede hacer un Akosé si la persona ha sido consagrada en Igba Iwa Ódu, porque se necesitan en los babalawos las energías femeninas.

Entre los yorubas las mujeres pueden ser consagrada en Itefá (Ifá) como una sacerdotisa, una Iyaonifá y en la Sociedad Secreta de las Iyamí-Osoorongas, y a la vez quedar dentro de la Fraternidad Ogboni como Iyabié.

Notas

A Modo de Presentación
1 Benemelis Varona, Juan F. *La Memoria y el Olvido: Sillabus afro-cubano*. Ed., Juan Benemelis, Kingston, 2009.
2 Martínez, Iván César y Benemelis, Juan F. Los fuegos fatuos de la nación cubana. *Un análisis sobre la esencia filosófica-política del racismo en Cuba, su vigencia y el futuro de la nación cubana*. 2009. Primera edición. The Ceiba Institute of Afro-Cuban Studies. Kingston (Jamaica). 230 páginas.
3 Benemelis Varona, Juan F y Faguaga Iglesias, María I. 2012: ¿Un año de transición hacia la verdadera nación cubana? Artículo. 2011. La Habana (Cuba). Presentado en el CCIR.
4 Benemelis, Juan F. *Ibn Jaldún: El Genio Africano*. The Ceiba Institute of Afro-Cuban Studies. Miami, 2011.
5 Benemelis, Juan F. *Historia de África. El Tarik africano*. 2011. ZCEditores. Primera Edición. Estados Unidos. P. 5.
6 Benemelis, Juan F. Entrevista el escritor afro-cubano Alberto Abreu. En: afromodernidades.files.wordpress.com/2010/03/
7 Ídem.
8 Benemelis, Juan F. *El miedo al negro: Antropología de la colonialidad*. 2010. The Ceiba Institute of Afro-Cuban Studies. P. 18. P. 1.
9 Benemelis, afromodernidades.files.wordpress.com
10 Ídem.
11 Benemelis. 2011. ZCEditores.
12 Benemelis, Juan F. Entrevistado por el escritor afro-cubano Alberto Abreu. Ídem.
13 Benemelis 2011. ZCEditores.

El Miedo al Negro
1 Flamming, George. Los placeres del exilio. 2010. Casa de las Américas. La Habana, Cuba. P. 178. P. que viene de la anterior.
2 Benemelis, 2010. Cap. 15. Pp. 75-76.
3 Ob. Cit. Cap. 16. P. 95.
4 Ídem.
5 Castilla Vallejo, José Luis. "El multiculturalismo y la trampa de la cultura. Instituto de Filosofía. La Habana, Cuba. En: Valdés Gutiérrez, Gilberto. "América Latina: construyendo lo común de las luchas y las resistencias". Dacal Díaz, Ariel, coordinador. Movimientos sociales. Sujetos, articulaciones y resistencias. 2010. Ed. Ciencias Sociales. Ruth Casa Ed. La Habana, P. 25
6 Cap. 16. P. 95.
7 P. 22.
8 Juan Gualberto Gómez, organizador junto con José Martí del Partido Revolucionario Cubano que organizó el levantamiento por la independencia en 1895.
9 Cap. 9. P. 3.
10 Cap. 16. P. 99.
11 Cap. 18. P. 17.
12 P. 5.
13 P. 18.
14 P. 5.

15 Ídem. P. 5.
16 Pp. 57-58.
17 P. 18.
18 P. 16.
19 Ídem.
20 P. 13.
21 P. 14.
22 P. 89.
23 Pp. 86-87.
24 Cap. 9. P.7.
25 Cap. 9. P. 8.
26 P. 8.
27 P. 16.
28 P. 18.
29 Cap. 12. P. 38.
30 Cap. 16. P. 97.
31 P. 16.
32 P. 27.
33 P. 21.
34 P. 95.
35 P. 53.
36 P. 54.
37 Cap. 15. P. 88.
38 Cap. 15. P. 89.
39 Cap. 10. P. 21.
40 Cap. 14. Pp. 72-73.
41 Cap. 12. P. 46.
42 Hegel, Georg Wilhelm. *Lecciones sobre la filosofía de la historia universal.* Alianza Editorial, 2004.
43 Ob. Cit. P. 64.
44 P. 65.
45 P. 70.
46 P. 60.
47 P. 119.
48 Pp. 71-72.
49 P. 72.
50 P. 73.
51 Ídem.
52 P. 157.
53 P. 75.
54 Cap. 15. P. 86.
55 Ídem.
56 P. 78.
57 Cap. 9. P. 6.
58 P. 91.
59 Pp. 91-92.
60 Trabajo de campo de la autora
61 Ob. Cit. P. 94.
62 Pp. 96-97.
63 Cap. 15. P. 87.

64 P. 97.
65 P. 136.
66 Cap. 9. P. 11.
67 P. 98.
68 Cap. 27. P. 9
69 P. 111.
70 P. 10.
71 P. 108.
72 Carta de F. Engels a la esposa de Paul Lafargue, abril de 1887. P. 109.
73 Ídem.
74 Ob. cit. Pp. 109-110.
75 Pp. 111-112.
76 P. 10.
77 P. 115.
78 Cap. 13. P. 50.
79 Cap. 13. P. 51.
80 Ídem.
81 Cap. 13. P. 53.
82 P. 165.
83 Pp. 124-125.
84 P. 139.
85 P. 144.
86 Cap. 12. Pp. 42-43
87 Ídem.
88 Cap. 15. P. 88.
89 Ídem.
90 Cap. 12. P. 29.
91 P. 125.
92 Cap. 10. P. 15.
93 Cap. 10. Pp.15-16.
94 Cap. 10. P. 14.
95 Cap. 16. P. 95.
96 Cap. 10. P. 20.
97 Ídem.
98 Cap. 13. P. 55.
99 Cap. 12. P. 45.
100 Ídem.
101 P. 129.
102 Ídem.
103 P. 147.
104 Cap. 19. P. 33.
105 P. 148.
106 Cap. 12. P. 43.
107 P. 131.
108 P. 132.
109 Pp. 135-136.
110 Cap. 15. Pp. 85-86.
111 Cap. 17. P. 5.
112 Cap. 15. P. 84.
113 Cap. 17. P. 4-5.

114 P. 138.
115 P. 141.
116 P. 147.
117 Cap. 12. P.37.
118 Cap. 15. P. 84.
119 P. 147.
120 Pp. 147-148.
121 P. 166.
122 Cap. 16. Pp. 99-100.
123 Cap. 15. P. 89.
124 Cap. 16. P. 93.
125 Ídem.
126 Ídem.
127 Cap. 15. P. 87.
128 Cap. 12. P. 46.
129 Trabajo de campo de la autora.
130 Ob. cit. Cap. 16. P. 96.
131 Cap. 15. P. 87.
132 P. 156.
133 P. 153.
134 Cap. 15. P. 90.
135 Ídem.
136 Cap. 15. P. 91.
137 Ídem.
138 Cap. 16. P. 93.
139 Capítulo 16. P. 92.
140 Cap. 16. P. 94.
141 P. 2.
142 P. 4.
143 El militante comunista, Revista Moncada, Verde Olivo.
144 Ob. cit. Cap. 10. Pp. 16-17
145 P. 156.
146 P.3.
147 Ídem.
148 Ídem.
149 Cap. 9. P. 7.
150 Cap. 10. P. 22.
151 Cap. 9. P. 6.
152 Cap. 9. P. 10.
153 Ídem.
154 155-230 d. C.
155 Cap. 9. P. 8.
156 Cap. 10. P. 12.
157 P. 13.
158 P. 14.
159 P. 15.
160 P. 22.
161 P. 15.
162 Cap. 16. P. 97.
163 Cap. 10. P. 16.

164 P. 20.
165 P. 17.
166 Ídem.
167 Cap. 12. P. 39.
168 Cap. 17. P. 2.
169 Cap. 10. P. 19.
170 P. 20.
171 Ídem.
172 Pp. 23-24.
173 Ídem.
174 Cap. 11. P. 36.
175 Cap. 16. P. 105.
176 Cap. 18. P. 18.
177 Cap. 16. Pp. 99-100.
178 Cap. 14. Pp. 69-70.
179 Cap. 16. P. 104.
180 Ídem.
181 P. 97.
182 Ídem.
183 Cap. 18. P. 21.
184 Cap. 16. P. 97.
185 Cap. 16. P. 101.
186 P. 102.
187 P. 103.
188 Pp. 103-104.
189 P. 105.
190 Cap. 17. P, 8.
191 P. 4.
192 Cap. 16. P, 107.
193 Cap. 14. Pp. 69-70
194 Cap. 17. P, 1 y 3.
195 Ídem.
196 Trabajo de campo de la autora.
197 Ob. cit. Cap. 17. P, 3.
198 P. 12.
199 P. 3.
200 P. 4.
201 P. 15.
202 Cap. 18. P, 16.
203 Cap. 17. P, 15.
204 Cap. 14. P. 64.
205 Cap. 12. Pp. 40-43
206 Pp. 45-47.

Los Fuegos Fatuos de la Nación cubana
1 P. 32.
2 P. 9.
3 P. 28.
4 P. 217.
5 Pp. 175-176.

413

6 P. 104.
7 Pp. 69 a 81.
8 P. 69.
9 P. 70.
10 P. 181.
11 P. 34.
12 Pp. 70-71.
13 P. 72.
14 Pp. 17, 24.
15 P. 33.
16 P. 76.
17 P. 191.
18 P. 77.
19 Noviembre, 2009.
20 Pp. 77, 89-90.
21 P. 33.
22 Pp. 167-168.
23 Pp. 92, 106.
24 P. 82.
25 P. 98.
26 Ídem.
27 P. 69.
28 P. 37.
29 P. 80.
30 De Céspedes, Mons. Carlos Manuel. "Cuba, la que llevo dentro".
Conferencia. Convento (dominico) San Juan de Letrán. La Habana, (Cuba).
25 de noviembre de 2004. Grabación de la autora.
31 Serviat, Pedro. *El problema negro y su solución definitiva en Cuba*. 1986.
Editora Política. La Habana, (Cuba).
32 P. 132.
33 Ídem.
34 P. 149.
35 P. 143.
36 P. 180.
37 Pp. 11-12.
38 P. 193.
39 Carlos Moore y Enrique Patterson figuran entre los más destacados
estudiosos afro-cubanos, obligados al exilio. Otros, son condenados al
ostracismo. Los hay en prisión y, la mayoría está invisibilizada y aislada.
40 P. 213.
41 P. 214.
42 P. 216.
43 Ídem.
44 P. 217.
45 Pp. 16, 21.
46 P. 26.

Historia de África.
1 Benemelis. ZCEditores. P. 4.
2 A manera de introducción. P. 3.

3 Aclaración histórica. P. 1.
4 A manera de introducción. P. 4.
5 P. 2.
6 Ídem.
7 Ídem.
8 Cap. 2. P. 41, 44.
9 Cap. 3. P. 71.
10 A manera de introducción. Pp. 2 y 3.
11 Pp. 3.
12 Ídem.
13 P. 3. Pp. 1 y 3.
14 P. 3.
15 P. 5.
16 P. 4.
17 Pp. 4 y 5.
18 P. 3.
19 Ídem.
20 Pp. 3 y 4.
21 P. 5.
22 Cap. 26. P. 850.
23 P. 6.
24 Ídem.
25 P. 7.
26 Ídem.
27 Ídem.
28 P. 7.
29 Ídem.
30 Cap. 1. P. 1.
31 P. 12.
32 Ídem.
33 P. 17.
34 Ídem.
35 P. 16.
36 Ídem.
37 P. 19.
38 P. 22.
39 Cap. 3. P. 71.
40 Pp. 71-72.
41 P. 72.
42 Cap. 1. P. 32.
43 Cap. 2. P. 34.
44 P. 34.
45 Cap. 1. P. 21.
46 P. 28.
47 Cap. 2. P. 38.
48 Ídem.
49 Pp. 45-46.
50 Cap. 3. P. 76.
51 Cap. 11. P. 351.
52 Cap. 3. P. 107.

53 P. 101.
54 Ídem.
55 Ídem.
56 P. 102.
57 P. 103.
58 Cap. 13. P. 257.
59 Cap. 3. P. 108.
60 Cap. 1. P. 30.
61 Cap. 2. P. 34.
62 P. 49.
63 P. 51.
64 P. 52.
65 P. 51.
66 P. 53.
67 Ídem.
68 Ídem.
69 Ídem.
70 Ídem.
71 Ídem.
72 Pp. 57-58.
73 Cap. 3. P. 90.
74 Ídem.
75 P. 76.
76 P. 90.
77 P. 89.
78 Pp. 97-98.
79 P. 98.
80 P. 107.
81 Cap. 11. P. 354.
82 Pp. 354-355.
83 Cap. 13. P. 355.
84 Cap. 11. P. 357.
85 Ídem.
86 Cap. 13. P. 255.
87 Ídem.
88 Cap. 11. Pp. 383-384.
89 Ídem.
90 Ídem.
91 Cap. 18. P. 590.
92 Cap. 12. P. 401.
93 Cap. 3. P. 108.
94 Cap. 11. P. 357.
95 P. 360.
96 Pp. 391-392.
97 P. 392.
98 P. 390.
99 Ídem.
100 P. 392.
101 Cap. 11. P. 394.
102 Pp. 396-397.

103 P. 397.
104 Ídem.
105 Ídem.
106 Benemelis, Miami, 2011.
107 Cap. 13. P. 438.
108 Ídem.
109 P. 438
110 Cap. 16. P. 545.
111 P. 543.
112 P. 558.
113 P. 545.
114 Pp. 544-545.
115 P. 549.
116 P. 548.
117 Ídem.
118 Ídem.
119 Ídem.
120 P. 549.
121 P. 550.
122 Ídem
123 Ídem.
124 P. 553.
125 Ídem.
126 Ídem.
127 P. 554.
128 Ídem.
129 Cap. 13. P. 436.
130 Pp. 444-445.
131 Cap. 13. P. 436.
132 P. 442.
133 Paga. 436.
134 P. 456.
135 Cap. 24. P. 796.
136 Ídem.
137 Cap. 13. Pp. 463-464.
138 Cap. 16. P. 549.
139 Cap. 19. P. 611.
140 P. 610.
141 Pp. 611-612.
142 P. 610.
143 Ídem.
144 Ídem.
145 Cap. 19. P. 611.
146 Ídem.
147 P. 612.
148 Ídem.
149 Cap. 24. P. 795.
150 Cap. 23. P. 775.
151 P. 781.
152 Cap. 24. P. 811.

153 Ídem.
154 P. 814.
155 P. 813.
156 Cap. 19. P. 611.
157 P. 625.
158 P. 626.
159 P. 634.
160 P. 633.
161 Ídem.
162 P. 632.
163 Cap. 22. P. 726.
164 Cap. 19. Pp. 631-632.
165 Cap. 22. P. 720.
166 Cap. 23. P. 774.
167 Cap. 19. P. 631.
168 P. 630.
169 Ídem.
170 P. 631.
171 Pp. 634-635.
172 P. 635.
173 Ídem.
174 P. 636.
175 Cap. 24. P. 822.
176 Ídem.
177 P. 767.
178 Ídem.
179 Pp. 767-768.
180 A manera de Introducción. P. 7.
181 P. 3.
182 Cap. 26. P. 861.
183 P. 859.
184 P. 860.
185 Ídem.
186 P. 861.
187 P. 859.
188 P. 852.
189 Ídem.
190 P. 851.
191 P. 850.
192 P. 853.
193 Pp. 865-866.
194 P. 862.
195 P. 863.
196 P. 866.
197 Pp. 863-864.
198 P. 864.
199 P. 866.
200 P. 867.
201 Ídem.
202 P. 868.

203 Ídem.
204 Ídem.
205 Pp. 867-868.
206 Ídem.
207 P. 868.
208 Cap. 27. Pp. 874-875.
209 Cap. 26. P. 868.
210 Pp. 868-869.
211 Ídem.
212 Ídem.
213 Ídem.
214 Ídem.
215 P. 870.
216 Cap. 27. P. 872.
217 P. 875.
218 P. 872.
219 P. 879.
220 P. 879-880.
221 Ídem.
222 P. 880.
223 Ídem.
224 P. 880.
225 Pp. 880-881.
226 Cap. 29. P. 880.
227 Cap. 27. P. 881.
228 Ídem.
229 Ídem.
230 P. 881.
231 P. 882.
232 Ídem.
233 P. 882.
234 Ídem.
235 P. 883.
236 P. 883-884.
237 P. 885.
238 Cap. 30. Pp. 936-937.
239 Pp. 941-942.
240 Cap. 29. Pp. 922-923.
241 Ídem.
242 P. 923.
243 Ídem.
244 Cap. 30. P. 947.
245 P. 947.
246 P. 946.
247 P. 941.
248 P. 940.
249 P. 935.
250 P. 948.

Las raíces étnicas de la nación cubana

1 Fernando Ortiz; *Los Negros Brujos*. Ediciones Universal; Miami, 1973.

2 Benemelis, Juan F. "La negritud, un tema olvidado", parte IV. Ensayo. Enero 10, 2016. http://neoclubpress.com/la-negritud-un-tema-olvidado-iv-0140202.html.

3 Grupo étnico de la parte sur africana, se asienta en Lesoto, Suazilandia, Zimbabue y Mozambique. En África del Sur, con más de 9 millones de zulú, superan el 23% de la totalidad de la población. La lengua que hablan se llama isiZulu.

4 Kikuyo o gĩkũyũ: registrados como el grupo étnico más numeroso de Kenia, con alrededor de cinco millones, aproximadamente el 20 % de la población keniana; hablan la lengua del mismo nombre.

5 Ortiz, Miami, 1973.

6 Padre, Juan M. Sosa; Santería; *Revista Ideal*, Miami, 1974; Anuario de la Iglesia Católica, Cuba Diáspora. Pág. 67. Nota: Incorporamos esta cita del padre Juan M. Rosa, por la importancia que conlleva el conocimiento y comprensión del mundo afro por parte de un sacerdote cristiano, debido al rechazo y discriminación que ha caracterizado a su institución religiosa respecto al mundo afro. No concordamos con su repetición del error que utiliza la sinonimia *"oricha"* igual a *"santo"*. Tampoco concordamos con la que equipara al *oricha* con *"dioses"*. En propiedad, de lo que se trata es de divinidades, femeninas y masculinas.

7 Ortiz; Miami, 1973. Pág. 101.

8 Ortiz; Miami, 1973, Pág. XVII-XVIII.

9 Idem.

10 Sosa; Cuba Diáspora; p. 68.

11 Santa Bárbara, la Virgen de Regla, etcétera.

12 Lydia, Otán, 23.

13 Ortiz; Miami, 1973. p.163.

14 Ortiz, Fernando. *La santería y la brujería de los blancos*. Organizador: Mato. 200? Fundación Fernando Ortiz.

15 Trabajo de campo de María-I. Faguaga. Iglesia San Agustín. Homilía de Cardenal Jaime Ortega Alamino. 28 de junio de 200?.

16 Lydia Cabrera. *Otán Iyebiye: Las Piedras Preciosas*. OCLC 000338426. Pp.: 27-28.

17 Rogelio Martinez Furé; Roundtable on the History of Racial Prejudice in Cuba; *The Black Scholar*; January/February 1985, page. 39.

18 Presentation by Rogelio Martinez Furé; The Black Scholar; January/February, 1985; p. 39.

19 Los conocidos como Carabalí, de Nigeria Oriental, como los pueblos Ibo y los Abakuá.

20 Fernando Ortiz: *Los Negros Curros*, La Habana, 1986, Pág. 3

21 Antonio Bachiller y Morales: "Informe sobre las fuentes de desmoralización de las personas libres de color, de fecha 31 de octubre de 1864", en Memorias de la Real Sociedad Económica, La Habana, 1865, p.10.

22 Okón, Edet Uya. *The African Diaspora and the Black Experience in New World Slavery*. Okpaku Communications Corp. 1992, p. 27.

23 La categoría analítica *"choque cultural"* fue introducida por el antropólogo estadounidense Kalervo Oberg, en 1961.

24 Sosa; ob. cit. p. 68.

25 Idem.

26 Ortiz; curros; 212.

27 Quiñones, Tato. Trabajo de campo de María-I. Faguaga Iglesias.

28 Torres Zayas, Ramón. *La Sociedad Abakua y su influencia en el Arte*. Ed. Cbuanas Artex, Ediciones Aurelia, 2011.

29 Furé; January/February, 1985; p. 39.

30 Walterio Carbonell; Ob. cit. del Legajo 47, No. 1 del Archivo Nacional, Comisión Milita.

31 Categoría equivalente en Occidente a Rey.

32 Songhai , songhay, sonrai o sonray.

33 Sergio Valdés Bernal. *Las lenguas del Africa Subsahariana y el español de Cuba*. Editorial Academia. La Habana, 1987.

34 Curros, p.177.

35 Ortiz; curros;   p.183.

36 Mayra A. Martínez. Investigación y Defensa del Folklore Nacional: 15 años. Bohemia, La Habana, 6 de mayo de 1977. Pág. 11.

37 Fernando Ortíz. Los Bailes de los negros de África; *Bohemia*; La Habana; 9 de octubre de 1949; Año 41. No. 41.

38 Idem.

39 Idem.

40 Martínez; Bohemia, Pág. 10.

41 Bohemia; La Habana; 22 de abril de 1988; No. 17, p. 41.

42 García Canclini, Néstor. Malentendidos interculturales en la frontera México-Estados Unidos. En: García, José Luis y Ascensión Barañano, coordinadores: Culturas en contacto. Encuentros y desencuentros. 2003. Ministerio de Educación. Cultura y Deporte de España. Fuente: http://web.archive.org/web/20111111044523/http://nestorgarciacanclini.net/hibridacion-e-interculturalidad/70-fragmento-qmalentendidos-interculturales-en-la-frontera-mexico-estados-unidos.

43 Madre de santo o de oricha.

44 Okón. Okpaku Comm. Corp. 1992, p. 75

45 Cuba Internacional; No. 3, marzo 1988; Costumbres y Tradiciones; El Canto de los yorubas.

46 Okón, 77.

47 Uxó, Carlos. La Santería en *Fresa y Chocolate. Crossing Boundaries: Spanish across Cultures. Selected Papers from the 1999 Crossing Boundaries Conference and the University of Limerick*. Ed. Nancy Serrano y Barrie Wharton. Limerick: University of Limerick Press, 2000. 248-9.

48 Trabajo de campo de María-I. Faguaga Iglesias.

49 Pérez Medina, Tomás. *La santería cubana: El camino de Osha. Ceremonias, ritos y secretos*. Madrid: Biblioteca Nueva, 1998, 33.

50 Yepes, Enrique. La Santería: Espiritualidades africanas en América. Marzo de 2007. http://www.bowdoin.edu/~eyepes/latam/santeria.htm Consultado: lunes, 25 de enero de 2016.

51 Ídem.

52 El *oddun* o *letra* es una cédula fundamental en el sistema religioso Ocha-Ifá. Contiene toda la sabiduría acumulada por el grupo étnico yoruba. Es categoría filosófica más que religiosa, aunque susceptible de ser interpretada religiosamente y pese a que en las Américas ha quedado enmarcada fundamentalmente como categoría teológica. En los últimos años babalawos-estudiosos como Víctor Betancourt, entre otros, les han dedicado tiempo a la visualización de sus estudios o, tal vez, han finalmente tenido mejores oportunidades de hacerlos trascender, aunque en la Isla mínimamente, todavía sin la atención que deberían merecer del mundo intelectual y académico, que sigue siendo dominantemente blanco, prejuiciada y antinegro.

53 Sosa; Miami, 1974. Pág. 74.

54 Sosa; Miami, 1974. Pág. 69. Lidya Cabrera: pp.14-15.

55 Inés María Martiatu Terry; Osha Niwe; Esclavo de la Música; Revolución y Cultura; La Habana. 2/87. p.39.

56 Carlos Alfonso. Citado en el capítulo de historia de:
http://www.sintesisdecuba.com/Grupo_Sintesis_de_Cuba/Historia.html
Consultado: martes 26 de enero de 2016.

57 Cuba Internacional; No. 3, marzo de 1988; Costumbres y Tradiciones; El canto de los yorubas; p. 91.

58 Inés María Martiatu Terry; Osha Niwe: Esclavo de la Música; Revolución y Cultura; La Habana; 2/87; Pág. 36.

59 Juan Felipe Benemelis ha examinado personalmente el manuscrito de Rogelio Martínez Furé.

60 Inés Maria Martiatu Terry; Osha Niwe: Esclavo de la Música; Revolución y Cultura. La Habana, 2/87, p. 36.

61 Cuba Internacional. No. 1, enero de 1988, Pág. 91.

62 En: Espiritismo y santería. Caracas, Venezuela. 22 de noviembre de 2012. Facebook.
https://www.facebook.com/permalink.php?id=229116742894&story_fbid=101 51157832082895 Consultado: martes, 26 de enero de 2016.

63 Duany, Jorge. El Barrio Gandul: Economía subterránea y migración indocumentada en Puerto Rico, 1995; p. 249.

64 Revista Ideal. Anuario. Miami, 1974; citada. Pág. 76.

65 Opina; La Habana; agosto de 1987.

El panteón Yoruba

1 En Ilé Oggún mx. Facebook. Abril 22 de 2013.
www.facebook.com//IleOggunMx/post/370960536343511 Consultado: 31 de enero de 2016.

2 Laura Montes; Costumbre y Tradición; Cuba Internacional; septiembre 1987; (9/87) No. 213.

3 Ortiz; Miami, 1973. Pág. 60.

4 Changó es una deidad también temible y muy fuerte, buscando siempre la grandiosidad, aunque se destaca por su amistosa lealtad, su laboriosidad y sus cualidad de *adivino* o, más apropiadamente, de profeta. Porque en la adivinación no hace participa la "gracia divina", pero en la profecía sí. El adivino usaría la magia, el profeto el conocimiento.

5 Oyá, Ogbá y Ochún.

6 Montes. 1987, (9/87) No. 213)

7 Pierre Fatumbí Verger. *Notas Sobre o Culto aos Orixás e Voduns*. 1982. Editor Corrupio. Brasil.

8 Caracteres.

9 Òbè: sopa - Obá: rey.

10 *Eni duru.*

11 Obbi.

12 Meridilogún.

422

13 Introducción a Ifá. Encyclopedia de Ifá. http://ifaoyu.com/libros/ifa-la-introduccion/22-ifa-la-introduccion Consultado: 2 de febrero de 2016.

14 Dianteill, Erwan. *Des dieux et des signes: initiation, écriture et divination dans les religions afro-cubaines*. 2000. Paris, Francia. Éditions de l'École des Hautes Études en Sciences Sociales. En: Motta, Roberto. Enciclopédia Afro-Cubana. En: Rev. Antropol. vol.44 no.2 São Paulo 2001. http://www.scielo.br/scielo.php?pid=S0034-77012001000200008&script=sci_arttext Consultado: domingo 7 de febrero de 2016.

15 Mitológicas y cosmogónicas.

16 En esta religión, "vejez" es una categoría que no necesariamente coincide con la edad cronológica.

17 Opina; La Habana; agosto de 1987.

18 Eugenio Gregorio. Los secretos del Ifa, Orula y la adivinación en la santería Yoruba. https://www.facebook.com/notes/eugenio-gregorio/los-secretos-del-ifa-orula-y-la-adivinacion-en-la-santeria-yoruba/475148825854743/ Consultado: febrero 7 de 2016.

19 Idem.

20 Abimbola, Wade. Ifá recompondrá nuestro mundo. Versión electrónica. http://pt.slideshare.net/julioapardillo/ifa-recompondranuestromundowande-abimbola. Consultado: 8 de febrero de 2016.

21 https://es.wikipedia.org/wiki/Ifa Consultado: 8 de febrero de 2016.

22 Falokun Fatunmbi. Internet. http://es.scribd.com/doc/245201399/Concepto-de-Ifa#scribd. Consultado: 8 de febrero de 2016. No obstante para el babalawo nigeriano, Wande Abimbola, "Ifá es el único Òrìsà que no "posee" a sus devotos, sino que los inspira". También Abimbola, http://pt.slideshare.net/julioapardillo/ifa-recompondranuestromundowande-abimbola. Consultado: 8 de febrero de 2016.

23 Víctor Betancourt. Diario de Cuba. 12 de enero de 2011. http://www.diariodecuba.com/cuba/1294838862_430.html. Consultado: 9 de febrero de 2016.

24 Introducción a Ifá. Encyclopedia de Ifá. http://ifaoyu.com/libros/ifa-la-introduccion/22-ifa-la-introduccion Consultado: 2 de febrero de 2016.

25 Jorge Duany; ob. cit. Pág. 249.

26 Abimbola, W. Ídem.

27 Encyclopedia de Ifá.

28 Idem.

29 Idem.

30 Idem.

31 Idem.